GLOBAL GOVERNANCE SERIES ｜全球治理丛书｜

丛书主编 陈家刚
执行主编 闫 健

全球治理与国际组织

Global Governance and International Organizations

主编◎杨 丽 丁开杰

中央编译出版社
Central Compilation & Translation Press

图书在版编目（CIP）数据

全球治理与国际组织／杨丽，丁开杰主编.—北京：中央编译出版社，2017.10
ISBN 978-7-5117-3380-1

Ⅰ.①全…
Ⅱ.①杨…②丁…
Ⅲ.①国际政治-研究②国际组织-研究
Ⅳ.①D5②D813

中国版本图书馆 CIP 数据核字（2017）第 206498 号

全球治理与国际组织

出 版 人：	葛海彦
出版统筹：	贾宇琰
责任编辑：	李媛媛
责任印制：	刘　慧
出版发行：	中央编译出版社
地　　址：	北京西城区车公庄大街乙 5 号鸿儒大厦 B 座（100044）
电　　话：	（010）52612345（总编室）　　（010）52612335（编辑室）
	（010）52612316（发行部）　　（010）52612346（馆配部）
传　　真：	（010）66515838
经　　销：	全国新华书店
印　　刷：	北京中兴印刷有限公司
开　　本：	787 毫米×1092 毫米　1/16
字　　数：	376 千字
印　　张：	25.5
版　　次：	2017 年 10 月第 1 版
印　　次：	2017 年 10 月第 1 次印刷
定　　价：	80.00 元

网　　址：www.cctphome.com　　邮　　箱：cctp@cctphome.com
新浪微博：@中央编译出版社　　　微　　信：中央编译出版社（ID: cctphome）
淘宝店铺：中央编译出版社直销店（http://shop108367160.taobao.com）　　（010）55626985

本社常年法律顾问：北京市吴栾赵阎律师事务所律师　　闫军　　梁勤
凡有印装质量问题，本社负责调换，电话：（010）55626985

目 录
Contents

总序 陈家刚 / 1

导言 国际非政府组织在全球治理中的角色与功能 杨 丽 丁开杰 / 1

第一部分 国际 NGO 与全球治理理念

国际 NGO 发展与研究述评
　　［美］约翰·博尼 著 杨 丽 李 帅 李慧杰 游 斐 编译 / 3

问责、策略以及国际非政府组织
　　［美］L. 大卫·布朗 ［美］马克·H. 莫尔 著 王 燕 编译 / 38

连接 NGOs 的问责制与全球治理的合法性
　　［美］达纳·布拉克曼·赖泽尔 ［美］克莱尔·凯利 著
　　赵友斌 编译 / 61

非政府组织参与全球治理乃是双面神：有影响，更有结构性抑制
　　［德］夏洛特·丹尼 著 赵友斌 编译 / 127

搭建桥梁抑或构筑围墙？——解读跨国社会运动组织的区域化
　　［美］杰克·史密斯 著 邵慧丽 编译 / 147

第二部分　政府间国际组织的实践

妇女权利的区域——全球治理网络：《消除对妇女一切形式歧视公约》
　　及其在东盟国家的执行
　　　　［马来西亚］谢丽夫·西亚赫拉　著　　吕晓莉　吕茂林　刘　鑫　编译／181
联合国和非洲联盟在马里及其他地区的合作：一场仓促的婚姻？
　　　　［美］托马斯·维斯　　［德］马丁·维尔兹　著
　　　　吕晓莉　吕茂林　刘　鑫　编译／191
评估联合国安理会：协同视角
　　　　［美］戴维·博斯科　著　　吕晓莉　吕茂林　刘　鑫　编译／215
印度尼西亚与自由和平：全球治理中南方机构的复苏
　　　　［英］乔纳森·阿金斯基　　［加拿大］约书亚·巴克　著
　　　　吕晓莉　吕茂林　刘　鑫　编译／234
政府间国际组织在安全、经济、健康和环境领域的角色与行动
　　　　［土耳其］里夫·力纳克　著　　吕晓莉　吕茂林　刘　鑫　编译／261

第三部分　国际NGO的实践

防治艾滋病国际非政府组织网络的发展演化及影响因素
　　　　［美］米歇尔·舒马特　　［美］珍妮特·富尔克　　［美］彼德·蒙日　著
　　　　刘　冰　编译／279
非政府组织在促进可持续发展中的多重作用：以绿色建筑委员会为例
　　　　［奥地利］扎比内·塞德拉切克　著　　杜静元　编译／314
国际非政府组织与发展中国家的二氧化碳排放量：一个定量的跨国分析
　　　　［美］约翰·M.尚德拉　　［美］布鲁斯·伦敦　　［美］欧文·P.伍利
　　　　［美］约翰·B.威廉姆森　著　　杜静元　译／343

总　序

陈家刚

全球化是人类历史深刻变化的过程，其基本特征是，在经济一体化的基础上，世界范围内产生一种内在的、不可分离的和日益加强的相互联系。随着全球化这种相互联系、相互影响的加深，诸多复杂的全球性问题也随之出现，例如国家间、国家与非国家行为体之间，以及各类非国家行为体之间的相互关系变化，全球经济金融危机、全球卫生和健康问题、全球性能源危机，以及气候环境问题等。全球问题的增加和积累使全球治理变得日益必要和迫切。虽然人们对"全球治理"的认识还存在分歧，并且用诸如"国际治理""世界范围的治理""全球秩序的治理"等不同概念来表述，但一般而言，"全球治理"是"治理"理念在全球层面的拓展与运用，二者在基本原则和核心内涵上是一致的，人们总是通过理解"治理"的理念来理解"全球治理"。全球治理的兴起，是全球化发展的必然趋势，也是应对全球性挑战、发展与转型的重要政治选择，是包括中国在内的所有国家必须面对的现实。

全球治理的兴起，既表明全球化所诱发的全球性问题的不断累积和威胁，也反映出既有全球性体制的局限和不足。全球化进程的加速及其对传统国家主权的冲击，是全球治理变得日益重要的主要原因。当武装冲突、人权问题、资源短缺、能源危机、粮食危机、生态恶化、贫困与饥荒、毒品与跨国犯罪、金融危机、传染病等越来越直接地变成全球性问题时，各个国家、机构或组织内在地需要通过采取联合的、共同的行动，通过具有约束力的国际规则或是各种非正式的安排解决全球性的问题，维护全球性的公共利益。全球问题反映了人类社会生活中共同内容，全球问题所带来的挑战就是人类面临的共同挑战，它所关涉的利益就是人类的共同利益。全球治理的主要目的是要避免全球体系内的危机和动荡。同时，加速发展的全球化带来的跨界和全球性问题，无法仅仅依赖具有自身利益诉求的民族国家得到解决，而是需要国家间以新形式的"超国家治理"为基础通过政治合作加以应对。全球治理中的国家、国际组织、区域组织、非政府组织等将以平等关系，共同承担对于全球性问题的责任。目前的国际体制难以有效解决当前的全球性问题，全球治理需要一系列多层次、多领域、多主体的制度安排。

全球治理超越传统的国际政治、国际关系解释模式，能够有效解决人类所面临的许多全球性问题，确立面向未来的、真正的全球秩序。全球治理超越了传统民族国家的界限，将民族国家与超国家、跨国家、非国家主体有机结合在一起，形成了一种新的合作格局。一些重要的国家集团、国际组织、国际非政府民间组织、非政府社团、无主权组织、政策网络和学术共同体等越来越多地影响全球治理规则和治理机制。全球治理在尊重差异的基础上，日益建构起"和而不同"的价值取向。有效的全球治理既要求各国遵循人类的共同价值，又要求尊重各国的文化传统和多样性需求，从而使人类因为全球化的发展而面临的共同问题有了新的解决路径。

全球治理需要创造一个包容性的结构，以应对各种不确定的预期和挑战。全球治理最大的一个挑战，就是民主超越了民族国家边界而拓展到全球层面后，如何能够更好地得到实践。其次，变革现有治理机制，完善和发展出一套新的全球治理机制，如何赢得越来越多的人们的认同？再则，全球性的治理合作面临着巨大的挑战，有效解决紧迫的全球性问题，还需要不同的行为主体进行合作，采取集体行动，不断完善治理能力。最后，全球治理的理想与现实之间的紧张关系依然存在，国家之外的其他行为者依然受到限制、全球和区域治理机制变得极其脆弱，全球性的公民参与对所有公民团体和政府都是挑战。因此，建构全球治理的长效机制，就需要在国家内的民主与全球民主之间建立起联系；推动全球范围内不同行为的透明度、责任与效率；建构具有公共协调与行政能力的新制度；在共同面对的全球性问题方面推动达成基本共识；重视协商、对话等有效协调机制和方式。推动全球治理发展，需要创造一个包容性的全球治理结构。

全球治理既是当代中国改革发展面临的严峻挑战，也是中国参与全球化进程、塑造大国形象的重要机遇。党的十八大报告明确提出"加强同世界各国交流合作，推动全球治理机制变革，积极促进世界和平与发展"。这是官方对于全球治理问题的最新理论概括和战略判断，它表明，中国正在成为全球治理的重要参与者和治理机制变革的推动者，明确了中国积极参与全球治理的战略选择。全球化的加速推进、全球问题的日益凸显，以及中国国家利益的实际需要，作为一种内在动力和外在诱因，都逻辑地要求中国积极参与全球治理。

全球治理，是一种民主的治理，国家、国际组织、区域组织、非政府组织等将以平等关系，共同承担对于全球性问题的责任；全球治理，是一种规则的治理，全球性规则是治理过程的权威来源，规则的制定与施行是各国及不同组织共同参与的结果；全球治理，是一种诉诸共同利益与价值的治理，维护全球利益是全球治理主体的共同责任；全球治理，是一种协商与合作的治理，维护全球秩序和利益必然是超越暴力和冲突，依赖于协商、对话和合作的治理。

长期以来，中央编译局世界发展战略研究部、中央编译局全球治理与世界发展战略研究中心，立足于中国特色社会主义现代化建设的实际，密切跟踪国际哲学社会科学前沿议题，深入研究全球治理和世界各国发展道路、发展战略，在诸如全球化、全球治理、社会资本、协商民主、风险社会等国际学术前沿领域，以及国家治理、廉政建设、生态文明、党内民主、基层民主、政党政治等重大现实论题等方面，始终处于学术研究前沿并发挥着引领的作用。

《全球治理译丛》总共包括8卷，出发点是结合全球治理理论的最新发展，选择若干重点领域，比较全面地收集整理重点研究成果，汇集成册，以为学术界开展深入研究提供基础性资源。本丛书的各卷主编既有中央编译局全球治理与发展战略研究中心的青年研究人员，也有合作网络的专家学者。他们系统梳理和研究全球社会组织、全球冲突与安全治理、全球金融与经济治理、全球劳动治理、全球互联网治理、全球生态治理、全球资源治理等领域，这既是他们基于自身学科实际选择的重点研究领域和方向，同时也符合研究中心密切跟踪国际学术前沿、积极拓展学术合作交流的特色。本丛书汇集的成果大部分是已经翻译并发表的成果，有些成果是各位主编联系作者获得的最新研究成果。当然，有些高质量的成果因为联系不上作者等原因未能收录，也是非常遗憾的事情。作为学术界的青年研究人员，由于水平、能力和经验的不足，在编选、翻译，以及编辑过程中存在这样那样的不足，也请学术前辈谅解并不吝批评。感谢中央编译出版社贾宇琰女士的统筹协调，以及各卷责任编辑的辛苦工作。

陈家刚

2016 年 12 月 20 日于北京

导言　国际非政府组织在全球治理中的角色与功能

杨　丽　丁开杰

　　国际非政府组织（International Non-governmental Organization，INGO）属于国际组织的一种类型。"国际组织"一词据考由 19 世纪的苏格兰法学家洛里墨提出①，它是指两个以上的国家、政府或民间团体、个人，基于某种目的依协议创设的机构，是超越国界进行双边或多边合作的一种组织化方式。② 依主要成员的不同，国际组织可以分为政府间国际组织（IGO）与国际非政府组织（国际 NGO）。前者是由国家或政府组成的国际常设机构，如联合国、欧盟；后者是由不同国家的自然人或法人组成跨越国界的非官方联合体，如国际奥林匹克委员会、红十字会国际委员会等。③

---

① James Lorimer（1818—1890），在其代表作《对国家和国际的研究》（*Studies National and International*）等著作中提出并详细论述了国际组织（international organization）。参见 Pitman B. Potter（1945），"Origin of the Term International Organization"，*AJIL*，39，pp. 803 - 806。转引自 Schermers，H. G. & Blokker，N. M.（2003），*International Institutional Law*，4th edition，Boston \ Leiden：Martinus Nijhoff Publishers，p. 21，para. 29.

② 饶戈平：《国际组织法》，北京：北京大学出版社 1996 年版，第 10—11 页。

③ 王名、杨丽：《国际 NGO 论纲》，见《中国非营利评论》第八卷，北京：社会科学文献出版社 2011 年版，第 1—2 页。

21世纪以来，全球治理（global governance）日益成为焦点议题。① 国际NGO在全球治理中扮演什么样的角色？发挥什么样的作用？遇到哪些挑战？未来发展如何？本文在界定国际NGO、全球治理的基础上，将针对这些问题作出初步的探讨，以作为《全球治理与国际组织》一书的导读。

一、国际NGO、全球治理沿革及其界定

（一）国际NGO

国际NGO是一个古老的家族，在1850年前就已存在②，只是似乎从20世纪90年代才突然引起了学者与公众的关注③。按照约翰·波利（John Boli）的思想，可以将国际NGO自1850年以来的全球发展区分为四个时期，分别是：形成时期（1850—1910年）、两次世界大战及其之间的时期（1911—1945年）、战后扩张时期（1946—2000年）、21世纪新发展时期（2001年至今）。这四个时期各具特点，可以说，前三个时期基本是由欧美主导的，但是从第四个时期开始有了多中心趋势（见表1）。

表1 国际NGO的发展阶段

阶段	时间	发展特征
形成时期	1850—1910年	伴随强有力的经济全球化，出现了第三部门国际化和全球化的第一次浪潮，从意识形态上崇尚一个世界。在这一时期，欧洲列强占主导地位，并将帝国主义势力扩张到了全球。

---

① 英瓦尔·卡尔松、什里达特·兰法尔主编：《天涯成比邻——全球治理委员会的报告》，赵仲强、李正凌译，北京：中国对外翻译出版公司1995年版，第2页。
② 如1839年成立的英国和外国反奴协会（British and Foreign Anti-Slavery Society），1846年成立的世界福音联盟（World's Evangelical Alliance）等。
③ John Boli (2006), "International Nongovernmental Organizations", in Walter W. Powell and Richard Steinberg (ed.), *The Nonprofit Sector A Research Handbook*, 2nd edition, New Haven & London: Yale University Press, p. 333.

（续表）

阶段	时间	发展特征
两次世界大战及其之间的时期	1911—1945年	在民族主义和全面冲突猛烈爆发的情况下，世界大战破坏了经济全球化与第三部门的国际化与全球化，但是两次世界大战并没有将国际NGO"打入冷宫"，而恰恰相反，在第一次世界大战期间造成的民族主义创伤很快让位于了急剧发展的跨国化浪潮，这股国际主义浪潮特别需要寻求阻止未来战争的发生以及找到巩固和保护和平的方法，因而，在两次世界大战及其之间的时期，成立了很多种国际NGO。
战后扩张时期	1946—2000年	在这一时期，国际NGO持续快速增长，且区域性国际NGO增长趋势最为明显。"区域性"不仅包括地理分布，也指组织有明确的区域焦点或区域性活动范围。截至20世纪60年代，几乎半数新成立的国际NGO是区域性的而不是全球性的或包罗万象的。这也是战后时期与前两个时期最显著的差异。①
21世纪新发展时期	2001年至今	"区域性"增长依然明显，同时因互联网的发展使国际NGO呈现网络化趋势，即属同一领域或相关领域的国际NGO应用信息技术等联结在一起形成网络，便捷地保持日常联系、协调行动、开展联合活动等。

资料来源：根据相关资料整理。

最初的国际NGO表现为国际间的民间会议机制及其常设机构，如1840年的世界禁奴大会。早期的国际NGO因参与国际治理，往往通过国际会议呼吁相关国家的政府支持或采取国家行动，有时NGO的国际联动能直接导致在该领域建立政府间的国际合作，即民间行动先行，国家行动跟进。如国际劳工组织、亚洲备灾中心、文学艺术财产国际局等政府间国际组织的前身都是国际NGO。②

然而，关于国际NGO，至今尚无统一概念。例如，《布莱克法律词典》将NGO定义为一个国际法上的概念，指不依附政府也不受命于政府的任何科学的、专业的、商业的或公共利益的组织；国际NGO并非由国家依协定建

---

① John Boli (2006), "International Nongovernmental Organizations", in Walter W. Powell and Richard Steinberg (ed.), *The Nonprofit Sector A Research Handbook*, 2nd edition, New Haven & London: Yale University Press, pp. 335–337.

② 王名、杨丽：《国际NGO论纲》，见《中国非营利评论》第八卷，北京：社会科学文献出版社2011年版，第2页。

立，而是由个人或民间组织共同成立的，其中一部分获得了联合国咨商地位而参与国际决策。① 这是一个十分宽泛的定义，商业组织也包含其中。谢莫尔斯与布莱克尔强调"非政府"是这类组织的核心属性，国际 NGO 强调的是这类组织并非通过条约也不是在国际法下建立的。② 1907 年成立的国际协会联盟③具有国际 NGO 联合会的性质，它所定义的国际 NGO 条件包括：有常设机构、非营利及会员制、开放性等④。

此外，《联合国宪章》被认为是首次正式使用 NGO 一词的国际法律文件。其第 71 条文字里不仅出现了 NGO 的概念⑤，且区分了国内 NGO 与国际 NGO，尽管当时并未给出关于两类 NGO 的具体定义。后来，联合国经社理事会曾先后至少有三个决议对国际 NGO 进行了具体规定。其中，经社理事会 1950 年第 288（X）决议规定："任何国际组织，凡不是经由政府间协议创立的，都被认为是为此种安排而成立的国际 NGO。"⑥ 经社理事会 1968 年第 1296 - XLIV 号决议进一步扩大了界定范围，认为："包括接受政府当局指定之成员的组织在内，但此种成员须不妨碍该组织自由表达意见。"⑦ 到了 1996 年（31 号决议），再次扩大了界定范围，规定"凡非经任何政府实体或政府间协议建立的这类组织……包括接受政府当局指定之成员的组织在内，但此种成员须

---

① Garner, B. N. (ed.) (2004), *Black's Law Dictionary*, 8th edition, West Publishing Co.

② Schermers, H. G. & Blokker, N. M. (2003), *International Institutional Law*, 4th edition, Boston \ Leiden: Martinus Nijhoff Publishers, p. 38.

③ Union of International Associations，简称 UIA，中文又译为国际社团联盟，是全球国际 NGO 最主要的联盟机构之一。

④ 王名、杨丽：《国际 NGO 论纲》，见《中国非营利评论》第八卷，北京：社会科学文献出版社 2011 年版，第 2—5 页。

⑤ 《联合国宪章》第 71 条规定：经济及社会理事会得采取适当办法，俾与各种 NGO 会商有关于本理事会职权范围内之事件。此项办法得与国际组织商定之；关于适当情形下，经与关系联合国会员国会商后，得与该国国内组织商定之。

⑥ "Review of Consultative Arrangements with Non-governmental Organizations", E/RES/288（X），1950.

⑦ "Arrangements for Consultation with Non-governmental Organizations". E/RES/1296（XLIV），1968.

不妨碍该组织自由表达意见。该组织之基本资源主要部分应来自各国内分会……国家政府向国际组织所做财政捐助或其他直接间接支助应向……联合国……公开声明。"① 从经社理事会的界定看，除了强调 NGO 的自主性与独立性外，还强调其资金应主要来自会费，但是并未提及 NGO 日益普遍的跨国化现象。②

本文将国际 NGO 界定为：依据一国法律设立，其使命、成员、资金、活动等具有跨国性，在基本属性上具有非营利性、民间性与志愿性特征的非政府组织。

（二）全球治理

自 20 世纪后期以来，全球治理日益受到国际社会的广泛关注，正在成为 21 世纪的焦点议题。然而，人们对"全球治理"的认识还存在分歧，存在诸如"国际治理""世界范围的治理""全球秩序的治理"等不同的概念。不过，一般而言，"全球治理"是"治理"理念在全球层面的拓展与运用，二者在基本原则和核心内涵上是一致的。③ "全球化时代"（Global Age）的到来，不仅意味着经济的一体化，同时也极大地改变了统治和治理的主体、结构、方式、过程和意义，对传统的民族国家、国家主权、政府体制和政治过程提出了严重的挑战。最为显著的是民族国家的主权及政府的权力日益削弱，而跨国组织和超国家组织的影响日益扩大。考虑到国际社会和国内社会在全球化时代同样需要公共权威和公共秩序，而这种完全区别于民族国家内部的公共权威和公共秩序，无法经由单一国家来创立，只能通过全球治理来实现。

---

① "Consultative Relationship between the United Nations and Non-governmental Organizations", E/RES/1996\31.

② Ryfman, P. (2007), "Non-governmental Organizations: an Indispensable Player of Humanitarian Aid", *International Review of the Red Cross*, 865, p. 25.

③ 参见陈家刚：《全球治理：兴起、理论与前景》，见《全球治理：概念与理论》，北京：中央编译出版社 2016 年版。

因此，全球治理的兴起，是全球化发展的必然结果。①

1989年，世界银行首次使用"治理危机"一词，并于1992年发布了《治理与发展年度报告》。联合国有关机构于1992年成立全球治理委员会，创办《全球治理》杂志。1995年，在联合国成立50周年之际，全球治理委员会发表题为"天涯若比邻"的报告。联合国原秘书长科菲·安南在2000年联合国千年首脑会议上的报告曾全面阐述全球治理。联合国全球治理委员会认为，"治理是各种各样的个人、团体——公共的或个人的——处理其共同事务的总和。这是一个持续的过程，通过这一过程，各种相互冲突和不同的利益可望得到调和，并采取合作行动。这个过程包括授予公认的团体或权力机关强制执行的权力，以及达成得到人民或团体同意或者认为符合他们的利益的协议。"②

对于全球治理的理解，也各不相同。有的认为全球治理是全球公共事务的管理方式。有观点将全球治理解释为一种管理机制或者说制度规范。也有的认为全球治理是不同行为主体之间的合作。本文认为所谓全球治理就是在具有约束力的国际制度和规范框架内，各种不同的行为者，通过协商合作，共同应对全球性的政治、经济、生态和安全问题，以维持正常的全球共同利益和秩序。③

如上可知，国际NGO与全球治理都不是新现象、新概念。有趣的是，国际NGO与全球治理，几乎在同一时期吸引全球关注：国际NGO在20世纪90年代突然吸引公众与学者的注意④，而全球治理，在20世纪后期受到了国际

---

① 参见陈家刚：《全球治理：兴起、理论与前景》，见《全球治理：概念与理论》，北京：中央编译出版社2016年版。
② 英瓦尔·卡尔松、什里达特·兰法尔主编：《天涯成比邻——全球治理委员会的报告》，赵仲强、李正凌译，北京：中国对外翻译出版公司1995年版，第2页。
③ 英瓦尔·卡尔松、什里达特·兰法尔主编：《天涯成比邻——全球治理委员会的报告》，赵仲强、李正凌译，北京：中国对外翻译出版公司1995年版，第2页。
④ John Boli (2006), "International Nongovernmental Organizations", in Walter W. Powell and Richard Steinberg (ed.) (2006), *The Nonprofit Sector A Research Handbook*, 2nd edition, New Haven & London: Yale University Press, p. 333.

社会的广泛关注。① 国际 NGO 参与国际决策由来已久，随着全球化、信息化时代的到来，国际 NGO 已经或将在全球治理中扮演日益重要的角色，尤其是在国家、政府间国际组织不能或不愿有所作为的各领域发挥着愈来愈重要的作用。

二、国际 NGO 的地位

（一）国际 NGO 的法律地位

对国际 NGO 的法律地位的界定有国际法和国内法两个不同视角。从国际法视角看，尽管国际法没有对国际 NGO 进行准确定义，但越来越多的国家间签订的协议、公约及其他法律文件承认这些组织及其工作。多年来，围绕国际 NGO 在国际法上的地位，不仅在相关学者中形成否认[②]和承认[③]两派针锋相对的观点，而且在实践上，国际法协会等著名的国际 NGO 多年来也一直在推动相关国际公约朝着承认国际 NGO 的国际法律人格的方向努力。[④] 虽然迄今为止国际 NGO 尚未获得正式的国际法律人格，但这不影响其生存与活动。有

---

① 英瓦尔·卡尔松、什里达特·兰法尔主编：《天涯成比邻——全球治理委员会的报告》，赵仲强、李正凌译，北京：中国对外翻译出版公司 1995 年版，第 2 页。

② 否认的观点根据国际法主体资格的三个条件（即能否独立参加国际关系、能否直接承受国际法上的权利和义务、能否独立承担国际责任的能力），认为国际 NGO 不能承受国际法上的权利和义务，不具有国际法律人格，不是国际法的主体。持这种观点的如 Henry G. Schermers，Niels M. Blokker，Bowett，Philippe Sands，Peerre Klein，Jan Klabbers，以及梁西、饶戈平等。

③ 承认的观点基于国际 NGO 在国际事务中发挥越来越大作用的实践而主张应该赋予其国际法律人格，以便其更广泛地参与国际关系，更充分地发挥作用。这种观点在肯定国际 NGO 国际法律人格的同时，也承认国际 NGO 参与国际关系、享有国际法权利以及国际诉讼能力上的局限性，建议根据其章程、性质、作用以及影响力大小逐渐赋予国际法律人格。持这种观点的如 Anna-Karin Lindblom、武兰芳等。

④ 一个具体成果是 1986 年签署了《关于承认国际 NGO 法律人格的欧洲公约》，该公约要求成员各方承认国际非政府组织在任何成员国获得的法律地位与能力。参见《关于承认国际 NGO 法律人格的欧洲公约》第 2 条（ETS No. 124）。

时，国际 NGO 扮演的至关重要的角色使政府或政府间国际组织赋予其特殊的政府间国际组织的权利，如红十字国际委员会、红十字与红新月联合会与许多国家签订的享有一定特权及豁免权的协议。① 在 20 世纪 90 年代初，联合国大会就赋予了红十字国际委员会、红十字与红新月联合会观察员地位。②

从国内法视角看，依一国法律登记注册，在该国国内法上具有法律人格没有争议。但在注册国以外的国家是否享有如注册国一样的法律人格，则是一个颇有争议的问题。是否在会员所属的国家，以及其他国家享有法律地位，又因各国法律规定与实践不同而有差异。通常来说，国际 NGO 进入设立地、注册地或总部所在国以外的其他国家，是否具有法律地位取决于该国的法律规定。除非有双边或多边协定，该组织并不当然具有法律地位。不管国际 NGO 在其设立地、注册地或总部所在国是否具有法律人格，一旦进入其他国家开展活动，都须遵守该国的法律法规。一般涉及对该国宪法、民商事法律、税法、刑法、行政法律和规章等的遵守。以我国为例，国际 NGO 须根据我国《境外非政府组织在华活动管理法》等相关法律在大陆地区设立办事处、代表处或申请开展临时活动。这些国际 NGO 根据我国现行法律拥有相应的法律地位，承担相应的权利、义务和责任。即使国际 NGO 在他国不具有法律人格，不享有该国的相关法律地位，也不意味着其在活动国开展的活动不受法律约束和保护，区别主要在于：权利、义务和责任的享有与承担主体不是该国际 NGO，而是具体的行为人。③

（二） 国际 NGO 与国家、政府间国际组织的关系

国际 NGO 与国家、政府间国际组织的关系紧密而复杂。红十字会的成

---

① Kamminga, M. T. (2005), "The Evolving Status of NGO Under International Law: A Threat to the Inter-State System?", in P. Alston (ed.), *Non-State Actor and Human Rights*, Oxford: Oxford University Press.
② ICRC (ed.) (2007), *Discover The ICRC*, 2nd ed., Geneva, p. 6.
③ 王名、杨丽：《国际 NGO 论纲》，见《中国非营利评论》第八卷，北京：社会科学文献出版社 2011 年版，第 7—8 页。

立，促使各国在战争期间限制对平民的伤害，并提高伤员的生存机会（Finnemore，1999）。1919年成立的国际劳工组织是第一个有明确社会使命且参与国家广泛的政府间国际组织，很快成为国际NGO撬动和影响许多国家的支点。第二次世界大战后，联合国成为全球治理的中心，国际NGO聚集在这个全球机构的周围，对其发展方向与重点发声。① 1948年，非政府组织与联合国咨商关系建立，形成了坚实的基础。仅以联合国经社理事会为例，截至2017年1月，享有联合国经社理事会咨商地位的NGO就达4665个。②

在国际NGO与政府间国际组织关系中，一个鲜为人知的特征是许多政府间国际组织是国际NGO活动的结果。如联合国教科文组织源于1921年举办的国际知识活动大会，该大会由国际协会联盟召集，产生了国际教育局。国际教育局又反过来推动国联建立了国际知识合作研究院，1948年联合国将其纳入旗下成为联合国教科文组织。其他知名的源于国际NGO的政府间国际组织包括国际气象组织、国际劳工组织和世界旅游组织。甚至国际NGO也影响过联合国的定位，许多国际NGO派代表出席联合国成立大会，努力游说联合国要有宽泛的社会和经济使命。也有学者认为国际刑事法院的成立，很大程度上主要由国际NGO构思设计。③

国际NGO与国家、政府间国际组织的关系在合作的同时又充满了冲突。④ 一方面，国际NGO与IGO在主要全球性问题上是合作伙伴关系⑤，共同建立

---

① John Boli（2006），"International Nongovernmental Organizations", in Walter W. Powell and Richard Steinberg（ed.）（2006），*The Nonprofit Sector A Research Handbook*，2nd edition，New Haven & London：Yale University Press，p. 341.

② 参见联合国官网，http：//esango. un. org/civilsociety/login. do，2017年1月2日。

③ John Boli（2006），"International Nongovernmental Organizations", in Walter W. Powell and Richard Steinberg（ed.）（2006），*The Nonprofit Sector A Research Handbook*，2nd edition，New Haven & London：Yale University Press，p. 342.

④ Willetts, Peter（ed.）（1996），"The Conscience of the World"，*The Influence of Non-Governmental Organizations in the UN System*，Washington D. C. ：Brookings Institution Press，p. 174.

⑤ Spiro, Peter J.（1995），"New Global Communities：Nongovernmental Organizations in International Decision-Making"，*Washington Quarterly*，18，pp. 45-56；Weiss, Thomas G. and Leon Gordenker（eds.）（1996），*NGOs, the UN, and Global Governance*，Boulder, Colo：Lynne Rienner，p. 195.

治理系统,被广泛认为是管理特定领域的核心全球机构。① 著名的例子包括许多健康医疗类国际 NGO 与 UNAIDS、世界卫生组织合作,应对艾滋病等疾病的传染;国际酒店餐饮协会与联合国环境规划署合作,促进"可持续旅游业"发展;国际商会准则和规则规制许多全球贸易,且常在国家法院获得强制执行的效力。另一方面,许多国际 NGO 不断与国家、政府间国际组织构成对峙,挑战全球治理、国际关系和全球资本主义政治经济等方面的规则。② 如禁止地雷运动,反对经合组织多边投资协定,柔性协调并将劳工条件、环境、不平等问题等纳入世界贸易组织谈判议程,说服国际捕鲸委员会禁止捕猎特定种类鲸的同时,也严格限制对其他捕猎,等等。③

国际 NGO 不仅倡导和游说,也监督国家、政府间国际组织的行动。如地球峰会观察监督 1992 年里约热内卢环境协议的履行;大赦国际监督国家(和诸如叛军等其他行为主体)违反人权的现象;妇女环境与发展组织跟踪联合国有关环境和妇女问题协定的执行情况;社会观察督促国家努力减少贫困和性别上的不平等;第三世界南北发展监测网络严查由国家、政府间国际组织及国际发展类 NGO 组织实施的发展项目的进程与

---

① Hasenclever, Andreas, Peter Mayer and Volker Rittberger (1997), *Theories of International Regimes*, Cambridge: Cambridge University Press, pp. 491 – 517; Frank, David John, John W. Meyer, Evan Schofer, Nancy Tuma and Ann Hironaka (1997), "The Structuring of a World Environmental Regime, 1870 – 1990", *International Organization*, 51, pp. 623 – 651; Nadelmann, Ethan A. (1990), "Global Prohibition Regimes: The Evolution of Norms in International Society", *International Organization*, 44, pp. 479 – 526.

② Florini, Ann M. (ed.) (2000), *The Third Force: The Rise of Transnational Civil Society*, Tokyo: Japan Center for International Exchange, Washington, D. C.: Carnegie Endowment for International Peace, p. 169; Fox, Jonathan A. and L. David. Brown (eds.) (1998), *The Struggle for Accountability: The World Bank, NGOs, and Grassroots Movements*, Cambridge Mass: MIT Press, pp. 156 – 157; Mathews, Jessica T. (1997), "Power Shift", *Foreign Affairs*, 76, pp. 50 – 66; Waterman, Peter (1998), *Globalisation, Social Movements and the New Internationalisms*, London: Cassell/Mansell, p. 211.

③ John Boli (2006), "International Nongovernmental Organizations", in Walter W. Powell and Richard Steinberg (ed.) (2006), *The Nonprofit Sector A Research Handbook*, 2nd edition, New Haven & London: Yale University Press, p. 342.

结果。①

近年来,国际 NGO 的大量批评和抨击主要集中于全球治理"三巨头"(政府间国际组织)——国际货币基金组织、世界贸易组织和世界银行②——而对国家的抨击,排在首位的是美国。然而,对"三巨头"与美国的高度关注也带来意料之外的结果,即大多数政府间国际组织不受束缚地开展全球治理活动,其负面行为与影响却被大大忽视。同样的观察也适用于全球商会和行业类国际 NGO,他们通常是国际贸易组织和国际货币基金组织强有力的支持者,只有少数情况才会被环境、社会公平、劳工或其他社会运动类国际 NGO 盯上。③

(三) 国际 NGO 与跨国企业的关系

除商会和行业类国际 NGO 外,国际 NGO 和全球企业之间多为敌对关系。特别是近几十年来,随着跨国公司全球影响力的提高,二者之间的敌对程度加深。④ 跨国公司往往被认为是许多全球问题的来源,从不平等、剥削,到环境恶化、反对工会、支持专制政权等等。⑤ 国际 NGO 从 20 世纪 70 年代开始瞄准跨国公司,第一个举世闻名的例子是反对瑞士食品巨头雀巢公司在非洲推广婴幼儿配方奶粉。其次是 1984 年印度的博帕尔燃气中毒事件造成近 4000 人死亡,全球化工行业处于风口浪尖;1989 在阿拉斯加发生的埃克森·瓦尔

---

① John Boli (2006), "International Nongovernmental Organizations", in Walter W. Powell and Richard Steinberg (ed.) (2006), *The Nonprofit Sector A Research Handbook*, 2nd edition, New Haven & London: Yale University Press, p. 342.

② O'Brien, Goetz and Scholte (2000); Scholte and Schnabel (2002); Edwards and Gaventa (2001).

③ John Boli (2006), "International Nongovernmental Organizations", in Walter W. Powell and Richard Steinberg (ed.) (2006), *The Nonprofit Sector A Research Handbook*, 2nd edition, New Haven & London: Yale University Press, p. 342.

④ Higgott, Underhill, and Bieler (2000).

⑤ Korten, David C. (2001), *When Corporations Rule the World*, 2nd ed, Bloomfield, Conn: Kumarian Press, pp. 430 – 435; Starr, Amory (2000), *Naming the Enemy: Anti-Corporate Movements Confront Globalization*, London: Zed Books, pp. 203 – 205.

迪兹油轮漏油事件同样促使国际 NGO 动员反对石油行业。自 20 世纪 80 年代以来，国际 NGO 不断努力，要求跨国公司"社会责任"行为在很多方面成倍增加——反对耐克和其他鞋商代工工厂糟糕的工作条件和低廉的工资，反对 Gap 服装零售商和类似公司在亚洲和拉美设立制造工厂剥削工人，反对 Unocal 和 Total 公司的缅甸管道项目，因为实施该项目等于支持军事专制国家；反对弗里波特·麦克莫兰铜金公司（简称自由港）在伊里安查亚的采矿作业，因为该作业造成土著居民流离失所，且重金属残留会造成土地、水资源污染。数百家企业一直面临社会运动类国际 NGO 的愤怒、批评与抵制，特别是美国公司最有可能成为目标，许多欧洲的跨国公司也面临指责。另一方面，更多的跨国公司在很大程度上被国际 NGO 忽略了。对此，跨国公司从最初的沉默，到为他们的行动辩护，再到"漂白行动"，至少妥协性地满足批评者的要求，从而让批评指责得以化解，公司的合法地位与声誉得以恢复。[①]

国际 NGO 与跨国公司之间，除了敌对，也有合作。许多国际 NGO 并不满足于零碎的工作，因为这些工作为了让特定的跨国公司承担责任，常常耗费资源太多。于是国际 NGO 与相关公司及该行业内的政府间国际组织合作，形成企业行为准则、道德守则，引导企业实施对社会负责的行为。如社会责任国际的 SA8000 社会责任标准、国际标准化组织的 ISO14000 环境管理标准对企业的引导。全球许多公司都支持这些由"局外"第三方提出的原则，不过，商会类国际 NGO 常常形成各自的自愿性行为准则，如国际商会的可持续发展商业纲领。而职业类国际 NGO 习惯性地要求其会员遵守道德准则，如国际会计师联合会、国际桥梁工程协会的道德准则等。当然，各类自愿性的原则、准则等几乎不能保证被遵守，许多批评者认为公司采纳这些准则只是为了获得合法性。国际 NGO 观察组织与国家、政府间国际组织合作，广泛开展监察活动，以确保企业言行一致。国际 NGO 观察组织派出调查小组到生产现

---

① John Boli (2006), "International Nongovernmental Organizations", in Walter W. Powell and Richard Steinberg (ed.) (2006), *The Nonprofit Sector A Research Handbook*, 2nd edition, New Haven & London: Yale University Press, pp. 342 – 343.

场、询问企业管理者等,有名的例子包括企业观察、耐克观察、隐私国际等。国际NGO也设立一系列奖项来认可道德典范。一些公司成为有社会责任企业行为与政策方面的典范。①

三、国际NGO在全球治理中的作用

随着国际NGO的发展壮大,其国际影响力不断增强,在越来越多的领域发挥着日益重要的作用。早在1997年,时任联合国秘书长安南在向第52届联合国大会提交的工作报告中,就阐述了全球发展的八大因素,其中第五大因素为"随着跨国性民间社会组织的迅速发展,非政府国际组织的作用越来越大"②。随着现代科技、通信技术的发展,国际交流变得更加便捷。自由贸易带来经济发展与社会问题全球化,使得国际NGO异常活跃,尤其在诸如人口、教育、扶贫、环保、气候、科技、妇女儿童保护、人道救援等方面,单靠政府或政府间国际组织往往力不从心,这为国际NGO提供了广阔的潜力空间。③ 下面仅就国际NGO重点关注的发展援助、全球环境与气候治理、人权、和平与安全、国际法与国际规则等主要领域,讨论国际NGO在全球治理中的作用与影响。

(一)发展援助领域④

半个多世纪以来,富国对穷国的发展援助一直是改变世界经济发展不平

---

① John Boli(2006),"International Nongovernmental Organizations", in Walter W. Powell and Richard Steinberg (ed.)(2006), *The Nonprofit Sector A Research Handbook*, 2nd edition, New Haven & London: Yale University Press, pp. 342–344.

② Macel Merle(1997),"A Legal Tangle, The 'Status' of Non-governmental International Organizations between International Law and National Law", *Transnational Associations*, p. 326. 转引自武兰芳(2007:69、71)。

③ 王名、杨丽:《国际NGO论纲》,见《中国非营利评论》第八卷,北京:社会科学文献出版社2011年版,第17—18页。

④ 王名、杨丽:《国际NGO论纲》,见《中国非营利评论》第八卷,北京:社会科学文献出版社2011年版,第19—20页。

衡的最重要的国际行动。发展援助不仅是发达国家对发展中国家在经济上提供的国际援助，也是国际NGO积极参与的全球公共事务之一。

与以国家为主体开展的国际发展援助相比，国际NGO提供的援助规模虽然有限，但有其独特优势，对于改善发展中国家的贫民状况、促进当地经济社会发展发挥着重要作用。首先，国际NGO灵活机动，适应性强，能迅速满足随时出现、多元化的具体需求。"尺有所短，寸有所长"，发展援助项目的规模较小，正是国际NGO能够在许多发展中国家和地区取得成功的原因。其次，运作的高效率和资金、人力的高利用率，有效降低了发展援助的成本。执行程序繁琐、行政开支巨大是政府间国际援助的弊端。而国际NGO从事发展援助，不存在庞大的行政系统，不需要复杂的协调机构，也没有政府部门之间利益关系的协调与配置，减少了大量的中间环节，其项目可迅速直达村庄和乡镇，甚至直达每个农户、家庭和个人，从而有效降低了发展援助的成本。第三，推动经济援助的制度创新。政府和国际机构的援助项目金额庞大、人员众多、手续繁琐、管理困难，难以根据当地情况创新项目执行机制。而国际NGO由于援助规模小、资金少，容易根据实际情况设计项目实施方式，推动制度创新。如孟加拉"乡村银行"的小额信贷模式，中国四川的"国际小母牛"礼品传递模式等，不仅给发展援助带来新的形式和动力，也成为社会创新的新源头。第四，革新传统文化。社会的互助传统及其互助形式各不相同，如西方的发展援助常常是全社会范围的行动，而东方社会往往集中于邻里间小规模的互相帮助，一般不易扩展到整个社会。同样社会在不同发展阶段对于发展援助的态度也会有比较明显的变化。国际NGO不仅带来资金，还带来其他国家的管理方式，影响各国援助机构对互助模式与项目规模的习惯性依赖，有效帮助发展较慢的地区学习新的方法，缩短进步时间，更重要的是能在深层次上改变接受援助地区原有的习惯和文化，从而减少发展援助的区域差别，降低援助的成功难度。[①]

---

① 王杰、张海滨、张志洲主编：《全球治理中的国际非政府组织》，北京：北京大学出版社2004年版，第280—288页。

在发展援助领域，国际 NGO 尽管有着政府和其他国际机构不能比拟的优势，但并不意味着国际 NGO 可完全替代政府和其他国际机构的作用。国际 NGO 也有其资源、资金、方式、规模等方面的局限性，使得它们在从事发展援助时必须与政府和其他国际机构密切合作，相辅相成，促进援助项目效益最大化。

（二）环境与气候领域[①]

环境与气候治理领域的国际 NGO 早在 19 世纪下半叶就已出现。[②] 20 世纪 70 年代以后，环境与气候领域的国际 NGO 数量迅速增加，规模急剧扩大，活动范围和领域越来越广泛，并逐步建立全球网络体系，作用与影响也显著扩大。[③] 第一，开展环境教育，提供环境信息。几乎所有的国际环境与气候 NGO 都重视对社会大众的环境教育和宣传，将其作为基础性工作。国际 NGO 在环境、气候信息的收集和传播方面表现突出。如世界观察研究所每两年出版《世界资源报告》，对全球资源进行评估，拥有广泛的国际影响。联合国环境规划署发布的《全球环境展望》被视为世界上对全球环境状况评估最全面、权威的报告之一，其中大量引用世界观察研究所、国际可持续发展研究所、国际环境与发展研究中心等国际 NGO 的研究和监测结果。第二，推动国际环境与气候机制的形成与发展。国际 NGO 在促进国际环境与气候机制的形成、实施和修改方面作用明显，如绿色和平等国际 NGO 推动《关于危险废物越境转移及其处置巴塞尔公约》与《联合国气候变化公约》的制定与实施等。地球之友、环境防卫基金等推动《蒙特利尔议定书》的签署，产生 1990 年伦敦

[①] 王名、杨丽：《国际 NGO 论纲》，见《中国非营利评论》第八卷，北京：社会科学文献出版社 2011 年版，第 20—22 页。

[②] 1892 年成立的国际森林研究组织联盟、1895 年创立的国际自然之友堪称这个领域较早的国际 NGO。（王杰等，303）

[③] 王杰、张海滨、张志洲主编：《全球治理中的国际非政府组织》，北京：北京大学出版社 2004 年版，第 303—307 页。

修正案与 1992 年哥本哈根修正案等。第三，维护环境与气候正义，组建全球网络。日益艰难的气候谈判中，气候变化应对成为发达国家与发展中国家的博弈。由此，反映弱势群体呼声和主张，维护其环境权益，保障发展中国家的生存权与发展权成为国际环境 NGO 的基本功能之一。如气候正义网络就是专门维护发展中国家气候利益的国际 NGO 网络。环境与气候领域的国际 NGO 已建立遍及世界各地的全球网络，架设全球环保与气候人士的联系纽带和桥梁。① 通过这根纽带，世界各地的环境与气候问题及各地环保人士的关切反映到国际层次，解决全球性环境与气候问题的战略又被层层分解到基层。② 该领域的国际 NGO 非常重视利用现代信息技术，使全球环保人士的联系和交流更加便捷。③ 第四，推动环境与气候治理模式创新。环境与气候领域的国际 NGO 的日益发展和壮大正在改变传统的由国家和政府间国际组织主导的国际环境与气候治理模式。作为全球环境与气候治理的重要一员，国际 NGO 推动了全球环境与气候治理的民主化进程。美国学者鲍尔·瓦普纳（Paul Wapner）指出，环境与气候领域的国际 NGO 成为正在形成中的全球市民社会的重要力量，它们不仅通过影响国家决策发挥其作用，而且通过在全球范围塑造生态责任感、驾驭全球市民社会运作结构而独立地在世界事务中发挥影响。④

环境与气候领域的国际 NGO 在全球环境与气候治理中的作用获得国际社会的广泛认可，但其作用和影响到底有多大，却是一个有争议的话题。国际 NGO 在全球环境与气候治理中是否能发挥更重要的作用与影响，除了加强内部组织治理与能力提升，关键在于处理：如何在与政府、政府间国际组织、企业的合作中（尤其是在接受支持的同时）保持自身的独立性；如何在保持

---

① 王杰、张海滨、张志洲主编：《全球治理中的国际非政府组织》，北京：北京大学出版社 2004 年版，第 310—316 页。

② Princen, T. & Finger, M. (1994), *Environmental NGOs in World Politics: Linking the Local to Global*, London: Routledge, p. 221.

③ Keck M. & Sikkin K. (1998), *Activist beyond Borders: Advocacy Networks in International Politics*, New York: Cornell University Press, p. 10.

④ Wapner, P. (1995), "Politics beyond the State: Environmental Activism and World Civic Politics", *World Politics*, 47 (3), p. 47.

对国家、政府间国际组织和企业施加压力的同时,加强与它们的合作;如何在尊重国际 NGO 多样性的同时,保持立场的协调性;如何改善全球环境与气候治理中国际 NGO 代表性严重失衡的局面等。①

(三) 人权领域②

联合国人权体系以《世界人权宣言》、《经济、社会与文化权利公约》、《公民与政治权利国际公约》为核心,明确了所有国家应遵循的国际人权规范和行为标准,也是当今公认的对于个人尊严在社会和政治保障方面的最低标准,这三个核心文件通常被称为国际人权宪章。人权领域国际 NGO 是国际人权宪章的坚定维护者和监督者,堪称国际人权领域的公共管理者,在诸如国际人权议程设定、人权相关国际文件的拟定、帮助并监督各国政府的人权实践、协助各种人权协议的执行等诸多方面,发挥着切实而重大的影响。③ 具体而言,国际 NGO 在人权领域的主要作用包括:第一,推动建立联合国人权体系。1948 年,联大在有关国际 NGO 的积极推动下接受《世界人权宣言》。之后,国际 NGO 持续努力,从制度和机制上影响和协助联合国人权制度建设,联合国在人权领域重要的国际公约如《消除对妇女一切形式的歧视公约》(1979)、《儿童权利公约》(1989) 等,几乎都离不开国际 NGO 的努力。联合国派遣专家调查失踪案、派遣工作组调查任意拘捕、建立特殊报告人制度以及联合国人权事务高级专员的设立等,都是在国际 NGO 的倡议和协助下完成的。④ 第二,推动保障人权的民主制度建设。人权领域的国际 NGO 追求最

---

① 王杰、张海滨、张志洲主编:《全球治理中的国际非政府组织》,北京:北京大学出版社 2004 年版,第 325—328 页。

② 王名、杨丽:《国际 NGO 论纲》,见《中国非营利评论》第八卷,北京:社会科学文献出版社 2011 年版,第 22—24 页。

③ Welch, C. E. (ed.) (2001), *NGOs and Human Rights: Promise and Performance*, Philadelphia: University of Pennsylvania Press, p. 225.

④ Van Tuijl, P. (1999), "NGOs and Human Rights: Sources of Justice and Democracy", *Journal of International Affairs*, pp. 493–514.

大限度的人权保障和发展，往往与民主制度建设相结合，成为民主的助推器。如北爱尔兰自1922年与爱尔兰分治后，政治保守，一党独大，人权无法保障，社会动荡不已。1972年政治改革后，涌现出大批NGO，互帮互助，共同解决诸如住房、无家可归、医疗卫生等政府无法有效解决的社会问题，向政府施压，为黎民百姓争取广泛的经济、社会和文化发展权利，促进北爱尔兰的政治发展。[1] 同时，随着经济全球化的发展，国际NGO将一些普遍接受的行为规范带到世界各地，推动各地民主进程。第三，监督协助各国政府的人权实践。尽管国际人权机制中不乏监督手段，但由于各种原因，各国政府加入联合国人权体系时"将遵循国际公认的标准在本国实践并保障人权"的承诺难以完全兑现。作为一种第三方力量，国际NGO以国际人权宪章为标准，秉着独立、公正、中立的原则对人权受害者进行保护。和平时期对各国政府的人权遵守实施严格的监督，战争时期监督交战双方不违背国际人道法，善待战俘和平民。人权领域的国际NGO和政府间国际组织一起，监督国际人权标准在各国的实践，成为人权领域的坚强卫士。[2]

国际NGO在全球人权治理中扮演着日益重要的角色，但也存在严重的制约因素：一是掌握的资源、信息有限，特别是资金不足，影响其作用发挥；二是政府不合作，常常设置障碍阻挠国际NGO开展活动。此外，人权问题复杂而敏感，国际NGO在全球人权治理中的作用既有积极的一面，也有消极的一面，评价褒贬不一。尤其是一些专门针对某个主权国家的人权组织，常沦为一国或国家集团的政治工具。与其他领域相比，人权领域的高度政治敏感性和复杂性，要求国际NGO一方面要超越制约其发展的经济因素，确保独立性和中立性，不沦为人权国际干涉的工具；另一方面要超越主权国家的干扰，争取更多的国际理解和支持，更有效地协调立场，谋求和实现全

---

[1] Birrell, D. & Williamson, A. (2001), "The Voluntary-Community Sector and Political Development in Northern Ireland, Since 1972", *Voluntas: International Journal of Voluntary and Nonprofit Organizations*, 12 (3), pp. 205–220.

[2] 王杰、张海滨、张志洲主编：《全球治理中的国际非政府组织》，北京：北京大学出版社2004年版，第395—399页。

球范围的社会公益。

（四）和平与安全领域[①]

和平与安全是国家的核心利益。一般而言，所有主权国家都力争主导自身的和平与安全，并在国际社会的和平与安全问题上争取主导权。对于国际NGO而言，参与国际社会的和平与安全不仅困难重重，也有相当的局限性，尽管如此，国际NGO还是成为国际和平与安全领域一支不可忽视的力量，发挥着重要作用。

和平与安全领域的国际NGO实现价值的方式同其他领域的NGO相似，主要通过向政府或有权威的国际组织施加压力，或者与它们合作采取共同行动。如通过新闻媒体争取民意，然后借助民意的压力迫使政府改变其政策或行动；游说政府或政府间国际组织的官员；参与政府或政府间国际组织的项目规划，提出建议或咨询；有时甚至直接采取过激行动迫使政府做出让步，等等。国际NGO的特点与作用也通过采取如下行动得以实现：第一，培育国际社会的基层民主，缓解社会紧张。宣传、教育、舆论以及观点的碰撞唤醒民众的民主意识，同时也对主权国家及其构成的国际体系的权力有所制约。第二，协调个人与政府或政府间国际组织之间的关系和利益。国际NGO是民间志愿组织，组织机构灵活，触角几乎无孔不入，往往能及早发现现实中存在的问题与潜在危机，及时提供反馈意见与解决方案供决策参考，甚至直接运用自己的资源参与其中。第三，弥补政府或国际组织理性决策的缺失。高度发达的科层官僚系统，"理性行为模式"带来繁琐的行政流程，导致某些问题无法及时处理甚至被遗忘。

国际NGO在教育影响人民、争取参与国际决策等方面取得越来越引人注目的成功，但同环境等其他领域相比，遇到的困难要大得多，基本上还处于

[①] 王名、杨丽：《国际NGO论纲》，见《中国非营利评论》第八卷，北京：社会科学文献出版社2011年版，第18—19页。

边缘地位,有其较大的局限性。这主要涉及几个因素:首先,和平与安全依然是国家的核心利益。其次,国际 NGO 至今不是国际法主体,能够独立支配的资源较少,发挥作用的方式具有从属性,很难参与重大的政治性决策。第三,全球社会对和平与安全的决策权本身具有较大的不确定性,"公共权力机构"的缺乏导致决策执行也没有保证。①

(五) 国际法与国际规则领域②

作为非国家行为体,国际 NGO 暂不具有国际法地位,但它通过制定标准、参与制度建设、参加谈判等方式促进国际法的制订和发展;凭借分散化、网络化的组织体系,对各国遵守国际法的情况进行社会监督,强化和监督国际法的实施;通过"法庭之友"、法律顾问等方式参与诉讼程序,推动国际争端的有效解决。

近年来,要求增加 WTO 争端解决机制透明度的呼声日益高涨,国际 NGO 极力主张进行体制性变革,增加 NGO 等市民社会代表进入法律程序的机会。具体而言,在争端解决过程中,NGO 应享有以法庭之友身份向专家组和上诉机构提交书面陈述、提供独立证词、开展辩论等权利,甚至要求享有争端当事方的一些权利。虽然这些改革主张尚未纳入 WTO 的争端解决规则,但在实践中 NGO 以法庭之友的方式参加到 WTO 争端解决机制中的做法,已得到 WTO 争端解决机构(Dispute Settlement Body)的支持。③

由于国际 NGO 的专业性,由其制定的某一行业标准和准则较易于普遍接受并被采纳。如国际标准化组织(ISO)制定的 ISO9000、ISO9001、ISO14000

---

① 王杰、张海滨、张志洲主编:《全球治理中的国际非政府组织》,北京:北京大学出版社 2004 年版,第 228—240 页。

② 王名、杨丽:《国际 NGO 论纲》,见《中国非营利评论》第八卷,北京:社会科学文献出版社 2011 年版,第 24 页。

③ 张琪娟:《略谈非政府间国际组织的法律地位》,载《大众科学·科学研究与实践》,2007 年第 20 期,第 21 页。

和 ISO14001 等质量管理体系认证和环境管理体系认证的国际标准，在全球具有权威地位，受到世界的普遍认可，ISO 的认证甚至成为企业走向全球化的通行证。而国际商会（ICC）制定的《国际贸易术语解释通则》、《托收统一规则》等，已成为国际贸易惯例，具有法律效力。

四、国际 NGO 在全球治理进程中遭遇的挑战及其应对

（一）挑战

国际 NGO 通常被认为是国际社会的"好人"。他们促进对人权的尊重、对自然界的保护、在发生自然或人为灾害时提供救济、援助世界上贫穷和饥饿之人，以及其他广受赞誉的目标等。他们被称为"世界的良知"[1]，甚至被视为有助于缓解不同文明之间的张力。[2] 自 20 世纪 90 年代中期以来，国际 NGO 已获得广泛认可，被认为是解决世界问题的重要角色。但随着国际 NGO 针对特定跨国公司和重要政府间国际组织的各种活动受到全世界关注，抗议、质疑与批评也随之出现。

首先受到"质疑和批评"的是国际 NGO 参与全球治理的合法性。第一，就治理主体而言，国际 NGO 成分各异，不具备官方代表所具备的全局视野，往往只代表部分特殊利益群体，因此，存在扭曲政策利益的可能。[3] 哪些选民给了废除皮毛贸易联盟终结皮毛交易的权利？[4] 国际 NGO "自称是'市民社

---

[1] Willetts, Peter (ed.) (1996), *The Conscience of the World: The Influence of Non-Governmental Organizations in the UN System*, Washington D. C.: Brookings Institution Press.

[2] Boulding, Elise (1990), "Building A Global Civic Culture", *Development* 2, pp. 37–40.

[3] Robert O. Keohane, Stephen Macedo and Andrew Moravcsik (2009), "Democracy-Enhancing Multilateralism", *International Organization*, 63 (1), pp. 1–3.

[4] John Boli (2006), "International Nongovernmental Organizations", in Walter W. Powell and Richard Steinberg (ed.) (2006), *The Nonprofit Sector A Research Handbook*, 2nd edition, New Haven & London: Yale University Press, p. 344.

会'的代言人,然而,'市民社会'本身却是个含混不清的词,它所覆盖的范围有哪些?它的使用是否故意趋于一种普遍性?"[1];第二,就治理过程而言,国际NGO参与可能拖延谈判进程。在全球治理以国家为主体的治理框架上,国际NGO的参与增加了额外的谈判组织,甚至国际NGO为了达成他们的目标和利益,就谈判透明度和问责等问题与政府达成妥协。第三,就治理结果而言,国际NGO"是否更负责任、其程序是否透明、其效率如何"等等需要质疑。[2] 为什么绿色和平的决策仅限于一小群职业活动家?阿塔克协会"不负责任"地呼吁对所有外汇交易征税、要求发达国家免除第三世界债务时,他对谁负责?[3] 国际NGO的"决策是由未经选举的个人决定的,而政府的代表和决策则是民主决策程序的结果";国际NGO成员既然不是通过选举等合法程序产生,那么无法对其行为问责,因此,他们可能如同国家代表常常被诟病的,在行为上背离广大群众。[4] 总之,"非政府组织是自命的、不负责任的,而且缺少社会基础,并因此质疑其在全球讨论中作为参与者的合法性。"[5]

挑战国际NGO合法性和道德权威的声音,首先来自全球资本主义的意识形态捍卫者,尤其是那些与诸如《金融时报》、《经济学人》、《福布斯和华尔街日报》等主要出版物有来往的捍卫者。[6] 国家、政府间国际组织和跨国公司纷纷加入攻击行列,他们对国际NGO讨厌地侵入他们通常掩护良好的

---

[1] Vivien Collingwood (2006), "Non-Governmental Organisations, Power and Legitimacy in International Society", *Review of International Studies*, 32 (3), Jul, p. 453.

[2] Vivien Collingwood (2006), "Non-Governmental Organisations, Power and Legitimacy in International Society", *Review of International Studies*, 32 (3), Jul, p. 453.

[3] John Boli (2006), "International Nongovernmental Organizations", in Walter W. Powell and Richard Steinberg (ed.) (2006), *The Nonprofit Sector A Research Handbook*, 2nd edition, New Haven & London: Yale University Press, p. 344.

[4] Martina Piewitt, Mieke Rodekamp and Jens Steffek (2010), "Civil Society in World Politics: How Accountable AreTransnational CSOs?", *Journal of Civil Society*, 6 (3), pp. 237 – 258.

[5] 迈克尔·爱德华:《市民社会与全球治理》,王玉强、陈家刚编译,载《马克思主义与现实》,2002年第3期,第49—56页。

[6] George, Susan (2001), "Democracy at the Barricades", *Le monde diplomatique*, August.

活动愤愤不平。与此同时，国际 NGO 旨在帮助的人群，也提出其他形式的批评。① 而资本主义、跨国公司和大型政府间国际组织的捍卫者，他们质疑国际 NGO 的代表性、透明度和问责。② 自 1999 年以来，随着政府间国际组织重大会议期间出现无数街头暴力事件，社会各界对国际 NGO 合法性的抨击更加强烈。③

同时，欠发达国家的一些知识分子和活动家，与来自发达国家的批评者，还以其他理由指责国际 NGO。激进的批评者们谴责国际 NGO 是资本主义精英和强权国家的仆人，而温和的分析者们认为国际 NGO 对西方偏见、全球化趋势、在地环境等关注不足。④ 最激进的批评者甚至否认广受赞誉的人权国际 NGO，因为这些批评者将普世人权体系视作削弱当地文化的暴力殖民。⑤

不过，几十年来最常见的主题都是直接针对西方的老生常谈：文化帝国主义、意识形态掌控、推进依赖关系，等等。最常受到攻击的是发展领域国际 NGO，他们被视为是西方发展模式、美国价值观或以欧洲为中心的发展与文明观的承包商。有研究指责发展领域国际 NGO 的项目没有深入结合当地情况与环境、局外人指导、长期效果不可预测以及对已富裕者

---

① John Boli (2006), "International Nongovernmental Organizations", in Walter W. Powell and Richard Steinberg (ed.) (2006), *The Nonprofit Sector A Research Handbook*, 2nd edition, New Haven & London: Yale University Press, p. 344.

② Rieff, David (1999), "The False Dawn of Civil Society", *Nation*, 268 (7), pp. 11 – 16; Edwards, Michael (2000a), "Time to Put the NGO House in Order", *Financial Times*, 6 June, Rienner; Edwards, Michael (2000b), *NGO Rights and Responsibilities: A New Deal for Global Governance*, London: Foreign Policy Centre; Bond, Michael (2000), "The Backlash against NGOs", *Prospect Magazine*, Available online at http://www.globalpolicy.org/ngos/backlash.htm.

③ John Boli (2006), "International Nongovernmental Organizations", in Walter W. Powell and Richard Steinberg (ed.) (2006), *The Nonprofit Sector A Research Handbook*, 2nd edition, New Haven & London: Yale University Press, p. 344.

④ Hulme, David and Michael Edwards (1997), *NGOs, States and Donors: Too Close for Comfort?*, Houndmills, U. K.: Macmillan, pp. 707 – 718.

⑤ Esteva, Gustavo and Madhu Suri Prakash (1998), *Grassroots Post-Modernism: Remaking the Soil of Cultures*, London: Zed Books, pp. 156 – 157.

有利等。①

(二) 应对

很多学者为国际 NGO 参与全球治理提供合法性辩护。希尔迪·梯根等人认为,"从社会学到经济学到政治科学,都认可 NGO 在世界范围内的价值创新、治理、倡议以及监督功能"②,尤其是对于治理议程的设置、过程的民主化以及治理效果的提升,均具有积极作用。学者对其合法性的论证体现在经验层面和规范层面。第一,从经验层面来看,实践已经证明国际 NGO 参与全球治理取得了良好的效果。"在过去的几十年里,最显著的国际关系现象就是 NGO 已成为经济、环境、人权等诸多领域治理中的不可忽视的因素。"③ 例如,温迪·斯哥纳指出:"有些 NGO,不论是他们的代表性特征,还是他们对全球公共利益做出贡献的能力都早已赢得了国际公认"④;马克·埃伯利斯指出:"没有 NGO 及其跨国活动,也许我们永远也不会看到具有远见和首创精神的里约热内卢会议,正是这次会议将可持续发展问题提上了国际议事日程"⑤;第二,从规范层面来看,主流观点认同 NGO 参与全球治理的价值。这是因为在西方文化中,NGO 参与全球治理隐含着"政府是世界问题的来源",对政府的不信任。NGO 参与全球治理没有其私利,能够起到监督、限制、约

---

① John Boli (2006), "International Nongovernmental Organizations", in Walter W. Powell and Richard Steinberg (ed.) (2006), *The Nonprofit Sector A Research Handbook*, 2nd edition, New Haven & London: Yale University Press, p. 344.

② Hildy Teegen, Jonathan P Doh and Sushil Vachani (2004), "The Importance of Nongovernmental Organizations (NGOs) in Global Governance and Value Creation: An International Business Research Agenda", *Journal of International Business Studies*, 35 (6), Nov, p. 464.

③ Marc Abélès (2008), "Rethinking NGOs: The Economy of Survival and Global Governance", *Indiana Journal of Global Legal Studies*, 15 (1), Winter, p. 241.

④ Wendy Schoener (1997), "Non-Governmental Organizations and Global Activism: Legal and Informal Approache", *Indiana Journal of Global Legal Studies*, 4 (2), Spring, p. 538.

⑤ Marc Abélès (2008), "Rethinking NGOs: The Economy of Survival and Global Governance", *Indiana Journal of Global Legal Studies*, 15 (1), Winter, p. 244.

束政府的功能，体现着全球治理中的公民自治价值和民主价值，最终实现完善全球治理的目的。就一国国内而言，NGO 往往代表了社会边缘群体的利益，打破了政府代表的垄断，将弱势群体的建议纳入到决策者的参考范围。在这一过程中，与政府和企业不同，各种类型的社会组织既不追求政治目标，也不追求盈利，不仅尽可能全面而真实反映多元化社会的各种群体的声音，也可能推动共同的价值目标的形成，进而影响政府的决策过程。[1] 这体现了治理权力回归市民社会所具有的公民自治价值。在国际层面，NGO 参与到全球治理中，能够增加谈判代表的专业知识和谈判技能，使得治理过程更加开放和民主，推动了治理过程的民主化，增加了国际层面上的民主参与，促进了国际决策的民主化进程。

国际 NGO 对各种质疑和批评等高度敏感，很多组织经过激烈的自我批评和深刻反思，努力做出相应的调适，在更好地了解当地文化、政治、经济情况的同时，更加强调地方参与、地方优先。"人道巡视员"是一种制度性回应，发展和救济领域国际 NGO（卡尔国际、明爱、丹麦难民委员会、红十字会/红新月会、乐施会和世界宣明会等）集体认为，"人道巡视员"是一种人道救助的监督机制，给予受影响者在救助组织忽视其声音时有发声渠道，保障其意见受到聆听。[2]

五、小结与展望

考虑到国际 NGO 爆炸性的增长及其对全球治理中其他行动者强有力的影响，一个值得不断思考的问题出现了：国际 NGO 到底有多重要？它们改变了国家、政府间国际组织和跨国公司的行为吗？它们是否真的有助于减缓全球

---

[1] 参见 Jan Aart Scholte (2007), "Civil Society and the Legitimation of Global Governance", *Journal of Civil Society*, 3 (3), pp. 305 – 326。

[2] John Boli (2006), "International Nongovernmental Organizations", in Walter W. Powell and Richard Steinberg (ed.) (2006), *The Nonprofit Sector A Research Handbook*, 2nd edition, New Haven & London: Yale University Press, p. 344.

变暖、改善贫困国家的农业、提升妇女权力、杜绝腐败、减缓艾滋病的蔓延?[①]

必须承认,国际 NGO 确实重要,这是我们对具体问题、具体组织进行大量研究后而清楚得出的结论。然而,对国际 NGO 的有效性而言,还缺乏系统性的研究证据,因为多数研究只是基于案例研究与事件的编撰。在国际 NGO 所有的活动领域中,关于发展领域的评估研究最为充分,可是依然没有说服力:尽管发展领域的国际 NGO 因成为官方发展援助的项目经理和项目渠道而变得更加重要,但不能清晰地说明,他们成功地帮助了欠发达国家的经济、社会发展。[②]

然而,在国际 NGO 的有效性问题上也存在一些误导。在全球诸多领域,国际 NGO 一定有效是因为并没有其他重要行动者参与。如在全球标准化等领域[③],国际 NGO 起着主导作用,其他行动者或者被纳入国际 NGO 体系,或者被边缘化。在其他领域中,国际 NGO 与其他全球行动者密切合作,任何一种行动者的有效性都不可能相互分割来讨论。所以,国际 NGO 的有效性被大大低估是有其合理性的,这在很大程度上是因为有众多的国际 NGO 领域仍然一直没有得到研究。

从理论层面探讨国际 NGO 在构建和传播世界文化方面的效力,是有诸多裨益的。[④] 因为,国际 NGO 的数量远远多于政府间国际组织,也比任何国家、

[①] John Boli (2006), "International Nongovernmental Organizations", in Walter W. Powell and Richard Steinberg (ed.) (2006), *The Nonprofit Sector A Research Handbook*, 2nd edition, New Haven & London: Yale University Press, p. 345.

[②] Riddell, Roger C., Stein-Erik Kruse, Timo Kyllönen, Satu Ojanperä and Jean-Louis Vielajus (1997), *Searching for Impact and Methods: NGO Evaluation Synthesis Study*, A Report Produced for the OECD/DAC Expert Group on Evaluation, Helsinki: Department for International Development Cooperation, Finland Ministry of Foreign Affairs.

[③] Loya, Thomas A. and John Boli (1999), "Standardization in the World Polity: Technical Rationalization over Power", in John Boli and George M. Thomas (eds), *Constructing World Culture: International Nongovernmental Organizations since 1875*, Stanford, Calif.: Stanford University Press, pp. 169–197.

[④] Boli, John and George M. Thomas (1997), "World Culture in the World Polity: A Century of International Non-Governmental Organization", *American Sociological Review*, 62, pp. 171–190.

跨国公司更加关注全球问题、实践和政策，它们是构成世界文化的组织骨干。① 国际 NGO 为全球活动制定操作规则，正如国际商会要为国际贸易中合理提单设置要求。② 它们对全球概念体系进行定义，正如国际天文学联合会正式区别行星和冷矮星之间的差异。它们帮助产出和传播全球性的知识体系，正如国际辐射防护协会出版该领域顶尖研究者的论文集。国际 NGO 也传达、辩驳、塑造在全世界范围（虽然尚有争议）都适用的道德与规范性原则③，如濒危动物要大力保护、妇女有权利控制自己的身体、跨国公司的社会责任要远远超出他们对利润和效率的关注。这些一般的规则、定义、知识主体和道德标准形成了世界文化语境，国家、跨国公司、个人和国际 NGO 本身都嵌入其中。因此，这些与其他行动主体的身份、目标、行动以及价值观都受到了影响。④

国际 NGO 主导、参与、融入全球治理的多样化进程，是国际社会变迁的主要来源，高度多样的国际 NGO 人口有助于形成并不断重建高度多样却支离破碎的世界文化苍穹。如果没有国际 NGO，很多国家很可能不会承担近几十年新承担的责任（如妇女的角色和地位、安全标准、同性恋者的权利、污染控制、支持科学研究，等等）。如果没有国际 NGO，跨国公司是否愿意将如此多的资源投入到环境项目中、确立机会均等的用人标准或者积极推动新的组织管理技术（走动式管理、全面质量管理、业务流程重组等等），非常值得怀疑。如果没有国际 NGO，世界经济将更加细碎更不稳定，技术将更不规范，心理和社会问题的概念将更加多样化，侵犯人权也将更加常见。依此类推，

---

① John Boli (2006), "International Nongovernmental Organizations", in Walter W. Powell and Richard Steinberg (ed.) (2006), *The Nonprofit Sector A Research Handbook*, 2nd edition, New Haven & London: Yale University Press, p. 345.

② Berman, Harold J. (1988), "The Law of International Commercial Transactions", *Emory Journal of International Dispute Resolution*, 2, pp. 235–310.

③ Nadelmann, Ethan A. (1990), "Global Prohibition Regimes: The Evolution of Norms in International Society", *International Organization*, 44, pp. 479–526.

④ Meyer, John W., John Boli, George M. Thomas and Francisco O. Ramirez (1997), "World Society and the Nation-State", *American Journal of Sociology*, 103, pp. 144–181.

如果没有国际 NGO，多种形式的分歧和不和谐也不会太明显，因为国际 NGO 常常围绕着世界文化的争议轴心。①

因此，可以肯定地说，国际 NGO 是全球治理的重要主体，也是全球非营利部门的重要组成部分。国际 NGO 在全球治理进程中的有效性，首当其冲的是国际 NGO 使得整个世界比原来更加全球化。作为全球化、全球治理的重要驱动力量，国际 NGO 在推动国际社会的其他主体——国家、政府间国际组织、跨国公司、个人和各种集体——意识到日常生活中的全球维度，更广泛地参与其中。自 19 世纪形成以来，国际 NGO 一直在发挥作用，而在 21 世纪的将来，它也很可能将在全球治理中继续发挥重要作用。②

---

① John Boli (2006), "International Nongovernmental Organizations", in Walter W. Powell and Richard Steinberg (ed.) (2006), *The Nonprofit Sector A Research Handbook*, 2nd edition, New Haven & London: Yale University Press, p. 345.

② John Boli (2006), "International Nongovernmental Organizations", in Walter W. Powell and Richard Steinberg (ed.) (2006), *The Nonprofit Sector A Research Handbook*, 2nd edition, New Haven & London: Yale University Press, p. 345.

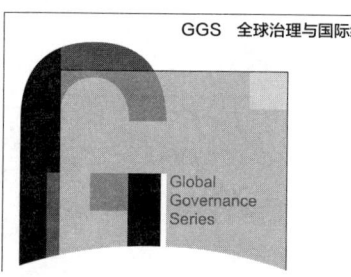

第一部分 | 国际NGO与全球治理理念

国际 NGO 发展与研究述评[*]

[美] 约翰·博尼 著　杨丽　李帅　李慧杰　游斐 编译[**]

非营利部门通常与一个国家的社会联系在一起，由处于"政府和市场之间"的"第三部门"中的组织与社团组成（Wuthnow, 1991）。这些组织在商业和政治领域之外开展活动，如服务组织、食物救济机构、康乐会所、非营利医院、动物保护组织、私立学校，等等。国际社会也存在类似的全球第三部门，在全球经济（跨国公司主导，由国际货币基金组织和世界贸易组织等政府间国际组织进行管理）和全球政治（以联合国为中心）之外运行。全球第三部门是国际 NGO 的王国，涵括所有超越国家边界与司法管辖、追求跨国目标而组织起来的志愿协会、联合会、社会团体、联盟、理事会、大会和委

---

[*] 本文首次发表于 Walter W. Powell & Richard Steinberg 主编的 *The Non-profit Sector A Research Handbook*（2nd editon），纽黑文：耶鲁大学出版社，第 333—354 页。文章原名"International Nongovernmental Organization"。感谢 Walter W. Powell 教授授权中文翻译，感谢 John Boli 教授对本文翻译的支持。感谢 2015 年秋季"学习俱乐部·悦读会"的成员曾树群、宋逸男等积极参与该文的翻译讨论，提出宝贵的修改意见。

[**] 作者简介：约翰·博尼（John Boli），美国爱默尔森大学教授。译者简介：杨丽，北京师范大学中国社会管理研究院/社会学院副教授、国际 NGO 与基金会研究中心主任；李帅，北京师范大学中国社会管理研究院/社会学院硕士、国际 NGO 与基金会研究中心研究助理；李慧杰，德国斯图加特大学博士生；游斐：清华大学公共管理学院访问学者。

员会等。国际 NGO 十几年来颇受关注（Charnovitz，1997；Florini，2000；Keck and Sikkink，1998；Hulme and Edwards，1997；Boli and Thomas，1999；Willetts，1996），许多国际 NGO 广为人知，如大赦国际、人权观察、"国际笔会"等人权组织（Castermans et al.，1991），世界自然基金会、绿色和平和热带雨林行动网络等环境组织（Frank et al.，1997；Wapner，1996；Lipschutz，1996），红十字会、无国界医生组织、世界宣明会和凯尔国际等救济和发展组织。

尽管近年人们对国际 NGO 兴趣激增，但我们对全球第三部门还知之甚少，有关该部门的综合研究也较少（早期概述参见 Speeckaert，1957；Feld，1971），该部门远比人们意识到的要广泛与丰富得多。目前大约有 6000—7000 个完全意义上的跨国的国际 NGO 在运行，同时还有成千上万个具有跨国导向的非政府组织。从电机工程到美食烹饪，从橡胶生产到斯宾诺莎哲学研究，国际 NGO 实际上横跨整个有组织的人类活动的范围。

国际 NGO 有很深的历史渊源，远比普遍认为的深远得多。许多观点认为，国际 NGO 是共产主义消亡和新自由主义在全球胜利的结果，仅从 20 世纪 90 年代才突然开始蓬勃发展。然而，国际 NGO 的形成期是 19 世纪下半叶，甚至早在第一次世界大战之前，就已有数量庞大而复杂的国际 NGO 存在。同样，国际 NGO 在世界社会中的作用范围及其重要性也被严重低估，尽管近年来这种倾向开始得到纠正。因此，本文主要基于三个目的：

一是对过去 150 年来国际 NGO 的发展进行全面综述；

二是以定量数量全方位描述国际 NGO 活动的范围，让远离公众视线的各类国际 NGO 得到关注；

三是揭示国际 NGO 在全球治理过程中如何运作，强调国际 NGO 与国家、政府间国际组织、跨国公司的关系以及国际 NGO 对它们的影响。

一、国际 NGO 的起源及其自 1850 年以来的发展

表 1 总结了国际 NGO1909—2000 年间的发展情况，有几类是近年才出现的。A 类指国际 NGO 联盟，其成员本身就是大型的国际 NGO，如国际科学联

盟、世界电影电视协会、世界贸易联盟联合会。B 类到 D 类成员分布各不相同，B 类为"全球"国际 NGO，其成员至少分布在 60 个国家，或者成员来自 30 个以上国家且各大洲分布均衡；C 类为"洲际"国际 NGO，其成员来自至少两个洲以上的许多国家，但成员的洲际分布不如 B 类普遍；D 类为区域国际 NGO，其成员来自一个大洲或区域。此表格也揭示了各类活跃的国际 NGO 总数，包括有国际导向的各种组织，如智库、基金会、研究中心和授奖类社团等。

表 1　1909—2000 年间国际 NGO 和 IGO 的数量

	1909	1920	1931	1940	1951	1960	1972	1981	1991	2000
国际 NGO（国际 NGOs）										
所有"常规的"国际 NGOs	374	474	801	841	1307	1987	2976	4265	4620	6357
（A）组织联盟	—	—	—	—	—	—	—	43	39	37
（B）全球性组织	—	—	—	—	—	—	—	370	427	475
（C）洲际性组织	—	—	—	—	—	—	—	859	773	1063
（D）区域性组织	—	—	—	—	—	—	—	2991	3381	4782
其他国际 NGOs	—	—	—	—	—	13	622	5133	11493	11966
特殊类型	—	—	—	—	—	—	—	539	2654	6946
目前所有活跃的国际 NGOs	374	474	801	841	1307	1987	2976	9937	18767	252694
政府间国际组织（IGOs）										
所有"常规的"IGOs	37	—	—	—	123	154	280	337	297	243
其他 IGOs	—	—	—	—	—	—	—	702	1497	1593
特殊类型	—	—	—	—	—	—	—	—	306	709
目前所有活跃的 IGOs	37	—	—	—	—	—	—	1039	2100	2545

来源：国际协会联盟历年《国际组织年鉴》。

注：1909—1972 年的数据基于 1988—1989 年与 1984—1985 年年鉴中成立和解散的日期。由于数据缺失，实际总量被低估了。

国际NGO的扩散令人慨叹，过去90年里，活跃的国际NGO数量从不足400个增长到25000多个，特别是在近20年里，B、C、D类国际NGO增长尤为明显。① 非营利部门在全球与国际层面持续地迅速扩张，使得国际NGO组织数量庞大，而且他们围绕不计其数的社会活动和议题形成一个又一个令人眼花缭乱、错综复杂的全球网络。表1的下半部分表明，政府间国际组织（IGO）的数量也在迅速增加，不过同一时期，国际NGO的数量超过政府间国际组织，达7—12倍。

（一）定义和数据

表1的数据来自历年的《国际组织年鉴》（YIO）。《国际组织年鉴》由国际协会联盟（UIA）出版，是获取国际组织信息的主要来源。国际协会联盟总部在布鲁塞尔，是1907年国际文献研究所的秘书长Paul Otlet和比利时议员、伯尔尼常设国际和平办事处主席Henri La Fontaine（1913年La Fontaine获得诺贝尔和平奖，Otlet也参与了La Fontaine的国际和平事业）建立的。② 1910年在布鲁塞尔召开的第一届国际组织全球代表大会，采用UIA这个名字，一直沿用至今。UIA积极游说议员成立国家联盟和国际知识合作机构（UNESCO的前身），并且在20世纪20年代成立了第一所国际大学。第一本《国际组织年鉴》出版于1909年，共有约200家国际组织的信息。③ UIA逐渐成为国际组织信息的重要数据库，也因之成为联合国准官方信息来源。

---

① 在学术和通俗出版物中经常提到40000到50000个组织，但这源于对国际组织年鉴统计数据的粗心阅读。2000年的《国际组织年鉴》（549页）列出了"各类总数"为50373个，但这个数字应该减去17508个"目前不活跃的非常规机构"、4023个"解散或显然不活跃的组织"、3370个"国家组织"、2028个"多边条约和政府间协定"的组织以及其他几类。

② 国际文献研究所、伯尔尼常设国际和平办事处都是国际NGO。

③ 摩纳哥国际和平研究所（Institut international de la paix of Monaco）在1905、1906和1907年出版了《国际生活年鉴》（Annuaire de la vie internationale）。UIA与其紧密合作，参与了1908—1909版年鉴的编写并最终将其打造为国际组织年鉴。欲了解更多信息，请登陆UIA官网http：//www.uia.org/uiaprof/history.php。

国际协会联盟对国际 NGO 的界定与识别国内非营利组织类似：指任何在非营利基础上运作且不是国家产物的组织。然而，这个界定只是一个简单描述，UIA 交流与研究部现任主任 Anthony Judge 就如何更好地勾画国际 NGO 写了大量文章。联合国经社理事会（ECOSOC）的定义开了个好头："任何国际组织，凡不是经由政府间协议创立的，都被认为是为此种安排而成立的国际 NGO，包括接受政府当局指定之成员的组织在内，但此种成员须不妨碍该组织自由表达意见"（引述自 Judge，2000）。不过这个定义并没有明确排除以营利为导向的公司，但有暗示国际 NGO 自愿结社的特征，而且对于 ECOSOC 来说"国际组织"不包括商业公司。联合国新闻部（2004）做了更为详尽的规定："非政府组织（NGO），指在地方、国家或国际层面上组织起来的非营利性的自愿公民组织。非政府组织以任务为导向，由志趣相同的人们推动，提供各种各样的服务，发挥人道作用，向政府反映公民关心的问题，监督政策制定与实施，鼓励社区层面的政治参与。他们提供分析、专家与专业知识，充当早期预警机制，帮助监督和实行国际协议。"

联合国新闻部的这个定义将国内非营利组织囊括其中，在结构或成员方面并没有明确国际性。这种"NGO"用法十分常见——无论是从业者还是学者都随意使用，并不区分国内、国际或全球组织。这个定义也过分强调了国际 NGO 活动的社会服务和政治倡导方面，其实很多国际 NGO 完全关注与此完全不同的诸多其他领域。

Judge 指出，国际组织的多样性很难，很难全部抽象地融入国际 NGO 的定义中。不过，《国际组织年鉴》的编者制订了辨识国际 NGO 的七条规则，涉及"目标、会员、治理结构、人员、财务、自治和活动。试图只包括那些面向三个或三个以上国家的组织"。（Judge，2000）这些规则的核心意思是，国际 NGO 必须高度自治、能证明国际取导向以及以合理明确的目标为导向的持续的活动。鉴于"国际"二字隐含着对国家之间相互作用的强调，UIA 倾向于把国际 NGO 界定为国家层面之上的"跨国社团"（transnational associations），但没有被广泛采用。

《国际组织年鉴》的数据能够达到人们预期的及时性和完整性（Boli and

Thomas，1999)。UIA 和众多的国际 NGO（最新提到的数量是 25000 个）保持定期联系，同时多渠道广泛收集信息，辨识新成立的国际 NGO 并更新现有组织的活动。新成立组织很少即刻出现在《国际组织年鉴》中，不过成立五年之内，大部分都能被识别出来。因此，《国际组织年鉴》会低估出版前一年度运行的国际 NGO 数量，但尽管如此，UIA 的数据库依然是最可靠、最完整的信息来源。

(二) 形成时期（1850—1910）：一个世界的意识形态

20 世纪 90 年代，国际 NGO 突然吸引了公众和学者的关注，但从表 1 可以看出，国际 NGO 体系已经运行很久了。第一批国际 NGO 出现于 1850 年之前，像英国和外国反奴隶社团（1839 年成立）和世界福音派联盟（1846 年成立）。此后，各领域均有国际 NGO 的身影：青年基督教协会世界联盟（1855），世界眼科协会（1861），红十字会国际委员会、国际工人联合会（第一国际）和国际大地测量学会（同在 1864 年成立），国际法改革和编纂协会（1873），国际海上保险联盟（1874），世界基督教妇女节制联盟（1883），国际文献研究所（1895），还有国际护士理事会（1899），等等。我们发现，早期的国际 NGO 主要致力于人道事业、政治活动、科学、国际法、商业、道德议题、知识和职业发展，当然也还有许多其他类型的国际 NGO。

理解国际 NGO 发展的另一种方式，是关注每十年间新成立国际 NGO 的数量。从 1851 到 1860 年，只有 5 个国际 NGO 成立；从 1871 到 1880 年，有 22 个新国际 NGO 成立。紧接着的两个十年分别出现了 38 个、95 个新的组织，1901 至 1910 年令人吃惊地新增 261 个国际 NGO，可以说，国际 NGO 以指数增长。1850 至 1910 年是第三部门国际化和全球化的第一个浪潮，同时，强有力的经济全球化浪潮也出现于该时期。

这一时期欧洲列强占主导地位，将帝国主义势力扩张到全球。相应地，1910 年之前成立的大多数国际 NGO 带有欧洲血统，尽管他们吸收的成员来自全球许多其他地区，尤其是美洲。然而，就参与其中的地理学家、律师、产业工人、妇女权利倡导者、禁酒主义者、自行车赛车手、工程师、食糖生产者、牙医、摄影师、囚犯家属、数学家、伦理学家、酒商、消防员、犹太复国主义者、溜冰者、保险商、探险者、检查员和自由思想家的视角而言，所有这些团体乃至更多形成时期成立的国际 NGO，都不是欧洲组织或者欧洲议题。相反，几乎所有在第二次世界大战之前建立的国际 NGO 都有明确的全球化视野、导向、目标和致力的领域。他们明白世界只有一个，这个社会包含着所有人类。在命名组织时，他们不仅仅使用"国际"还用了"世界"、"全球"、"联邦"和"联盟"（全球联合的意义上）来描述他们自己。"国际"通常传达出更接近"跨国"的概念——这些组织超越民族和国家来解决问题、整合知识、支持竞争，还为全世界受压迫的群体争取权益。他们欢迎来自世界各个角落的成员，希望争取尽可能广泛的个人和社团。事实上，对很多早期的国际 NGO 而言，灾难性的暴力和不公正应该归咎于民族国家体系，因此超越单一民族国家和民族主义是刻不容缓的事情。也许，在国际 NGO 形成时期，由促进和平、和谐和各民族间合作的各种机构所组织和支配的一个世界的意识形态，空前绝后地占主导地位。

（三）两次世界大战之间的时期

在民族主义和全面冲突猛烈爆发的情况下，世界大战破坏了经济全球化，也扰乱了强有力的全球化浪潮。从 1914 到 1918 年，当战争席卷欧洲大陆时，只有 39 个国际 NGO 成立，20 世纪头十年的其他五年成立了 134 个。但是，在两次世界大战之间，国际 NGO 并没有被"打入冷宫"，恰恰相反，第一次世界大战造成的民族主义创伤很快让位给急剧发展的跨国化（transnationalization）浪潮：20 世纪 20 年代（每年 38 个）比 20 世纪头十年（每年 17.3 个）有更多的国际 NGO 成立，到 20 世纪 30 年代增长仅略有下降（大约每年 30 个）。战争同时也促进了国家间的正式合作，其中最重要的是国家联盟和国际劳工组织的成立，同时也有其他政府间国际组织（IGO 在第二次世界大战结束之后依然少见，在 1940 年之前成立了不到 100 个）。这股国际主义浪潮，专门寻求阻止未来战争的发生，以及找到巩固和保护和平的方法，因此，在两次世界大战之间有很多类型的国际 NGO 成立。而战争之前，仅有少数国际 NGO 明确关心世界和平、国际法或国际和谐。

（四）战后扩张：快速持续增长

在 1939—1945 年第二次世界大战期间，每年只有 14 个国际 NGO 成立，1944 年跌至 9 个。战争结束后，国际 NGO 的增长比 20 世纪 20 年代更为惊人，以火箭速度恢复增长：1945 年 35 个国际 NGO 成立，1946 年 68 个，1947 年 91 个（远远超过 1921 年国际 NGO 的最高数量 41 个）。此后，几乎每年新成立的国际 NGO 数量都超过 100 个，正如表 1 所示，20 世纪 90 年代，国际 NGO 数量持续快速增长。

战后，国际 NGO 的两个发展趋势值得关注。第一个趋势是区域性国际 NGO 增加。此处的"区域性"并非指国际协会联盟的 D 类中成员在地理上的分布，而指组织明确的焦点或活动范围是区域性的，也就是说，这些国际 NGO 把自己局限在世界的某一部分而不是覆盖全球。截至 20 世纪 60 年代，新成立的国际 NGO 中，几乎有一半是区域性的而不是全球性的。这是战后时期与前两个时期最显著的差异：前两个时期，绝大多数的国际 NGO（超过 80％甚至高达 90％）声称自己是完全意义上的全球化定位，即解决全球及相关议题。

第二次世界大战结束后不久，许多类型的区域性国际 NGO 出现。其中最重要的是地理区域性机构（geographic regional bodies）（如 1957 年成立的拉丁美洲旅游组织联盟、1958 年成立的中东神经学学会），也有亚全球化的许多其他类型：像语言区域性组织（1950 年法语国家科学心理学协会）、宗教区域性组织（1962 年世界穆斯林联盟）、前帝国区域性组织（1946 年英联邦工程师协会），等等。地理区域性国际 NGO 在欧洲很常见，但他们也在世界其他地区快速增长，尤其拉丁美洲和亚洲。

第二个新趋势是同一社会部门或者相关社会部门的国际 NGO 网络化。国际交流变得更加便捷，国际 NGO 发现保持日常联系、协调行动、参加联合活动也更加容易。这样的网络在环境保护、妇女权利、人权、发展援助（Keck and Sikkink，1998）等领域讨论最为广泛，在不那么显眼的国际 NGO 领域也很常见，特别是在技术、科学、知识、医学和商业领域。这些网络会延伸到全球其他类型的主体，特别是 IGO 和跨国公司，下文将对国际 NGO 与 IGO、跨国公司的关系进行专门探讨。

截至 21 世纪初，有超过 6000 个完全意义上的全球或跨国国际 NGO 在运行，他们几乎覆盖了所有能想到的各类活动或议题领域。其他成千上万个具有国际、跨国或全球定位的志愿、社团组织，对他们构成有益的补充。同时，成百上千的国内 NGO 与国际 NGO 也有不同强度的关系。许多国际 NGO 在各自社会部门成为全球治理的领头组织，很大程度上类似世界贸易组织和万国邮政联盟以国家为基础，在各自领域占有主导性，成为全球治理的重要机构。该话题下文也会探讨。

二、结构和运行

国际 NGO 的基本要素是感兴趣的个人，无论是桥牌玩家还是桥梁建设者、动物权利活动家或是职业猎人。大多数国际 NGO 是个人或团体志愿组织。小部分是伞型联盟，像国际科学联合会汇集了数十个顶尖的科学国际 NGO，被认为有能力作为一个整体代表世界科学发声。商会、行业协会类国际 NGO 跟大多数国际 NGO 的不同之处在于，他们通常是公司作为会员。大型公司通常是跨国公司，可能是个人会员，但大多数商会类国际 NGO 的主要会员是公司协会，一般是国家行业协会或贸易协会。很少有国际 NGO 允许国家或政治性团体成为会员，像国际劳工组织这种混合性组织（将劳工、雇主和国家联结在一起）十分罕见。

国际 NGO 的结构通常遵循世界标准模式：理事或顾问组成理事会来监督治理；官员由会员选举产生，受秘书长、理事长或主席领导；员工由正式雇员和志愿者组成，通常志愿者做大部分日常工作；选举或志愿者委员会完成专门工作。严格意义上的民主、平等治理准则：每个成员拥有一票（即使对于多数商会类国际 NGO 的公司会员也是如此），所有会员都有资格当选，最终决定要获得多数票通过（尽管协商一致的决策常常是首选），鼓励反对或批评的声音。

这种标准模式的变体很多：治理理事会可任命执行官员；会员资格在享有全部权利的会员与准会员或学生会员之间可能有所区别，后者的参与权更少；会员费可以和收入相关，特别是在职业类或商会类国际 NGO 中，而后者的投票权重有时和所支付会员费成正比。尽管如此，大体上国际 NGO 还是推崇会员平等、积极参与，同时对每一位会员的倡议都持开放态度。

（一）活动

国际 NGO 的活动，涉及范围广泛，无法一一列出，但主要存在三类。

第一，收集、产出、传播海量信息。国际 NGO 在环境问题、桥牌叫牌系统、建筑材料强度、乳腺癌治疗、政治犯、彗星观测等领域收集、产出、传播大量信息，而这只是提到的几个领域而已。他们出版通讯、报告、书籍和贸易杂志。他们给会员或潜在会员寄送信件、发送电子邮件来呼吁行动，获得支持。他们发布新闻、提交报刊文章、投放广告等，吸引人们对其活动或事业的关注。

第二，主办会议、讨论会、大会、工作坊、研讨会、比赛以及许多其他集会。集会既包括顶尖的全球盛事如奥林匹克运动会、世界杯以及在联合国重大活动时召开 NGO 论坛（关于"平行峰会"，见 Pianta, 2001），如 1992 年在里约热内卢举办的环境与发展会议、1975 年在墨西哥城举办的国际妇女年世界会议等，也包括许多只有各自会员和支持者知晓的一年一次或两年一次的国际 NGO 会议。这些集会充分显示了这些组织及其活动的跨国特征，强化了其跨国视野与会员定位。这些集会也巩固了国际 NGO 与国内 NGO 的联系网络，因为许多全球性国际 NGO 的集会涵盖了世界各地的国家与地方团体。

第三，试图影响国际社会的其他主体。社会运动类国际 NGO 主要针对的对象，既包括诸如世界贸易组织、国际货币基金组织、联合国开发计划署和世界卫生组织等 IGO，也有各国政府（敦促他们改善污染控制、保护同性恋、停止审查媒体等）和特定的跨国公司（指责他们污染地球、剥削欠发达国家等）。国际 NGO 还针对区域和地方政府部门，旨在绕过国家在特定地区实现特定目标。贸易和行业团体也游说 IGO 和政府，显而易见，他们的目的完全不同。对于贸易和行业团体，以及技术、科学类和其他政治性不甚明确的国际 NGO 而言，游说往往是间接的，他们通过与各国国家协会组建更具包容性的世界机构来进行。有时，国际 NGO 也游说其他国际 NGO，如国际单项体育联合会争取国际奥林匹克委员会同意他们的运动项目进入奥运会。

（二）会员趋势

国际 NGO 及其会员最初集中在欧洲和美洲，但这种现象日趋减少，非西方国家的人们在国际 NGO 中越来越活跃，且很多新成立的国际 NGO 并非西方起源。我们无法系统计算国际 NGO 会员究竟来自多少个国家，但对大多数国际 NGO 而言，《国际组织年鉴》列出的会员国家，指该组织在这个国家至少有一个会员。这些名录能让我们判断各国居民加入国际 NGO 的数量——如 1960 年，肯尼亚、泰国和奥地利居民加入的国际 NGO 数量，分别是 72、125 和 656 个。我们也能研究这些数字随着时间推移的发展情况，截至 1988 年，三国加入国际 NGO 的数量分别增加到 603、661 和 1773 个。通过这种方法，我们可以理解国际 NGO 的参与度，但不是加入国际 NGO 的总人数。

1960—1988 年间，完全意义上的跨国国际 NGO（A—D 类）的会员覆盖幅度数据从 1987 个增加到 4474 个，增加 125%（Boli, Loya and Loftin, 1999）。对于所有国家（或独立之前的殖民地）来说，居民加入国际 NGO 的平均数从 1960 年的 122 个上升到 1988 年的 485 个，几乎是 300% 的增长——远比国际 NGO 数量的增长快得多。然而会员增长幅度分布不均：非西方国家会员数量的增长要比西方国家更快：非洲（667%）、太平洋（489%）和亚洲（396%）各国要比欧洲和美洲（228%、283%）增长的百分比更高。类似地，会员在贫困地区的增长幅度要比富裕地区更快。如果我们按照人均国内生产总值把所有国家四等分，我们会发现最贫困的两部分，其参与的国际 NGO 数量增长最快（最贫困的 25% 的国家，其参与增长率是 352%，次贫困国家是 376%），同时次富裕国家，其参与增长率是 307%，最富裕地区增长率最低（176%）。西方以外的增长更快速，一方面体现在新兴国家参与度增长比老牌国家更快，另一方面非西方国家（如伊斯兰教、土著或民间宗教占主导地位的国家）参与国际 NGO 的数量增长要比新教徒、天主教国家更快。因此，尽管欧洲人和美洲人（北美和南美）仍旧比非西方国家居民参与更多国际 NGO，但这个差距正在迅速缩小。

总之，几十年来，来自世界各地的人不断涌入国际 NGO，而非欧洲、非西方、贫困国家的人们，在扩大其参与方面尤为迅速。这些基本范式得到具体领域国际 NGO 研究的证实，如 Meyer、Frank 等（1997）关于环境类国际 NGO 的研究，Schofer（1999）对科学类国际 NGO 的考察。当国际 NGO 群体不断壮大，来自更多国家的更多人加入到日益广泛多样的国际 NGO，这使得国际 NGO 本身也更加全球化（或者更充分的区域化）。

（三）语言应用

与会员趋势形成鲜明对照，《国际组织年鉴 1999—2000》关于国际 NGO 所使用的官方语言统计数据显示，欧洲语言占绝对主导地位。在 10023 种官方语言中（任何组织通常使用两三种语言），英语迄今为止最为常用，被 4194 个国际 NGO 使用，约占国际 NGO 总数的 42%。[①] 其次是法语，2298 个国际 NGO 使用。第三是德语（1023 个）和西班牙语（914 个）。这四种语言占全部官方语言总数的 84%。接下来使用较多的六种官方语言，分别是意大利语（212 个）、荷兰语（190 个）、阿拉伯语（190 个）、葡萄牙语（200

---

① 为与本文其他大部分数据保持一致，只有属于国际协会联盟类别（A）—（D）的国际 NGO 被包含在语言的计算中。《国际组织年鉴》中所有组织模式与更严格的国际 NGO 系列非常类似。

个)、瑞典语（136个）和俄语（131个），其中只有两种不是欧洲语言，所占比例合计不超过11%。另外三种语言分别是丹麦语（100个）、韩语（12个）和克里奥尔语（1个），至少被一些国际NGO使用，所占比例为5.5%。还有一种人工语言世界语，被5个国际NGO使用。因此，英语仍旧是绝大多数完全意义上的国际NGO使用的官方语言，使用法语的国际NGO数量超过一半，使用德语和西班牙语的组织大约各占五分之一。来自非西方国家的人们在国际NGO中的参与迅速扩展是在严重依赖欧洲语言的背景下进行的，欧洲语言依然是国际社会互动交流中重要的语言。

（四）互联网的影响

互联网经常被描述为对全球非政府组织做出了巨大贡献（Naughton，2001），而不仅仅只是为国际NGO提供了便利。国际NGO在其网页链接许多同类组织，同时也与他们在信息、咨询、建议和分享计划等方面保持频繁联系。互联网使得协调之前不可能的大规模活动成为可能，带来令人吃惊、更广为人知的结果。最引人注目的是禁雷运动（其中谦和的领导者之一Jody Williams赢得1997年诺贝尔和平奖）的成功，它针对各国政府、联合国机构、全球政治领袖和公众，仅仅六年时间就成功酝酿一项禁止杀伤性地雷生产、使用的国际公约，并于1999年生效。近年值得一提的活动包括对经济合作与发展组织（经合组织）多边投资协定的强烈反对，最终经合组织放弃该协定；动员抗议世界贸易组织在1999年西雅图会议上的政策；以及这些年针对世界贸易组织、国际货币基金组织、世界经济论坛的会议做出的努力。

很有意思的互联网涟漪称之为网环，即各组织一个连一个排成一个甜甜圈，没有中心机构占据甜甜圈的空间。网环鼓励使用者从一个组织到另一个组织，了解整个链条的国际NGO，从而对该网环在特定领域探讨的主要议题与事业有更加全面的理解。多数环包括一个"随机跳跃"设备，让使用者随机选择环的位置，从而将访客均匀分布于构成环的各个组织中。

三、国际 NGO 活动的社会领域

(一) 概况

多数广为人知的国际 NGO 关注环境、人权或妇女权利、发展、灾害救援或者劳工问题,但是这些领域只涉及国际 NGO 数量中很小的一部分。表 2 表明三个时期成立的国际 NGO 的活动领域分布情况:截至 1910 年,国际 NGO 的数量达到第一个高潮;1911—1945 年,包括了世界大战的混乱时期和两次世界大战之间的时期;1946—1988 年,国际 NGO 数量爆发并开始细分为全球性和区域性的组织。① 排在第四列的是 1988 年活跃的国际 NGO 的活动领域分布情况。

表 2　三个时期成立的国际 NGO 领域分布(百分比)

社会领域	1910 年前成立	1911—1945 年成立	1946—1988 年成立	1988 年活跃的国际 NGO
工业/贸易/产业组织	11.0	14.2	17.7	17.6
医学/健康	8.6	10.3	13.6	14.9
自然/数学/知识/太空	13.8	9.5	12.2	11.6
体育/兴趣/休闲	5.4	6.6	5.7	8.0
技术/通讯基础设施	6.5	6.7	8.2	7.5
第三产业/金融/旅游业	4.2	6.0	7.9	7.2
个人权利/福利	5.4	8.8	5.7	6.3
世界政治导向	10.5	11.2	7.2	6.2
宗教/家庭/文化认同	10.3	9.4	6.6	6.0
劳工/职业/公共管理	12.4	7.6	5.0	6.0

---

① 基于 Boli 和 Thomas(1999)的数据库,只有 1988 年之前成立的组织才包含在内。

（续表）

社会领域	1910年前成立	1911—1945年成立	1946—1988年成立	1988年活跃的国际NGO
教育/学生	4.7	4.0	5.1	4.2
人文/艺术/哲学	4.9	4.0	4.2	3.9
政治意识形态/党派	2.6	1.9	0.9	0.6
总计	100.00	100.00	100.00	100.00
国际NGO数量	429	854	3673	4449

来源：国际协会联盟，《国际组织年鉴》1985年，1988—1989年。

从表2可以明显看出，占主导地位的是关注商业、科学、医疗、知识、技术、基础设施及体育与兴趣爱好的国际NGO，这些类型的国际NGO（前六类）在1988年所有活跃的国际NGO中占66.8%，在1945年之后成立的国际NGO中占65.3%，在1910年之前成立的国际NGO中占49.5%。关注权利、环境、救济和发展的国际NGO，可以分为关注"个人权利/福利"和"世界政治导向"两类（后者包括广泛关注全球的环境、国际法、和平、世界政府等问题），这两类国际NGO相加，1988年只占总数的1/8，尽管早些时候稍多（1911—1945年的比例是20%）。数量占大多数的国际NGO——算上国际NGO所有的活动领域——与这两类国际NGO几乎没有共同点，而且这些国际NGO几乎不进入公众视线。其中许多国际NGO继续与政府间国际组织保持亲密关系，处理其他全球性的重要议题：医疗保健类的国际NGO和世界卫生组织有关联，工业类的国际NGO和国际电信联盟有关联，自然和人文组织与联合国教科文组织有关联。除了各自会员对这些国际NGO有一定了解，就连有影响力的商会和行业类国际NGO也在公众视线之外——少数因环境、劳工、社会公平之类的议题受到诟病的国际NGO除外。

表2也显示，有些活动在跨国层面进展糟糕。国际NGO在劳工/职业/公共管理领域的活动下滑，从早期占国际NGO12.4%到二战之后占成立数量的5%；政治领域国际NGO，从2.6%下降到0.9%；在宗教/家庭/文化认同领域，从10.3%下降到6.6%。劳工组织下降趋势尤为明显，综合三个时期，劳工组织从9.3%下降到2.2%，而职业和公共管理类的国际NGO略有增加，

从3.1%增长到3.8%。至于宗教/家庭/文化认同领域，以宗教和家庭为导向的国际NGO下降明显，但文化认同类在国际NGO中的占比基本未变。似乎围绕集体单位和集体身份（宗教、家庭、劳工联盟）而成立国际NGO，已经变得不那么常见，尽管20世纪后半叶各种形式的"传统"集体认同出现了复兴。跨国政治组织（大多数是社会主义者、共产主义者和"广义左倾"人士）一直比较少见。

鉴于数量相对较少，我们如何解释人权、环境、救助、发展和群体权利领域的国际NGO具有高度全球化形象？其中最重要的因素是，它们直接涉及国家和国家责任。权利和环境领域的国际NGO习惯性地对国家提出要求，敦促国家符合某种行为标准并推动具体的社会和经济政策。救助和发展组织介入，以弥补政府在维持内部秩序、国际和平（救助和难民工作）、促进国家发展（Rosenau，1997）等方面的失灵。很多著名的国际NGO甚至挑战国家的存在及其合法性，提出国家和民族是促进和平、公正和人道的障碍。最知名的国际NGO是那些近乎直接对抗国家，或者挺身而出来纠正国家在满足公共福利职责上的失灵的组织。

许多其他国际NGO——如体育、爱好和休闲组织，科学、基础设施和技术机构，人文和文学协会，宗教组织，医学专家，行业和贸易团体，以及以知识为导向的国际NGO——很大程度上独立于政府运作，并与政治保持距离。因此，他们不被认为与支配公共领域的议题直接相关。很多这样的机构与政府有相当多的间接互动，通过政府间国际组织或国际NGO组成国家协会，但一般情况下，诸如桥梁设计、外科手术技术研究、洞穴探查、图书馆管理和后现代哲学这些事宜，都被认为是国家政策不重要的领域或是跟支配公共领域的政治和经济力量较量不相关。

（二）社会运动类组织

一类非常特殊并在全球事务中相当突出的国际NGO是社会运动类组织，其中包括上文提到的很多有关权利的国际NGO和环境类国际NGO，还有关注民主、劳工政策、工作环境、童工、全球和区域不平等、性虐待等领域的国际 NGO。这些都是最近学术研究的主题（O'Brien, Goetz and Scholte, 2000; Tarrow, 2000; Waterman, 1998; Keck and Sikkink, 1998; Smith, Pagnucco and Romeril, 1994; Smith, Chatfield and Pagnucco, 1997; Lipschutz, 1996; Wapner, 1996），并且成为有关国际 NGO 全球讨论的焦点。社会运动类国际 NGO 号称代表贫困人群、边缘群体、被排斥和受到国际社会压迫的人们，从而在主流的全球实践和全球治理结构中凸显其观点的重要性。他们主要针对世界经济治理的三大政府间国际组织——国际货币基金组织、世界贸易组织和世界银行（Scholte and Schnabel, 2002; Fox and Brown, 1998）——也针对本部在发达国家、运营在欠发达地区的跨国公司（尤其是石油公司、服装和鞋子制造业、电子与计算机生产商及玩具公司），他们谴责这些组织剥削，谴责他们支持专制政府，谴责他们损害自然环境。他们也尽可能多地参加联合国主办的全球会议，围绕诸如妇女权利、环境、发展、劳工等议题，试图推动联合国机构及成员国采取并执行政策，这也带给国际 NGO 诸多生存机会（Otto, 1996; Pianta, 2001）。因此，社会运动类组织在全球政治中有其浓墨重彩的一笔，他们努力保持较高姿态，传播、建构其所代表的"世界公众舆论"并为之制造影响、调动资源，从而影响各国政府、政府间国际组织和跨国公司。

过去十年的研究已经识别出当代由国际 NGO 推动的全球社会运动的"先驱者"（Keck and Sikkink, 1998）：由国际红十字委员会制定的战争规则（Finnemore, 1999），19 世纪的反奴隶运动和 20 世纪早期中国的反裹脚运动（Keck and Sikkink, 1998），国际妇女运动（Berkovitch, 1999），以及 19 世纪后半叶的早期环境保护运动（Frank, Hironaka and Schofer, 2000）。所有这些运动都取得了重要的成功，并为 20 世纪 60 年代晚期的社会运动类国际 NGO 爆发铺好了道路。截至 20 世纪 90 年代，国际 NGO 领导的全球社会运动变得如此突出、有效以至于开始出现强烈抵制。各国政府、政府间国际组织和跨国公司开始攻击国际 NGO 并予以诋毁，称国际 NGO 不够透明、对单一问题的关注过于狭隘、夸大诉求、没有通过民主监督与制衡对公众负责（Edwards, 2000b）等。

四、国际 NGO、全球市民社会与全球治理

地理政治条件和全球知识文化强烈影响学术研究。战后的两极世界（一端是强权政治，一端是无政府状态）偏好强调这一背景下政治和经济冲突的思想与理论，而国家是唯一被学术共同体寄予众多信任的机构。随着全球一体化和世界主义的发展，社会问题是全球的而非国家的进一步被概念化（Meyer, Boli, et al., 1997），同时，石油冲击、债务危机、财政赤字、经济膨胀和新自由主义削弱了国家的魅力（Jepperson, 2002）。政治家和学者开始意识到，可以解决争吵不休的国家体系中固有问题的全球机构是必要的，甚至也认识到这样的结构已在战后开始出现。然而，彼时他们依然强烈偏心于国家。学者们开始注意到经济类政府间国际组织如世界货币基金组织和世界银行，以及关贸总协定的协商和联合国，有些甚至大胆地研究专业类的政府间国际组织如国际电信联盟（Cowhey, 1990）、国际通信卫星组织（Krasner, 1991）、国际民用航空组织（Sochor, 1991）等，但是视野依然狭窄。整个 20 世纪 80 年代，国际 NGO 在全球治理中的重要性，完全是令人陌生的。

苏东共产主义崩塌和"冷战"结束，以及一系列其他因素，部分转移了限制学术视野的障碍。突然，"市民社会"被重新发现——或在其未实际发挥作用的地方被想象。毕竟在国家和正规经济体系之外，组织还是重要的。市民社会甚至被发现拥有全球维度（Keane, 2001; Anheier, Glasius and Kaldor, 2001; Falk, 1993; Kaldor, 1999; Otto, 1996; Pasha and Blaney, 1998; Salamon et al., 1999），主要由国际 NGO 来构成但也牵涉许多国内 NGO。同时受到左翼（倡导"进步的"社会运动和"对立的"草根行动）和新自由主义权利（倡导代替福利项目的志愿组织的慈善和社会服务活动）的青睐。但是，信守这些意识形态使得学者的兴趣集中在全球市民社会组织的一个很小的子集上——社会运动类国际 NGO 与慈善、救助和发展机构——同时也把绝大多数国际 NGO 领域排除在学术领域和大众传媒之外。

尽管如此，现在人们广泛地认为国际 NGO 充当着全球市民社会主要代表和代言人的角色，并且在全球治理中扮演着重要角色（Young，1997；Diehl，1996；Charnovitz，1997；Lipschutz，1992，1996；Weiss and Gordenker，1996；Clark，1995）。换句话说，国际 NGO 是一个主要媒介，"世界公民"通过国际 NGO 集体行动，特别是通过自愿结社的形式，在全球公共领域组织、形塑、表达世界观点（Boli，1997；Falk，1994；Van Steenbergen，1994；Guidry, Kennedy and Zald，2001；Edwards and Gaventa，2001），以及培育"全球公民文化"（Boulding，1990）。国际 NGO 不断协调自身的项目和行动，凭借其构成评估、影响国家与政府间国际组织政策的"认知共同体"（Haas，1992）的重要组成，来提高其对政府、政府间国际组织和跨国公司的影响。国际 NGO 网络常常提供灵活的非正式框架，使得国际 NGO 在具体领域能够呈现或多或少的统一战线。有些国际 NGO 也专注于推动全球市民社会。如，公民参与世界联盟（2005）的工作目标是"拥有信息充分、有热情和有责任感的公民正视人道挑战的世界社区"，既关注实质问题，也关注市民社会的"上层建筑"。其他例子包括无国界行动作为全球市民社会的信息交流中心（它声称与153个国家的 27000 个组织保持联系），同时 Ashoka（2002）支持"社会企业家"引入创新方式，在五大洲的草根组织中解决社会问题。

全球市民社会组织可以通过很多方式参与全球治理，上文已提过一些。国际 NGO 在许多社会领域主导全球治理结构，而国家和政府间国际组织只是外围参与者。在高度理性化的领域，诸如科学、医疗、工程、技术和基础设施领域组织尤其如此，代表不同商会、行业协会和贸易团体的许多全球经济组织也是如此（Cutler, Haufler and Porter，1999；Haufler，2000）。这些领域所涉及的国际 NGO 在国际社会中享有类似官方地位或半官方地位。他们广泛、合法地代表其选民运作（例如，一方面他们可以代表信息管理人员、生物学家、工业工程师、生物医学技术人员和城市规划师；另一方面可以代表如会计、化工、汽车制造、纺织、保险、航运、旅游、食品加工企业），经常参与制定规则、原则和程序，以在各自领域处理好全球维度的事宜（Porter，2002）。类似自治、理性且自愿性质的权威机构（Boli，1999）经常被体育、爱好、休闲、人文和艺术领域采用：国际羽毛球联合会为比赛制定全球规则并独立组织汤姆斯杯和尤伯杯世界团体锦标赛，国际围棋联合会决定每年围棋的业余世界冠军选手，国际纸史学家协会（2002）"作为一个国际专家协会协调所有关于纸史的兴趣、活动"并且将"有无水印"设为标识、注册文件的全球标准。诸如此类国际 NGO，在各自特定领域自行组成全球治理结构（有时与一个或两个其他国际 NGO 联合），没有其他主体（国家、跨国公司或政府间国际组织）参与或其他主体与治理结构无关。

然而，在众多其他领域中，国际 NGO 并没有如此高度自治的运作，因为其他全球和国家行为主体起着重要作用或中心作用。当然，其中最重要的是国家、与国家相关联的政府间国际组织以及跨国公司。

（一）与国家、政府间国际组织的关系

在过去 20 多年里，国际 NGO 与国家、政府间国际组织的关系变得紧密而复杂。然而，即使是在形成时期，国际 NGO 与国家的关系也没有什么特别之处。红十字会的出现，促使各国在战争时期限制对平民的伤害，提高伤员的生存机会（Finnemore，1999）。国际妇女理事会和国际妇女选举权协会游说各国，要求妇女的选举权（Berkovitch，1999）。国际制造业、工业和手工业工人协会，寻求调整劳工法来提高工作条件和安全法规。在这些早期例子中，国际 NGO 游说单个国家，但随着 1919 年国际劳工组织的成立，工人、雇主及妇女领域国际 NGO 及其活动成为全球焦点。国际劳工组织是第一个有明确社会使命和参与国家广泛的政府间国际组织，很快成为国际 NGO 可以同时影响许多国家的支点。

"二战"后，作为全球治理中心的联合国出现。国际 NGO 聚集在这个全球机构的周围，对其发展方向与重点发声。1948 年，非政府组织与联合国咨商关系建立，形成了坚实的基础。国际 NGO 参与政府间国际组织最显著的例子是联合国经社理事会，2002 年，享有联合国经社理事会咨商地位的非政府

组织超过 2000 家。①

在国际 NGO 与政府间国际组织关系中，一个鲜为人知的特征是许多政府间国际组织是国际 NGO 活动的结果。如联合国教科文组织源于 1921 年举办的国际知识活动大会，该大会由国际协会联盟召集，产生了国际教育局。国际教育局又反过来推动国联建立了国际知识合作研究院，1948 年联合国将其纳入旗下成为联合国教科文组织。其他知名的源于国际 NGO 的政府间国际组织包括国际气象组织、国际劳工组织和世界旅游组织。甚至国际 NGO 也影响过联合国的定位，许多国际 NGO 派代表出席联合国成立大会，努力游说联合国要有宽泛的社会和经济使命。也有学者认为国际刑事法院的成立，很大程度上主要由国际 NGO 构思设计。自 20 世纪 90 年代中期以来，由国际 NGO 发起的强劲的全球运动对法院的创立至关重要，国际刑事法院条约于 2002 年 7 月开始生效（国际刑事法院联盟 2005）。

国际 NGO 与国家、政府间国际组织的关系在合作的同时又充满了冲突（Willetts，1996）。一方面，国际 NGO 与 IGO 在主要全球性问题上是合作伙伴关系（Spiro，1995；Weiss and Gordenker，1996），共同建立治理系统，被广泛认为是管理特定领域的核心全球机构（Young，1997；Hasenclever, Mayer and Rittberger，1997；Frank et al.，1997；Nadelmann，1990）。著名的例子包括许多健康医疗类国际 NGO 与 UNAIDS、世界卫生组织合作，应对艾滋病等疾病的传染；食品、医疗和科学领域国际 NGO，在食品卫生、标识和检验问题上与联合国粮农组织食品法典委员会合作，共同努力；国际酒店餐饮协会与联合国环境规划署合作，促进"可持续旅游业"发展；国际电信联盟，集合行业类国际 NGO 和国家，共同管理电磁频谱、卫星轨道和电信标准化；国际商会准则和规则规制许多全球贸易，且常在国家法院获得强制执行的效力。

另一方面，许多国际 NGO 不断与国家、政府间国际组织构成对峙，挑战

---

① 截至 2017 年 1 月，享有联合国经社理事会谘商地位的非政府组织达 4665 家。参见联合国官网 http://esango.un.org/civilsociety/login.do，2017 年 1 月 2 日。——译者注

全球治理、国际关系和全球资本主义政治经济等方面的规则（Florini 2000；Fox and Brown 1998；Mathews 1997；Waterman 1998）。有很多例子，包括针对战争行为的禁止地雷运动；针对外国投资政策的反对经合组织多边投资协定；柔性协调并将劳动和工作条件、环境、不平等问题纳入世界贸易组织议程（最有力的证据就是1999年的"西雅图之战"）；通过环境类国际NGO持续施压，说服国际捕鲸委员会禁止捕猎特定种类的鲸，同时严格限制对其他类型的捕猎。

国际NGO不仅倡导和游说，也监督国家、政府间国际组织的行动，例如，地球峰会观察监督1992年里约热内卢环境协议的履行；大赦国际监督国家（和诸如叛军等其他行为主体）违反人权的现象；妇女环境与发展组织跟踪联合国有关环境和妇女问题协定的执行情况；社会观察督促国家努力减少贫困和性别上的不平等；第三世界南北发展监测网络严查由国家、政府间国际组织及国际发展类NGO组织实施的发展项目的进程与结果

近年来，国际NGO的大量批评和抨击主要集中于全球治理政府间国际组织"三巨头"——国际货币基金组织、世界贸易组织和世界银行（O'Brien, Goetz and Scholte, 2000；Scholte and Schnabel, 2002；Edwards and Gaventa, 2001）——而对国家的抨击，排在首位的是美国。然而，对"三巨头"与美国的高度关注也带来意料之外的结果，即大多数政府间国际组织不受束缚地开展全球治理活动，其负面行为与影响却被大大忽视。同样的观察也适用于全球商会和行业类国际NGO，他们通常是国际贸易组织和国际货币基金组织强有力的支持者，只有少数情况才会被环境、社会公平、劳工或其他社会运动类国际NGO盯上。

（二）与跨国公司的关系

除商会和行业类国际NGO外，国际NGO和全球企业之间多为敌对关系。特别是近几十年来，随着跨国公司全球影响力的提高，二者之间的敌对程度加深（Higgott, Underhill and Bieler, 2000）。跨国公司往往被认为是许多全球

问题的来源，从不平等、剥削，到环境恶化、反对工会、支持专制政权，等等（Korten，2001；Starr，2000）。国际 NGO 从 20 世纪 70 年代开始瞄准跨国公司，第一个举世闻名的例子是反对瑞士食品巨头雀巢公司在非洲推广婴幼儿配方奶粉。其次是 1984 年印度的博帕尔燃气中毒事件造成近 4000 人死亡，全球化工行业处于风口浪尖；1989 年在阿拉斯加发生的埃克森·瓦尔迪兹油轮漏油事件同样促使国际 NGO 动员反对石油行业。自 20 世纪 80 年代以来，国际 NGO 不断努力，要求跨国公司"社会责任"行为在很多方面成倍增加——反对耐克和其他鞋商代工工厂糟糕的工作条件和低廉的工资，反对 Gap 服装零售商和类似公司在亚洲和拉美设立制造工厂剥削工人，反对 Unocal 和 Total 公司的缅甸管道项目，因为实施该项目等于支持军事专制国家；反对弗里波特·麦克莫兰铜金公司（简称自由港）在伊里安查亚的采矿作业，因为该作业造成土著居民流离失所，且重金属残留会造成土地、水资源污染。数百家企业一直面临社会运动类国际 NGO 的愤怒、批评与抵制，特别是美国公司最有可能成为目标，许多欧洲的跨国公司也面临指责。另一方面，更多的跨国公司在很大程度上被国际 NGO 忽略了。对此，跨国公司从最初的沉默，到为他们的行动辩护，再到"漂白行动"，至少妥协性地满足批评者的要求，从而让批评指责得以化解，公司的合法地位与声誉得以恢复。

（三）行为与道德准则及其实施

许多国际 NGO 并不满足于零碎的工作，因为这些工作为了让特定的跨国公司承担责任，常常耗费资源太多。于是国际 NGO 与相关公司及该行业内的政府间国际组织合作，形成企业行为准则、道德守则，引导企业实施对社会负责的行为。在这一点上，最初但并不成功的尝试来自联合国跨国公司中心，这是 20 世纪 70 年代形成"世界经济新秩序"运动的一部分，将改善由全球资本主义带来的不平等。第一个有实质性影响的道德规范是沙利文原则，于 1977 年最初提出，针对在南非做生意的公司；其次是 1984 年的麦克布莱德原则，针对企业在北爱尔兰的活动。最近，全面的全球业务行为准则已经明确形成。最著名的是 CERES 原则，由环境经济责任联盟发展起来的十条准则，作为对瓦尔迪兹原则的详细阐述（由邮轮灾难引发）。另一项日益重要的准则是社会责任 8000（SA8000）标准，于 1997 年由经济优先认证机构理事会（现称社会责任国际，通过审核制造商评估其是否符合 SA8000 的标准来对企业进行认证）制订的。在这一领域，国际标准化组织有最正规的运作，ISO14000 的环境管理标准要求寻求认证的公司经过大量评估和组织审查过程。

全球许多公司都支持这些由"局外"第三方提出的原则，不过，商会类国际 NGO 常常形成各自的自愿性行为准则（Cutler, Haufler and Porter, 1999），如康克斯圆桌会议商务原则（1994）和国际商会的可持续发展商业纲领：环境管理原则（1991）。同时，联合国秘书长科菲·安南多年来一直在推动他的全球契约，1999 年，他和 Leon Sullivan 提出关于企业社会责任的全球沙利文原则成为联合国的官方政策。

职业类国际 NGO 习惯性地要求其会员遵守道德准则。如国际会计师联合会针对职业会计师的道德准则，可追溯到 1996 年；国际桥梁工程协会有可持续发展宣言（1996）；世界医学会有国际医学伦理准则（1949，之后经多次修订）；国际职业催眠协会有道德规范和标准（1978），等等。这些都是自愿准则，但对于涉及由政府颁布许可证或认证的职业，这些准则的全国或地方标准具有很强的实践意义，因为违反会遭到制裁甚至行业除名。

自愿原则和准则几乎不能保证被遵守，许多批评者认为公司采纳这些准则只是为了获得合法性。对于政府间国际组织和国家，国际 NGO 监督组织开展广泛监察，以确保他们言行一致。他们派出调查小组到生产现场、询问公司官员，有时直接参与到公司资助的合规性监测中。一些著名的例子包括企业观察（监察和批评常规的跨国公司活动）、耐克观察（监察承包商的劳工实践和工作条件）、适当营销医疗游说团体（监察制药公司的广告）、隐私国际（监管公司和国家侵犯隐私的行为），还有中东欧地区银行监督网络（监察国际金融机构的行为）。

（四）道德典范

一些公司成为有社会责任的行为与政策方面的典范。护肤和护发产品制造商美体小铺，极力反对动物试验，呼吁捍卫人权，保护地球，支持社区贸易。牛仔裤制造商李维·斯特劳斯，声明其运营是建立在同理心、原创性、正直与勇气四个"核心价值"基础之上，于1991年成为"第一个为制造和承包商建立起全面道德准则的全球性公司"。其他成为典范的公司包括 Max Havelaar（公平贸易实践），Ben & Jerry's（一般社会责任）和 Patagonia（环境保护）等。

国际 NGO 设立广泛的系列奖项来认可道德典范。最有名的是"正确生活方式奖"（"另类诺贝尔奖"），由具有同一名称的基金会颁给社区活动家、和平促进者、环境保护者等获奖者。很多其他的例子，如由反奴隶制国际颁布的反奴隶奖章（首次颁发于1991年）和世界食品奖，后者由农业科学家 Norman Borlaug 创立的基金会颁发以表彰"通过在全世界提高食品质量、产量或可获得性来促进人类发展的个人成就"（2005 世界食品奖基金会）。

国际 NGO 通过颁发各种奖项来奖励在特定领域和活动中的杰出贡献者，也会对道德特征不很明确的典范予以认可。对技术卓越、艺术精湛的奖励实际上覆盖了人类活动的全部范围，从安徒生童话奖（来自国际青年图书委员会，首次颁发于1956年）、国际长号协会奖（1972年）到 Skerman 微生物分类学奖（来自菌种保藏世界联合会，是一个微生物学家协会，1996年）和银行保险业奖（来自金融机构保险协会，1998年）。每年都有数以千计的世界奖项，获奖者因之获得一定的全球地位。

五、对国际 NGO 的批判性评估

国际 NGO 通常被认为是国际社会的"好人"。他们促进对人权的尊重、对自然世界的保护、在发生自然或人为灾害时提供救济、援助世界上贫穷和饥饿之人，以及其他广受赞誉的目标。他们被称为"世界的良心"（Willetts，1996），甚至被视为有助于缓解不同文明之间的张力（Boulding，1991）。自20世纪90年代中期以来，国际NGO已经获得广泛认可，被认为是解决世界问题的重要角色。但随着国际NGO针对特定跨国公司和重要政府间国际组织的各种活动受到全世界关注，抗议、质疑与批评也随之出现。对国际NGO合法性和道德权威的挑战，首先来自全球资本主义意识形态的捍卫者，尤其是与主要出版物有关的如《金融时报》、《经济学人》、《福布斯》和《华尔街日报》等有关的捍卫者（George，2001；对这些攻击最强有力的回击来自《世界外交报》）。国家、政府间国际组织和跨国公司纷纷加入攻击行列，他们憎恨国际NGO可恶地侵入了他们通常掩护良好的活动。此外，国际NGO旨在帮助的人群，也提出其他形式的批评。

资本主义、跨国公司和大型全球治理政府间国际组织的捍卫者，质疑国际NGO的代表性、透明度和问责（Rieff，1999；Edwards，2000a，2000b；Bond，2000；Islam，2001）。如他们质疑哪些选民给了废除毛皮贸易联盟要求终结皮毛交易的权利，为什么绿色和平的决策仅限于一小群职业活动家，以及当阿塔克协会"不负责任"地要求对所有外汇交易征税，要求发达国家免除第三世界的债务时，谁来为阿塔克协会负责。自1999年以来，随着政府间国际组织重大会议期间出现无数街头暴力事件，社会各界对国际NGO合法性的抨击更加强烈。

同时，欠发达国家的一些知识分子和活动家，与来自发达国家的批评者，还以其他理由指责国际NGO。激进的批评者们谴责国际NGO是资本主义精英和强权国家的仆人，而温和的分析者们认为国际NGO对西方偏见、全球化趋势、在地环境等问题关注不足（Hulme and Edwards，1997）。最极端的指责甚至对曾广受好评的人权类国际NGO予以否认，因为这些批评者将普世人权体系视作削弱当地文化的暴力殖民（Esteva and Prakash，1998）。不过，几十年来最常见的主题都是直接针对西方的老生常谈：文化帝国主义、意识形态掌控、依赖关系深化，等等。最常受到攻击的是发展领域的国际NGO，他们被视为是西方发展模式、美国价值观或以欧洲为中心的发展与文明观的承包商。

发展领域国际 NGO 的项目因受局外人指导、没有深入结合当地情况、长期后果不可预测以及对已富裕者有利等而受到指责。

国际 NGO 对各种质疑和批评等高度敏感，很多组织经过激烈的自我批评和深刻反思，努力做出相应的调适，在更好地了解当地文化、政治经济情况的同时，更加强调地方参与、地方优先。"人道监察员"是一种制度性回应，发展和救济领域国际 NGO（卡尔国际、明爱、丹麦难民委员会、红十字会/红新月会、乐施会和世界宣明会等）集体认为，"人道监察员"是一种人道救助的监督机制，给予受影响者在救助组织忽视其声音时有发声渠道，以保障其意见受到聆听。

结论：国际 NGO 与全球变革

鉴于国际 NGO 的爆炸性增长和他们对全球其他行动者强有力的影响，一个不断出现的问题是，他们到底有多重要？他们是否改变了国家、政府间国际组织和跨国公司的行为？他们是否真的有助于减缓全球变暖、改善贫困国家的农业、提升妇女权力、杜绝腐败、减缓艾滋病的蔓延，等等？

国际 NGO 确实重要，有时非常重要，这是对具体问题、具体组织进行大量研究后清楚得到的结论，诸多研究上文已提及。然而，有关国际 NGO 有效性的系统性证据不足，因为大部分证据是基于案例研究和对轶事的编辑。有关发展领域的评估研究，是国际 NGO 所有活动领域中研究最充分的，却也没有说服力。尽管发展领域国际 NGO 作为官方发展援助项目经理和渠道变得更加重要，但明显地，他们从经济或社会角度帮助欠发达国家是不成功的（Riddell 等，1997）。

然而，如上文所述，国际 NGO 有效性问题却有误导性。在诸多全球领域，有关国际 NGO 注定有效，因为没有其他重要行动者参与。在其他领域，如全球标准化领域（Loya and Boli, 1999），国际 NGO 起着主导作用，其他行为主体或者被纳入国际 NGO 体系，或一直被边缘化。在另一些领域中，国际 NGO 与其他全球行为主体密切合作，单一种行为主体的有效性无法分割开来讨论。因此，国际 NGO 的效力被大大低估是合理的，很大程度上也是因为有众多国际 NGO 领域仍旧未被研究。在理论层面，考虑国际 NGO 在构建和传播世界文化方面的效力非常有益（Boli and Thomas，1997）。国际 NGO 数量远远多于政府间国际组织，且比任何国家和跨国公司都更加关注全球问题、全球实践和全球政策，他们构成当今世界文化的骨干。

国际 NGO 为全球活动制定操作规则，正如国际商会为国际贸易中合理提单设置要求（Berman，1988）。国际 NGO 定义全球概念体系，正如国际天文学联合会正式界定行星和冷矮星之间的差异。他们协助产出和传播全球性的知识体系，正如国际辐射防护协会出版该领域顶尖研究者的论文集。国际 NGO 也传达、辩论和塑造在全世界范围（虽然有争议）适用的道德与规范性原则（Nadelmann，1990），如濒危动物要大力保护、妇女有权控制自己的身体、跨国公司的社会责任要远远超出其对利润和效率的关注。这些一般的规则、定义、知识主体和道德标准形成了世界文化语境，国家、跨国公司、个人和国际 NGO 本身都嵌入其中，因此，其他行动主体的身份、目标、行动以及价值观都受到影响（Meyer，Boli 等，1997）。

在国际社会中，这些多样化的进程是社会变迁的主要来源，其中包括高度差异化的国际 NGO 群体有助于产生并不断重建高度差异化、碎片化的世界文化苍穹。这个世界，如果没有国际 NGO，很多国家很可能不会承担他们近几十年新承担的（关于妇女的角色和地位、安全标准、同性恋者权利、污染控制、支持科学研究以及更多其他）责任。如果没有国际 NGO，跨国公司很难将如此多的资源投入到环境项目、在实际雇人时将机会均等作为一条标准，或者每当一个新的组织管理技术（走动式管理、全面质量管理、业务流程重组等等）出现时就顺应形势及时采纳。如果没有国际 NGO，世界经济将会更加分裂更加不稳定，技术将变得更加不规范，心理和社会问题的概念将会更加多样化，同时，侵犯人权也会更加频繁。如果没有国际 NGO，许多形式的分歧和冲突也不会太明显，因为国际 NGO 往往聚集在世界文化竞争轴心的周围。

本文回顾了国际 NGO 作为全球非营利部门的重要部分。或许可以这样对国际NGO有效性做最好的总结：首先，国际NGO使得整个世界更加全球化。作为全球化的重要驱动力量，国际NGO推动其他各类行为主体（国家、政府间国际组织、跨国公司、个人和各种集体）进入国际社会，让其有更多参与机会，并意识到日常生活的全球维度。国际NGO自19世纪形成期以来一直是这样，21世纪很有可能还是这样。

参考文献

Anheier, Helmut, Marlies Glasius and Mary Kaldor (eds.) (2001), *Global Civil Society*, Oxford: Oxford University Press.

Ashoka (2002), "Ashoka's Mission", http://www.ashoka.org/what_is/mission.cfm.

Berkovitch, Nitza (1999), *From Motherhood to Citizenship: Women's Rights and International Organizations*, Baltimore: Johns Hopkins University Press.

Berman, Harold J. (1988), "The Law of International Commercial Transactions", *Emory Journal of International Dispute Resolution*, 2, pp. 235 – 310.

Boli, John (1997), "Rights and Rules: Constituting World Citizens", in Connie L. McNeely (eds), *Public Rights, Public Rules: ConstitutingCitizens in the World Polity and National Policy*, Chap. 14, New York: Garland.

Boli, John (1999), "World Authority Structures and Legitimations", in John Boli and George M. Thomas (eds), *Constructing World Culture: International Nongovernmental Organizations since 1875*, Stanford, Calif: Stanford University Press, pp. 249 – 266.

Boli, John, Thomas A. Loya and Teresa Loftin (1999), "National Participation in World-Polity Organization", in John Boli and George M. Thomas (eds), *Constructing World Culture: International Nongovernmental Organizations since 1875*, Stanford, Calif: Stanford University Press, pp. 50 – 77.

Boli, John and George M. Thomas (1997), "World Culture in the World Polity: A Century of International Non-Governmental Organization", *American Sociological Review*, 62, pp. 171 – 90.

Boli, John and George M. Thomas (eds.) (1999), *Constructing World Culture: International Nongovernmental Organizations since 1875*, Stanford, Calif: Stanford University Press.

Bond, Michael (2000), "The Backlash against NGOs", *Prospect Magazine*, Available online at http：//www. globalpolicy. org/ngos/backlash. htm.

Boulding, Elise (1990), "Building a Global Civic Culture", *Development*, 2, pp. 37 – 40.

Boulding, Elise (1991), "The Old and New Transnationalism: An Evolutionary Perspective", *Human Relations*, 44, pp. 789 – 805.

Castermans, Alex Geert, Lydia Schut, Frank Steketee and LucVerhey (eds.) (1991), *The Role of Non-Governmental Organizationsin the Promotion and Protection of Human Rights*, Leiden: Stichting NJCM-Boekerij.

Charnovitz, Steve (1997), "Two Centuries of Participation: NGOs and International Governance", *Michigan Journal of International Law*, 18, pp. 183 – 286.

Civicus World Alliance for Citizen Participation, 2005, "Aboutcivicus." http：//www. civicus. org/new/about_civicus. asp? c = 00265D%20default. asp.

Clark, Ann Marie (1995), "Non-Governmental Organizationsand Their Influence on International Society", *Journal of International Affairs*, 48, pp. 507 – 525; Coalition for the International Criminal Court, 2005, "Buildingthe Court", http：//www. iccnow. org/buildingthecourt. html.

Cowhey, Peter F. (1990), "The International Telecommunications Regime: The Political Roots of Regimes for High Technology", *International Organization*, 44, pp. 169 – 199.

Current Issues in Comparative Education, 1998, Special issue, "Are NGOs Overrated?" Vol. 1, No. 1, 15 November.

Cutler, A. Claire, Virginia Haufler and Tony Porter (eds.) (1999), *Private Authority in International Affairs*, Albany: State Universityof New York Press.

Diehl, Paul F. (ed.) (1996), *The Politics of Global Governance: International Organizations in an Interdependent World*, Boulder, Colo: Lynne Rienner.

Edwards, Michael (2000a), "Time to Put the NGO House in Order", *Financial Times*, 6 June.

Edwards, Michael (2000b), *NGO Rights and Responsibilities: A New Deal for Global Governance*, London: Foreign Policy Centre.

Edwards, Michaeland John Gaventa (eds.) (2001), *Global Citizen Action: Perspectives and Challenges*, Boulder: Lynne Rienner.

Esteva, Gustavo and Madhu Suri Prakash (1998), *Grassroots Post-Modernism: Remaking the*

Soil of Cultures, London: Zed Books.

Falk, Richard (1993), "The Infancy of Global Civil Society", in Geir Lundestad and Odd-Arne Westad (eds.), *Beyond the Cold War: New Dimensions in International Relations*, Oslo: Scandinavian University Press, pp. 219 – 234.

Falk, Richard (1994), "The Making of Global Citizenship", in Bart van Steenbergen (eds.), *The Condition of Citizenship*, London: Sage Publications, pp. 127 – 140.

Feld, W. (1971), "Non-Governmental Entities and the International System: A Preliminary Quantitative Overview", *Orbis*, 15, pp. 879 – 922.

Finnemore, Martha (1999), "Rules of War and Wars of Rules: The International Red Cross and the Restraint of State Violence", in John Boli and George M. Thomas (eds.), *Constructing World Culture: InternationalNongovernmental Organizations since 1875*, Stanford, Calif: Stanford University Press, pp. 149 – 165.

Florini, Ann M. (ed.) (2000), *The Third Force: The Rise of Transnational Civil Society*, Tokyo: Japan Center for International Exchange, WashingtonD. C.: Carnegie Endowment for International Peace.

Fox, Jonathan A. and L. David. Brown (eds.) (1998), *The Struggle for Accountability: The World Bank, NGOs, and Grassroots Movements.*, Cambridge, Mass: MIT Press.

Frank, David John, Ann Hironaka and Evan Schofer (2000), "The Nation-State and the Natural Environment over the Twentieth Century", *American Sociological Review*, 65, pp. 96 – 116.

Frank, David John, John W. Meyer, Evan Schofer, Nancy Tuma and Ann Hironaka (1997), "The Structuring of a World Environmental Regime, 1870 – 1990", *International Organization*, 51, pp. 623 – 651; George, Susan (2001), "Democracy at the Barricades", *Le mondediplomatique*, August.

Guidry, John A., Michael D. Kennedy and Mayer N. Zald (eds.) (2001), *Globalizations and Social Movements: Culture, Power, and the Transnational Public Sphere*, Ann Arbor: Universityof Michigan Press.

Haas, Peter M. (1992), "Introduction: Epistemic Communitiesand International Policy Coordination", *International Organization*, 46, pp. 1 – 35.

Hasenclever, Andreas, Peter Mayer and Volker Rittberger (1997), *Theories of International*

Regimes, Cambridge: Cambridge University Press.

Haufler, Virginia (2000), "Private Sector International Regimes", Chap 7, in Richard A. Higgott, Geoffrey R. D. Underhill and Andreas Bieler (eds.), *Non-State Actors and Authority in the Global System*, London: Routledge.

Higgott, Richard A., Geoffrey R. D. Underhill and Andreas Bieler (eds.) (2000), *Non-State Actors and Authority in the Global System*, London: Routledge.

Hulme, David and Michael Edwards (1997), *NGOs, States and Donors: Too Close for Comfort?*, Houndmills, U. K.: Macmillan.

International Association of Paper Historians (2002), "International Standard for the Registration of Papers with or without Watermarks", Marburg/Lahn, Germany: IAPH, Available onlineat http://www.paperhistory.org/standard.htm.

Islam, Shada (2001), "E. U. Ministers Warn Protestors: 'We are Democratically Elected'", *Deutsche Presse-Agentur*, 16 July.

Jepperson, Ronald L. (2002), "Political Modernities: Disentangling Two Underlying Dimensions of Institutional Differentiation", *Sociological Theory*, 20, pp. 61–85.

Judge, Anthony (2000), "Types of International Organization", Brussels: Union of International Associations, Available onlineat http://www.uia.org/organizations/orgtypes/orgtypea.php.

Kaldor, Mary (1999), "The Ideas of 1989: The Origins of the Concept of Global Civil Society", *Transnational Law and Contemporary Problems*, 9, pp. 475–488.

Keane, John (2001), "Global Civil Society?", Chap.2, in Helmut Anheier, Marlies Glasius and Mary Kaldor (eds.), *Global Civil Society* 2001, Oxford: Oxford University Press.

Keck, Margaret E. and Kathryn Sikkink (1998), *Activists beyond Borders: Advocacy Networks in International Politics*, Ithaca, N. Y.: Cornell University Press.

Korten, David C. (2001), *When Corporations Rule the World*, 2nd ed, Bloomfield, Conn: Kumarian Press.

Krasner, Stephen D. (1991), "Global Communications and National Power: Life on the Pareto Frontier", *World Politics*, 43, pp. 336–366.

Lipschutz, Ronnie D. (1992), "Reconstructing World Politics: The Emergence of Global Civil Society", *Millennium: Journalof International Studies*, 21, pp. 389–420.

Lipschutz, Ronnie D. and Judith Mayer (1996), *Global Civil Society and Global Environmental Governance: The Politicsof Nature from Place to Planet*, Albany: State University of New York Press.

Loya, Thomas A. and John Boli (1999), "Standardization in the World Polity: Technical Rationalization over Power", pp. 169 – 197, in John Boliand George M. Thomas (eds.), *Constructing World Culture: International Nongovernmental Organizations since 1875*, Stanford, Calif: Stanford University Press.

Mathews, Jessica T. (1997), "Power Shift", *Foreign Affairs*, 76, pp. 50 – 66.

Meyer, John W., John Boli, George M. Thomas and Francisco O. Ramirez (1997), "World Society and the Nation-State", *American Journal of Sociology*, 103, pp. 144 – 181.

Meyer, John W., David Frank, Ann Hironaka, Evan Schofer and Nancy B. Tuma (1997), "The Rise of an Environmental Sector in World Society", *International Organization*, 51, pp. 623 – 651.

Nadelmann, Ethan A. (1990), "Global Prohibition Regimes: The Evolution of Norms in International Society", *International Organization*, 44, pp. 479 – 526.

Naughton, John (2001), "Contested Space: The Internet and Global Civil Society", Chap. 6, in Helmut Anheier, Marlies Glasius and Mary Kaldor (eds.), *Global Civil Society* 2001, Oxford: Oxford University Press.

O'Brien, Robert, Anne Marie Goetz and Jan Aart Scholte (2000), *Contesting Global Governance: Multilateral Economic Institutionsand Global Social Movements*, Cambridge: CambridgeUniversity Press.

Otto, Dianne (1996), "Nongovernmental Organizations in the United Nations System: The Emerging Role of International Civil Society", *Human Rights Quarterly*, 18, pp. 107 – 141.

Pasha, Mustapha Kamal and David Blaney (1998), "Elusive Paradise: The Promise and Peril of Global Civil Society", *Alternatives*, 23, pp. 417 – 450.

Pianta, Mario (2001), "Parallel Summits of Global Civil Society", Chap. 7, in Helmut Anheier, Marlies Glasius and Mary Kaldor (eds.), *Global Civil Society* 2001, Oxford: Oxford University Press.

Porter, Tony (2002), *Technology, Governance and Political Con-flict in International Industries*, London: Routledge.

Riddell, Roger C., Stein-Erik Kruse, Timo Kyllönen, Satu Ojanperä and Jean-Louis Vielajus (1997), *Searching for Impactand Methods: NGO Evaluation Synthesis Study*, A Report Produced for the OECD/DAC Expert Group on Evaluation.

Helsinki: Department for International Development Cooperation, Finland Ministry of Foreign Affairs.

Rieff, David (1999), "The False Dawn of Civil Society", *Nation*, 268, 7 February, pp. 11 – 16.

Rosenau, James N. (1997), *Along the Domestic-Foreign Frontier: Exploring Governance in a Turbulent World*, New York: Cambridge University Press.

Salamon, Lester M., Regina List, S. Wojciech Sokolowski and Associates, Stefan Toepler and Helmut K. Anheier (eds.) (1999), *Global Civil Society: Dimensions of the Nonprofit Sector*, Baltimore: Center for Civil Society Studies, Johns Hopkins University.

Schofer, Evan (1999), "Science Associations in the International Sphere, 1875 – 1990: The Rationalization of Science and the Scientization of Society", pp. 249 – 266, in John Boli and George M. Thomas (eds.), *Constructing World Culture: International Nongovernmental Organizationssince* 1875, Stanford, Calif.: Stanford University Press.

Scholte, Jan Aart and Albrecht Schnabel (eds.) (2002), *Civil Society and Global Finance*, London: Routledge.

Smith, Jackie, Charles Chatfield and Ron Pagnucco (eds.) (1997), *Transnational Social Movements and World Politics: Solidarity beyond the State*, Syracuse, N. Y.: Syracuse UniversityPress.

Smith, Jackie, Ron Pagnuccoand Winnie Romeril (1994), "Transnational Social Movement Organisations in the Global Political Arena", *Voluntas*, 5, pp. 121 – 154.

Sochor, Eugene (1991), *The Politics of International Aviation*, London: Macmillan.

Speeckaert, Georges Patrick (1957), "The 1978 International Organizations Founded since the Congress of Vienna", *Documents for the Study of International Nongovernment Relations*, No. 7, Brussels: Union of International Associations.

Spiro, Peter J. (1995), "New Global Communities: Nongovernmental Organizations in International Decision-Making", *Washington Quarterly*, 18, pp. 45 – 56.

Starr, Amory (2000), *Naming the Enemy: Anti-Corporate Movements Confront Globaliza-*

tion, London: Zed Books.

Tarrow, Sidney (2000), "La Contestation Transnationale", *Cultureset Conflits*, 38 – 39, pp. 187 – 223.

Union of International Associations, 1961 – 2000, Yearbook of International Organizations, Vols. 8 – 37; Munich: K. G. Saur, United Nations Department of Public Information. 2004. "NGOs and the Department of Public Information: some Questions and Answers", Available online at http://www.un.org/dpi/ngosection/brochure.htm.

United Nations Economic and Social Council (2002), "NGOs in Consultative Status with ECOSOC", Paris: UNESCO. Availableonline at http://www.un.org/esa/coordination/ngo/.

Van Steenbergen, Bart (1994), "Towards a Global Ecological Citizen", pp. 141 – 152, in Bart van Steenbergen (eds.), *The Condition of Citizenship*, London: Sage Publications.

Wapner, Paul (1996), *Environmental Activism and World Civicl Politics*, Albany: State University of New York Press.

Waterman, Peter (1998), *Globalisation, Social Movements and the New Internationalisms*, London: Cassell/Mansell.

Weiss, Thomas G. and Leon Gordenker (eds.) (1996), *NGOs, the UN, and Global Governance*, Boulder, Colo: Lynne Rienner.

Willetts, Peter (ed.) (1996), "The Conscience of the World", *The Influence of Non-Governmental Organizations in the UN System*, Washington, D. C.: Brookings Institution Press.

World Food Prize Foundation (2005), "The World Food Prize", Available online at http://www.worldfoodprize.org/.

Wuthnow, Robert (ed.) (1991), *Between States and Markets: The Voluntary Sector in Comparative Perspective*, Princeton, N. J.: Princeton University Press.

Young, Oran (ed.) (1997), *Global Governance*, Cambridge, Mass: MIT Press.

问责、策略以及国际非政府组织[*]

[美] L. 大卫·布朗　　[美] 马克·H. 莫尔　著　王　燕　编译[**]

　　国际非政府组织（简称国际NGO）已在两个相关的重要领域扮演着举足轻重的角色。首先，从国家层面来讲，国际NGO已经起到了推动社会、经济以及政治发展的作用，特别是对一些国家来讲，这些国家正在以下各方面付出加倍努力：提供减灾服务、提供持续可行的社会服务、构建地方自助能力、推动政府自制以及加强边缘人群的政治以及政策影响（Clark，1991；Edwards & H，1996；Fisher，1993）。其次，从国际层面来讲，在生成国际市民社会、激发非正式但有力的规范机制以及影响国际机构政策及其实际举措方面，国际NGO正在起着越来越重要的作用（Boli & Thomas，1999；Florini，2000；Fox & Brown，1998；Khagram，Riker & Sikkink，2002）

---

[*] 本文首次发表于 *Nonprofit and Voluntary Sector Quarterly*，2001年第30卷第3期，第569—587页。是研讨会"非政府组织的新角色及其面对的挑战"的专题论文。文章原名：Accountability, Strategy, and International Nongovernmental Organizations。

[**] 作者简介：L. 大卫·布朗（L. David Brown），哈佛大学豪泽中心（Hauser Center）国际非政府组织的国际项目负责人，哈佛大学肯尼迪政府学院（Kennedy School of Government）公共政策方向访问教授，兼波士顿大学管理学院组织行为研究教授。马克·H. 莫尔（Mark H. Moore）为哈佛大学豪泽中心非政府组织及哈佛大学肯尼迪政府学院罪犯公正政策及管理项目负责人。译者简介：王燕，廊坊师范学院外语学院副教授。

国际 NGO 日益显著的地位及影响要求其有更为严密的审查体系，以及对其进行更尖锐的问责。捐赠者要求国际 NGO 对其出资方案的完整性、有效性（效率）以及影响接受问责。受益人敦促国际 NGO 能够不辜负他们提出的要促进当地发展的承诺，而不是强调自己的优先事项。工作人员期望国际 NGO 能够不辜负其让他们投身组织时的众望。为达成其国内及国际上的目标，国际 NGO 招募合作伙伴（例如其他国际 NGO、以社区为基础的组织、政府机构以及商业企业），而这些合作伙伴期望国际 NGO 能实现稳固双方合作的承诺；甚至国际 NGO 的目标群体也要求国际 NGO 接受问责，他们想明晰国际 NGO 对谁接受问责、为谁发言，这样他们才能判断国际 NGO 对他们所提出的要求有多大力度以及合法性如何。概言之，很多不同的利益相关者呼吁国际 NGO 对其活动接受问责（Edwards，2000）。

本文旨在对国际 NGO，特别是对着重于发展与环境保护的国际 NGO 的问责理念提供一种理解角度。首先，本文提出问责是一个抽象概念。在此概念上来理解，问责制从道德上来讲不无益处，并且国际 NGO 应该接受谁的问责、为什么接受问责也很明晰。本文第二部分中，我们阐述的问责制不再是一个抽象、固定的道德理念，而是一个策略性的理念，需由国际 NGO 来制定并且实施，旨在更好地理解并且取得其策略性宗旨。由此，问责制既在道德层面上不无益处又非常切实有用。并且，谈及怎样才能最佳地来构建问责制，正确答案不只有一个，而需视情况而定。问责选择应该提升国际 NGO 正在力求执行的策略。在第三部分，本文展现了国际 NGO 采取的三种不同的活动或策略（提供服务、能力构建以及政治主张）对问责制的不同结构提出了怎样不同的要求。这表明，随着国际 NGO 在不同策略上工作力度的平衡调整，国际 NGO 必须改变其问责概念，同时改变其接受不同利益相关者问责的方式。

一、问责概念

当一个行为体（无论是个人还是某个组织）意识到其对要做某事已下了承诺并且接受了道德及法律上的责任要对此承诺全力以赴，这个行为体就需

"被问责"（Cutting & Murray, 2000; Fox & Brown, 1998; N, 1996; Paul, 1992）。

因为问责制包涵要去履行的承诺，人们自然会认为问责制就是两个或多个行为体之间的一种关系。然而，原则上讲，行为体可以体察并且采取行动，好像自身要对某个抽象的目的接受问责一样。例如，一个国际 NGO 可以合理地表达其就一些卓越的道德价值方面的成就接受问责，如促进人权，专门对弱势群体提供的持续的服务，或者也可以对一些人的迫切需求如饥饿、末日论做出有效的问责回答。这些道德目标不受资助机构、合作伙伴甚至客户的要求，一个国际 NGO 或许觉得要对以上接受问责。就此来讲，问责主要是指"奋斗目标"，只有和这项重要职责目标一致，其他人的期望才变得重要。

然而，通常问责制被认为是两方或者多方之间的一种具体关系，一方就其执行前对另一方承诺的责任时需做出问责说明。例如，某个国际 NGO 可能有责任对捐赠者说明捐赠资源得到了合理使用；对客户和受益人有提供高质量、有求必应的服务的责任；对工作人员负有提供持续支持的使命，从而能将他们凝聚在组织中；对合作者和同盟者负有信守承诺的责任，对其在研发和开展合作项目的过程中所采取的行动负责。

作为一种道德理想，问责理念也包括一种要求，即行为体要使利益相关者能够轻松地监控行为体信守承诺的程度。例如，如果此行为体对其所开展的行动提供了更多的信息或者对利益相关者的期望和诉求的响应比彼行为体更为积极，就可以说，此行为体较彼行为体更负有责任。

显然，稳固的结构以及某行为体比另外一个行为体更有责任的过程可能会在一些不同的维度上有所变化（Moore & Gates, 1986）。例如，两个行为体之间在某协议中的实质性条款可能会或多或少宽泛一些或者或多或少确切一些。如"补助"属于典型的实质性条款，对组织提出的要求非常宽泛；而"合同"条款则截然不同，需越精确越好。这些实质性条款或者也有可能变化，这要看其是着重于想要有的结果（效果）还是着重于想要产生结果的行动（行动或者产出）。

同样，问责关系可能会对或多或少有些繁琐的报告程序做出详细说明。

有些问责体系要求每周对许多详细的事件做出问责回答，有的要求只对几个方面做出年度报告就可以。

无论问责制最初结构如何，规定条款可以随时间进行变化。通常，在初级发展阶段的早期，任务还不够明确，很难对行为体设定明确的严格问责期望（Fox & Brown, 1998；Jordan & van Tuijl, 2000）。另外，当双方的关系基于一般意义上的共同目的并且双方信任彼此的良好动机和能力时，更为普遍的"政治责任"也许比详尽的合同更合时宜（Jordan & van Tuijl, 2000）。然而，随着更多详尽策略的逐步形成以及具体的责任得以被接受，或者随着误解以及期望的未满足，信任度受损，制定更为具体的问责条款尤为重要。

问责制定义了某种关系，这种理念不仅在道德层面和理论层面上来讲非常重要而且非常现实，因为关系的存在要比执行协议更为重要。对他人的承诺产生了利益执法代理。当然，其他关系属性例如权利的不同以及信任度的不同也会影响双方相互间问责的程度。在有些情况下，利益相关者权利不足以使其要求得以实施，由此有些组织可能忽视利益相关者对他们的问责。不过，他们这么做也出于道德，如果不实际些的话，他们就会处境危险。

很多有关问责的文章都认为问责双方在法律上及道德上有着不对等的关系。如"委托与代理"理论着重于委托方怎样让代理就其能够满足委托方期望的举措进行问责回答（Fama & Jensen, 1983；Zeckhause & Pratt, 1985）。此理论中的常规假设是，通过双方关系要充分实现的是委托方的意愿而不是代理方的意愿。委托方的意愿在于代理方的利益，此意愿未能达成就会威胁到道德诚信以及双方关系的稳固。实际的挑战就是制定激励机制（问责的构成）来切实地推动代理，使之提高委托方的利益。

然而，对国际 NGO 来讲，我们认为从委托—代理角度来评定问责制是一种误导，原因有二：首先，国际 NGO 对许多不同的利益相关者都应做问责回答，并且，根本无法确定的是，作为道德或者法律事宜，利益相关者中谁应该被作为委托方来对待，委托方的优先权应该置于首位。当我们从委托—代理角度来思考问题时，很自然会认为一个国际 NGO 的委托方由捐赠者组成，捐赠者的贡献让此国际 NGO 的活动得以维持。毕竟，捐赠者是资金提供人。作为道德和法律事宜来讲，他们应该能够独断此国际NGO要取得怎样的目标。捐赠者非常像公司所有者，而这家公司为委托—代理模式提供了一种隐性模式。

然而，不能明确的是，作为道德及法律事宜，国际NGO是否给予了捐赠者享有此地位的荣耀。有些组织，如美国乐施会（Oxfam America）、国际特赦组织（Amnesty International）以及援救社（CARE）的确对捐赠者有所承诺，承诺捐赠者为达成某些特殊目的或为援助特别的受益人而招募资金时拥有发言权。通过做出此类承诺，这些国际NGO使自身就效率以及有效达成以上目标方面要对捐赠者的问责负责。只要捐赠者的目的与组织的使命以及他们对特殊代理的责任相一致，就不会引发任何问题。

但是，在执行使命的过程中，美国乐施会、国际特赦组织以及援救社这样的组织会做出额外的承诺。这些国际NGO承诺，客户（委托方）和受益者都可以依赖他们的援助。他们承诺双方会对合作项目中的具体协议信守承诺。做出这样的承诺后，对国际NGO进行问责的就是利益相关者而非捐赠者。再者，当来自不同方的问责都达成一致时，一切即迎刃而解。然而，当不同的利益相关者的期望和诉求不一致时，国际NGO就必须决定谁的诉求会得到尊重。

从重要性上来讲，当把利益相关者中的某一位推至主要位置而其他人只是普通位置时，就必须对这个问题做出回应，主要位置是指这位利益相关者对该组织的资产和活动拥有最强的道德以及法律权利。

然而，对国际NGO来讲，并不能明确哪一位利益相关者的诉求会得到尊重。有金钱的利益相关者来制定规则？或者是那些为他们的利益组织才存在的人来发号施令？该给那些与肩负更伟大事业的人并肩同行的同志们的权利主张留出多少空间？

应注意的是，决定在许多利益相关者中谁处在主要位置、其目标理应得到尊重，是以权力为基础的。利益相关者的权力越大，其权利主张越占主要位置。审时度势地讲，人们也会支持这样的判断，因为，理所当然，抵制权力强大的利益相关者的权利主张要付出巨大代价。然而，困难在于许多国际NGO仍致力于改变现存的权力关系。这些国际NGO的存在至少部分上能够给予他们的客户以及受益人更多的权力对捐赠者提出自己的权利主张，同时也能坚持以下目标：捐赠者可以将资金用于维护客户的利益，只要客户认为这是最好的方式即可。决定处于主要地位的利益相关者是最有权力的利益相关者就要牺牲国际 NGO 的此项重要目的。

当然，国际 NGO 对那些提供给他们运作资金的人的权力提出挑战并非易事。通过如此举措，国际 NGO 就有失去主要资金支持来源以及丧失能力去帮助他们想要援助的客户和受益人的危险。即便如此，许多国际 NGO 仍铤而走险，因为他们相信他们的使命要求他们那么做。例如，美国乐施会就拒绝接受政府的出资，理由是如果接受政府的出资，政府可能就会坚持在乐施会实施自己的目的而不是乐施会客户的目的。不接受政府的出资，乐施会就可以依赖不是非常确定的捐赠者，这样的自由可以使其方案照顾到客户而非资助机构。其他组织曾强调重要的是要保持对各国间国际 NGO 联盟以及这些联盟所代表的政治及运作能力负有责任，而不是服从某些特殊捐赠者的要求。

国际 NGO 有许多不同的利益相关者，对他们来讲，国际 NGO 应接受被问责；这些不同的利益相关者有着不同程度的有效权力可以使之执意满足自己的期望；国际 NGO 经常力求来平衡权力关系，以上种种事实可以让我们得出以下结论：决定哪些利益相关者应该被视为主要利益相关者，这并非一个开诚布公的问题。由此分析，可以看出，把某一位利益相关者描述为主要相关者就意味着做出了一个重要的判断，即把利益相关者对组织绩效的权利主张区分了先后顺序。但是，我们无法确定这样划分的标准和原则是什么。

在道德或者伦理的基础上，可以做出如下判断：可以决定某位利益相关者比另一位更应得到尊重；也可以决定严肃对待某位捐赠者的权利主张，因为他出了资；还可以决定要重视客户的权利主张，因为客户的满意是该组织付出努力的全部所在；或者还要决定合作伙伴的权利主张应该得到满足，因为合作伙伴通过忠诚的服务已经拥有了此权利。

或者，在法律基础上做出这样的判断：依据法律来决定哪些权利主张是和该组织相违背的，为了解决争端应首先在法庭上处理，由此，应该高度重视那些和我们签合同的人，或许将捐赠者和合作伙伴的特权置于客户的权利之上。

还可以在审慎的基础上来做决定,即考虑一下尊重或者拒绝某权利主张的结果会怎样影响将来组织的存活。

或者,最后一个出发点就是,把权利主张作为一个策略决策事宜来处理。即,可以考虑怎样平衡道德、法律以及诚信,遵循允许组织去决定并且成就其使命。

本文的下一部分中我们提出,最好是让国际NGO考虑问责事宜时,不是简单把它当成一个抽象的、道德及法律问题,也不是把它作为一个简单地去审度忽视谁的利益会比较稳妥的问题,而应该是一个将会有助于国际NGO决定并且成就其最高价值的关键性策略问题。

二、组织使命以及国际NGO中的策略

对国际NGO的"问责",必须部分上将其理解为一种法律以及道德层面的强制需求,但更重要的是必须将其理解为一种策略上的选择。正因为不同的国际NGO利益相关者认为他们拥有法律及道德上的权利(以及有效的权力)来对一个组织用大量的资产做什么提出自己的权力主张,才出现了问责事宜。也正因为不同的利益相关者的诉求无法达成一致,或者他们的诉求没有必要和该组织的领导或者工作人员的目的一致,问责才出现了难题。由此,国际NGO的领导人必须选择采纳或者拒绝特别的利益相关者的要求。

哪些利益相关者的问责需求要被采纳,哪些要拒之门外,做出这样的决定对国际NGO的使命、策略以及运作会有很深远的影响,因为问责的要求才是组织行为潜在的、重要的推动力。如果一个国际NGO问责制的建构和体系都能与其领导人所理解的使命一致,问责的需求就既不会减少组织的自主自治,也不会改变其目标。然而,如果需求与组织的目标(由现任领导人来决定)有矛盾,国际NGO或许就不得不规避那些需求来达成"真正"的目的。

当然,难点在于,拒绝来自于某些利益相关者的问责需求可能会削弱这些利益相关者对组织的支持。有些资助机构撤回了对某些国际NGO的支持就是由于他们认为这些国际NGO不愿意对资源的合理使用做出问责回答。报纸

常报道儿童捐助类的国际 NGO 资金的使用问题，比如世界宣明会（World Vision）或者救助儿童会（Save the Children），这样的问题可能严重影响国际 NGO 从个体捐助者那里集资的能力。国际 NGO 的价值和使命将工作人员凝聚在组织中，如果一个国际 NGO 没有能体现出其价值和使命，那么投入的工作人员也会出现怠工。项目合作伙伴在期望值未得到满足的情况下可能终止合作。上述诸类事项造成的损失对国际 NGO 的损害或许要比有可能出现的国际 NGO 背离其目标和宗旨的损害还要大，足以威胁到组织的存活。

如此看来，不言而喻的是，精心设计国际 NGO 的使命和策略至少部分上是建构问责制的决策。国际 NGO 有效地通过问责来赢得资助，通过对特殊利益相关者的期望值进行问责回答，它能得到这些人持续的资助。

用"策略三角"来分析，问责制和策略之间的关系会变得愈加清晰，"策略三角"的研发是为了定位拥有巨额资金及任务的非盈利组织（Moore，2000）。图 1 为策略三角图。在图中，三角形的各个顶点表示三个需要关注的重要想法，这三点需经过国际 NGO 领导人深思熟虑后制定，这样才能使组织存活下去，产生有价值的社会效应并且能成功适应各种情况变化。

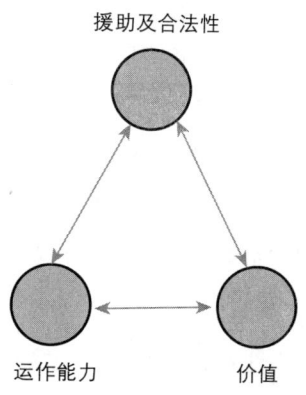

图 1　策略三角

标有"价值"的圆圈提醒国际 NGO 的领导人要记住国际 NGO 的存在是为了达成某些公众性目标。国际 NGO 可能有许多目标：提高贫穷儿童的生活，建设乡村自助组织，减少环境污染，或者与违反人权的做法对抗。关键点是国际NGO必须能做出一个能让人信以为真的陈述，表明其要争取实现的价值以及要怎样取得此目标。这样的陈述让人觉得有目标感，有助于得到稳固持续的援助，同时又能形成一个焦点，得以开展并部署组织的运作能力（Moore，1995，Ch3）。

标有"援助及合法性"的圆圈提醒国际NGO的领导人，他们必须要取得能够实现其目标的、稳定的政治、法律以及经济援助。在盈利组织领域，合法性和经济援助都是顾客授予的，因为顾客购买了某个公司生产的产品以及提供的服务，顾客决定对此自愿出资才构成了组织的收入来源，才使得该组织保持其运作（支持），也能证明组织会提供个人比较重视的某事物（一种合法性）。然而，在非盈利组织领域，援助以及合法性的理念要更为复杂得多（Moore，2000）。

在某种程度上，非盈利领域的"援助"意味着和盈利领域做的事情相同：注入一股资金和物资让组织能够保持正常运转。然而，通常，只有一小部分国际NGO的援助是通过顾客付钱购买产品及服务取得的。国际NGO大部分资金来源都来自于资金"捐助者"（个人、基金会以及政府），他们愿意出资给那些自己出不起资的受益人提供服务。

对捐助者资金援助的依赖也造成了国际NGO的重要问责处于两难情况。首先，有可能出现捐助者的喜好和客户的偏好之间有差异。再者，由于差异的出现，一个国际NGO要应对自身最应被问责的道德伦理上的问题、法律问题以及策略问题。国际NGO会把私营领域中顾客第一的理念和问责进行便捷的整合，但如果既要被捐助者问责，又要被客户问责，两方的问责又相互冲突的话，上述便捷整合便只能瓦解。

在国际NGO背景下，合法性及捐助理念除了涵盖资金流向也涵盖资源流向。许多国际NGO依赖志愿者和工作人员的志愿性的时间和付出，工作人员的薪金要比能和他们的才能相匹配的工作市场上的薪金少很多。许多国际NGO得到的捐助是食物、药品、设备以及其他此类的货物。

最后，合法性和捐助理念重点在于政治及经济上认可一个组织有存在权，有在特定地域为达成特定目标运作的权利，以及对其他方提出诉求的权利。

当然，对合法性最狭隘的理解就是一个组织存在的权利。在许多国家，国际 NGO 不得不费劲周折才能取得存在及运作的权利，他们可能需要和其他行为人结成同盟才能开展他们的项目。例如，当养父母计划国际协会（PLAN International）寻求在印度开启儿童捐助计划时，印度政府要求该组织和印度的国际 NGO 形成合作关系而不是建立自己的分支组织。国际 NGO 可以通过以下方式来寻求扩大此类合法性：将自己和全球通行的目标联系在一起；为企业赢得一定声誉；或者代表重要的政治赞助者。没有这样的立法，国际 NGO 很难开展其项目。

此策略三角中的第三个圆表示运作能力，其重点强调国际 NGO 领导对推行方案成果能力的关注。在此指，面临熟悉却要求较高的技术及运作问题时，怎样为达到预期结果最佳地开展有效的经济、物资以及政治资源等方面的活动。我们使用"运转能力"（而不是"组织能力"）一词是为了强调，对许多国际 NGO 来讲，推行方案成果的能力在于组织领域之外。许多国际 NGO 的远大抱负（贫穷社区的可持续发展，保护人权的国际规约）都必须和那些并不受国际 NGO 权力管辖的合作伙伴共同来实现。许多国际 NGO 必须强调、调动以及维持这样的合作伙伴关系及结盟关系，而不是只致力自己组织取得的成果（见 Uvin, Jain & Brown, 2000）。

此策略理念具有挑战意味的是，怎样同时满足所有这些限制条件。如果一个国际 NGO 有其价值理念及资助却没有能力，就不能实现其许诺；而如果一个国际 NGO 有其价值理念及能力却没有资助，对资源或合法性的需求就会束手无策。如果一个国际 NGO 拥有资助及能力，却没有价值理念，这个组织会存在，但会有浪费资源的代价。

图中每一个圆都可以看作是一种问责制的要求，将这三个圆结合在一起的需求把问责事宜推到了风口浪尖。国际 NGO 为达成一些有价值的目标而接受问责，这些目标与他们对自己使命的理解息息相关。使命的理念可能来自于某组织最初的奉献信念和传统，其现任领导的道德信念，或者组织现在正面临的问题以及解决问题的急迫性。合法性与资助这个圆让国际 NGO 领导谨记提供资助的人、授权组织存在的人以及允许国际 NGO 为他们代言的人进行问责的重要性。运转能力这个圆让国际 NGO 的策略决策者谨记他们要接受员工以及推广项目合作伙伴的问责。在此意义上来讲，组织策略的选择是对国际 NGO 拥有问责权的利益相关者之间可商讨的事情，成功的策略应该是能将不同的问责达成一致的策略。

三、国际 NGO 策略及问责制

在促进人类发展以及推进他们赖以实现目标的策略和活动方面，在决定自己起什么作用上，国际 NGO 各有差异。一种颇有影响力的分析按照侧重于救济与福利、社团组织和自助能力构建、持续发展系统的生成以及促进大规模社会运动，将国际 NGO 分为"几代"（Korten，1989）。近来，瓦吉尔（Vakil，1997）提出，将国际 NGO 分为五种不同的功能类别：福利型、发展型（指能力建构方面）、倡导型、发展教育型以及网络运作型或者研究型。

我们探讨了国际 NGO 的三个作用：福利或者提供服务、自助能力建构，以及政策或者体制影响，这些作用是国际 NGO 都具有的。我们认为这些作用也由于问责制结构的不同而得到了最好的体现。这意味着国际 NGO 策略制定者们必须在问责制结构建立之前决定组织的作用，这也意味着改变了策略的国际 NGO 也可以考虑怎样改变其问责体系。对有些组织来说，囿于现存的问责制结构，转化基本职能或许并不可行。

表 1 表明在国际 NGO 不同作用下与问责体系相关的行为体。现在我们转过来看一下问责的不同功能及行为涵义。

表 1 不同种类的国际 NGO 问责制利益相关者

	提供服务型国际 NGO	能力构建型国际 NGO	政策及体制影响型国际 NGO
国际 NGO 使命重点	• 对未得到充分服务的受益人提供物资及服务	• 客户自助能力授权及构建	• 加强名额不足选区的政治声音
价值理念生成类利益相关者	• 服务受益人	• 能力构建客户	• 政策构成 • 政策影响目标

（续表）

	提供服务型国际 NGO	能力构建型国际 NGO	政策及体制影响型国际 NGO
资助及授权型利益相关者	• 捐助者及其他资源提供者 • 技术服务专家及调控者	• 捐助者及其他资源提供者 • 能力构建专家及调控者	• 捐助者及其他资源提供者 • 政策专家及调控者 • 大众及媒体
运作能力型利益相关者	• 国际 NGO 工作人员 • 提供服务中行程的合作伙伴或同盟	• 国际 NGO 工作人员 • 能力建构合作伙伴 • 能力协作生成客户	• 国际 NGO 工作人员 • 重要运动同盟 • 竞选活动中国际 NGO 代表的成员

（一）福利及提供服务的国际 NGO

福利及提供服务的国际 NGO 提供产品或者服务，旨在让客户获利或者改善全球现状。它们的主要价值在于组织生成，这些组织能够调动资源，如资金、志愿者时间和精力以及物资等；它们转化并且分配资源使其得到更有价值的利用。如果资源没有被转向不妥的目标（一体性），每一种资源都物尽其用（效能），并且价值的最大值超出了整个资源量（实效）的话，一个国际 NGO 贡献的价值就很可观。

国际 NGO 的董事会或者 CEO 们会觉得对提供资源的这些组织有被问责的义务，这出于多方面原因：出于审慎（确保组织未来的存活），出于法律（对资产如何使用做出强行实施的许诺），出于普通的道德（欺诈得来资金是不正当的）。从使命的实效上来讲，组织对捐赠者应做的就是生成最大的、最可行的回报。

提供服务型国际 NGO 可能也会被其受益者或者客户来问责。在盈利领域，虽然公司对顾客有很多责任，公司法在问责制上却向利益相关者倾斜。在国际 NGO 领域，董事会和 CEO 们也要应对资金捐助者和客户的双重问责。或许会有人认为当出现了利益冲突时，这种被问责的紧张感可能会以利于客户的方式更果断地解决，因为国际 NGO 的全部意义就是使客户受益。然而，在现实中，客户的意愿和偏好以及捐助者的意愿和偏好之间经常出现鸿沟。许多国际 NGO 的组建就是为了相对地实现一些特定目的，比如消减饥饿、预防艾滋病或者保护生物多样性等等。为了达成这些目标，国际 NGO 必须和私人客户形成互动，才能生成可以让客户受益的结果。但是，对个人客户利益的生成和预期取得的社会效应并不是一回事：解决饥荒者的饥饿并不能表明将长期消减饥饿，缓解艾滋病病人的苦痛也并不意味着能做到更好的防治，对热带雨林地区居民的支持并不能说明威胁生物多样性的做法得到缓解，客户的满意也并不意味着成功。

当客户未能对国际 NGO 的服务提供资金时，问题可能就会更严重。捐助者可能会说他们的目标是让客户受益，并且他们允许客户来决定自己想要什么。然而，更普遍的情况是，捐助者寻求成果，而这成果未必能让私人客户主观上更称心如意。消减人口增长方案提供的是控制生育的教育和物资，即便客户更想要的是食物和收入方面的援助。

取得捐助者想得到的社会效应和客户满意度这两点有着天壤之别，在让捐助者满意和让客户高兴之间，国际 NGO 压力很大。严谨地说，捐助者的利益对国际 NGO 领导人来讲举足轻重，因为没有捐助者的援助，国际 NGO 就无法继续下去。从法律上讲，捐助者的利益也很重要，特别是当资源是通过合同的方式来转达，而不是授予或者捐赠时。然而，在道德上来讲，通常是客户的利益为先。

这种紧张压力可能会造成进退两难的局面。例如，某个国际 NGO 的审核员们发现一个南部 NGO 合作伙伴虚报账户时会立即中止项目，并没有讨论过实际情况是因为没有其他合作方能够代替舞弊的合作方才中止这项大范围的儿童项目，在做这个决定时考虑的只是对捐助者的影响却没有考虑过对赞助者的影响。

在提供服务的国际 NGO 中，捐赠者和客户的诉求被置于雇员、合伙人以及协作生产者的诉求之上，原因在于这些利益相关者被认为是达成组织目标的手段，而他们本身不是目的。结果，他们的权力主张经常被看作是从国际

NGO 能力中分解出来的，以求将最大化的价值提供给其捐助者和客户。当然，某国际 NGO 可能通过资源供给和雇员工作支付一份市场价格较高的费用，如果对员工待遇很好，组织可能就有效率。但是，如果组织增加的价值最初就是为了提供服务而设，管理人员和兢兢业业的职工可能就会拒绝从服务中分流出资源。管理人员和职工会有以捐赠者（想要客户价值最大化）和客户（想得到他们能得到的最大的价值）需求为先的倾向，而不是以雇员和供应者的需求为先。这种问责制以及先后秩序也有助于我们来解释为何国际 NGO 更不愿在人员发展以及能力构建上投入资源，即使这样做能够迎合他们的长期利益。

（二）能力构建型国际 NGO

能力构建型国际 NGO 着重于与客户合作，来加强他们的自助能力而不是以某种家长式的方式给客户提供服务的能力。例如，美国乐施会曾长期寻求伙伴关系，想要藉此让当地的行为体能够找到想法并且解决自己的难题（Offenheiser, Holcomb & Hopkins, 1999）。近来一项研究发现，美国许多致力于发展领域的国际 NGO 都致力于和南方国际 NGO 的伙伴关系，来开展一些项目并且把能力构建作为一种日益增强的工作的核心特征（Leach, Kalegaonkar & Brown, 1998）。

一旦一个国际 NGO 致力于和客户一起工作而不是为客户工作，组织问责制就会有很多变化。能力构建重点是指致力于加强客户能力，来开展他们自己的目标和想法，而不是去达到国际 NGO 或者其捐助者特定的目标。能力构建型国际 NGO 重点在于承担来自客户的问责，这意味着他们不仅会允许客户影响他们达成目标的方式，而且会重新考虑客户对最终结果的质疑。如果一个能力构建型国际 NGO 提供的是金融管理培训，而客户说他们在政治倡导上需要帮助，这样国际 NGO 可能会将资金管理培训调整为对利益代言的培养。

我们为何接受客户而不是其他利益相关者此程度上的问责有下面几个原因。首先，在道德上来讲，它表明对客户利益的尊重，由客户自己决定其发展需求。第二，实际上，能力构建的最初想法在于和客户相关的一些难题，这些最初想法更有可能产生客户会认为有价值的影响。第三，关注这些难题的客户更有可能投资于培养解决难题的能力。第四，成功解决当地已意识到的难题同时培养起了客户解决难题的能力。

然而，如果其他强势的利益相关者对此也很关注，高度重视客户所关心的问题可能造成进退两难的处境。如亚洲的某能力构建型国际NGO给NGO客户提供了诊断性评估，却没有给出资进行评估的捐赠者提供评估结果，理论上说，客户如果担心捐助者的评价，他们就会对出现的难题更加开诚布公。有的捐赠者接受了这样的逻辑解释，有的捐赠者却拒绝为他们无法很好进行监管的工作提供资金。

能力构建型国际NGO要对客户问责做出回应，一直困扰他们的难题就是难以预知会取得什么样的结果。结果如何在很大程度上取决于客户想要什么、打算做什么，而不是取决于一个国际NGO计划做什么。即使在目标上达成共识，客户也有可能选择一些做法和技术，而这样的做法和技术无论对国际NGO来讲还是它们的支持者来讲都不对路。地方上的决定可能被传统的部落或者家族精英所操控，他们不采纳女性或者边缘群体的建议，他们对责任和资源的分配标准可能并不能得到国际NGO的认同。实际上，在近期有关能力构建的国际论坛（2000）上，优先权的差异已显而易见：北方行为体认为能力构建属于管理技能，比如问责可以使得捐赠者的物资物尽其用，而南方客户却想要加强他们在政策宣传、联盟构建以及加强大规模社会变化等方面的能力。

将问责人从捐赠者转到客户身上也是在考验捐赠者的责任和气度。客户可能对他们的有效案例、良政以及财政问责的设想提出挑战。许多捐赠者，特别是那些习惯于提供服务角色的捐赠者可能开始时同意承担能力构建的责任，后来却发现担当不起应有的责任。有时，捐赠者和国际NGO的工作人员即使冒着增加项目投资、破坏信任度或者降低革新以及灵活性的风险，也要致力于保护或者重新构建提供服务型问责制。这样，从提供服务到能力构建的转变过程中得到的一些收获，可能被能力构建策略下未能反应出这些转变的问责关系所破坏。

(三) 政策影响型国际 NGO

第三种国际 NGO 有助于个人和组织加强对某国内或国际组织的要求（Fox & Brown，1998；Jordan & van Tuijl，2000；Keck & Sikkink，1998）。一些政策以及制度影响型国际 NGO 为某些人代言，否则这些人的政治发声根本不会被听到。例如，国际特赦组织（Amnesty International）在许多国家为有良知的罪犯发声，对一些国家所做的违反人权的做法提出质疑。其他有政策影响力的国际 NGO 也寻求改良那些危害到边缘人群的政治或者体制环境。例如，透明国际组织（Transparency International）致力于减少腐败，腐败损害了全球可持续发展以及经济公正。环境保护基金会对一些不同环境下破坏自然环境的做法提出挑战。

在灵活使用及成功运用资源以达成组织使命方面，政策影响国际 NGO 和提供服务以及能力构建组织类似。他们都是既有投入也有产出的组织。然而，把政策影响国际 NGO 和提供服务或能力构建国际 NGO 区别开来的是，前者的目标是对他人的行动生成有效的政治需求。他们致力于使其他组织认识到自己的问题或者对他们已经负有的责任进行问责回答。

政策影响型国际 NGO 从事多种活动。他们会对自己事业的公正性或者重要性提出质疑；会开展相关研究去把握问题的程度及影响；会组织活动来发动资助；还会搜集符合现存法律和政策的证据。并且，他们会敦促能进一步达成他们目标的法律及政策的生成，例如政策影响型国际 NGO 曾组织国际活动来规范雀巢婴儿配方奶粉的销售（Johnson，1989）。其他的政策影响型国际 NGO 也开展了旨在改变世界银行对土著居民政策制定的一些活动（Gray，1998）。其他活动力求影响到公众的关注以及政策制定，比如抵制全球变暖的环境运动或者旨在减少发展中国家债务的 2000 年大赦活动（Keck & Sikkink，1998；Pettifor，2000）。

政策影响型国际 NGO 也对很多利益相关者负有被问责权。他们拥有董事会、资金捐赠者以及其他的可以授权他们采取行动的组织。他们拥有志愿者、付薪的工作人员。在政策活动推广上他们能够执行规划、组建同盟。他们依托两种客户来制定有影响力的政策：他们代表的选民以及他们活动的目标群体，即那些政策制定者和执行组织。

国际 NGO 对活动目标群体的影响以及他们要问责的对象是谁，要取决于许多因素，包括一个目标行为体在民意以及制裁上的弱势，外部活动推广的程度能够影响策略资源的有效性，目标组织的价值理念能够和国际 NGO 所代表的价值理念一致的程度。许多国际 NGO 的活动非常依赖人们对广为接受的价值理念的热情，也非常依赖人们对一些组织目标群体行动方案的质疑，因为这些行动违背了他们自己公开宣称的标准。2000 年，大赦活动遵循犹太—基督教宽恕债务的传统，提倡免除债务活动（Pettifor，2000），反对建设印度纳尔马达大坝的运动强调的是此项目未能制定出一个达到世界银行标准的移民安置计划（Udall，1998）。

然而，对目标问责提出的可信的质疑要求国际 NGO 能够回答他们自己问责制的相关问题。他们有目标群体，有更广泛的听众，他们需要听众来帮助他们向目标群体提出他们的权利主张，两者都想知道为何国际 NGO 在这样的辩论中有合法的声音。

有些政策影响型国际 NGO 能在服务中使其合法性转化为广为接受的价值理念，并申辩说他们的合法性根植于他们对这些卓越的价值理念的承诺。例如，禁止地雷运动（Campaign to Ban Landmines）对广为关注的无辜的地雷受害者非常关注（Goose，2000），还有反对对女性暴力行为的各种活动反应了全球对性别差异的价值理念的变化（Keck & Sikkink，1998）。问责制重视媒体和更广泛的民众的知情权，民众的观点可以确保及敦促关键行为者采取行动。

其他的国际 NGO 通过信息和专家知情来影响政策，这些信息和专家对政策的制定和实施来讲很重要。当国际 NGO 能够建立信息的有效性以及其他政策制定相关性时，他们在此过程中作为行为体的可信度也得以增加。例如，环境保护基金会能够证明巴西的一些世界银行项目和世界银行本身要有基层赞助者政策要求并不相符，这就影响到世界银行的款项支付（Keck，1998）。

依靠信息和专家对国际 NGO 进行问责,这点可以通过搜集到的数据以及符合技术标准和专家的分析来实施。

政策影响型国际 NGO 被问责的第三个基础在于他们多大程度上代表选民,他们发动的政治影响是为了谁。如果一个国际 NGO 承认代表的是当地选民,那么,这些选民就最有问责权。

代表政治利益的政策影响型国际 NGO 所需要的政府机构或许和提供服务型组织所需的政府机构不同。有效服务型国际 NGO 可能有小型董事会以及几位大的捐助者,但却将受益人大量地排除在政府机构之外。相对而言,政策影响型国际 NGO 可能会拓宽他们问责制的结构。他们可能把许多小的捐助者也作为会员招募进组织来拓宽政治以及经济基础;他们可能通过招募更多的客户进入董事会或者通过客户会员制来扩大问责范围,而不是把这些人作为外部客户或者受益者。极端些说,这样的趋势模糊了组织和客户之间的界限,将客户纳入了组织性管理中。实质上,这将提供服务型的国际 NGO 的其他服务功能的组织形式转化为拥护国际 NGO 型的会员服务形式。

这样,对有影响力的国际 NGO 来讲,问责制的难题就转向了他们和他们承诺的要去代表的赞助者之间的关系。经常,由于国际 NGO 和地方赞助者之间的社会和政治差距,使得很多问责很难界定,甚至更难去实施(Brown & Fox,1998;Jordan & van Tuijl,2000)。问责变成了咨询安排、信息交流、解决争端,争端由财富、权利以及文化方面出现的巨大差异而导致。随着国际 NGO 更多地强调政治影响力,他们需要构建咨询机制来制定策略、规划日程以及做出决定。

结论:适应问责制构建的组织策略

表 2 简要概述了国际 NGO 在问责关系和优先权方面的对比。此表描述的类型相对单纯,当然,现实中这些类型很少能被如此清晰地划定。许多国际 NGO 起着多功能的作用并且开展多样性活动。然而,重要的是要澄清这些潜在的差异,因为他们对利益相关者来说含义重大,并且问责应有优先权。

表 2　不同类型国际 NGO 问责制对比

	提供服务型国际 NGO	能力构建型国际 NGO	政策影响型国际 NGO
国际 NGO 使命重点	●为未得到充分服务的受益人提供货物或者服务	●客户自助能力授权及构建	●加强名额不足选区的政治声音
在价值理念生成上对利益相关者的问责	●受益人对服务有道德权利要求但可能是被动的接受者	●客户的参与对组织定位及能力构建必不可少的	●通过价值理念、信息或者代表实现目标群体的可信度 ●选民的声音对代表至关重要
对支持以及授权利益相关者的问责	●捐赠资源对提供服务非常重要 ●评估服务质量的技术性团体	●捐赠资源非常重要 ●有法律制裁权的监管机构	●从许多人及成员处得到的捐赠资源 ●涉及价值理念、信息或者成员声音的合法性
对运作能力共同生成者的问责	●工作人员和合作伙伴是实现服务目标的途径	●工作人员和合作伙伴的资助能力 ●和客户共同生成的能力	●重要运动的主要工作人员及同盟 ●成员共同生成影响

对提供服务的国际 NGO 来讲，虽然受益人有得到良好服务的道德权利主张，大部分的审批权和国际 NGO 的责任分离，落在不同人身上：（1）捐赠者，捐赠者承诺会支付高额的花销；（2）评估服务质量的技术部门；（3）规范服务协商条款的人。

能力构建型国际 NGO 面临着许多类似的压力。然而，他们的情况被现实复杂化了，现实是构建当地自助能力要求当地客户主动参与。当地客户可能成为服务的被动接受者，但是被动性是能力构建有效性的核心。能力构建方案的本质就是鼓励客户对国际 NGO 持有问责权以起到积极作用。对于那些有利于客户想法而不是捐赠者想法的问责制来讲，协商是不存在的，对于一开始就提供服务的组织来说，要转化为能力构建型非常困难。

政策影响型国际 NGO 的使命要看他们对目标群体进行强有力辩护的能力，致力于重要卓越的道德价值理念就能够生成这样的权力，有关公众难题的重要的专业知识或者信息也能产生这样的权力。或许最重要的是，一个选区的政治声音能够被听到才有权力可言。为了确保一些政治选区真实的声音被听到，国际 NGO 必须把它作为一个政治选区而非一个服务客户来努力。局限是，一个国际 NGO 可能变成一个具有管理机制的组织会员，这个组织会赋予会员权力能把组织的声音作为自己的声音。

我们认为，表 2 很清晰地表明，问责制理念并不是固定不变的。没有对所有组织都适用的单一的一种问责制。所有的组织都必须被问责。但是，它们怎样建构自己的问责制，会对他们将要执行的策略有决定性的影响。如果某个国际 NGO 的领导阶层承袭了某个政策影响型国际 NGO 的问责体系，就会发现以提供服务为重点并维系它会非常难。原有的问责制结构就有可能使得组织在其政治工作中脱不开身，并且会妨碍自身在提供服务上的努力。在此意义上来讲，问责制必须符合指导组织活动的策略。

有些国际 NGO 面临着全球化的外部世界，与这些组织特别相关的挑战诸多：要求它们用更少的资源做更多的事情，要求它们起到能带来飞速变化的催化剂作用，要求它们在全球可持续性发展、经济公正以及政治民主化等顽固性难题的解决上进行可持续的改善（Edwards, Hulme & Waltkins, 1999; Florini, 2000）。国际 NGO 受到全球公众越来越多的关注，但是它们在策略演进、功能转变以及新型模式建构上都处在试验阶段（Lindenberg & Dobel, 1999）。重塑以及重新认识对它们的问责制仍面临着很多挑战，这也是他们付出努力的核心所在。

参考文献

Boli, J. and Thomas, G. M. (1999), *Constructing World Culture: International Nongovernmental Organizations since 1875*, Stanford, C. A.: Stanford University Press.

Clark, J. (1991), *Democratizing Development: The Role of Voluntary Organizations*, Hartford, C. T.: Kumarian.

Cutt, J. and Murray, V. (2000), *Accountability and Effectiveness Evaluation in Non-profit Organizations*, London: Routledge.

Edwards, M. (2000), *NGO Rights and Responsibilities: A New Deal for Global Governance*, London: The Foreign Policy Centre.

Edwards, M. and Hulme, D. (1996), *Beyond the Magic Bullet: NGO Performance and Accountability in the post-cold War World*, Hartford, C. T.: Kumarian.

Edwards, M., Hulme, D. and Wallace, T. (1999), "NGOs in a Global Future: Marrying Local Delivery to Worldwide Leverage", *Public Administration and Development*, 19, pp. 117 – 136.

Fama, E. C. and Jensen, M. C. (1983), "Separation of Ownership and Control", *Journal of Law and Economics*, 26, pp. 301 – 325.

Fisher, J. (1993), *The Road from Rio: Sustainable Development and the Nongovernmental Movement in the Third World*, New York: Praeger.

Florini, A. (2000), *The Third Force: The Rise of Transnational Civil Society*, Tokyo: Japan Center for International Exchange.

Fox, J. and Brown, L. D. (1998), *The Struggle for Accountability: NGOs, Social Movements, and the World Bank*, Cambridge, MA: MIT Press.

Goose, S. (2000), "The Campaign to Ban Antipersonnel Mines-potential Lessons", in FORUM (2000), *Human Security: New Definitions and Roles for Global Civil Society*, Montreal, Canada: Montreal International Forum, pp. 20 – 24.

Gray, A. (1998), "Development Policy-development Protest: The World Bank, Indigenous Peoples, and NGOs", in J. Fox and L. D. Brown (eds.), *The Struggle for Accountability: NGOs, Social Movements, and the World Bank*, pp. 267 – 302, Cambridge, MA: MIT Press.

International Forum on Capacity Building (1998), *Future Capacity Building of Southern NGOs New Delhi*, India: Author.

Johnson, D. A. (1986), "Confronting Corporate Power: Strategies and Phases of the Nestle Boycott", in L. Preston and J. Post (eds.), *Research in Corporate Social Performance and Policy*, 8, Greenwich, C. T.: JAI, pp. 323 – 344.

Jordan, L. and van Tuijl, P. (2000), "Political Responsibility in Transnational NGO Advocacy", *World Development*, 28 (12), pp. 2051 – 2065.

Keck, M. (1998), "Planfloro in Rondonia: The Limits of Leverage", in J. Fox and L. D. Brown (eds.), *The Struggle for Accountability: NGOs, Social Movements, and the World*

Bank, Cambridge, MA: MIT Press, pp. 181 – 218.

Keck, M. and Sikkink, K. (1998), *Activists without Borders*, Ithaca, N. Y. : Cornell University Press.

Khagram, S. , Riker, J. and Sikkink, K. (2002), *Restructuring World Politics*, Ithaca, N. Y. : University of Minnesota Press.

Korten, D. (1989), *Getting to the 21st Century*: *The Role of the Voluntary Sector*, Hartford, C. T. : Kumarian.

Leach, M. , Kalegaonkar, A. and Brown, L. D. (1998), *US PVO Perceptions of their Cooperation with Southern NGOs* (Technical Report), Washington, D. C. : U. S. Agency for International Development, Office for Private and Voluntary Cooperation.

Lindenberg, M. and Dobel, P. (1999), "The Challenges of Globalization for Northern International Relief and Development NGOs", *Nonprofit and Voluntary Sector Quarterly*, 28, pp. 4 – 24.

Moore, M. H. (1995), *Creating Public Value*: *Strategic Management in Government*, Cambridge, M. A. : Harvard University Press.

Moore, M. H. (2000), "Managing for Value: Organizational Strategy in For-profit, Nonprofit, and Governmental Organizations", *Nonprofit and Voluntary Sector Quarterly*, 29 (Suppl.), pp. 183 – 204.

Moore, M. H. and Gates, M. (1986), *Inspectors-general*: *Junkyard Dogs or Man's Best Friend?*, New York: Russell Sage.

Najam, A. (1996), "NGO Accountability: A Conceptual Framework", *Development Policy Review*, pp. 4339 – 4353.

Offenheiser, R. , Holcomb, S. and Hopkins, N. (1999), "Grappling with Globalization, Partnership, and Learning", *Nonprofit and Voluntary Quarterly Sector*, 28 (Suppl.), pp. 121 – 139.

Paul, S. (1992), "Accountability in Public Services: Exit, Voice and Control", *World Development*, 20 (7), pp. 1047 – 1060.

Pettifor, A. (2000), Jubilee 2000 and the Multilateral Institutions, in FORUM (2000), *Human Security*: *New Definitions and Roles for Global Civil Society*, Montreal: Montreal International Forum, pp. 25 – 29.

Uvin, P., Jain, P. and Brown, L. D. (2000), "Think Large and Act Small", *World Development*, 28 (8), pp. 1409 – 1419.

Vakil, A. C. (1997), "Confronting the Classification Problem", *World Development*, 25 (12), pp. 2057 – 2070.

Zeckhauser, R. and Pratt, J. (1985), *Principal and Agents: The Structure of Business*, Boston: Harvard Business School.

连接 NGOs 的问责制与全球治理的合法性[*]

［美］达纳·布拉克曼·赖泽尔　　［美］克莱尔·凯利　著
赵友斌　编译[**]

评论家们常常关注这样一个问题：全球监管机构是否面临民主赤字问题，而允许非政府组织（NGOs）的参与是否就是为了解决这一问题？为了有效发挥作用，也为了获得参与国际市民社会的合法权，非政府组织的内部问责至关重要。为了获得参与全球治理的合法权，非政府组织必须在组织和管理上都实行问责制。现行的国内非盈利法是非政府组织进行内部管理的基本依据，它正尝试建立有效且具有实用性的非盈利组织问责机制。然而，国内法所提供的治理和问责框架对于合理管理和激励非政府组织的国际化参与和行动是远远不够的。本文致力于向人们展示全球监管机构如何弥补这一不足，推动非政府组织问责与全球治理的合法性。

本文第一部分对非政府组织在全球治理中所扮演的角色进行了回顾。非

---

[*] 本文首次发表于 *Brooklyn Journal of International Law*，2011 年第 36 卷，第 1011—1073 页。文章原名：Linking NGO Accountability and the Legitimacy of Global Governance。（Brooklyn Law School, Legal Studies Paper No. 240. Available at SSRN: https://ssrn.com/abstract=1883701）

[**] 作者简介：达纳·布拉克曼·赖泽尔（Brakman Reiser, Dana）、克莱尔·凯利（Kelly, Claire），均为美国布鲁克林法学院法学教授。译者简介：赵友斌，暨南大学翻译学院教授。

政府组织管理第三方行为,并且影响其他全球治理机构的管理效果。这一部分还对学者如何评估全球监管机构的合法性进行了探讨。第二部分对基于国内非盈利法建立的非政府组织的基本问责体系进行回顾,主要以美国非盈利法作为例证。这一部分描述了国内执行机制如何影响非政府组织的问责制,突出这些机制对非政府组织的任务,组织和经济问责有着不同的关注点。我们认为,尽管国内非盈利法为非政府机构获得参与国际管理的合法性提供了途径,但在很多方面,仅有这些法律是远远不够的。在非盈利组织的使命、组织和财政问责实施方面的缺口使得人们开始怀疑非政府组织是否有能力执行规范目标,非政府组织参与全球治理的价值何在,以及非政府组织是否适合参与管理。国际组织能充当守门人的角色,帮助弥补这些缺口。第三部分探讨了全球监管机构如何充当守门人的角色,以及如何更好地利用非政府组织,作为谋求合法性战略的一部分。一些全球监管机构已经为参与的非政府组织建立了认证、监管和执行体系。然而,并不是所有对非政府机构的参与加以利用的全球监管机构都有着这些体系,或拥有能达到同一效果的其他体系。通过组织和调整,突出非政府组织在全球监管机构合法性战略中的角色,弥补国内非盈利法下问责机制的不足,能促进这些体系的发展和完善。如果参与国际监管的非政府组织不能足够负责,那么这些非政府组织只会阻碍全球监管合法性这一进程。最后,这一部分针对如何保证非政府组织在全球监管机构合法性战略中发挥作用提出了一些建议。第四部分对全文进行了简要的总结。

一、监管机构、合法性、问责制

(一) 非政府组织在全球治理中充当监管者

非政府组织对提升全球治理合法性的贡献主要体现在两个方面:(1)作为非国有监管机构(NSRs),非政府组织通过设立标准,创立最佳条例,采取特别行为①来影响全球管理；（2）影响其他非国有监管机构如：国际组织和政府间组织的监管工作。② 所有的非国有监管机构都需要不同程度的合法性，而非政府组织的参与则会增强其合法性。

非政府组织进行监管。监管工作包括通过各种方式对治理行为进行调整。③ 监管者可能会通过硬法（成文法、条约、法规）或软法（规范、指导、最佳条例、自愿行为准则）来设立标准。在国际上，众多的非国有监管机构如：国际组织，政府间组织和非政府组织寻求管理调整。非政府组织作为一种非国有监管机构可以进行独立行动，也可以致力于推动其他非国有监管机构的调整。④

非政府组织没有制定硬法的权力，但能通过一系列活动、规范和标准制定软法。⑤ 例如，国际非政府组织——国际标准化组织（ISO）制定了一系列可供国家或私营部门采纳的标准。⑥ 非政府组织提出的标准虽然不是硬法，但

---

① Colin Scott（2002），"Private Regulation of the Public Sector: A Neglected Facet of Contemporary Governance"，*J. L. & Soc'Y*, 29, p. 56, p. 60. （例如，国际特赦组织、国际透明组织、国际绿色和平组织被视为"政府的私人监察员"）。

② 实际上，艾哈迈德和波特记录下一些非政府组织是如何认为自己"不仅在突破国界创立自身网络，而且扮演保护各国这一传统的国际角色"。Shamima Ahmed and David M. Potter（2006），*NGOs in International Politics*, p. 69.

③ Julia Black（2008），"Constructing and Contesting Legitimacy and Accountability in Polycentric Regulatory Regimes"，*Reg & Governance*, 2, p. 137, p. 139. （以下称 Black，*Constructing and Contesting Legitimacy*）.

④ Julia Black（2009），"Legitimacy and the Competition for Regulatory Share 10 – 11"，*Lon. Sch. Econ. Legal Studies*, Working Paper No. 14/2009. （以下称 Black，*Competition for Regulatory Share*），文章网页链接为：http://www.lse.ac.uk/collections/law/wps/WPS2009 – 14_Black.pdf.

⑤ Shamima Ahmed and David M. Potter（2006），*NGOs in International Politics*, p. 15. （强调非政府机构有能力去说服和改变国际和国家间关系，虽然建立于强权之上，它们常采取友好交流的方式）；Kenneth W. Abbott and Duncan Snidal（2009），"Strengthening International Regulation through Transnational New Governance: Over-coming the Orchestration Deficit"，*VAND. J. TRANSNAT'L*, 42, p. 501, p. 544. （对非政府组织自下而上的管理进行了讨论）；Colin Scott（2002），"Private Regulation of the Public Sector: A Neglected Facet of Contemporary Governance"，*J. L. and Soc'Y*, 29, pp. 60 – 68.

⑥ 进一步了解国际标准化组织（ISO），请参考 Http://www.iso.org/iso/about.htm

是能影响国家或私营部门的行为,并促进多元化管理体制的形成。① 例如,1992 年一些非政府组织联合成立开展国际禁雷运动(ICBL)。这一组织最终推动了《禁雷公约》②,即 1997 年在加拿大渥太华签署的《关于禁止使用、贮藏、生产和转让杀伤人员地雷及销毁③此种武器公约》的颁布。④ 最终,国际禁雷组织成为集束弹药联盟的核心成员,集束弹药联盟推动了《国际禁止集束炸弹公约》的制定。⑤ 因此,非政府组织虽然无权制定法律,但它们能对法律的颁布与执行起到重要的推动作用。

非政府组织对其他非国有监管机构的监管工作也具有促进作用。⑥ 非政府组织对国家的、国际的,以及政府间的机构进行说服及施加影响。⑦ 大多数,或者说很多国际机构也设有机制允许民间团体的政治参与。⑧ 事实上,作为自身合法化战略的一部分,一些国际机构欢迎非政府组织的政治参与。⑨ 联合国在 2004 年的卡多佐报告中承认民间团体参与治理的重要性,报告指出:"非

---

① Black (2008), *Constructing and Contesting Legitimacy*, p. 146. (非政府组织唤起了消费者的意识,使市场参与者面临经济压力,难以遵循所有或一些合法性机构所设立的标准);Abbott and Snidal (2009),"Strengthening International Regulation through Transnational New Governance: Over-coming the Orchestration Deficit", *VAND. J. TRANSNAT'L*, p. 505, p. 507 (对管理标准的设定及政府间新治理的建立进行了讨论)。

② 这些非政府组织包括:人权观察组织、国际医疗组织、国际助残组织、医生促进人权协会、美国越战退伍军人基金会以及排雷咨询组。*Campaign History*, INT'L CAMPAIGN TO BAN LANDMINES. http://www.icbl.org/index.php/icbl/About-Us/History

③ 《禁雷公约》,即《国际禁雷公约》。http://www.icbl.org/index.php/icbl/Universal/MBT/States-Parties

④ 具体参照 *Campaign History*。

⑤ 治理机构:集束弹药联盟。具体参照网页:http://www.stopclustermunitions.org/the-coalition/steering-committee (last visited Mar. 18, 2011)

⑥ 非政府组织常试图通过国内政治进程影响各国政府。

⑦ Ahmed and Potter (2006), *NGOs in International Politics*, pp. 44 – 53. 非政府组织参与国际组织和政府间网络引起了争论。具体来说,非政府组织的参与引起了对国家主权、各国平等,以及全球监管机构民主责任制等方面的担忧。非政府组织依据自称的合法性对此做出了应答。

⑧ 参见《联合国宪章》第 71 条:"经济委员会和社会委员会可以做出适当安排,向与问题有着具体联系的非政府组织进行咨询。这些安排同样适用于国际组织,当然,需先征得联合国有关成员国的同意。"

⑨ Julia Black (2008), "Constructing and Contesting Legitimacy and Accountability in Poly-centric Regulatory Regimes", *REG. & Governance*, 2, p. 137, p. 139.

政府组织持续扩大的政治参与和影响力促进了民主和多边主义的发展。市民社会组织也发起了一些创新型战略致力于应对全球新威胁。①

非国有监管机构需要合法性来保证其设立的标准得以执行②，来赢得各国各组织对其工作的支持③。有时，作为自身合法化战略的一部分，非国有监管机构寻求非政府组织的政治参与，这不仅因为非政府组织能通过不断的政治参与加强输入与输出的合法性，还因为它们有资格和能力谈论那些处于危险中的规范性问题。当然，当非政府组织充当非国有监管机构的角色时，非政府机构也想要增强自身的输入与输出的合法性。这些重要的概念以及非政府机构在输入与输出合法性方面所起的作用将在下文中进行讨论。

（二）合法性与问责制评估

尽管合法性既不具有描述性④，也不是社会学问题⑤，但是我们可以从社

---

① 参见联合国秘书长的讲话：*We the People: Civil Society, the United Nations and Global Governance: Rep. of the Panel of Eminent Persons on United Nations-Civil Society Relations*, at 3, U. N. Doc. A/58/817 (June 11, 2004).

② Ahmed and Potter (2006), *NGOs in International Politics*, pp. 14 – 15, pp. 241 – 244; Steve Charnovitz (2005), *Accountability of Nongovernmental Organization (NGOs) in Global Governance*, p. 30, p. 31 (Geo, Wash. Law Sch. Pub. Law Research Paper No. 145) http://papers.ssrn.com/sol3/papers.cfm?Abstract_id = 716381&download = yes（解释说明非政府组织重视它们的影响力，且热衷于发展问责制）。

③ Julia Black (2008), "Constructing and Contesting Legitimacy and Accountability in Poly-centric Regulatory Regimes", *REG. & Governance*, 2, p. 137, p. 139, p. 154.

④ 这里的"具有描述性"依据于具有客观事实性的事物是合法的。对某事物合法性进行描述需要依据一定的规范。因为描述反映了事情已得到普遍认同这一观念，因此，可描述的合法性有时指的是规范合法性。如果人们已接受关于什么是对的、好的、可接受的、期望的或合理的规范性前提，且一个组织完全符合这些标准在他们看来是客观的事实，那么这个组织则具有可描述的合法性。具体参见 Allen Buchanan and Robert O. Keohane (2006), "The Legitimacy of Global Governance Institutions", *ETHNICS & INT'L AFFAIRS*, 20, p. 405.

⑤ 参见 Julia Black (2008), "Constructing and Contesting Legitimacy and Accountability in Poly-centric Regulatory Regimes", *REG. & Governance*, 2, p. 137, p. 139, p. 144; 以及 Buchanan and Keohane (2006), "The Legitimacy of Global Governance Institutions", *Ethics and International Affairs*, Vol 20, No. 4, p. 406. 两者中必定有一个要求我们对潜在的标准进行评定；我们必须就标准基线达成一致，这样才能判定某些社会组织是否具有合法性。或者，我们必须了解人们在形成观念时所考虑到的标准。

会学，也就是社会建造的角度，对其做进一步理解。有些事具有合法性，只是因为人们认为这些事是合法的。① 虽然无法对观念进行评估，但是我们可以依据合法性标准来判定合法性观念应该或很可能是什么。此外，我们相信为了让人们认为它们具有合法性，非政府监管机构会考虑到合法性标准。

总的来说，评论家们已经确定了两种值得考虑的合法性标准。规范合法性（或输出合法性）标准关注于一个机构能否能有效促进正确的、可接受的、期望的或正义的事情的发展？② 是否全球监管机构能带来好的效果？③ 机构的监管是否有效、公平、有序、得到普遍认同、符合道德规范，是否为特定的目标如人权或贸易自由化服务？④ 输出合法性为"好的结果"设定了标准。⑤ 例如，人们可以认为要想获得合法性，机构必须尊重人权⑥，或者"机构至少得坚持不违反最不具争议的人权"⑦。此外，人们可能要求机构

---

① Allen Buchanan and Robert O. Keohane（2006），"The Legitimacy of Global Governance Institutions"，*Ethinics and International Affairs*，Vol. 20，No. 4，p. 406. 其他评论员将监管合法性看成一个从属于非政府机构合法性的独立概念，这些非政府机构处于全球治理机构如联合国、世界银行组织之内。Anton Vedder（2007），"Questioning the Legitimacy of Non-Governmental Organizations"，in Anton Vedder（ed.），*NGO Involvement in International Governance and Policy: Sources of Legitimacy*，p. 1，p. 5（以下称 NGO INVOLVEMENT）。

② 参见 Claire R. Kelly，"The Politics of Legitimacy in the UNCITRAL Working Methods"，in Tomer Broude，Marcl Busch and Amelia Porges（eds.）（2010），*The Politics of International Economic Law*，p. 106，p. 124。

③ 参见 Claire R. Kelly（2010），"The Politics of Legitimacy in the UNCITRAL Working Methods"，in Tomer Broude，Marcl. Busch and Amelia Porges（eds.），*The Politics of International Economic Law*，p. 106，p. 124。

④ 合法性与有效性是相联系的。同样的，国际合法性与国家合法性也是相联系的。随着各国民主化的发展，要求合法性的呼声也越来越高。参见 Jeffrey Atik（2001），"Democratizing the WTO"，*GEO. WASH. INT'L L. REV*，33，p. 451，p. 460。

⑤ Buchanan and Keohane（2006），"The Legitimacy of Global Governance Institutions"，*Ethics and International Affairs*，Vol. 20，No. 4，p. 418.（关于合法性规范的长久争论）

⑥ Buchanan and Keohane（2006），"The Legitimacy of Global Governance Institutions"，*Ethics and International Affairs*，Vol. 20，No. 4，p. 418.

⑦ Buchanan and Keohane（2006），"The Legitimacy of Global Governance Institutions"，*Ethics and International Affairs*，Vol. 20，No. 4，p. 420. 作者解释说因为很多被认为是"权利"的事物实际上是"人类基本利益"的保护机制，因此很难对人权进行分门别类。

必须起作用。① 当然，监督者们对"有效性"进行了实际性理解，认为应该有着相关标准。如果能促进贸易自由化，那么贸易机制就是有效的。② 如果能消除童工劳动的最恶劣形式，那么童工机制就是有效的。③ 人们首先必须为想完成的目标确定一个规范性描述。④

一旦非政府监管机构有了这一规范性描述，非政府机构的加入将促进它们的合法性进程。非政府组织可能已经将非政府监管机构致力监管的内容加入了规范目标之内。非政府组织可能擅长处理非政府监管机构需要处理的政策或技术问题。非政府组织可能参与重要审议，以增加其意见的可信度。非政府组织的参与对非政府监管机构来说是有益的，因为它们的参与对非政府监管机构的输入合法性具有促进作用，此外，非政府组织还能依据自身对"好的效果"的相关描述，促进非政府监管机构创造好的效果。

第二个标准为程序合法性（即输入合法性）标准。这一标准对决策参与和决策过程进行评估。一些行政法手段如：行政透明⑤、保障评论权⑥、权利分享⑦与行政回顾⑧

---

① C. Secretariat (2009), "Reform of International Institutions: towards a Commonwealth Agenda", *Commonwealth Secretariat, Econimic Paper Series*, 85, pp. 1 – 5.

② 参见"General Agreement on Tariffs and Trade", Oct. 30, 1947, pmbl., 61 Stat. A – 11, 55 U. N. T. S. 194.

③ 参见《国际劳工组织公约》第182条：禁止并采取立即行动消除童工劳动的最恶劣形式。以及《儿童权利公约》第20条。

④ Claire R. Kelly (2011), "Financial Crisis and Civil Society", *CHI. J. OF INT'L L*, 11, p. 505, p. 536.

⑤ Daniel C. Esty (2006), "Good Governance at the Supranational Scale: Globalizing Administrative Law", *YALE L. J.*, 115, p. 1490, p. 1530.

⑥ Daniel C. Esty (2006), "Good Governance at the Supranational Scale: Globalizing Administrative Law", *YALE L. J.*, 115, pp. 1527 – 1528.

⑦ Daniel C. Esty (2006), "Good Governance at the Supranational Scale: Globalizing Administrative Law", *YALE L. J.*, 115, pp. 1534 – 1536.

⑧ Daniel C. Esty (2006), "Good Governance at the Supranational Scale: Globalizing Administrative Law", *YALE L. J.*, 115, pp. 1535 – 1536.

促进了各机构发挥作用①。这些手段通过开展更多的协商,提高决策的合理性,以及促进问责制的发展有效提高了决策质量。② 非政府监管机构寻求非政府组织的参与还因为这种参与能促进程序的优化。非政府组织能促进行政透明,保障评论权。此外,当受决定影响的各方都参与到决策中来时,所作出的决定往往更加合法。③ 想让国际或政府间组织民主化是件不可能,至少是十分困难的事情④,但是这些组织可以扩大非政府组织与个人的政治参与。⑤ 更广泛的政治参与很有可能会导致更好的决策。例如,非政府组织常常会提出一些容易被忽略的问题⑥,它们通过直接提出或对政府进行游说的方式使得更多的问题在国际论坛上得以讨论。因此,巴塞尔银行监管委员会针对一些非政府机构可能做出回应的提案开设了通知与评论程序。⑦ 联合国国际贸易法委员会(UNCITRAL)可能会邀请非政府组织专家加入其工作小组。⑧

---

① Daniel C. Esty (2006), "Good Governance at the Supranational Scale: Globalizing Administrative Law", *YALE L. J.*, 115, pp. 1534 – 1537. (纵向及横向权力分享机制如何增加国际规则制定的合法性);此外,参见 Nico Krisch and Benedict Kingsbury (2006), "Introduction: Global Governance and Global Administrative Law in the International Legal Order", *EUR. J. INT'L L.*, 17, p. 1, p. 4. (描述了国际组织的这样一种趋势:将各种行政法律体系包括通知和评论程序应用于决策阶段,以提高参与度,完善责任制)。

② 参见 Laura A. Dickinson (2005), "Government for Hire: Privating Foreign Affairs and the Problem of Accountability Under International Law", *WM. & MARY L. REV*, 47, p. 135, pp. 163 – 178。

③ 参见 Yves Bonzon (2008), "Institutional Public Participation in WTO Decision Making: Some Conceptual Hurdles and Avenues", *J. INT'L ECON. L*, 11, p. 751, pp. 753 – 756。

④ Esty (2006), "Good Governance at the Supranational Scale: Globalizing Administrative Law", *YALE L. J.*, 115, p. 1515, p. 1516.

⑤ 参见 Henry W. McGee, Jr. and Timothy W. Woolsey (2002), "Transboundary Dispute Resolution as a Process and Access to Justice for Private Litigants: Commentaries on Cesare Romano's the Peaceful Settlement of International Environmental Disputes: A Pragmatic Approach (2000)", *UCLA J. ENVTL. L & POL'Y*, 20, p. 109, p. 116.

⑥ Shamima Ahmed and David M. Potter (2006), *NGOs in International Politics*, p. 82.

⑦ 参见 Stephany Griffith-Jones and Kevin Young (2009), "Performing Governance of International Financial Regulation: Have the G20 Done Enough?", Initiative for Pol'y Dialogue, Policy Brief. http://policydialogue.org/files/publications/Griffith-Jones_Young_Policy_Brief.pdf.

⑧ David Satola and W. J. Luddy, Jr. (2007), "The Potential for an International Legal Approach to Critical Information Infrastructure Protection", *Jurimetrics J.*, 47, p. 315, p. 326.

合法性与问责制有关，但两者是不同的概念。① 正如下面将要讨论到的，学者们对于非政府组织问责制有着不同的理解。非政府组织问责制指的是非政府组织对于某个利益攸关方或利益攸关方们在某种程度上负有责任。② 利益攸关方可能为政府、捐赠人、董事会、会员、职员或受非政府组织行为影响的人。③ 非政府组织应对这些利益攸关方的财政、政策支持或所起作用负起责任。④

问责制是十分重要的，因为它能促进人们对合法性的认识与理解。⑤ 问责制包含"问责话语"⑥。正如朱莉娅·布莱克所说：

"例如，审计不仅仅是用来说明财政支出的问责工具。实际上，正如越来越多的社会审计实践所显示的那样，审计越来越多地被用于实现广泛的社会目标，例如：实现持续发展，践行劳动伦理等。司法审查不仅仅是将一系列的法律规范应用于公共主体的行为之上的程序。将管理者纳入民主审议之中，并且要求管理者给出陈述的多头审议政体也不只是为广大民众提供了监督管

---

① Julia Black（2008），"Constructing and Contesting Legitimacy and Accountability in Polycentric Regulatory Regimes"，*Reg. & Governance*，2，p. 138. 合法性是另一个不同的问题。Anton vedder（2007），"Questioning the Legitimacy of Non-Governmental Organizations"，in Anton Vedder（ed.），*NGO Involvement in International Governance and Policy*: *Sources of Legitimacy*，p. 9. 和问责制一样，合法性能被看作是必要但不充分的因素。

② Shamima Ahmed and David M. Potter（2006），*NGOs in International Politics*，p. 126；David Brown（2008），*Creating Credibility*: *Legitimacy and Accountability for Transnational Civil Society*，p. 3，p. 36.

③ Shamima Ahmed and David M. Potter（2006），*NGOs in International Politics*，pp. 126 - 127；David Brown（2008），*Creating Credibility*: *Legitimacy and Accountability for Transnational Civil Society*，p. 3，p. 36.

④ 参见 L. David Brown and Jagadananda（2007），"Civicus, Civil Society Legitimacy and Accountability: Issues and Challenges"，p. 9. 网页链接为 http://www.civicus.org/new/media/LTA_ScopingPaper.pdf；此外，参见 Shamima Ahmed and David M. Potter（2006），*NGOs in International Politics*，p. 126，p. 127.（问责制问题常忽略了非政府组织对于其客户的责任。实际上，非政府组织对于各利益攸关方要求的满足与对各利益攸关方的责任越来越受到人们的关注。）

⑤ Julia Black（2008），"Constructing and Contesting Legitimacy and Accountability in Polycentric Regulatory Regimes"，*Reg. & Governance*，2，pp. 148 - 149.

⑥ Julia Black（2008），"Constructing and Contesting Legitimacy and Accountability in Polycentric Regulatory Regimes"，*Reg. & Governance*，2，p. 152.

理者行为的平台。实际上，它们都是解释性的模式，能使问责制参与者更好地发挥作用，这构成了参与者之间的关系，该关系根本上也由此发展。"①

（三）评估合法性与责任制所遇到的问题

在对国际监管机构的合法性进行评估时，遇到了很多问题。首先：非国有监管机构会寻求非政府组织的参与来促进其输入和输出合法性标准的发展。② 必须对非国有监管机构的相关行为进行详细的审查，以防这些行为阻碍合法性的发展。其次，作为监管者的非国有监管机构以及其所监管的主体会因为对方或其他因素而不断发生变化。在对合法性进行评估时必须考虑到这一动态过程，以及这一动态过程对输入和输出标准的平衡所产生的影响。③ 最后，合法性与问责制之间的关系是十分模糊的。问责制能促进合法性的发展，但是在某种程度上，问责制是一自定义概念，人们很难对其进行客观地评估。

首先，非国有监管机构为了促进自身合法性标准的发展实行了一系列策略，其中包括寻求非政府组织的参与，作为合法性的增强剂。④ 非政府组织以

---

① Julia Black (2008), "Constructing and Contesting Legitimacy and Accountability in Polycentric Regulatory Regimes", *Reg. & Governance*, 2, p. 152.

② 参见 Kenneth Anderson and David Rieff (2005), "'Global Civil Society': A Sceptical View", in Helmut Anheier, Marlies Glasius and Mary Kaldor (eds.), *Global Civil Society*, 26, p. 26.（提出非政府组织及国际组织"相互交织的合法性追求"，这一事实导致非民主体系形成，促使要求建立"全球市民社会"的呼声高涨）

③ Claire R. Kelly (2010), "The Politics of Legitimacy in the UNCITRAL Working Methods", in Tomer Broude, Marc L. Busch & Amelia Porges (eds.), *The Politics Of International Economic Law*, 124, p. 125.

④ Julia Black (2009), "Legitimacy and the Competition for Regulatory Share 10 – 11", *Lon. Sch. Econ. Legal Studies*, Working Paper No. 14/2009. 寻求非政府组织的参与是其建立合法性战略的一部分。正如茱莉亚·布莱克所提出的：合法性管理包含合法性的建立、保持和迷失时的补救。有些合法性要求是针对各组织提出的，各组织可以通过遵循这些要求进行合法性管理。各组织可以对这些要求进行操纵；它们也可以在它们的听众中（即合法性社区）选出那些支持它们的团体。合法性策略所采用的形式将随着处于争论中的合法形式的变化而变化，主要合法形式为：实效合法性（基于合法性社区自我利益的诉求）；道德或标准合法性（基于对"正确的事"评估）；认知合法性（基于这样的假设：事情无法是任何其他的样子）；与组织是否寻求合法性的建立、保持和补救有关。

管理者或管理参与者的身份参与全球治理,它在全球治理中所发挥的作用并不是特定的、一成不变的。① 非政府组织的参与帮助非国有监管机构建立合法性的方式可以为:(1)帮助非国有监管机构提高效力,从而提升非国有监管机构输出合法性;(2)通过有意义的参与方式,提升非国有监管机构的输入合法性。② 非政府组织能否通过其中任何一种方式提升非国有监管机构的合法性,不仅取决于非国有监管机构是否考虑到非政府组织为实质上的参与,而不是简单走走形式;③ 还取决于非政府组织自身是否有诚意。一个没有明确目标的非政府组织很难促进非国有监管机构输出合法性的发展;同样的,一个管理不当、政策不透明或被管理者用于获得经济利益的非政府组织也很难促进非国有监管机构输入合法性的发展。事实上,在参与的非政府机构问责制中出现的这些或其他问题都会阻碍非国有监管机构合法性的发展。

其次,对合法性的任何评估都应是动态的,因为评估对象以及我们进行评估的方式都是不断变化着的。国际组织提出了一系列的相关问题。世界事

---

① 参见 U. N. Secretary-General, *We the Peoples: Civil Society, the United Nations and Global Governance: Rep. of the Panel of Eminent Persons on United Nations-Civil Society Relations*, at 140, U. N. Doc. A/58/817 (June 11, 2004).

② Kenneth Anderson and David Rieff (2005), "'Global Civil Society': A Sceptical View", in Helmut Anheier, Marlies Glasius and Mary Kaldor (eds.), *Global Civil Society*, 29, p. 30. (对非政府组织能促进民主合法性这一论断表示明确的异议)

③ 对合法性的评估要求相关人员对组织寻求合法性的方式进行考察。组织机构可能会形成其是否具有合法性的观念,而没有意识到合法性是一标准性问题。某些组织可能会采取一些表面性的措施,来使自身看起来更具有合法性。因此,一些公司为了提高公司形象,制定了很多不切实际的环境声明(这种行为即为"漂绿")。绿色和平组织将"漂绿"定义为"企业或组织通过宣称保护环境,来粉饰掩盖自身的不当行为。"参见 GREENPEACE, http://www.stopgreenwash.org/introduction. 一个组织可能会采取一些能让自身看起来更具合法性,然而对组织实际运行没有任何帮助的程序。银行监管委员会寻求公众对其的工作评价——然而通常来说得到的公众评价很少,更多的只是银行业职员所给出的观点。Michael S. Barr and Geoffrey P. Miller (2006), "Global Administrative Law: The View from Basel", *EUR. J. INT'L L.*, 17, p. 15, p. 26. 一些组织还通过与其他具有合法性的组织或团体联系在一起来掩饰自身缺乏合法性的事实。Claire R. Kelly (2008), "Institutional Alliances and Derivative Legitimacy", *MICH. J. INT'L L.*, 29, p. 605, p. 646.

件的发生会导致组织机构的变化。① 组织的核心人员也在不断变化。各个组织机构为了获得自身合法性互相竞争，同时制定各种策略来促进合法性的发展。② 非政府组织之所以积极应对这些变化是因为他们想要通过参与全球治理获得发展，提高竞争力，并寻求自身合法性。③ 同样地，随着非政府组织的发展，国际组织以及政府间网络也做出了相应的调整。非国有监管机构的动态发展意味着适用于非国有监管机构与非政府组织的标准基线在许多重要方面总会发生相应的变化。因此，非国有监管机构与非政府组织必须不断地对它们各自的任务以及任务是否匹配进行评估。

在不断变化的世界里想要确定稳定的标准基线绝非易事，而且一直以来，针对输入与输出合法性的适度平衡，人们一直争论不休，这一事实更加剧了问题的复杂性。例如，《全球治理制度的合法性》一文的作者艾伦·布坎南和罗伯特·基欧汉认为，各组织应当具备"最低限度的道德性、比较利益以及机构的完整性"④。西蒙·卡内则认为对国际经济组织的评判应有一套混合标准，这样既能维护民众"最基本的权力"也能提供"良好的政治

---

① 参见 *Financial Crisis*: *What the World Bank is Doing*, WORLD BANK, http://www.worldbank.org/financialcrisis/；及 Int'l Monetary Fund［IMF］, *World Economic Outlook*: *Financial Stress*, *Downturns*, *and Recoveries*（Oct. 17, 2008）巴塞尔委员会对于经济危机的反应请参见 *Monetary & Financial Stability*, BANK FOR INT'L SETTLEMENTS, http://www.bis.org/bcbs/fmcriscomp.htm.

② Julia Black（2008），"Constructing and Contesting Legitimacy and Accountability in Polycentric Regulatory Regimes", *Reg. & Governance*, 2, p. 154.

③ 例如，艾哈迈德与波特教授曾提出"由于［在联合国中］被赋予咨询地位，非政府组织在政治体系中获得合法地位。这意味着非政府组织的活动家被认为有权利参与行政过程。"Shamima Ahmed and David M. Potter（2006），*NGOs in International Politics*, p. 53.

④ Allen Buchanan and Robert O. Keohane（2006），"The Legitimacy of Global Governance Institutions", *Ethics & Int'l Affairs*, 20, p. 419. 此外，他们还要求一些必要前提：组织必须"不断获得民主国家的认可"，还必须具备认知能力，对所需标准做出合理评判；组织还必须具备对标准进行再评估的能力，"通过与有效的认知主体的交流，对自身目标、问责内容以及在实现全球正义中所扮演的角色进行不断地讨论与再回顾"。同上，第 432 到 433 页；以及 Anton Vedder（2007），"Questioning the Legitimacy of Non-Governmental Organizations", in Anton Vedder（ed.），*NGO Involvement in International Governance and Policy*: *Sources of Legitimacy*, p. 7.

框架，便于决定在全球政治经济管理中应采用哪些公平的原则"①。丹尼尔·埃斯蒂建议采用一些通过程序活力促进"超国家政策的制定"的行政法工具。② 我们无法确定地给出标准基线。我们至多能进行评估，确定各种组织是否认为某一特定的混合标准是合理的。不幸的是，不同的人对于某个组织是否达成声称的任务（是否为有效达成）有着不同的评判标准，而对于任务本身（什么是有价值的任务）也持有不同的看法，因此他们对于标准基线有着不同的观点。③ 世界的多元化使得客观标准基线的设立成为完全不可能的事。④

再次，合法性部分依赖于问责制，但是问责制本身是难以捉摸的。利益攸关者认为只要某一组织负有责任，那么该组织就是合法的。⑤ 负有责任的主体可以是个人（利益攸关者），也可以是一个想法（一个任务）。⑥ 因为问责制依赖于受众，且不断发生着变化，因此，个人问责

---

① Simen Caney (2009), "The Responsibilities and Legitimacy of Economic International Institutions", in Lukas Meyer (ed.), *Legitimacy, Justice & Public International Law*, p. 117.

② Daniel C. Esty (2006), "Good Governance at the Supranational Scale: Globalizing Administrative Law", *YALE L. J.*, 115, p. 1537, p. 1542.

③ Anton Vedder (2007), "Questioning the Legitimacy of Non-Governmental Organizations", in Anton Vedder (ed.), *NGO Involvement in International Governance and Policy: Sources of Legitimacy*, p. 14. （对不可避免的与非政府机构有关的标准冲突进行了讨论）。

④ Allen Buchanan and Robert O. Keohane (2006), "The Legitimacy of Global Governance Institutions", *ETHICS & INT'L AFFAIRS*, 20, p. 418, p. 422. 艾伦·布坎南和罗伯特·基欧汉认为这一问题是对"首先，什么是组织的合理目标（考虑到国家主权可能施加的限制）；其次，全球公平的要求是什么；再次，组织在全球公平的实现中应扮演什么角色"等标准的持续争论。同上，418 页。

⑤ Anton Vedder (2007), "Questioning the Legitimacy of Non-Governmental Organizations", in Anton Vedder (ed.), *NGO Involvement in International Governance and Policy: Sources of Legitimacy*, pp. 6 – 10.

⑥ David Brown (2008), *Creating Credibility: Legitimacy and Accountability for Transnational Civil Society*, p. 36; Alnoor Ebrahim (2007), "Towards a Reflective Accountability in NGOs", in Alnoor Ebrahim and Edward Weisband (eds.), *Global Accountabilities: Paricipation, Pluralism and Public Ethics*, p. 193, pp. 195 – 198; L. David Brown and Jagadananda, Civicus (2007), *Civil Society Legitimacy and Accountability: Issues and Challenges*, p. 5, p. 9.

制本身就是有问题的。① 非政府组织也应对某一任务负责,然而,任务有时也会发生变化。尽管非政府组织的任务能随着时间的推移进行合法的转换,但是这一过程要求应用一些政府机制,使各利益攸关方得以开展交流对话。②

在非政府组织中,人们总是在组织各方中寻求合法性,而他们基本不承担责任,问责制似乎与他们没多大关系。③ 基于这一原因,我们更喜欢通过任务而不是某一特定的利益攸关者来评定问责制。④ 从这层意义上说,问责制考察的是某一组织是否致力于其特定目标或目的,比如任务的实现。⑤ 某一组织可能担负着这样一些任务:发展高等教育、扶贫或为帮助病者。这些任务都是抽象的,由组织创立人、资助人、管理人或组织受益人提出推行,却独立于这些人之外。实际上,如果上述任何一方发生了变化或不再存在,这些任务仍能指导组织进行决策。国内非盈利法管理着这种问责制,本文第二部分将对这一问题进行详细的讨论。

---

① Anton Vedder(2007),"Questioning the Legitimacy of Non-Governmental Organizations", in Anton Vedder(ed.), *NGO Involvement in International Governance and Policy*: *Sources of Legitimacy*, p. 8. (指出确定所有利益攸关方是件困难的事); Thomas L. Greaney and Kathleen Boozang(2005),"Mission, Margin and Trust in the Nonprofit Health Care Enterprise", *YALE J. HEALTH POL'Y L. & ETHNICS*, 5, p. 1, p. 82. (指出争论的各利益攸关方); Evelyn Brody(1996),"Agents Without Principals: The Economic Convergence of The Nonprofit And For-Profit Organizational Forms", *N. Y. L. SCH. L. REV.*, 40, p. 457, p. 465. (指出"大多数的非盈利法,尽管很多时候是无意识的,创造了没有原则的代理")。

② Dana Brakeman Reiser(2010),"Filling the Gaps in Nonprofit Accountability: Applying the Club Perspective in the U. S. Legal System", in Aseem Prakash and Mary Kay Gugerty(eds.), *Voluntary Regulation of NGOs and Nonprofits*.

③ Julia Black(2008),"Constructing and Contesting Legitimacy and Accountability in Polycentric Regulatory Regimes", *Reg. & Governance*, 2, p. 153.

④ David Brown(2008), *Creating Credibility*: *Legitimacy and Accountability for Transnational Civil Society*, p. 36. (人们常以特定利益攸关者的表现来定义问责制。但是市民社会组织存在相竞争的众多利益攸关方,因此任务问责应与利益攸关方的各种诉求相平衡或相适应)

⑤ Dana Brakeman Reiser(2004),"Enron. org: Why Sarbanes-Oxley Will Not Ensue Comprehensive Nonprofit Accountability", *U. C. DAVIS L. REV.*, 38, p. 205, pp. 212 – 215.

二、国内非盈利法和非政府组织

在鼓励或者容忍非盈利性组织有序存在的国家,非政府组织很可能会建立起来。① 然而,为了更好地达到本文的写作目的,我们将这一全球领域局限于一部分非政府组织,这些非政府组织要么本身就充当非国营监管机构,要么加入到非国营监管机构中来,共同促进全球治理的发展。正如第一部分所阐释的,在对非政府组织的参与是如何加强全球监管者的合法性进行理解时,非政府组织问责制是关键因素。然而,非政府组织问责制首先受国内非盈利法的监管。②

---

① 非政府机构为非营利性组织,非营利性组织则有着更广泛的范围,包括从私人俱乐部到国内倡导团体等众多组织。各管辖区对非营利性组织的支持与欢迎程度各异。在一些国家,如美国,非政府组织被赋予法律人格、联合权,还享受税收福利。*Revisied Model Nonprofit Corporation Act*(1987)("除非公司章程另有规定,所有公司都具有长久的持续性与继承性,且与个人一样拥有在执行事务过程中做出任何必要举措的权利");Roberts v. United States Jaycees,468 U. S. 609,pt. II(1984)(阐述了公民拥有以小组形式参与表达的权利,这一权利是受宪法保护的);I. R. C. 170(c),501(c)(3)(以促进"宗教、慈善、科学、公共安全测试、文学和教育"为目的的组织享有慈善捐款的扣除权,以及收入税减免)。在其他国家,非政府组织被认为是不可信的,因为它们常将明显的潜在危险与当局联系在一起,它们很可能享受不到任何税收福利。Anil Kumar Sinha & Sapana Pradhan Malla(2008),Nepal,*Philanthropy and Law in South Asia*,45,pp. 50 – 54. (Univ. of Iowa Legal Studies Research Paper No. 08 – 13,Mark SIdel et al. ,May 2008),网站链接为 http://ssrn.com/abstract = 1126337(描述了尼泊尔非政府组织及其领导所受到的限制,目的在于阻碍非政府组织的成立与发展);Karen Elbayar(2005),"NGO Laws in Selected Arab States",*INT'L OF NOT-FOR-PROFIT L.*,7,p. 3,p. 6. (指出阿尔及利亚"并没有采取任何直接或间接的经济福利,如:减税、公共事业缴费折扣等来鼓励非政府组织的成立")。

要了解不同管辖区非营利性组织的规模情况,请参见 *Global Civil Society*:*Dimensions of the Nonprofit Sector*(Lester M. Salamon et al. eds. ,1999);*Global Civil Society*:*Dimensions of the Nonprofit Sector*(Lester M. Salamon et al. ed. ,2006).

② 参见 Menno T. Kamminga,A. Vedder(2007),"What Makes an NGO 'Legitimate' in the Eyes of States?",*NGO Involvement*,p. 179.

很多非政府组织成立于北美或欧洲国家①，本文主要关注这些地区，特别是美国的非盈利法。本部分对国内非盈利法实施的内容与成就进行了评估。在评估过程中，能找出那些可预测的问责制缺陷，正是这些缺陷威胁到非政府组织增强合法性的作用发挥。

（一）非政府组织问责制的内部结构

所有非政府组织，无论处于那个管辖区，都有着某种组织形式负责决策问责。而组织的核心是能代表组织做出决策的管理机关。实际上，这一管理机关对组织的大多数问题都有着最终决定权。因此，在对组织的问责制进行评估的过程中，这一管理机关的问责制是重要的考量因素，此外，这一管理机关首要对那些被授权构建这一机关的支持者负责。当然，组织内其他人也会制定或影响一些重要决定。管理人员或一线员工就如何执行实施组织目的和项目每天做着决定。在某些非政府组织内，组织成员有权支持或反对重要的决定，而组织内选举也被赋予他们其他权利。组织捐赠人可能会对捐赠资金的用途提出限制，因而对于组织计划与决定的制定产生重要的影响。合作机构可能会诱导非政府组织朝着特定的方向发展，以求从联盟与合作中获利——第三部分将结合非国营监管机构对非政府问责制执行过程中所扮演的角色对这一点进行详细探讨。受益人、客户，甚至是公众都可能会影响到非政府机构的决定。然而，非盈利法对于非政府组织内部管理的要求主要集中于对组织内管理机关的整顿与监管。

在不同的国内政权下，管理机关的构建方式有以下三种：选举、自我延续、外部制定机构的授权。获选的管理机关是由非政府组织的选民选举出的。自续的管理机关在一开始的时候很可能是由捐赠人或创始人进行选择后建立

---

① 据世界非政府组织协会（WANGO）记载，北美有22787个非政府组织，欧洲（包括俄罗斯）有17630个非政府组织，其他地区共有非政府组织10465个。http://www.wango.org/resources.aspx?section=ngodir。当然，在一个管辖区内建立的非政府组织，在其他辖区常有分支等附属机构，当非政府组织在一些发展中国家建立附属机构时，一些特定的问题就会产生。

的。然而,一旦出现空缺,自续的管理机关会选择新的成员。此外,在第三种方式中,非政府组织外部的个人或实体在某些情况下或者总是对管理机关成员进行选择。

这些治理结构促进了非政府组织内部问责制的实施,但是通常实施的力度欠佳。例如,美国法要求非政府组织作为非盈利性企业存在,设立董事会,设立的方式可以为选举或自续。① 但是默认的设立方式为自续。② 自续的非盈利性董事会的成员在制定管理行为(包括提名董事和选择替代董事)时总是受信托义务和忠诚义务的约束。③ 然而,实际上,这些决定都是无法进行复审的。④ 非政府组织可以作为美国非盈利性企业,明确创建选举团体进行董事会的选举。⑤ 选举团体的构成决定着问责制实施的程度。当选举团体被用于连接系统或联盟内的非营利机构时⑥,选举团体的结构更有可能成为维持非政府组

---

① 参见《美国非营利法人示范法》§8.04(考虑到另一种"选举法"或任命)。
② 参见《美国非营利法人示范法》§8.04(b)。
③ 参见《美国非营利法人示范法》§8.04(a);以及《非营利组织的法律原则》§300(初步草案No.1,2007)(确定非盈利受托人的注意义务和忠诚义务)。
④ 只有会对提名和任命过程产生影响的重大过失和赤裸裸的利己主义才有可能干扰这些人事决定。参见 Michael W. Peregrine & James R. Schwartz (2000), "The Business Judgment Rule and other Protections for the Conduct of Noi-for-Profit Directors", *J. Health L.*, 33, p.455, p.456;两者很少受到挑战,参见 Rob Atkinson (1998), "Unsettled Standing: Who (else) Should Enforce the Duties of Charitable Fiduciaries?", *J. CORP. L.*, 23, p.655, pp.657-658.
⑤ 非政府组织必须起草规章制度,明确成员确定的标准。参见《美国非营利法人示范法》§6.01。组织成员可以是自然人也可以是一个机构。参见《美国非营利法人示范法》§1.40(21),(25)。
⑥ 例如,选举团体结构可使非营利组织母体成为其附属机构的唯一成员,加强母体的权威并授权母体任命附属机构董事会。参见 Dana Brakman Reiser (2001), "Decision-Makers Without Duties: Defining the Duties of Parent Corporations Acting as Sole Corporate Members in Nonprofit Health Care Systems", *Rutgers L. Rev.*, 53, p.979, pp.988-994。(对这一结构进行了描述);此外,参见 Robert P. Borsody (2004), "Parent-Subsidiary Relationship of Not-for-Profit Corporations Raises Official Oversight Issues", *N. Y. ST. BAR J.*, 20, p.20。(同样描述了这一结构)。或者,国家或地区的附属机构成为国际非营利组织母体的机构成员,国际非营利组织向附属机构提供发表言论及影响母体政策选择的方式。参见2009年5月13日通过的 *Amended and Restated Bylaws of United Way Worldwide*,网址链接为 http://liveunited.org/page/-/UWWbylaws-Approved-2009.pdf(针对拥有管理机构选举权的机构成员)。

织问责制的重要力量。

相反，如果非政府组织授权自然人作为投票成员，它常指定名义上的金融贡献或义务劳动作为准入标准。相关成员可以开展调查，对非营利组织董事会如何追求或发展组织目标，如何应对组织形式的限制，以及如何管理组织资源进行研究。如果对调查结果不满意，开展调查的成员可以关闭或威胁关闭董事会。而在对非政府组织做出积极的监控与管理后，组织成员得不到任何实质性的回报，只能为促进组织朝目标更近一步而感到欣慰。理性成员可能将实际的时间和资金资源用于获得或处理所需信息来对可能发生的问责制的失败进行诊断，或将这些资源用于提倡组织的非正式变革，它们可能通过正式的董事选举或免职程序来实现这一点。这会带来大量的益处。① 理性冷漠使得个体成员不可能在董事会管理中占据主动地位。

此外，个体成员也很容易受严重的集体行动问题的影响。单个成员的行动很可能不起作用；因此，必须促使其他成员的加入，以求在董事会中产生影响。个体成员必须拥有大量资源，必须全力投入，必须具有个人魅力，再加上一点运气才能做到这一点。投奔到另一个与自己的看法更接近或管理更完善的组织，或者勉强接受比预期差的现实情况则是更有吸引力的处理方式。尽管成员还拥有提起诉讼追究主管责任的权利，但是这一方式需要更多的花费。在美国，尽管组织结构赋予董事会成员进行监管问责的权力，但是很少或基本没有成员主动使用这一权力。我们应该记住这一点：在美国，选举成立的董事会是例外，而不是规则。在其他地区，一些非政府组织拥有投票团体，这些组织的成员能更稳定地扮演监督和执行角色。②

公益信托（单一受托人或受托人团体）的管理机关也很可能被授予自续权。公益信托的模式为美国、英国或其他习惯法管辖区的非政府组织提供了

---

① 参见 Dana Brakman Reiser (2003), "Dismembering Civil Society: The Social Cost of Internally Undemocratic Nonprofits", *OR. L. REV.*, 82, p. 829, pp. 859 – 862.

② 根据对欧洲非政府组织形式的讨论得出，参见 Dana Brakman Reiser (2003), "Dismembering Civil Society: The Social Cost of Internally Undemocratic Nonprofits", *OR. L. REV.*, 82, p. 829, pp. 88 – 94 及其随附文本。

借鉴。① 在美国，资助型而不是运作型基金会更愿意采用信托模式②，此外，那些主要在国际背景下向服务提供者分发资金的非政府组织也可能采用这一模式。③ 创造公益信托的文件常任命受托人，并为董事会职位空缺的填补提供填补顺序及程序。如果信托文件授予现任受托人任命接任者的权力，内部治理对非政府组织问责制的实施并不起多大的作用。当计划好的受托人角色填补方法已穷尽或遭遇失败，董事会有权为公益信托选择新的受托人。④ 政府官员在未来任命新的受托人的可能性很小，而政府官员任命的方式同样对非政府组织问责制的实施不起多大的作用。

在拥有民法传统的欧洲国家，非政府组织有两种主要的组织形式，这两种形式的主要差异存在于内部治理结构的断层线上。这些国家的非政府组织可能采用关联或基金模式。⑤ 这两种模式都将董事会看作管理机关⑥，但是，在关联模式下，成员选举董事并为组织做其他重要的决定；而在基金模式下，

---

① 参见 *Restatement（Third）of Trusts* § 27（2007）；以及 Hubert Picarda（2010），"Harmonizing Nonprofit Law in the European Union: An English Perspective and Digest", in Klaus J. Hopt & Thomas von Hippel（eds.），*Comparative Corporate Governance of Non-Profit Organizations*, p. 170, p. 184；*Choosing and Preparing a Governing Document*, http://www.charity-commission.gov.Uk/Publications/cc22.aspx#5（将慈善信托看成一种能为现有慈善组织所用的组织形式）。

② 参见 Jack B. Siegel（2006），"A Desktop Guide for Nonprofit Directors", *Officers and Advisors*, 25.

③ 参见 Kerry O'halloran（2007），*Charity Law and Social Inclusion: An international Study*, pp. 59 – 60.

④ 参见 *Restatement（Third）of Trusts* § 34（2）。

⑤ 参见 Klaus J. Hopt（2009），"The Board of Nonprofit Organizations: Some Corporate Governance Thoughts from Europe 5", Eur. Corp. Governance Inst., Working Paper No. 125/2009. http://ssm.com/abstract = 1425670

⑥ 董事会在不同司法系统里有不同的命名。在一些大陆法系国家，双董事会（一个理事会，一个监事会）可能是一个选择。参见 Katrin Deckert（2010），"Nonprofit Organizations in France", in Klaus J. Hopt and Thomas Von Hippel（eds），*Comparative Corporate Governance of Non-Profit Organizations*, pp. 303 – 307；Tymen J. Van der Ploeg（2010），"Nonprofit Organizations in the Netherlands", in Klaus J. Hopt and Thomas Von Hippel（eds），*Comparative Corporate Governance of Non-Profit Organizations*, p. 245。无论有多少个董事会，它们都是管理机关。参见 Tymen J. Van der Ploeg（2010），"Nonprofit Organizations in the Netherlands", in Klaus J. Hopt and Thomas Von Hippel（eds），*Comparative Corporate Governance of Non-Profit Organizations*, p. 244.

成员并不存在。① 基金会的创始人有权对董事会的构成方式进行选择。② 例如，德国一个基金会的创始人可能会规定董事数目，以及董事任命的方法，可能包括自续。③ 或者，该创始人选择保留任命董事会成员的权力。④ 值得注意的是，在荷兰，创立者在关联模式下可以授权某个团体或法人进行董事会成员的任命，尽管这一团体或法人不是机构的最高权威。⑤

对于关联与基金模式是否会对问责制的内部执行产生真正不同的影响尚无定论。关联法指向在全体大会上共同决策的全体成员，而全体大会是组织的最高权威。⑥ 此外，全体成员可以选举或罢免管理机关。然而，全体大会的成员与组织只有精神上或名义上的联系，因此全体大会不可能对问责制进行持续的以及实质性的内部检查。同样，当一个基金董事会以自续的方式构建时，董事会成员似乎只用对自己负责；当创始人保留任命权时，她实施问责制的可能性更大，但是她可能对基金会的合理发展路径，甚至在自身财政支持方面都存在着明确的偏见。

最后，我们应注意到有些选举成立的管理机关实质上是自我延续的。当

---

① 实际上，关联法常指向全体成员。全体成员在全体大会上共同决议，全体大会拥有最高权力。参见 Thomas von Hippel（2010），"Nonprofit Organizations in Germany"，in Klaus J. Hopt and Thomas Von Hippel（eds），*Comparative Corporate Governance*，p. 214。尽管全体大会很难持续运行，董事会是大多数决定的"责任止于地"。

② 在不同司法系统里有不同的选择，但是所有的国家都要求基本宪法或章程对所有的选择进行详细地陈述。参见 Thomas von Hippel（2010），"Nonprofit Organizations in Germany"，in Klaus J. Hopt and Thomas Von Hippel（eds），*Comparative Corporate Governance of Non-Profit Organizations*，p. 215；Katerina Ronovska（2010），"Nonprofit Organizations in the Czech Republic"，in Klaus J. Hopt and Thomas Von Hippel（eds），*Comparative Corporate Governance of Non-Profit Organizations*，p. 402。

③ Thomas von Hippel（2010），"Nonprofit Organizations in Germany"，in Klaus J. Hopt and Thomas Von Hippel（eds），*Comparative Corporate Governance of Non-Profit Organizations*，p. 215。

④ Thomas von Hippel（2010），"Nonprofit Organizations in Germany"，in Klaus J. Hopt and Thomas Von Hippel（eds），*Comparative Corporate Governance of Non-Profit Orgaganizations*，p. 215。

⑤ Van der Ploeg（2010），"Nonprofit Organizations in the Netherlands"，in Klaus J. Hopt and Thomas Von Hippel（eds），*Comparative Corporate Governance of Non-Profit Organizations*，p. 234。

⑥ 参见 Thomas von Hippel（2010），"Nonprofit Organizations in Germany"，in Klaus J. Hopt and Thomas Von Hippel（eds），*Comparative Corporate Governance of Non-Profit Organizations*，p. 214。

一个非政府组织要求成员选举成立管理机关，事实上却将管理机关的主管或其他成员看成唯一的选举人。① 当成员们投票选举董事时，他们实质上是在为自己或继任者投票。

在这些组织形式里，内部治理的结构涉及管理机关的问责制问题。这些组织形式都无法在内部执行强有力的非政府组织问责制。下一部分将讨论国内背景下，各种外部参与者所推进的问责制如何实施。

（二）在国内非盈利法下的非政府组织问责制的外部实施

在国内非盈利法下，各种外部参与者被授权参与问责制的实施。国内非盈利法关注非政府组织的管理机构如何实现使命②，在这一过程中是否实现对资产和资源的有效配置，该组织的管理是否合法有效。③ 这些内容对合法成功的非政府组织的运营来说都是最基本的责任。④ 这些责任可追溯到各种各样的法律原则与要求。然而，外部参与者对这些管理机关期待的执行能力有很大差别。在同样一个管辖区内，外部参与者对任务、财政以及组织问责制的执行程度都存在差异，而不同管辖区的非营利组织问责制实施的强度与关注点也各不相同。以下将以美国为例，探讨外部参与者怎样实施非政府组织的这些问责制。

---

① 参见 Marion Fremont-Smith（2004），*Governing Nonprofit Organizations*，p. 159；see also Greyham Dawes（2010），"Charity Commission Regulation of the Charity Sector in England and Wales"，in Klaus J. Hopt and Thomas Von Hippel（eds），*Comparative Corporate Governance of Non-Profit Organizations*，p. 890（指出这种情况在一些慈善公司都存在）。

② 参见 Dana Brakman Reiser（2011），"Charity Law's Essentials"，*Notre Dame L. Rev.*，86，p. 1，p. 2；Thomas L. Greaney & Kathleen Boozang（2005），*Mission, Margin and Trust in the Nonprofit Health Care Enterprise*，pp. 80 – 87。（"任务第一"基础上对非盈利法的看法）

③ Dana Brakman Reiser（2011），"Charity Law's Essentials"，*Notre Dame L. Rev.*，86，p. 209，p. 210。

④ David Brown & Jagadananda（2007），"Civicus, Civil Society Legitimacy and Accountability: Issues and Challenges"，pp. 5 – 6，p. 9，p. 39.

1. 使命问责制

非政府组织及其领导人的最终责任为完成使命。尽管使命问责制要求对抽象理想而不是对具体个人负责,但是人们很难理解与实施这一问责制。为了实施使命问责制,人们首先必须了解非政府组织的使命是在何地以何种方式提出的。在此,非盈利法可以帮上一些忙,因为它要求组织的使命陈述必须记载在该组织的成文文件里。① 然而,使命陈述很可能十分笼统,例如陈述可能为组织有着"宗教"或"教育"使命。就算成文文件的相关记载很少,非营利组织在开展涉及目标的项目或活动时也会向组织捐赠人、监管者、受益人以及公众陈述这些使命。② 在非政府组织背景下,某个非营利性组织在美国合并成立,旨在保障消费者拥有公平、安全以及可持续的未来。该非营利组织章程里的使命条款可能陈述说组织致力于"保护消费者,使其免受欺诈行为之害"。这一陈述简化了原本的组织使命,但却更含糊了。被认可的管理机关会做进一步的说明,并呼吁捐赠人关注美国食品业的欺诈行为。

非营利组织,包括非政府组织的使命会随着时间的发展而不断变化,这使得对使命问责制的追踪变得更加困难。作为为社会创造好处的回报,这些组织获得一些好处,并得以永远存在。因此,非营利性组织必须不断进行改变以更好地解决那些它们应当解决的问题,或随着时间和环境的改变不断解决新问题以使自身更受关注。实际上,拥有改变道路及进行改革的能力是非营利性组织的优势之一。③ 上段所提出的致力于消费者权益保护的非政府组织可能首先选择美国的食品工业作为工作起点,并在 15 年时间里,一直致力于

---

① 参见 RMNCA § 2.02 (B)(1); *Restatement (Third) of Trusts* §27, §28; George Gleason Bogert, George Taylor Bogert & Amy Morris Hess, *The Law of Trusts and Trustees* § 323 (3d Ed. 2000)。

② 参见 *Principles of the Law of Nonprofit Organizations*, p. 126(描述了使命与目标之间的差异)。

③ 参见 *Principles of the Law of Nonprofit Organizations*, p. 126(指出慈善使命随时间发展不断变化是十分必要的); Marion Fremont-Smith (2004), *Governing Nonprofit Organization*, p. 159(主张慈善信托的受托人也有义务保证使命能继续解决"同时期的需要"); Dana Brakman Reiser (2006), "Nonprofit Takeovers: Regulating the Market for Mission Control", *Byu L. Rev.* , p. 1181, pp. 1240 - 1241 以及附注(描述了非营利性组织在提供革新和转变以解决新问题方面的价值)。

保护这一行业所涉及的消费者权益。若该非政府组织取得成功，那么该组织的管理机关可以考虑向国家各级政府甚至国际组织提出倡导，主张在世界范围内消除欺骗消费者的行为。这是该组织在食品工业或在美国工作的扩展。又或者，该非政府组织可以彻底改变发展道路，从曝光欺诈行为转变到根除腐败及设立标准上来。如果管理机关进行了以上操作，谁将负责组织对使命忠诚度的评估？又该用何种标准进行评估？

这些都是具有挑战性的问题，而更为不幸的是，国内非盈利法强加的义务与执行结构对应对这些问题并没有多大帮助。例如，在美国，核心监管者为州检察长（AG）和美国国税局，使命问责制的公共实施度很低。首先，这些核心监管者所拥有的权力及实施手段并不适用于使命问责制的实施。州检察长对其管辖区内的非营利性组织具有近乎完全的管理权，但是他们被授权进行的工作只在于保护慈善资产。① 此外，尽管州检察长拥有更多的实施手段，他们首先通过诉讼和亲自参与的调查程序开展工作，并设立披露要求，但他们很难知晓实施结果。②

有限的法律、财政、人力资源以及对政治前途的关注使得美国州检察官对使命问责制实施的参与度不高。当遇到一些特殊情况，如法庭要求行使近似原则允许慈善信托改变任务，而慈善信托为实现原先的任务已投入大量资产的时候，州检察官最有可能奋起应对使命问责制挑战。③ 根据相关条款，近似原则只用于慈善信托的资产，尽管在现实生活中它也被用于一些非公司形

---

① Dana Brakeman Reiser (2010), "Filling the Gaps in Nonprofit Accountability: Applying the Club Perspective in the U. S. Legal System", in Aseem Prakash and Mary Kay Gugerty (eds.), *Voluntary Regulation of NGOs and Nonprofits*, p. 219, p. 220.

② Dana Brakeman Reiser (2010), "Filling the Gaps in Nonprofit Accountability: Applying the Club Perspective in the U. S. Legal System", in Aseem Prakash and Mary Kay Gugerty (eds.), *Voluntary Regulation of NGOs and Nonprofits*, p. 227.

③ *Restatement (Third) of Trusts* § 67（解释说明当这种情况：信托资产被用于指定的慈善目标，但是这一目标的执行是不合法、不可能或不切实际的，或者在某一执行阶段人们发现将所有的资产用于这一目标是对资源的浪费发生时，法庭可能会采用近似原则）；John Eason (2010), "Motive, Duty, and the Management of Restricted Charitable Gifts", *Wake Forest L. Rev*, 45, p. 123, pp. 128 – 138（解释说当下的近似原则是提倡受限制赠与改革的开始）。

式的非营利组织,这些组织希望改变对受限制的赠与的使用①,以及解决任务改变所引发的基本问题。② 试想极端的使命变化:遗弃动物收容所变成了活体动物解剖室。③ 然而对于极端程度较低的使命变化,州检察长不会采取任何行动,因为他们不愿浪费执法资源,更不愿与非营利组织富有的拥护者为敌,如果处理得当,这些富有的拥护者可能资助他们参加州长竞选。④

此外,在公共监管机构实施使命问责制的过程中,很可能会发生违宪政府行为。若公共监管机构过度参与对非政府组织任务变化的解释与管理,它们可能会损害这些组织的关联权与表达权。同样令人不安的是,强势执行使命问责权的公共监管机构很可能直接或通过冷淡效应迫使非政府组织只遵循那些与政府管理部门在发展、贸易和其他政治上的观点一致的方针。⑤ 在其他管辖区,国内非盈利法赋予公共监管机构更多权利,用于监管使命问责制。例如,最近英国慈善委员会获得授权对英国慈善组织的使命与公共效益进行更进一步的关注与考察。⑥ 在对一些慈善组织进行评估之后,慈善委员会发现

---

① *UNIF. PRUDENT MGMT. OF INSTITUTIONAL FUNDS ACT*(UPMIFA)§ 6(c)(利用近似原则限制非公司性非营利组织的资产);*Restatement*(*Third*)*Of Trusts* § 28 cmt. A.;Evelyn Brody(2007),"From the Dead Hand to the Living Dead: The Conundrum of Charitable Donor Standing",*GA. L. REV.*,41,p. 1183,pp. 1206 - 1212;Eason,John Eason(2010),"Motive,Duty,and the Management of Restricted Charitable Gifts",*WAKE FOREST L. REV*,45,p. 104(对这种改革提出批评)。

② 一些州法院案件利用信托法律概念应对非盈利医疗企业的使命变化,具体请参见 Thomas L. Greaney& Kathleen Boozang(2005),*Mission*,*Margin and Trust in the Nonprofit Health Care Enterprise*,p. 54,p. 72.

③ Attorney General v. Hahnemann Hosp.,397 Mass. 820,836 n. 18(1986)(在涉及捐赠基金用途改变的案例中设想了这个例子)。

④ Evelyn Brody(2004),"Whose Public? Parochialism and Paternalism in State Charity Law Enforcement",*IND. L. J.*,79,p. 937,p. 946(政治怀疑论者认为这一点适用于有野心的管理者而不是州检察官)。

⑤ 这一论点首先出现于一个亲以色列团体 Z Street 的控告之中。Z Street 控告美国国税局,声称其故意延缓豁免申请以求实现其使命与中东管理政策达成一致。参见 Grant Williams(2010),"Pro-Israel Group Says IRS Plays Politics",*Chron. Philanthropy*,Sept. 6. 美国国税局拒绝对此事做出回应,只提出因为要对国外活动进行特别回顾,它不得不延迟豁免申请。

⑥ 参见 *UK CHARITIES ACT 2006* § § 1 - 3(提出正如法律所规定的:所有的英国慈善机构必须致力于慈善目的和公众利益的实现,而慈善委员会会对此做出指导)。

有几个慈善组织对公益的追求方式并不合适，委员会与这几个慈善组织进行合作，对组织活动进行了重构以适应公共利益的要求。① 当然，有些政府主管部门倾向于利用对非营利组织的管理来推进政治议程，抑制敌对势力，这些部门可以利用这一权力对非营利组织的使命表示支持或进行审核。②

当然，公共管理机构不是非政府组织任务问责制外部执行的唯一渠道。一些私人团体，如捐赠人、雇员、合作机构、受益人以及更广泛意义上的公民可能尤其关心某个非政府组织使命问责制的执行。然而，这些具有潜力的私人执行团队无法单独促进非政府组织使命责任制的有效执行。

捐赠人很可能对非政府组织管理机关使命问责制的管理极富热情。毕竟他们的希望以及财富都取决于该非政府组织的使命执行情况。这可能进一步激励他们进行使命责任制的监管与执行。小捐赠者很可能遭遇相似的集体行动主义问题，这一问题将限制任务问责制的执行。但是大捐赠者、多次捐助的捐赠者或机构捐赠者能战胜这些问题，因为他们对非政府组织的使命进行了更大的投资，并且他们可以分配更多的资源用于问责制的实施。然而，美国法并没有赋予捐赠者执行非盈利组织问责制的权利。尽管契约协定再次表明大捐赠者、多次捐助的捐赠者或机构捐赠者在问责制实施中扮演重要角色，但是捐赠者没有权利获取受赠组织的信息，没有权利参与受赠组织管理机关的选择，也没有权利控告违反信义义务的管理机关成员。③ 这并不意味着捐赠者在影响和管理非政府组织使命方面无能为力。事实上，根据很多文献记载，

---

① *The Public Benefit Assessment Reports*, CHARITY COMM'N (July 2010), http://www.charitycommission.gov.uk/Charity_requirements_guidance/Charity_essentials/Public_benefit/pbassessreports.aspx.

② Mark Sidel (2010), "Maintaining Firm Control: Recent Developments in Nonprofit Law and Regulation in Vietnam", *INT'L J. NOT-FOR-PROFIT L.*, 12, p.52. 指出一些批评家对 2006 年英国慈善法所规定的"公众利益"测试持否定态度，他们担心这一测试很可能被滥用。参见 Hubert Picarda (2010), "Harmonizing Nonprofit Law in the European Union: An English Perspective and Digest", in Klaus J. Hopt & Thomas von Hippel (eds.), *Comparative Corporate Governance of Non-Profit Organizations*, p.180, p.181.

③ Marion Fremont-Smith (2004), *Governing Nonprofit Organization: Federal and State Law and Regulation*, Belknap Press of Harvard University Press, p.342（指出州检察官之外起诉权的限制，有时捐赠人成功起诉违反法规行为）; Brody, *Dead Hand or Living Dead*, pp.1187-1188。

捐赠人对于非政府组织的影响是十分显著的。① 这一显著影响虽然并无法律渊源，却有重大的现实意义。有以下两个例子：大捐赠者凭借大笔捐款成为董事会成员；有资历的大捐赠者迫使董事致力于其个人设想的实现，或冒失去预期捐赠的风险。在不同的管辖区，捐赠人的角色各不相同。正如之前所提到的，一些欧洲政权赋予机构创始人重要的法定权力。而在美国，捐赠人不拥有或拥有很少的执行使命问责制的权力。

同样地，尽管雇员和合作机构拥有的合法的执行资源是十分有限的，但是他们实质上可能会造成巨大的影响。例如，非营利组织的执行董事和其他高层管理人员常向管理机关提供唯一的信息来源，关于有关机关致力解决的问题，组织的实际进程，同领域其他组织的活动等等。此外，有势力的执行董事常为管理机关举荐候选人，并对候选人进行调查。② 能对管理机关所获得的信息以及管理机关的人事加以管理的这一能力给予高层员工重要权力，使他们能制定管理机关工作日程，并影响管理机关所做的决定。职员拥有的权力甚至可以形成压倒性局面，从而改变人们这样的观念，及管理机关是非营利组织的最终决策者。③ 这些严重的问题不容忽视，而且亟待解决，但是这些问题并不是基于职员的法定权力而产生的。事实上，在美国法体系下，职员只拥有一种权力来对非营利组织的管理机关产生影响，即有权使用极少人获得的"特殊利益"起诉权，能指控违反信义义务的行为或个人④。同样，合

---

① L. David Brown & Mark H. Moore（2001），"Accountability, Strategy, and International Nongovernmental Organizations"，*Nonprofit & Voluntary Sector Q.*，30，p. 569，p. 576（指出依赖捐助人获得财政支持会给国际非政府组织造成严重的问责制困境）。

② "强大的资深的执行董事在董事会选举的过程可能产生重大影响，实际上他们在选择自己的老板。" Michael J. Worth（2009），*Nonprofit Management: Principles and Practices*，p. 64。

③ Evelyn Brody（2002），"Accountability and the Public Trusty"，in Lester M. Salamon（ed.），*The State of Nonprofit America*，p. 471，p. 486.（Peter Dobkin Hairs 担心"非营利组织管理者的专业化"是'特洛伊木马'，他倾向于将决策权从管理机关转移到职员手中）。

④ Marion Fremont-Smith（2004），*Governing Nonprofit Organization: Federal and State Law and Regulation*，Belknap Press of Harvard University Press，p. 159；See Also Greyham Dawes（2004），"Charity Commission Regulation of the Charity Sector in England and Wales"，*Comparative Corporate Governance*，p. 328，p. 329；Mary Grace Blasko, Curt S. Crossley & David Lloyd（1993），"Standing to Sue in the Charitable Sector"，*U. S. F. L. REV.*，28，p. 37，pp. 61 – 78（说明法院授予或否决特殊利益起诉权所考虑的因素）。

作机构拥有的合法权力也是十分有限的,尽管,正如第三部分所表明的,它们能在非政府组织董事会中产生重大的影响。

非政府组织的受益人或其他普通公民倾向于参与使命责任制的执行,尽管被赋予的合法权力更少。他们有时也会获得特殊利益起诉权,能对管理机关的行为表示异议。① 然而,正如上文所指出的,他们很少使用这一权力。在提供"告发人"② 这一法律身份的国家③,非政府组织的受益人或其他普通公民作为告发人也可以选择资助公共监管行为。当然,他们也可以通过实施媒体或其他压力,对非政府组织产生影响。但是与组织成员和捐赠人相比,他们所遭受集体行动问题可能更为严重。

在美国法律体系下,这些对非营利组织使命责任制进行管理的外部个人执行者除了缺少法律执行工具及实用资源外,还面临着更为根本的问题:偏见。捐赠人、雇员、合租机构、受益人及公众都是非政府组织的利益攸关方。为了对使命进行负责任的管理,非营利组织的管理机关必须考虑到并且平衡好各利益攸关方的关注点与利益,决不能只强调某一利益攸关方的期望。④ 这一问题在美国法律体系中并不少见,它是创造任务问责制的真实回应的基础。

因此,对使命负有责任的非政府组织针对所有的利益攸关方中创建有关

---

① Marion Fremont-Smith (2004), *Governing Nonprofit Organizations*, p. 159; See Also Greyham Dawes (2004), "Charity Commission Regulation of the Charity Sector in England and Wales", *Comparative Corporate Governance*, p. 329, p. 334 (对不同案件进行了回顾,通过注意那些由于缺乏起诉权而被否决的权利要求)。

② Marion Fremont-Smith (2004), *Governing Nonprofit Organizations*, p. 159; See Also Greyham Dawes (2004), "Charity Commission Regulation of the Charity Sector in England and Wales", *Comparative Corporate Governance*, p. 325 (解释说明告发人是公众的一员,检察长可能授予他们起诉权,以确保慈善机构或其受托人承担责任)。

③ Marion Fremont-Smith (2004), *Governing Nonprofit Organizations*, p. 159; See Also Greyham Dawes (2004), "Charity Commission Regulation of the Charity Sector in England and Wales", *Comparative Corporate Governance*, p. 325; Mary Grace Blasko, Curt S. Crossley & David Lloyd (1993), "Standing to Sue in the Charitable Sector", *U. S. F. L. REV.*, 28, p. 37, pp. 49 – 50.

④ Dana Brakeman Reiser, "Filling the Gaps in Nonprofit Accountability: Applying the Club Perspective in the U. S. Legal System", p. 11.

使命的对话。这一对话对于非政府组织各种政策的制定是十分重要的,而当组织考虑改变使命时,它的作用则得到最佳体现。正如上文所提及的,非营利组织所获得的很多特殊利益都是它们应得的,因为它们能不断变化发展,以适应不同的需要。因此,使命能并且应该随着时间的发展而不断进行合理的转变。为了实现任务的合理转变,非政府组织必须激活组织形式所提供的内部治理机构及其他工具,使各利益攸关方能开展对话。[1] 指望某一重要的利益攸关方进行决策,和指望它执行组织任务问责制一样,都是固有的偏见,也都是远远不够的。

总而言之,使命责任制对于非政府组织作为实体的合法性来说是十分重要的,但是国内非盈利法有关这方面的内容相对较少,而该责任制的外部实施也相对缺乏。在美国,相对较薄弱的公共实施在某种程度上是监管机构的权力形式无意造成的,而在另一种程度上,是为了实现宪法或法律要求的政府与非营利组织相分离的有意之举。其他一些国家更愿意直接处理使命责任制,但是它们仍然无法在活跃的非营利组织领域完全实施使命责任制。对使命进行处处监管要求监管机构投入大量资源,并且将对非政府组织在无政府影响的领域进行革新的能力造成不利影响。[2] 一些政府为了有效防止使命出现偏差,划分特别小的领域作为非政府组织的经营领域。然而,这种做法严重损害了这些组织实现发展、人权及和谐目标的能力。此外,作为利益攸关的一方,监管机构决不能独揽对任务责任制进行判断的权力。

同样地,国内非盈利法也没有赋予私人执行者从外部管理使命责任制的权力。很多重要的非盈利组织攸关方缺乏对管理机关进行合法管理的权利,面临着严重的集体行动问题。最后,再次强调,授权任何一个利益攸关方进

---

[1] Dana Brakeman Reiser (2010), "Filling the Gaps in Nonprofit Accountability: Applying the Club Perspective in the U. S. Legal System", p. 11.

[2] Cf., Lloyd Hitoshi Mayer (2010), The "Independent" Sector: Fee-For-Service Charity And The Limits of Autonomy 18 - 20 (Notre Dame L. Sch., Legal Studies Research Paper No. 10 - 21, 2010), available at http://papers.ssrn.com/so13/papers.cfm? abstract_id = 1666421 (describing the importance of charitable autonomy to performing its valuable roles in the economy and society).

行管理都是有问题的；授权任何一方问责制管理的优先权都会危害其他利益攸关方。各利益攸关方之间的交流是十分必要的。

2. 组织问责制

有关使命责任制的对话是部分参照组织形式下的治理结构而组织的。当然，治理安排不仅为实现任务责任制提供途径，而且对于保持财政问责制来说是十分有用的工具。① 此外，通过加强非政府组织作为合法组织的地位，而不仅仅作为某一捐赠者或领导人的私人封地，对治理结构的深入观察有着重要的内在价值。组织问责制对非政府组织利用治理及经营结构的程度加以考量。组织问责制对非政府组织在世界舞台上寻求合法地位具有十分重要的作用。

国内非盈利法对此提供了重要的指导。正如上文所讨论的，管辖区提供给非营利组织的每个组织形式都设置了默认的治理结构。例如，在美国，一个非公司性的非政府组织必须设有董事会，尽管它很可能是自续的。② 董事会必须举行有法定人数参加的会议，并且就其决策进行投票。③ 像其他所有指导性行为一样，董事们进行投票时承担有受托人义务。④ 董事会拥有创建委员会的权力，并且能将一些事务交予委员会处理。⑤ 在依据某一欧洲关联模式形成的非政府组织内部，成员全体大会必须定期召开，而包括董事选举在内的一些决定都是由这些成员所制定的。⑥

当然，很多规则和提议使得这些结构的要求更高。一些美国管辖区不仅要求非公司性非营利组织设立董事会，还要求董事会的大部分成员都是"独

---

① 参见下文 Part II. B. 3.
② 参见 RMNCA §6.03，§8.04.
③ 参见 RMNCA §8.24.
④ 参见 RMNCA §8.30.
⑤ 参见 RMNCA §8.25.
⑥ Van der Ploeg (2010), "Nonprofit Organizations in the Netherlands", in Klaus J. Hopt and Thomas Von Hippel (eds), *Comparative Corporate Governance of Non-Profit Organizations*, pp. 244–245.

立的"①。最近，针对建立合理规模的独立董事会这一需要，美国有参议员提议限制董事、评论员和最佳条例向导的数量。② 评论家也反对只有一个成员的管理机关对非营利组织进行管理。③ 一些学者强烈反对从一些营利性领域引进人员作为非营利组织董事会的成员却不管这些人员是否具有独立性这一做法。最近，莱斯利教授提出，只有当董事所提出的政策使非营利组织在公开市场上获得更大的利益，他才能对其所负责的机构进行管理。④ 一些监管机构强烈要求非营利组织加大披露力度。⑤ 当然，对于非营利组织治理要求的合理内容仍有争论的空间。实际上，在各个管辖区，各个组织模式所应用的各种结构和标准显示了对这一问题的不同观点，或者具体表明这样一种观点，即对于单一形式来说，这一部门太混杂了。现实中的争论远远多于文中所提及的情况。对于现存的目的来说，现实情况是国内非盈利法对于应该如何管理和运营非政府组织有太多指导，而对非政府组织的评判取决于它们是否遵守这些规则标准。

然而，这一评判只能在有限程度上可行。外部执行是关键问题，组织问责制的内部执行通常是有限的。对公共监管者拥有管理组织问责制的合法权

---

① 参见 ME. REV. STAT. ANN. Tit. 13 – B, § 713A（2）(2005)（公益机构董事会内"财务利害关系人"只能占全体成员的百分之四十）；N. H. REV. STAT. ANN. § 292：6a（要求董事会至少有五名成员，且每位成员都是独立的）；RMNCA § 8.13（可选部分，与缅因州相似）；关于对董事必须独立这一强制性要求的评论，参见 Kathleen Boozang（2007），"Does An Independent Board Improve Nonprofit Corporate Governance?"，*TENN. L. REV.*，75，p. 83；Dana Brakman Reiser（2007），"Director Independence in the Independent Sector"，*FORDHAM L. REV.*，76，p. 795.

② Staff of S. Fin. Comm., 108th Cong., Staff Discussion Draft 13. http：//fmance. senate. gov/imo/media/doc/062204stfdis. pdf. Panel on the Nonprofit Sector（2005），Strengthening Transparency Governance Accountability of Charitable Organizations，pp. 75 – 77.

③ Panel On The Nonprofit Sector，note 131，pp. 75 – 77；Evelyn Brody（2005），"Charity Governance：What's Trust Law Got To Do With It?"，*CHI. -KENT L. REV.*，80，p. 641，p. 672（指出"只有一个董事或只有一个受托人的慈善机构很可能会招致适当独立获得和公众利益保护的失败"）。

④ Melanie B. Leslie（2010），"The Wisdom of Crowds? Groupthink and Nonprofit Governance"，*FLA. L. REV.*，62，p. 1179，p. 1224.

⑤ Dana Brakman Reiser（2005），"There Ought to Be a Law：The Disclosure Focus of Recent Legislative Proposals for Nonprofit Reform"，*CHI. -KENT L. REV.*，80，p. 559，pp. 568 – 580（对后萨班斯-奥克斯利法案中非盈利组织改革倡议集中于披露这一点进行了回顾）。

的美国案例再进行考虑。如果非政府组织管理机关不遵循法律所规定的治理结构，州检察长可以对不遵循法律，违反受托人注意义务提起诉讼。[1] 当然，州检察长无法查明非营利组织问责制的所有失误。[2] 一旦出现违反管理要求，导致非盈利基金滥用和误导捐赠者的情况出现，州检察长须优先考虑实施此类措施。弥补治理缺陷就像是打预防药——长时间来说是十分有用的，但是在短时间内很难见效。值得称赞的是，一些州检察长已经采取措施对非营利组织成员的治理和运营能力加以训练。[3] 然而，当没有造成慈善基金损失、捐赠人也不感到失望时，公共实施对不遵循管理的现象基本不采取行动。[4] 联邦税收监管机构最近提出了一条治理倡议，这一倡议会成为朝实施组织责任制这一方向迈出的重要一步[5]；时间会给出证明。

在不同管辖区，其他公共监管者可能参与实施组织问责制的行为更多。英国慈善委员会有权开除监管机关成员，指导慈善财产的应用，询问非营利组织是否满足公共利益要求。[6] 英国慈善委员会参与一系列指导，包括模型文

---

[1] RMNCA § 8.30.

[2] Fremont-Smith (2004), *Governing Nonprofit Organizations*, p. 352（指出了资源欠缺和收集途径缺乏的情况）; Brody, *Accountability and the Public Trusty*, p. 479（同样指出了资源欠缺和收集途径缺乏的情况）; Lloyd Hitoshi Mayer & Brendan M. Wilson (2010), "Regulating Charities in the 21st Century: An Insitutional Choice Analysis", *CHI.-KENT L. REV.*, 85, p. 479, pp. 494 - 495（描述了可能导致慈善机构管理规定无法有效实施的资源欠缺或其他因素欠缺）。

[3] Fremont-Smith (2004), *Governing Nonprofit Organizations*, p. 448.

[4] Evelyn Brody (1998), "The Limits of Charity Fiduciary Law", *MD. L. REV.*, 57, p. 1400, pp. 1440 - 1442（声称若不违背忠诚原则，州检察长很少对管理失误提起诉讼）。

[5] James J. Fishman (2010), "Stealth Preemption: The IRS' Corporate Governance Initiative", *VA. TAX REV.*, 29, p. 545, pp. 558 - 578（描述了美国国税局为提高免税机构的管理水平而提出的各项倡议）。尽管不在文章讨论范围之内，但仍值得注意的是，在联邦体系内，菲什曼教授使这一倡议遭受了严肃的批评，而对于这一倡议合理性的争论仍在继续。

[6] UK CHARITIES ACT 2006 §§ 2 (1), pp. 19 - 21; *Charities and Public Benefit*, UK. CHARITIESCOMM'N (Jan. 2008), http://www.charitycomniission.gov.uk/Charity_requirements_guidance/Charity_essentials/Public_benefit/public_benefit.aspx#h（英国慈善委员会要求慈善组织满足公众利益要求）; Hubert Picarda (2010), "Harmonizing Nonprofit Law in the European Union: An English Perspective and Digest", in Klaus J. Hopt & Thomas von Hippel (eds.), *Comparative Corporate Governance of Non-Profit Organizations*, p. 908.

档的出版,规则性干预结果的公布,以及帮非营利性组织受托人和雇员回答问题。① 对于监管项目,英国慈善委员采取合作方式而不是建议方式。② 所有的这些努力将会促进组织问责制的有效实施,并对非营利组织领导加以指导,教他们如何在这一领域加强自律,尽管资源仍然是有限的。设想一个慈善组织因组织问责失误导致资金的流失与捐赠者信心的丧失,而另一个慈善组织缺少有组织的运营和管理,但是当下没有造成不好的结果,如果必须在两者中选择一个进行管制,大多数人甚至那些致力于组织问责制失误预防的监管者都会选择前者。③

在组织责任制实施的过程中,外部个人执行者缺乏资源和权力,也会遭遇集体行动问题。与实施使命责任制相比,非政府组织在组织问责制的实施中有着本质不同的责任义务。

在没有资源、权力和集体意志的情况下,非政府组织的某个利益攸关方的执行参与能代替其他方的执行。捐赠人、雇员以及合作机构最有可能参与

---

① *Providing Information*, *Advice and Legal Consent*, UK CHARITIES COMMON, http://www.charity-commission.gov.uk/About__us/Regulation/Providing_information_inde x.aspx ("我们帮助慈善机构有效运营的主要方式之一为慈善机构、慈善机构顾问和公众以不同的形式提供资源和指导"); Richard Fries (2010), "The Charity Commission for England and Wales", in Klaus J. Hopt & Thomas von Hippel (eds.), *Comparative Corporate Governance of Non-Profit Organizations*, p.907, p.908 (表明委员会在危险评估,给出建议和指导材料方面所起的作用)。

② The Charity Commission and Regulation, Uk Charities Common (Jan.2010), http://www.charity-commission.gov.uk/Library/regstance.pdf (解释说明关注教育慈善机构和机构领导,提供指导和援助这样一种管理方法); Richard Fries (2010), "The Charity Commission for England and Wales", in Klaus J. Hopt & Thomas von Hippel (eds.), *Comparative Corporate Governance of Non-Profit Organizations*, p.907, p.908 (解释建议方式,但是提出"委员会所给出的建议都具有一定的强制性!")。Greyham Dawes (2010), "Charity Commission Regulation of the Charity Sector in England and Wales", in Klaus J. Hopt & Thomas von Hippel (eds.), *Comparative Corporate Governance of Non-Profit Organizations*, p.857 (指出委员会会使用"点名羞辱"的策略来保障服从)。

③ Kaye Wiggins (2010), *Charity Commission Shelves Public Benefit Assessments for Hospitals and Health Charities*, Third Sector, Aug.31. http://www.thirdsector.co.uk/News/DailyBulletin/1024971/Charity-Commission-shelves-public-benefit-assessments-hospitals-health-charities/5BACAA35E2B4AF66383C61BCBFBCEC5B/?DCMP=EMC-DailyBulletin (报导称由于资源有限,将无法对公共利益进行持续评估)。

到执行过程中来。受益人和公众没有渠道获得有关提议运行和管理要求的信息，即便获得此类信息，也没有权力对执行的失败提出质疑。

捐赠者，特别是大捐赠者、多次捐助的捐赠者或机构捐赠者，可能接受过相关教育，能意识到组织责任制对于完成使命、保障财政健全以及全球合法性是十分重要的。在美国，捐赠人无权向违反受托人要求的义务提起诉讼来应对组织问责制的失败。① 然而，捐赠人可以根据合同增加必需的程序，这将为非政府组织创造一些可执行的合同义务，促进组织问责制的执行。② 事实上，捐赠人有明显的影响力。如果捐赠人发现非政府组织不能满足治理或运营要求，他们可以减少投资。捐赠人可能因为大额投资而成为董事会一员，这样，捐赠人可以利用这一职位保证组织的合理治理与运营。在其他管辖区，捐赠人可能拥有其他的合法权力。例如，德国基金会的创始人允许保留在组织的成文文件里的权利，他有权担任董事，有权任命或开除其他董事，这保全了应对组织或其他问责制失败的其他执行权。③ 同样，德国的捐赠人可能拥有合同权利，因为授予权有时被看作是合同权利。④

非政府组织的雇员或合作机构也可能参与管理组织问责制。在美国，这些团体缺少对非政府组织管理或运营失误进行追究的特权。然而，雇员最能察觉到这些失误，并且能采取非正式的行动来寻求补救。例如，如果非政府组织没有召开董事会财务委员会会议，首席财务官可能很快意识到这点，并且要求相关董事召开会议。⑤ 合作机构也可能会有实际性影响。试想一非政府组织寻求为发展中国家设立的会计准则，它可以与为同一管辖区的居民提供

---

① 参见 Lloyd Hitoshi Mayer & Brendan M. Wilson (2010), "Regulating Charities in the 21st Century: An Institutional Choice Analysis", *Chicago-Kent Law Review*, 85, p. 494.

② Cf. Brody, *Dead Hand or Living Decide*, p. 1225（法院传统上认为受限制起诉权条款本身并不为合同法）。

③ Thomas von Hippel, *Nonprofits in Germany*, p. 218.

④ Thomas von Hippel, *Nonprofits in Germany*, p. 219（对这一方式进行了解释，尽管指出在这一方式下很少提起诉讼）。

⑤ Stem v. Lucy Webb Hayes Sch. for Deaconesses & Missionaries, 381 F. Supp. 1003, 1015 – 1016 (D. C. D. C. 1974)（法院认为未能举行财政委员会会议是受托人违规行为的一种）。

商务软件使用培训的另一非政府组织建立合作关系。寻求发展中国家会计准则的非营利组织可以中断合作关系,除非提供培训的非政府组织指出其董事会成员所提出的利益相互冲突。当然,雇员和合作机构并非总能了解到组织问责制的失败,而且他们有时也没有权利提出补救要求。此外,雇员和合作机构可能导致组织问责制的失败。非政府组织首席财务官有时会阻碍财政委员会举行会议,也有可能无法提供必要的信息。寻求发展中国家会计准则的非营利组织可以鼓励提供培训的非政府组织创建主要的委员会,而不必征得董事会的同意。雇员和合作机构尽管是具有潜力的问责制执行者,但是作为独立的利益攸关方,他们不可能成为完全可靠和始终如一的执行者。第三部分将对他们潜在的互补作用进行详细讨论。

国内非盈利法针对为实现组织问责制非营利性组织必须做的事情做出了详细的说明。国内非盈利法为拥有不同治理结构和治理角色的机构提供了创建途径,并呼吁个人实体通过形成或运营文件对附加内容进行分层。[①] 组织要想具备对使命进行合法地说明、追踪和转化的能力,就必须严格遵循这些规定。同样地,正如上文所讨论的,这些过程对追踪、投入和有效使用非政府组织金融资产来说是十分有用的工具。更进一步说,当国内非盈利法所要求的结构和过程为收集和代表组织利益攸关方的意见提供了合法程序,遵循这些结构和过程会给非政府组织带来价值。设立一个框架来展示非政府组织代表并积极响应其利益攸关方,能增强非政府组织作为全球治理力量的合法性。

然而,无论是公共还是个人监管机构都没有措施与资源充分执行国内法对组织责任制的要求。在美国,常诉诸起诉且资源有限的公共监管机构致力于防止非营利资源的欺骗和浪费,可是当涉及其他实质性错误时,它们却很有可能会遭遇组织问责制的失败。公共监管机构很少将组织问责制当作预防举措来执行。拥有更加配合的公共执行机构的管辖区可能会更多地参与组织

---

① James J. Fishman (1985), "The Development of Nonprofit Corporation Law and an Agenda for Reform", *EMORY L. J.*, 34, p. 617, pp. 635 – 637(讨论与非政府组织结构和治理有关的法律);RMNCA § 2.05, § 2.06, § 8.30。

问责制的培训及执行,但是要做到这一点,仍然缺乏公共资源。外部私人执行者如大捐赠者、多次捐助的捐赠者以及捐赠机构有时会通过签订合同,或者通过对非政府组织治理正式或非正式的影响来推进组织问责制的实施。雇员和合作机构可能做出相似的贡献,尽管他们的努力既不可靠也不持久。事实上,在非营利组织中,雇员主导问题使得人们对雇员影响的好处产生严重质疑。在国内非盈利法体制下,非政府组织的合作机构很可能补足这一部分实施,在第三部分,我们将对这一问题进行回顾。这些做法对作为非营利性组织和全球治理参与者的非政府组织维持合法性而言是十分关键的。

3. 财政问责制

财政问责制是此文讨论的最后一种非政府问责制,也是国内非盈利法最为关注的方面。① 财务问责制主要考量非政府组织是如何处理资源的。为实现使命,非政府组织必须有责任地配置资源,有效地使用资源以达到最佳效果,避免私人利益的授予和资产的转移。② 非政府组织必须有效开发财务资源,真诚团结捐赠人,信守对捐赠人的承诺,并将一部分预留资产放入致力于实现合理收益和发展的投资组合中。

涉及组织形式的习惯法和成文法以及慈善募捐和税收法律都不乏有关非政府组织资产使用、发展及投资的条例。美国信托法和公司法清楚地规定了非政府组织受托人应承担的义务,以防止不公平的自我交易③,实现资产的谨慎投资④。

---

① Dana Brakman Reiser (2008), *Filling the Gaps in Nonprofit Accountability: Applying the Club Perspective in the U. S. Legal System*, p. 207.

② 非营利组织的董事或高级职员承担注意义务包括避免"欺诈、自我交易、组织机遇滥用、组织资金不合理的使用等"。Harvey J. Goldschmid (1998), "The Fiduciary Duties of Nonprofit Directors and Officers", *J. CORP. L.*, 23, p. 631, p. 646; 以及 Brakman Reiser (2008), *Filling the Gaps in Nonprofit Accountability: Applying the Club Perspective in the U. S. Legal System*, pp. 216 – 217.

③ RMNCA § 8.31; *Principles of the Law of Nonprofit Organizations* § 330 (概述了服从于董事会支持的利益冲突交易)。

④ UPMIFA § 3; *Restatement (third) of Trusts* § 77; *Principles of the Law of Nonprofit Organizations* § 335.

除了要求非政府组织将年度报告上交给州检察官外，国家慈善募捐管理机关还要求非政府组织提供资产和支出报告。① 美国联邦税法规定对免税非政府组织给予其领导人、主要捐赠人和相关人士过多利益的做法进行各种处罚②，并对非政府组织将资金用于不相关商业行为加以限制。③ 在不同管辖区推广实施同一国内非盈利法是不可能的事情，然而，当非政府组织领导人对组织资金进行管理时，需要关注其他地区关于非盈利组织的法律，这些法律排除或限制了非政府组织之间的交易。④ 慈善募捐可能受公众监管，也可能受个人监管⑤，补偿和不相关的商业活动应不受限制⑥。

除了设立严厉的财政问责制标准，国内非盈利法倾向于将公众执行资源

---

① Marion Fremont-Smith（2004），*Governing Nonprofit Organizations*，p. 315，p. 317（法律要求参与慈善募捐的实体在州检察官处登记并向州检察官提交财政报告，及其他要求提交的财政报告）；Dana Brakman Reiser（2010），*Filling the Gaps in Nonprofit Accountability: Applying the Club Perspective in the U. S. Legal System*，pp. 235 – 237，pp. 97 – 104（收集了有关慈善募捐者报告要求的法律引用）。

② I. R. C. § 4958；Marion Fremont-Smith（2004），*Governing Nonprofit Organizations*，p. 252，p. 264（回顾了美国国税局对超额利益交易的限制）。

③ I. R. C. §§ 511 – 513；Marion Fremont-Smith（2004），*Governing Nonprofit Organizations*，p. 289，p. 295（回顾了针对不相关商业收入的联邦税收政策）。

④ Klaus J. Hopt, W. Rainer Walz, Thomas Von Hippel & Volker Then（eds.）（2006），*The European Foundation: A New Legal Approach*，p. 91（描述了在欧洲不同管辖区的法律体系下，基本管理机关成员应具有的责任，发现注意义务和忠诚义务在所有的国家都存在）。

⑤ Charities and Fundraising, UK Charities Common, pp. 20 – 24（June 2010）http://wwwxharity-commission. gov. uk/Publications/cc20. aspx（解释说明委员会在管理慈善募捐方面所起的作用有限，慈善募捐主要依赖于自我监管）；Rene Bekkers（2003），"Trust, Accreditation and Philanthropy in the Netherlands", *Nonprofit & Voluntary Sector Q.*，32，p. 596，pp. 600 – 602（对荷兰慈善募捐的自我管理进行了描述）；Peter Luxton（2010），"The Regulation of Fund-Raising by Charities and Voluntary Organizations in England and Wales", *Comparative Corporate Governance*，supra note 83，pp. 637 – 661（分析了英格兰和爱尔兰体系）；Wino J. M. Van Veen（2010），"Comparing Regulation of Fundraising: Self-Regulation or Governmental Regulation?", *Comparative Corporate Governance*（分析了英格兰和荷兰体系，并将它们与美国体系进行比较）。

⑥ *The European Foundation*，pp. 146 – 148（比较在欧洲基本董事在计算中的地位）；Thomas von Hippel, *Nonprofits in Germany*，pp. 222 – 224（叙述德国对不相关商业活动的限制）；Zoltan Csehi, "Nonprofit Organizations in Hungary", *Comparative Corporate Governance*，pp. 374 – 375（叙述匈牙利对不相关商业活动的限制）。

集中于财务领域。披露要求注重什么资料可以被报道，并且是可比较的，这些资料通常为财务数据。在美国，公共监管者重视财政责任制还有着其他原因。州检察长的任务总的可以概括为保障慈善基金和捐赠人的安全，而不是保障非营利组织的健康运营和好的名誉。当他们通过诉讼来进行补救时，通常是对那些造成组织资产损失的受托人的渎职行为提起诉讼，要求过失人对造成的财政损失进行偿还。① 这些诉讼技巧常常会使他们对财政问责制的执行存有偏见。② 此外，像慈善组织领导人"偷走了孤儿基金"这样的报道不可能出现，而州检察长，特别是有政治野心的州检察长将财政问责制的执行这一引人注目的事件当作重点工作。

税收监管机构致力于应对税收滥用问题，因此它们重点会关注非政府组织活动与财务有关的方面。税收监管机构对非政府组织责任制进行监管，以防止滥用免税权，它们认为非政府组织实体和个人不值得获得税收福利。当非政府组织为内部成员提供过于优惠的财务交易，从而减少了应用于使命完成的资金投入时，滥用免税权的情况就可能发生。③ 当非政府组织向捐赠人提供福利作为他们捐赠的回报，而捐赠人没将这些福利算入应缴的个人所得税之中时，滥用免税权的情况也可能发生。④ 无论是哪种情况，对免税权滥用的管理都显示出非政府组织在财务责任制执行方式方面的失败。当然，税收执法并不总是与监管财务问责制相一致，但是税收执法的重点常在于处理非政府组织的财务失败问题。

私人团体也很有可能参与到非政府组织财政问责制的实施中来。捐赠人无可厚非会被非政府组织资金的浪费所激怒，因为损失的资金在他们看来和捐赠一样珍贵。同样地，雇员和合作机构应当关注于财政问责制的失败，因

---

① 当然，其他补救方式如结构改革能够并且的确得到应用，但是没有财政损失作为催化剂刺激州检察官采取行动，这些补救方式都不大可能生效。

② Dana Brakman Reiser（2010），*Filling the Gaps in Nonprofit Accountability: Applying the Club Perspective in the U. S. Legal System*，pp. 221 – 222.

③ I. R. C. §4958（对参与额外利益交易的非营利组织内部人员处以罚款）。

④ I. R. C. § 170（f）(8)（要求对可减免的慈善捐款提供证明）。

为这些失败会威胁到非政府组织的存在，因而也会威胁到雇员的职位以及合作机构的合作关系。总的来说，捐赠人和公众也不难意识到财政损失对于非政府组织的影响。非营利组织必须向监管者汇报，在美国甚至要向公众汇报，这使得利益攸关方能比较容易地发现组织财政问责制的失败。① 然而，这些利益攸关方，甚至于有经验的外部私人监管者很难获得和理解那些表明使命或组织问责制遭遇失败，并威胁到非政府组织的成功和生存的信息。

基于以上原因，我们可以看出财政问责制是外部执行的重中之重，尽管就算有国内非盈利法的指导，财政问责制的管理也可能很难取得最佳效果。尽管十分关注财务问题，但是公共监管者长期遭受资源和人员不足的困扰。② 此外，不是所有的财政问责制的失败都会被调查或被起诉。捐赠人、雇员和合作机构能通过一些非正式的方式对这些失败进行补救，而且能取得显著成效。然而，在美国，捐赠人拥有的相关合法权利十分有限。尽管没有对非营利组织受托人进行监管这一董事会常设权利，捐赠人有时会被授予常设权利以反对滥用慈善信托基金或法定赠与。③ 当雇员关注对管理者的监督时，举报法能对他们提供保护④，但是雇员不能擅自采取法律行为。受益人和公众甚至缺少这些执行资源，并且他们基本无权对非政府组织的财务实践提出挑战。

财务问责制对非政府组织来说是至关重要的。为了能起作用，非政府组织需要投入大量资金来实现当下和长远的目标。虚假机构的捐赠基金全部归

---

① GUIDE STAR，www. guidestar. org（提供了包含超过 180 万美国非营利组织信息的可检数据库）。
② 参见 Lloyd Hitoshi Mayer & Brendan M. Wilson (2010), "Regulating Charities in the 21st Century: An Institutional Choice Analysis", *Chicago-Kent Law Review*, 85，及其附属文件（阐述公共监管机构资源的缺乏）。
③ Brody, Dead Hand or Living Dead 1209 – 1222; UNIFORM TRUST CODE § X (2005)（其最新修订案为慈善信托的建立者提供"保持信托执行程序"的权利）；Iris J. Goodwin (2005), "Donor Standing to Enforce Charitable Gifts: Civil Society vs. Donor Empowerment", *Vand. L. Rev.*, 58, p. 1093, pp. 1143 – 1144（尽管指出这一立场的很多损害，但必须承认"依据习惯法，做出完整慈善贡献的捐赠人除非明确保留权利，否则不具有采取提起诉讼以实施其法律赋予条款的权利"）。
④ Fisherman, *Stealth Preemption*, p. 572（指出萨班斯－奥克斯利法案下颁布的联邦举报人保护法在非政府组织职员保护方面系统但是不太可能的应用）。

领导所有，它们不拥有代表有关事业或组织受益人这一合法权利。国内非盈利法为非政府组织财务问责制的保持与完善提供了十分重要的工具。我们相信，外部公共管理者能将他们的资源（尽管是有限的）用于财政问责制的实施，而其他外部利益攸关方也能积极参与对非政府组织财务失败的补救，尽管他们拥有的相关权利十分有限。当然，财政问责制的最佳实施目前而言仍只是一种期望。或许，国际法、标准和组织能起到辅助作用，从而促进非政府组织财政问责制的进一步完善。

三、非政府组织和全球监管机构

非政府组织是依据某一国内法认可的非营利组织的法律形式组织起来的。这一组织形式使得非政府组织形成了内部治理体系和问责制实施的外部资源。无论如何进行构造，内部治理结构常导致问责制执行力度不足。公共监管者和私人利益攸关方所主导的外部执行对监管财务问责制来说是最有效的，这是确保非政府组织的生存能力，从而保障其能对国际市民社会产生影响应迈出的第一步。然而，公共监管者和私人利益攸关方在组织责任制执行方面所起的作用较小，组织责任制很难察觉对有限执行资源的不合理的利用。尽管使命问责制对于非政府组织获得合法性来说是十分重要的，国内非盈利法却很少执行这一问责制。第三部分将对全球监管者如何弥补有限的问责制执行进行探讨。

（一）为什么非政府组织问责制差距会引起全球监管机构的重视

公共监管者和私人利益攸关方对任务、组织和财政问责制的执行存在差距，这一差距会影响非政府组织作为非政府监管机构和作为全球治理中其他监管机构贡献者的合法性。首先，使命问责制的失败会使人们对非政府组织作为非政府监管机构追求规范目标的能力产生怀疑，并会损害非政府组织参与促进全球监管过程中输出合法性的发展的能力。其次，组织问责制的失败表明该非政府组织缺少足够的输入合法性,因而不可能成为非政府监管机构合适监管点,也不可能通过参与全球治理讨论和治理进程有效促进其他监管机构的合法性。最后,尽管财政问责制在国内的执行效果更佳,但是有限的资源常意味着执行差距仍然存在。一个非政府组织如果缺乏合理的财政问责制,就很有可能效率低下甚至沦为虚假机构,从而无法进行管理或促进其他全球监管机构的工作。

使命责任制对于非政府组织获得参与全球治理的合法性来说是十分重要的,获得合法性的非政府组织在全球治理中不仅充当监管者角色,还为其他全球监管机构的工作执行提供帮助。为了让非政府组织更好的参与监管活动,其自身监管活动或为其他全球监管机构提供的帮助应当与组织的使命相关,并能促进这一使命的发展。对于参与全球治理的非政府组织,其使命必须与国际监管者或国际社会全球合法性的目标相一致。非政府组织为实现其使命也必须促进监管项目的发展。在很多案例中,非政府组织的使命与监管目标是一致的。若一个非政府组织唯一的活动就是扮演好非政府监管机构的角色,那么为更好实现监管目标,该组织对使命的发展很有可能是合理的。例如,国际透明组织采取各种方案来对抗全球腐败[1],其工作内容会随着腐败的演变而变化。当非政府组织为其他非政府监管机构的工作提供帮助时,使命相契合的情况也会出现。例如,消费者国际是消费者团体为保护消费者权益而结成的联盟[2],因为其使命与经合组织保护消费者权益的目标一致,它参与起草了《经合组织保护消费者防止跨境欺诈和欺骗性商业活动指南》[3]。

然而,非政府组织的目标也可能与国际监管项目的目标相背离。例如,市民社会机制(CSM)是一些市民社会组织结成的联盟,这些市民社会组织

---

[1] TRANSPARENCY INT'L, http://www.transparency.org/.
[2] About Us, CONSUMERS INT'L, http://www.consumersinternational.org/who-we-are/about-us
[3] Org. for Econ. Dev. & Cooperation [OECD] (2006), *Consumer Dispute Resolution and Redress in the Global Marketplace*, p. 18, http://www.oecd.org/dataoecd/26/61/36456184.pdf.

代表关注食品不安全问题的非政府组织。① 市民社会机制是一系列市民社会组织结成的联盟，其部分联盟成员提出一些原则包括：禁止转基因食品②，反对农业知识产权化③，限制大规模农业外来投资。④ 市民社会机制最近获得促进非政府组织参与联合国粮农组织世界粮食安全委员会（CFS）工作的权利。⑤ 8国集团和20国集团一方面对联合国粮农组织世界粮食安全委员会的工作表示支持，另一方面却积极促进贸易自由化。而贸易自由化与关注食品安全的非政府组织所提出的一些原则是相矛盾的。⑥ 在这种情况下，为了维持使命问责制，相关的非政府组织必须考虑这一问题：对国际监管项目的参与是否与自身使命相一致？⑦ 全球监管机构也必须考虑这一问题，认识到非政府组织的

---

① Civil Society Mechanism, "Civil Society for the Committee on World Food Security", http://cso4cfs.org/who-we-are/civil-society-mechanism/.

② Action Aid Int'l (2005), *Power Hungry: Six Reasons to Regulate Global Food Corporations*, p. 59, http://www.actionaid.org.uk/_content/documents/power_hungry.pdf; World Rural Forum (2007), *WRF's Stance-Seminar on Biodiversity and the Right to Food*, Mar. http://www.ruralforum.net/documentos/ficha.asp?id=en&Ndocumen=230220375&Ncatego=10303&pag=1&Nfrm=1.

③ WRF Seminar.

④ Food First Information & Action Network [FIAN Int'l] (2008), *The World Doesn't Need More of the Same Medicine: Joint Declaration Addressed to Governments on World Food Crisis*, p. 2, http://www.fian.org/resources/documents/others/the-world-doesnt-need-more-of-the-same-medicine/pdf; *Power Hungry: Six Reasons to Regulate Global Food Corporations*, p. 59.

⑤ Governance Working Group, Int'l Planning Comm. for Food Sovereignty, Oxfam Int'l, & Action Aid Int'l, *Proposal for an International Food Security and Nutrition Civil Society Mechanism for Relations with the CFS Committee on World Food 2* (2010), http://cso4cfs.files.wordpress.com/2010/06/cso-mechanism-zero-draft.pdf.

⑥ G8, *L'Aquila Joint Statement on Global Food Security*, *L'Aquila Food SecurityInitiative* (AFSI) 4 (2009), http://www.g8italia2009.it/static/G8_Allegato/LAquila_Joint_Statement_on_Global_Food_Security[1]s0.pdf; G20, *The G20 Toronto Summit Declaration* 6, 24 (2010), http://www.g20.utoronto.ca/2010/g20_declaration_en.pdf; CHARLES E. HANRAHAN & MELISSA D. HO, CONG. RESEARCH SERV., THE U.S. GLOBAL FOOD SECURITY INITIATIVE: ISSUES FOR CONGRESS 5 (2009), http://www.nationalaglawcenter.org/assets/crs/R40945.pdf.

⑦ Cf. Robert Blitt (2005), "Who Will Watch the Watchdogs? Human Rights and Nongovernmental Organizations and the Case for Regulation", *BUFF. HUM. RTS. L. REV.*, 10, p. 261, pp. 322–324（指出当参与促进投降谈判时，人权组织无法保持或合法发展其与人权保护有关的使命）。

使命,并弄清吸引非政府组织的参与这一合法性战略是会促进其合法性进程呢,还是会导致意见分歧。

此外,不难发现,当非政府组织参与另一非政府监管机构的监管项目时,为了对其使命负责,非政府组织需要忍受监管环境所带来的压力。例如,儿童防御国际(DCI)这一非政府组织旨在促进儿童权益的保障[①],并且积极向《儿童权利公约》(CRC)靠拢[②]。尽管儿童防御国际对阐述了最有害的童工形式的国际劳工组织第182号公约(1992)表示支持[③],但是它认为这一公约在对不能容忍的童工形式的分类上过于死板,并且忽略了儿童的发展权,因为,保障儿童发展权在儿童防御国际看来是最基本的原则之一。[④] 这种情况的发生可能导致很多不同的结果,但是所有的结果都要求儿童防御国际审查,调整甚至改变其使命。非政府组织对某一监管机构的持续参与可能有助于解决这一问题,例如,儿童防御国际可以不断参与国际劳工组织涉及儿童权益保护的工作,使国际劳工组织能从一个不同的角度看待童工问题。为了更好的追求使命,非政府组织可能需要退出国际监管程序,例如,儿童防御国际认为转而投奔国际劳工组织某一管理竞争者,能保证监管成果与其目标更加一致,从而退出原有的监管程序。[⑤] 然而,使命冲突也可能造成另一后果,即国际劳工组织发现与儿童防御国际的合作对其监管目标的实现不再有益,从而解除与儿童防御国际的合作关系。这两种情况的发生必须要有一个前提,即儿童防御国际能理解并说明自身有关儿童权益保护的具体使命,并且能分

---

① *The DCI Movement*, DEFENCE FOR CHILDREN INT'L, http://www.defenceforchildren.org/about-us.html.

② *Reports from the Sessions of the Committee on the Rights of the Child on Juvenile Justice Issues*, DEFENCE FOR CHILDREN INT'L, http://www.defenceforchildren.org/resources/crc-reports.html.

③ Defence for Children Int'l, *Position on Child Labour: A Contribution to Debate and Practice 2* (2002), http://www.crin.org/docs/resources/publications/NGOCRC/subgroup-childlabour/DCI-position.pdf.

④ 同上。

⑤ 劳伦斯·黑尔费尔已经举出一些有关非政府组织和国家将重心和努力从一个领域转移到另一个领域的例子,并对这些例子进行了讨论。Laurence R. Heifer, "Regime Shifting: The TRIPs Agreement and New Dynamics of International Intellectual Property Lawmaking", *YALE J. INT'L L.*, 29., pp.26 – 53 (2004).

析判断这一使命是否与国际劳工组织的目标相一致。

当然，非政府组织各利益攸关方对于组织使命及其合理演变的规范性标准有不同的理解。同样地，国际参与者对全球治理合理的规范性标准也有着不同的看法。然而，讨论与交流能帮助调和这两种矛盾。非政府组织应在组织内部创建参与及审议程序，用于考虑如何才能更好的完成使命，以及在什么时候以何种方式改变使命。各利益攸关方，如捐赠人、雇员、合作机构、受益人等都应参与到讨论中来。当这种包容性对话能成为非政府组织结构或文化的一部分时，它能成为追踪和执行使命问责制的新方式。到那时，非政府组织能将其经过考虑和讨论的关于规范性问题的想法呈现在全球治理舞台之上。像这样负有使命责任感的非政府组织能帮助全球监管者解决规范性争议，因为它们的观点和贡献通过商议、争议和说服这一系列过程后已经部分赢得支持。相反，如果一个非政府组织与其使命相背离，或者无法对其使命进行详细的考虑与改革，又或者由于参与监管过程而转变使命，那么该组织就无法获得这一对话交流能带来的成效，而它对全球治理合法性的促进作用也会大打折扣。

因此，使命问责制关系到非政府组织是否能有效促进全球治理的合法性发展。而国内非盈利法对非政府组织使命责任感的"看护"来说是远远不够的。为了让非政府组织在全球治理合法性进程中发挥有效作用，全球监管机构必须弥补这一差距。

正如之前对使命问责的探讨所表明的一样，组织问责制也关系到非政府组织是否能有效促进全球治理的合法性发展。作为初步事项，组织问责制能起到相当重要的作用。组织诚信监管着组织使命（以及财务稳健性）。因此，在全球治理合法性进程中，组织问责制与使命（财务）问责制一样，有着相同的重要性。此外，组织问责制能单独产生影响。参与者是否诚信对全球治理过程来说是十分重要的。如果一全球监管机构所提出的合法性要求是基于各种各样的观点之上的，那么问题在于这些观点是否真实存在，又是否值得信任。如果一个全球监管机构依赖于一个非政府组织，而该非政府组织仅仅被视作全球治理过程中已经获得代表的单一派别的掩护，这一参与对该机构创立的全球监管的认知合法性就起不到任何促进作用，事实上，它反而会损害该机构的合法性。2004年的《卡多佐报告》严肃批评了这一种现象，即非政府组织完全遵从于某一特别政府的要求和目标，而且得以参加到全球治理进程之中。①

尽管国内法提供有能促进组织问责制发展的多种治理结构，但是具体条款没有得到有效实施。捐赠人很难获取信息，得知组织问责制的失败，而雇员也缺少发现组织问责制失败的积极性。合作机构有时能意识到组织问责制的失败。但是很多合作机构都缺乏对这一失败采取补救措施的相关权利。② 然而，各组织攸关方参与组织问责制的差距严重阻碍了非政府组织对全球治理合法性的促进作用。为了成为合法的全球监管机构，充当非政府监管机构的非政府组织必须遵循严格的组织问责制的标准，这些标准是国际法强制执行的。对于想利用非政府组织的参与来加强自身合法性的其他全球治理监管机构来说，在寻求非政府组织参与时，他们必须将那些缺乏完善组织问责制的非政府组织排除在外。

和组织问责制一样，财政问责制对于理解非政府组织对全球治理的参与也是十分重要的。财务问责制的失败会使非政府组织无法或很难实现自身使命，同样地，它也会使非政府组织很难在全球治理中发挥作用。此外，财政问责制也影响到非政府组织直接参与全球治理的合法性。全球治理的合法性在很大程度上依赖于认知。因此，对于充当非政府监管机构的非政府组织来说，其内部的腐败或自我交易，或该组织对其他监管机构的工作起到重要作用，都会损害这些全球治理行为的认知合法性。就算权力滥用所导致的财政损失不足以阻碍非政府组织完成使命，这一认知问题也会出现。

与以上讨论的各方相比，国内监管机构和私人利益攸关方拥有更有效的

---

① U. N. Secretary-General, We the Peoples: Civil Society, the United Nations and Global Governance: Rep. of the Panel of Eminent Persons on United Nations-Civil Society Relations, at 7, U. N. Doc. A/58/817 (June 11, 2004).

② 全球监管机构可能成为非政府组织的合作伙伴，全球监管机构对组织问责制的监管和执行能产生很大的影响。

工具，也更积极地参与财政问责制的执行。因此，国内法能成为全球监管机构确保非政府组织在全球治理合法性进程中发挥作用的有效工具。然而，由于资源有限，就连财政问责制也无法在国内得到有效执行。为了保证非政府组织能促进全球治理的发展，国际监管机构和国际社会应采取举措监管并执行财政问责制。

（二）全球监管机构在对非政府组织问责制的监管中所使用的工具

非政府组织问责制确保非政府组织的参与能促进全球治理的合法化。但是国内在对非政府组织的监管和保护上，非政府组织问责制尚有很大改善空间。因此，全球监管机构应当参与到与其相关的非政府组织问责制的监管和执行中来。对非政府组织问责制的监管和执行有不同的方法，主要取决于该非政府组织是否充当非政府监管机构的角色，以及是否参与其他非政府监管机构的进程。本部分探讨了全球监管机构当下在管理非政府组织问责制过程中所使用的工具，下部分将对这些工具可能的使用方式进行探讨。

当非政府组织充当非政府监管机构这一角色时，围绕问责制的内部治理结构能在非政府组织内部建立起来，而超出监管机构和利益攸关方之外的问责制执行机制也可以得以制定。作为非政府监管机构的非政府组织的创立人能考虑是否建立自续或投票选举成立的董事会，此外他/她还能对定期任务陈述进行评估，建立常务委员会，或对内部财务进行管理。例如，国际标准化组织为商业使用和其他全球行为主体设立了一系列标准。[1] 为全球行为主体设立标准，而且这些标准被广泛采用，使得国际标准化组织成为非政府监管机构。国际标准化组织的结构和组织形式显示出它在确保自身问责制方面所做的巨大努力，而这些努力反过来又促进了它作为非政府监管机构的合法性。

---

[1] ISO Standards, INT'L ORG. FOR STANDARDIZATION, http://www.iso.org/iso_catalogue.htm.

国际标准化组织是总部位于瑞士的一体化的非营利组织①，拥有成员选举成立的管理机关。② 组织成员由国家标准制定组织构成，他们组成了国际标准化组织最高权力机关：全体成员大会。③ 组织成员通常是所在管辖区域的非盈利性机构，他们拥有对国际标准化组织五年战略计划进行投票的权利，并且能轮流拥有执行委员会的合法席位。④ 国际标准化组织还设立了财政和战略常务委员会。⑤

由于内部治理结构无法自我实施，而公共监管机构和私人利益攸关方的执行也是远远不够的，因此，非政府组织的问责制和合法性需要通过提供其他执行资源从而得以推进和加强。这些执行资源可能包括：国家监管、自我监管认证⑥、设立外部和内部监察专员⑦等。例如，茱莉亚·布莱克以透明国际组织这一非政府监管机构为例⑧，做了进一步解释。透明国际组织针对腐败设立了一系列标准，并对政府执行这些标准进行了评估。尽管透明国际组织没有管理政府的权利，但是它可以通过"点名谴责"的方式有效规范政府的行为。⑨ 透

---

① About ISO, INT'L ORG. FOR STANDARDIZATION, http://www.iso.org/iso/about.htm.

② *Governance and Operations*, INT'LORG. FOR STANDARDIZATION, http://www.iso.org/iso/about/govemance_and_operations.htm.

③ 同上。

④ 同上。

⑤ 同上。

⑥ MICHAEL EDWARDS (2000), *NGO RIGHTS AND RESPONSIBILITIES*, pp. 30 - 31（建议与国际监管机构合作的非政府机关实施自我监管认证）; International NGO Accountability Charter, http://www.ingoaccountabilitycharter.org/wpcms/wp-content/uploads/INGO-Accountability-Charter_logol.pdf（建立自我监管框架来进行国际非政府组织问责制的考察）。

⑦ MICHAEL EDWARDS (2000), *NGO RIGHTS AND RESPONSIBILITIES*, pp. 30 - 31 (2000)（提出设立监管专员作为非政府认证计划的一部分）。

⑧ Julia Black (2008), "Constructing and Contesting Legitimacy and Accountability in Polycentric Regulatory Regimes", *REG. & GOVERNANCE*, 2, p. 7（引用 C. Scott (2002), "Private Regulation of the Public Sector: A Neglected Facet of Contemporary Governance", *J. L. & SOC'Y*, 29, p. 56）。

⑨ Julia Black (2008), "Constructing and Contesting Legitimacy and Accountability in Polycentric Regulatory Regimes", *REG. & GOVERNANCE*, 2, p. 7（指出透明国际组织在对政府是否遵循规范进行评估上做的很好）。

明国际组织是签署了《国际非政府组织问责宪章》的少数国际非政府组织的一员,承诺实行好的治理,保障透明度,并有效执行问责制。①

当非政府组织不充当非政府监管机构这一角色,而是作为其他全球监管机构的工作的参与者时,非政府组织问责制仍然十分重要,只是其执行方式更为间接。因为无法依赖于国内环境来全面执行非政府组织问责制,全球治理监管机构应当创立一些机制,对参与其监管工作的非政府组织提供责任保障②。一些非政府监管机构已经采用了复杂的认证机制,尽管这些机制的内容需要得到提升,以更好地弥补国内问责制执行的不足,并进一步加强每个非政府监管机构独有的合法性策略。不幸的是,很多依赖于通过非政府组织的参与来加强自身合法性的全球治理监管机构并对问责制事物的参与还不够。在这种情况下,薄弱的应用进程使得非政府组织能参与到全球治理中来,换句话说非政府组织的参与完全不受限制。下面将对非政府监管机构用于监管和实施相关非政府组织问责制的工具进行回顾。

美国是最先实行非政府组织认证的国家。早在1996年,依据联合国宪章第71条所授予的特权,联合国经济及社会理事会通过了《有关联合国和非政府组织之间协调关系的决议》。③ 这一决议确立了非政府组织在联合国经济及社会理事会中的地位可能有以下三种类型:一般咨商地位,专门咨商地位以及名册咨商地位。④ 具有一般咨商地位的非政府机构拥有参与联合国经济及社

---

① "NGOs Lead by Example: World's International NGOs Endorse Accountability Charter", *OXFAM INT'L*, June 7, 2006, http://www.oxfam.org/en/news/pressreleases2006/pr060606_ngo_charter; International NGO Accountability Charter.

② 其他评论家主张非政府组织通过自我监管实行更大问责,参见 Michael Edwards (2000), *Ngo Rights And Responsibilities*, pp. 30 – 31; Robert Blitt (2005), "Who Will Watch the Watchdogs? Human Rights and Nongovernmental Organizations and the Case for Regulation", *BUFF. HUM. RTS. L. REV.*, 10, p. 261, pp. 390 – 397(指出自我监管体系对于非政府组织获得公众认可的参与国际法的合法地位是十分必要的)。

③ U. N. Econ. & Soc. Council [ESOSOC], *Consultative Relationship Between the United Nations and Nongovernmental Organizations*, Res. E/1996/31 (July 25, 1996) http://www.un.org/documents/ecosoc/res/l996/eres1996 – 31. htm.

④ 同上。此外,《卡多佐报告》建议将这些类别扩展到网络合作伙伴,咨询合作伙伴和项目支持伙伴,*Cardoso Report*, p. 138。

会理事会事物的最大权力，它们有权按照自己的意愿向理事会提出议题。具有一般或专门咨商地位的非政府机构可以向理事会提交书面声明，陈述重要要求。而拥有名册咨商地位的非政府机构也可应邀提出书面说明。① 列于名单之上的所有非政府组织都能获得联合国经济及社会理事会活动的有关信息，并且可能参加会议，尽管他们是否能参加会议取决于理事会的决定。② 然而，为了在联合国中获得咨商地位，非政府组织必须满足一些基本标准，本文引用了其中一些，内容如下：

2. 该组织之目的和宗旨应与《联合国宪章》之精神、宗旨和原则相符合。

9. 该组织应在其主管特殊部门内具有公认地位或代表性。如若干组织在某一部门具有类似目的、旨趣及基本见解，此类组织与理事会进行咨商时，可组成一联合委员会或其他机构，由其负责为此类组织执行此种咨商。

10. 该组织应有确定的总部及执行干事。该组织应有以民主方式通过之组织法，其副本应交存联合国秘书长，此项组织法应规定由会议、大会或其他代表机构决定政策及对策机构负责的执行机关。

11. 该组织应有由受权代表为会员发言之权。如经请求，该组织应提出此种授权之证据。

12. 该组织应有一个代表机构并具有对其成员负责的适当机制。成员应通过行使表决权或其他适当民主和透明的决策程序对组织的政策与行动行使有效的控制。依本办法规定，凡非经任何政府实体或政府间协议建立的这类组织，均应视为非政府组织，包括接受政府当局指定之成员的组织在内，但此种成员须不妨碍该组织自由表达意见。

13. 该组织之基本资源主要部分应来自各国内分会或其他组成部分或

---

① U. N. Econ. & Soc. Council [ESOSOC], *Consultative Relationship Between the United Nations and Non-governmental Organizations*, Res. E/1996/31 (July 25, 1996). 此外，《卡多佐报告》建议将这些类别扩展到网络合作伙伴，咨询合作伙伴和项目支持伙伴，*Cardoso Report*, p. 138。

② 同上。

来自个别会员之缴款。凡组织收受志愿捐助者，应将数额及捐赠人据实陈报非政府组织委员会。但如既未满足上述标准，而某一组织又从其他来源筹措经费，政府向国际组织所作财政捐助或其他直接间接支助，应经由秘书长向该委员会公开声明，并应全部载明于该组织财务及他种记录，并应专供合乎联合国宗旨之用途。

14. 理事会在考虑与某一非政府组织建立咨商关系时，应注意该组织工作范围是否全部或大部分属于某一专门机构的范围，以及同该组织与某一专门机关已订有或可能订有咨商办法时可否准予咨商。①

联合国经济及社会理事会的认证标准反映出他们的双重目标。一方面，这些标准力求确定一个特定的申请与联合国关系的非政府组织与联合国经济及社会理事会和联合国的需求、目标和道德规范的匹配程度。要求非政府组织与联合国保持一致；非政府组织应该拥有相关和有帮助的专长；非政府组织应该依靠其实质的专长和最基本的信任被授权代表成员发表意见寻求公正。该标准考虑了非政府组织和联合国其他机构的关系，在以促进非政府组织更加高效参与联合国事务的目标下，允许非政府组织寻求联合认证。

另一方面，正如文中已经解释的种种原因一样，联合国经济及社会理事会也要求探索申请关系的非政府组织的使命、组织和财政问责制。很明显，由于考虑到非政府组织的"目标和宗旨"以及在决策时被要求其代表机构参与②，使命问责受到阻碍。该标准被解读为要求申请关系的非政府组织利用一个具有选定监管机构的组织形式参与，尽管它们特别授权一个管理部门对某个"代表机构"负责，采用选举或者"其他适度民主和透明的决策程序"③。关于责任和透明的观点反映出对组织问责的担忧，比如要求一部成文宪法、既定的总部、执行官和执行机构。该标准甚至涉及了财政问责，要求公开组

---

① U. N. Econ. & Soc. Council [ESOSOC], *Consultative Relationship Between theUnited Nations and Non-governmental Organizations*, Res. E/1996/31 (July 25, 1996).
② 同上，第26—29页。
③ 同上，第10—12页。

织支持的来源，尤其重视是否是来自政府的支持。

当然，因为联合国想要通过这些要求，保留其独立和以增强合法性为根本的目标，因此有些要求就具有双重功能。咨询非政府组织意见的想法，目的是希望获得来自除联合国成员国以外的见解，如此，就会担忧政府所主导的非政府组织将不能使得联合国获得更多意见，或者说所接受到的意见过分代表已经占强势地位的成员国的意见，这样将有失公允。政府任命的非政府组织不情愿公开，以及很多非政府组织需要政府支持其公开的现象就反映出了这种担忧。同样，联合国所代表的道德规范也可能渗透到所集中的享有咨询地位的非政府组织之内。

如文中所言，当前，联合国经济及社会理事会认证程序是被全球监管机构广泛采用的程序。不过，值得注意的是，有评论针对这些标准指出它们在现实执行过程中并没有如同书面规定一样一丝不苟。在联合国 2004 年《卡多佐报告》对联合国经济理事会的标准做出如此批评：在政治担忧的驱使下，标准多样、模棱两可、耗费时间、耗费成本、支离破碎、不够透明、反应迟钝。①《卡多佐报告》同样也指出政府支持的非政府组织的出现也是一个特别的问题。② 因此《卡多佐报告》为改革认证程序做出如下提议：

> 联合国应重新调整认证机制，使其符合最初的宗旨，即民间社会行为体与会员国之间根据申请者的专长、职能和技能达成的协定。为实现这一点，并扩大民间社会组织进入经济社会理事会以外的论坛，会员国应同意将当前联合国总部为经社理事会、新闻部、各类会议及其后续行动设立的程序合并为单一的联合国认证办法，由大会一个现有委员会承担责任。③

---

① Cardoso Report, p. 124.
② 同上，第 127 页。
③ 同上，第 128 页。

《卡多佐报告》同样建议秘书处采取附加措施以便"在遴选中提供帮助,并确保民间团体合作伙伴的质量"①。特别是,报告认为非政府组织网络可能要对"行为和自我监管机制新增规范,提升对质量、管理和协调的准则"②。为响应报告的建议,秘书长对这些问题做出详尽的叙述,指出"当前有大量在联合国享有咨商身份的非政府组织不遵守要求,提交四年一度的报告,汇报它们的活动以及它们参与全球整体目标的情况"。同时,还提出成员国应该参与额外的监管和执法。③ 此外,报告特别提议通过进一步利用技术以及联合国机构和成员,携手投入更多的努力以细化申请程序。④

当然,认证仅仅只是匆忙而就的,问责也是变化不定的。联合国经济及社会理事会对目前非政府组织的问责的监管和执法主要依赖于公开。

普通非政府组织或者享有特别咨商身份的非政府组织每隔四年都要向非政府组织常务委员会提交报告,汇报其活动。这些报告很少关注非政府组织内部的治理和运作,而是要求说明"非政府组织的活动,特别是关于它们对联合国工作给予的支持"⑤。非政府组织必须向委员会公开结构。还有一个要求非政府组织报告的领域就是它们的"宗旨和目标",此外要求说明在"组织方向、项目或者工作范围"的变化,这包括对基本文件的修订或者基金的变动。⑥

---

① Cardoso Report,第 142 页(提议 23)。

② 同上。

③ U. N. Secretary-General, *Report of the Secretary-General in Response to the Report of the Panel of Eminent Persons on United Nations-Civil Society Relations*, 34, U. N. Doc. A/59/354(Sept. 13, 2004)。

④ Cardoso Report,第 133 页。

⑤ U. N. Econ. & Soc. Council [ESOSOC], *Consultative Relationship Between the United Nations and Nongovernmental Organizations*, Res. E/1996/31(July 25, 1996)这些报告每四年提交一次。Peter van den Bossche, "Regulatory Legitimacy of the Role of NGOs in Global Governance: Legal Status and Accreditation", *NGO INVOLVEMENT IN INTERNATIONAL GOVERNANCE AND POLICY: SOURCES OF LEGITIMACY*, p. 135, p. 163; U. N. Econ. & Soc. Council [ESOSOC], *Consultative Relationship Between the United Nations and Nongovernmental Organizations*, Res. E/1996/31(July 25, 1996), p. 61.

⑥ Quadrennial Reports: *Guidelines for NGOs in General and Special Consultative Status with ECOSOC*, NGO BRANCH, U. N. DEP'T OF ECON. & Soc. AFFAIRS, http://esango.un.org/paperlessAVeb? page = static&content = quads#4

但是，这种公开，更多的包含着"你之后为我做了什么"的意味。其他领域在有关非政府组织同联合国论坛、机构合作中迅速做出反应，与千禧年发展目标保持一致。委员会依旧会基于这些报告，提议将某个非政府组织享有的咨询身份解除或者从花名册中移除。① 尽管批评家声称这种情况少有发生②，而且这一举措已经变成令人不安的政治化程序③，但是彼得·范登波斯基（Peter van den Bossche）等人指出"2000年至2005年间，非政府组织委员会向理事会提交了五份暂时取消资格的提议"④。这样，当前的监管虽然存在，但似乎在执行非政府组织问责的作用上微乎其微。

联合国其他机构在有关非政府组织的认证上有着类似的规定。⑤ 联合国贸易暨发展会议采纳了《非政府组织参与联合国贸易和发展会议的安排》⑥。该安排要求非政府组织应该具有代表性，应该传达少数派的意见，应该有一位执行官和一个政策制定机构；应该被授权以代表成员发表意见；应该是国际性的并赋予其成员投票表决权。组织应该提供所要求的信息以及其宪章或宪

---

① U. N. Econ. & Soc. Council [ESOSOC], *Consultative Relationship Between the United Nations and Nongovernmental Organizations*, Res. E/1996/31 (July 25, 1996), p. 61.

② Peter van den Bossche (2007), "Regulatory Legitimacy of the Role of NGOs in Global Governance: Legal Status and Accreditation", *NGO INVOLVEMENT IN INTERNATIONAL GOVERNANCE AND POLICY: SOURCES OF LEGITIMACY*, p. 146, p. 163；自动移除的现象仍然存在，然而，移除的原因似乎与回顾初步认证基础的持续存在毫无关联。U. N. Econ. & Soc. Council [ESOSOC], *Consultative Relationship Between the United Nations and Nongovernmental Organizations*, Res. E/1996/31 (July 25, 1996), p. 61.

③ Menno T. Kamminga (2007), "What Makes an NGO Legitimate in the Eyes of States?", *NGO INVOLVEMENT*, pp. 191 – 93.

④ Peter van den Bossche (2007), "Regulatory Legitimacy of the Role of NGOs in Global Governance: Legal Status and Accreditation", *NGO INVOLVEMENT IN INTERNATIONAL GOVERNANCE AND POLICY: SOURCES OF LEGITIMACY*, p. 146, p. 164.

⑤ 要想获得有关各种联合国机构和它们与联合国的关系的讨论，参见 Peter van den Bossche (2007), "Regulatory Legitimacy of the Role of NGOs in Global Governance: Legal Status and Accreditation", pp. 138 – 152。

⑥ U. N. Conference on Trade & Dev. [UNCTAD], *Arrangements for the Participation of Non-Governmental Organizations in the Activities of the United Nations Conference on Trade and Development*, Board Decision 43 (VII) (Sept. 20, 1968) http://www.unctad.org/sections/about/docs/dom_iaos_cso_decision43_vii_en.pdf.

法的复印件,方能完成申请。① 一旦通过这种程序被授权成为联合国贸易暨发展会议的观察成员之后,便没有条例监管非政府组织是否继续遵守要求或者解除其特殊身份。②

世界卫生组织允许非政府组织的观察员出席会议,接受非机密文件,并提交备忘录。它通过各种决议,规范与非政府组织的互动。③ 世界卫生大会第 40 号决议是管理世界卫生组织和非政府组织之间关系的原则,规定了非政府组织和世界卫生组织之间"正式的"关系。④ 非政府组织在寻求正式关系时,不仅要重视健康,它们还应该免除"商业和盈利性质方面的主要担忧。"⑤ 它们应该是国际性的,并代表"全球大部分因涉及其特定领域利益而组织起来的人群"⑥。它们应该拥有一部"宪法或其他基本文件"、一个建成的总部、一个指挥或管理机构、一个在不同层级采取行动的行政机构,而且有权通过得到授权的代表代表成员表达意见。⑦ 一个非政府组织的成员"应就其政策或

---

① UNCTAD, *Application for Observer Status with UNCTAD: NGO ApplicationQuestionnaire*, http://www.unctad.org/sections/about/docs/dom_iaos_cso_application_en.pdf.

② U. N. Conference on Trade & Dev. [UNCTAD], *Arrangements for the Participation of Non-Governmental Organizations in the Activities of the United Nations Conference on Trade and Development*, Board Decision 43 (VII) (Sept. 20, 1968); Peter van den Bossche, " Regulatory Legitimacy of the Role of NGOs in Global Governance: Legal Status and Accreditation", p. 166. 然而,彼得·范登波斯基指出参与联合国贸易暨发展会议的市民社会在很多情况下不必对这些规范负责,例如在市民社会论坛和市民社会听证会上。同上,143 页。

③ Peter van den Bossche, "Regulatory Legitimacy of the Role of NGOs in Global Governance: Legal Status and Accreditation", p. 146.

④ 第四十届世界卫生大会 [WHA], *Principles Governing Relations with Nongovernmental Organizations*, Res. WHA40. 25 (1987). http://apps.who.int/gb/bd/PDF/bd46/e-bd46_p5.pdf. 第四十届世界卫生大会 [WHA], *Principles Governing Relations with Nongovernmental Organizations*, Res. WHA40. 25 (1987). http://apps.who.int/gb/bd/PDF/bd46/e-bd46_p5.pdf. 第四十届世界卫生大会 [WHA], *Principles Governing Relations with Nongovernmental Organizations*, Res. WHA40. 25 (1987). http://apps.who.int/gb/bd/PDF/bd46/e-bd46_p5.pdf.

⑤ 同上。

⑥ 同上,第 3.2 节。

⑦ 同上,第 6 页。

行动行使表决权①。此外，获得"官方关系"之前②，一个非政府组织必须已经和世界卫生组织之间具有两年的"工作关系"③。获得正式关系需要时间通常为三到四年。④ 2004 年，世界卫生组织对其与非政府组织之间的关系进行一段时间的研究之后，考虑提议一项新的政策用以指导其与非政府组织之间的关系。⑤ 当时，该提案提出了更加严苛的认证要求，但是被推迟采纳。⑥

随着时间的推移，世界卫生组织还对其参与非政府组织问责的监管和执法做出了一些规定。非政府组织必须提交一份与世界卫生组织的"合作计划"，作为其与世界卫生组织建立关系的基础。⑦ 世界卫生组织理事会在非政府组织的常委中占有一席之地，每隔三年，都要负责审查其与非政府组织之间的合作以"确定是否有意同非政府组织保持官方关系"⑧。如果条件得不到保证或者非政府组织不能达标，世界卫生组织立即终止这一关系。⑨

食品规范委员会是根据联合国粮食和农业组织同世界卫生组织合作的食品标准项目而成立的制定标准的机构。⑩ 该机构制定有关食品安全的标准⑪，

---

① 第四十届世界卫生大会［WHA］, *Principles Governing Relations with Nongovernmental Organizations*, Res. WHA40. 25 (1987). http：//apps. who. int/gb/bd/PDF/bd46/e－bd46_p5. pdf. 第四十届世界卫生大会［WHA］, *Principles Governing Relations with Nongovernmental Organizations*, Res. WHA40. 25 (1987). http：//apps. who. int/gb/bd/PDF/bd46/e－bd46_p5. pdf. 第四十届世界卫生大会［WHA］, *Principles Governing Relations with Nongovernmental Organizations*, Res. WHA40. 25 (1987). http：//apps. who. int/gb/bd/PDF/bd46/e－bd46_p5. pdf. , 第 6 页。

② WHO, "Governing Relations with NGOs", supra note 225, 第 3.6 节。

③ 参见 WHO (2002), Review Report：WHO's Interactions with Civil Society and Nongovernmental Organizations, 10, WHO/CSI/2002AVP6, http：//www. who. int/civilsociety/documents/en/RevreportE. pdf.

④ Peter van den Bossche (2007), "Regulatory Legitimacy of the Role of NGOs in Global Governance：Legal Status and Accreditation", p. 169.

⑤ "Civil Society Initiative：Status of Proposal for a New Policy to Guide WHO's Relations with NGOs", World Health Organizations, http：//www. who. int/civilsociety/relations/new_policy/en/index. html

⑥ 同上。

⑦ WHO, "Governing Relations with NGOs", supra note 225, 第 4.5 节。

⑧ WHO, "Governing Relations with NGOs", supra note 225, 第 4.6 节。

⑨ WHO, "Governing Relations with NGOs", supra note 225, 第 4.7 节。

⑩ Welcome, Codex Alimentarius (2011), http：//www. codexalimentarius. net/web/index_en. jsp

⑪ Welcome, Codex Alimentarius (2011), http：//www. codexalimentarius. net/web/index_en. jsp

它制定的标准被众多国家所采用。① 它允许非政府组织作为观察员的身份进行参与。② 观察员的特权包括参加会议、接收文件、提出意见以及呈交书面意见。③ 已经在联合国粮农组织或者世界卫生组织中获得观察员身份的非政府组织，可以在食品规范委员会中获得观察员身份。④ 其他非政府组织若需在食品规范委员会中获得观察员身份，那么该非政府组织必须是国际性的（结构和活动上）、代表性的，关注规范委员会域内活动中的问题，并"拥有常设指导机构和秘书处，以及能够同其所在国家的会员进行交涉的授权代表、程序制度和机制"⑤。它们应该能使成员通过表决或者其他机制表达自己的意见。⑥ 最后，申请食品规范委员会观察员身份的非政府组织成立时间不得低于三年。⑦

食品规范委员会在审查观察员身份方面没有具体的条款，但是一旦总干事发现该非政府组织不能达到必要的标准，随时可以终止该组织的观察员身份。⑧ 如果一个非政府组织超过四年都未能参与，则视为自动放弃观察员身份。⑨ 该条例表明可能有非政府组织获得观察员身份却并未通过有意义的途径参与相关事务。可以想象为什么一个非政府组织声明其观察员身份以提升其在各种团体中的合法性，但是却不会额外消耗资源，不间断地参与其中。

世界银行和国际货币基金组织同样也建立了管理与非政府组织之间关系的

---

① 事实上，"国际食品法典标准"虽然为软法，却因为收录进"世界贸易组织卫生与植物卫生措施协定"而得以加强。

② "NGO Participation: Principles Concerning the Participation of International Non‐Governmental Organizations in the Work of the Codex Alimentarius Commission", CODEX ALIMENTARIUS, http://www.codexalimentarius.net/web/ngo_participation.jsp

③ 同上。

④ 同上。

⑤ 同上，第 3 (iii) d。

⑥ NGOs and Codex Alimentarius.

⑦ NGOs and Codex Alimentarius.

⑧ 同上。

⑨ 同上。

原则，但是迄今为止它们的认证标准，或者监管机制及执行机制都不到位。① 国际货币基金组织职员指导方针中有关哪些非政府组织应该成为其延伸部分的描述很少，只是指出职员应该考虑一系列因素。② 这些因素不仅集中在非政府组织自身的问责，还包括力求确保与国际货币基金组织合作的组织的适当性和代表性。同时，国际货币基金组织还与世界银行共同举办民间团体政策论坛以便促进其与民间团体在众多议题上的交流。③ 在参加论坛之前，民间团体必须得到论坛的认证，但是没有公开的标准作为认证的依据。根据世界银行官方的说法，事实上，任何提交申请的非政府组织都会通过认证。④

作为非联合国机构，世界贸易组织在《马拉喀什建立世界贸易组织协定（1994）》中对其与非政府组织之间的活动做出了规定，允许总领事制定"适当的协议"以便和非政府组织"磋商合作"。但是，正如其他文件指出一样，

---

① "The World Bank and Civil Society", The World Bank, http: //web. worldbank. orgAVBSITE/EXTERNAL/TOPICS/CSO/0,, pagePK: 220469^theSitePK: 228717, 00. html; "IMF and Civil Society Organizations", International Monetary Fund, http: //www. imf. org/extemal/np/ exr/facts/civ. htm; Peter van den Bossche, *Regulatory Legitimacy of the Role of NGOs in Global Governance: Legal Status and Accreditation*, p. 146（指出世界银行及国际货币基金组织缺乏认证标准，这是一个严重的问题）。

② （一）与民间社会各阶层接触。（二）致力于加强国际货币基金组织与不同民间组织之间的接触与联系，而不是只和相同的组织和团体建立联系。（三）与当地协会以及跨国民间社会组织的本地办公室保持联系，当地协会和国际货币基金组织接触较少。此外，职员不应该依赖于发达地区组织代表不发达地区的利益相关者发表意见。（四）开展国际货币基金组织与民间社会组织之间的广泛对话，不能仅限于与精英阶层的对话。不仅和大公司、商业农民、富人进行接触，还要和小企业、普通农民和穷人保持联系。（五）与各个政治派别的民间社会组织会面，不仅包括国际货币基金组织的支持者，还包括其批评者。既要会见某个国家政府当前的支持者，也要会见其反对者。（六）接触范围不能仅限于熟悉的民间社会组织。组织规范化的西式协会不总是主流。任何时候，在英语不为第一语言的地区，都要避免下意识偏袒使用英语的组织。

IMF, *Guide for Staff Relations with Civil Society Organizations*, pt. IV. C. 2 (Oct. 10, 2003), http://www. imf. org/extemal/np/cso/eng/2003/101003. htm.

③ *Civil Society: Annual and Spring Meetings*, THE WORLD BANK, http: //web. worldbank. org/AVBSITE/EXTERNAL/TOPICS/CSO/0,, contentMDK: 20094168 ~ menuPK: 220438 ~ pagePK: 220503 ~ piPK: 220476 ~ theSitePK: 228717, 00. html

④ "市民社会团个人代表所提交的申请首先将由世界银行外事部（EXT）和国际货币基金组织外事部（EXR）进行审查，然后由代表申请发起国的世界银行或世界货币基金组织的执行董事提交审批。基本上所有的申请都能通过，除非我们无法得到申请人的完全信息。例如，电子邮箱、电话等。"银行职员这样表示。

非政府组织参与度一直都不高,而且这种低水平的非政府组织参与度是国际性的、相对透明的。① 世贸组织在其《与非政府组织之间关系的安排指导方针》② 中要求通过多种方式发展与非政府组织之间的互动,比如"召开有关世贸组织特别问题的座谈会;做出非正式安排以接受非政府组织可能希望通过有权益的代表团所要咨询的信息;以及维持惯例,回应它们询问的有关世贸组织基本信息和概述的问题"③。对于期望参加这些事务的非政府组织,世贸组织没有认证程序。事实上,世贸组织特别强调非政府组织不能直接与其合作,但是可以通过它们的国家政府进行合作。④ 世贸组织针对特殊非政府组织参与其对话、通报会、技术研讨会以及研习会发布了指导方针。⑤ 世贸组织对非政府组织的参与规定了一些标准,指出只有在午饭时间才会向非政府组织开放通报会⑥,而且这些政府组织必须已经发布过有关贸易的研究或者报告,并保证其延伸包含在无政府的非政府组织之内。⑦ 世贸组织尚无方法监管或执行与其合作的非政府组织的问责制。

---

① Peter van den Bossche, "Regulatory Legitimacy of the Role of NGOs in Global Governance: Legal Status and Accreditation", pp. 153 – 154 (指出世界银行及国际货币基金组织缺乏认证标准,这是一个严重的问题)。

② WTO Secretariat, *Guidelines for Arrangements on Relations with Non-Governmental Organizations*, WT/L/162, (adopted July 23, 1996) http://www.wto.org/english/forums_e/ngo_e/guide_e.htm.

③ 同上, IV。

④ 同上, VI。

⑤ WTO Secretariat, *WTO Secretariat Activities with NGOs*, WT/INF/30 (Apr. 12, 2001) http://www.wto.org/english/thewto_e/minist_e/minOl_e/minOl_ngo_activ_e.htm.

⑥ 同上。

⑦ 在海龟案中,美国在上交自身文件的同时提交了非政府组织的意见陈述。随后,在欧共体石棉案中,为了避免众多的意见陈述被提交,上诉机构被要求遵循额外的提交标准。当事人不被要求必须准备提交文件。然而基于对众多申请的回顾,上诉机构规定任何申请人不得请假离开。参见 Appellate Body Report, *European Communities—Measures Affecting Asbestos and Asbestos-Containing Products*, pp. 52 – 55, WT/DS135/AB/R (Mar. 12, 2001)。在接下来的世界贸易组织理事会会议上与会者进行了讨论,并一致认为上诉机构不应接受非当事人意见陈述。然而欧共体沙丁鱼案件的上诉机构却表示它有权接收非当事人意见陈述(无论是来自组织还是世界贸易组织成员),但是可以对其不予考虑。Appellate Body Report, *European Communities—Trade Description of Sardines*, 164s 167, WT/DS231/AB/R (Sept. 26, 2002)。依据争端解决机制训练模型,"上诉机构从不认为未经请求而提交的文件是相关的、有用的,因此从不对这些文件加以考虑。""Amicus Curiae Submissions", *DISPUTESETTLEMENT SYSTEM TRAINING MODULE: PARTICIPATION IN DISPUTE SETTLEMENT PROCEEDING*, Sch. 9.3. http://www.wto.org/english/tratop e/dispu e/disp settlement cbt e/c9s3pl e.htm

巴塞尔银行监管委员会（"Basel"）和国际证监会组织（"IOSCO"）是设定国际金融标准的跨政府组织。① 尽管它们制定的标准是软法，但是被多国监管机构广泛采纳。② 在制定标准过程中，两大组织都无相应机制将非政府组织纳入其中。③ 不过，在提案时，它们都接受来自公众，包括非政府组织在内的意见。④ 在关于谁能提交意见的问题上，它们没有限制标准，因此也没有相应的监管和执行机制。⑤

历史上，经济合作与发展组织曾经通过其商业和工业顾问委员会（"BIAC"）的关系，使得非政府组织参与其工作。商业和工业顾问委员会由经济合作与发展组织成员国的工业和雇主协会以及经济合作与发展组织的工会顾问委员会（"TUAC"）组成，而工会顾问委员由经济合作与发展组织国家的国家工作组织组成。⑥ 曾经，这些团体充当一部分民间团体的中介机构。⑦

---

① *About the Basel Committee*, BANK FOR INT5L SETTLEMENTS, http://www.bis.org/bcbs/（巴塞尔提供了有关银行监管问题常规合作的座谈会）; INT'L ORG. OF SECURITIES COMM'NS, http://www.iosco.org（国际证监会组织是有关证券市场国际标准的权威性组织）.

② Roberta Karmel & Claire R. Kelly（2009），"The Hardening of Soft Law in Securities Regulation"，*BROOK. J. INT'L L.*，34，p.883，p.907（"在将国际证监会组织信息披露标准适用于外国私人发行人时，美国证监会对该标准的形式作出了重大调整，尽管没有变更内容"）.

③ *Organisation and Governance*, BANK FOR INT5L SETTLEMENTS, http://www.bis.org/about/orggov.htm; *Structure of the Organization*, INT'LORG. OFSEC. COMM'NShttp://www.iosco.org/about/index.cfm?section=structure

④ DANIEL K. TARULLO, BANKING ON BASEL（2008）: THE FUTURE OF INTERNATIONAL FINANCIAL REGULATION 99（指出尽管人人可发表评论，巴塞尔主要征询银行的意见，银行积极参与公布与评论环节以维护自身利益）.

⑤ 同上。

⑥ "On-Line Guide to OECD Intergovernmental Activity"，*ORG. FOR ECON. CO-OPERATION& DEV.*，http://webnet.oecd.org/OECDGROUPS/Bodies/ListByNameView.aspx（为特别委员会、成员、活动者和他们的指令进行数据库导航）.

⑦ 商业与工业顾问委员会有37个策略组，它们参与会议、论坛并与经济合作与发展组织进行协商。商业与工业顾问委员会领导体制包括：主席1人，秘书长1人和执行委员会副主席6人。委员会秘书处由6名政策和管理人员以及3名行政人员（他们都是全职职工）组成。在经济合作与发展组织32个成员国中，商业与工业顾问委员会是主要的商业机构。工业咨询委员会设有58个国家贸易联盟，它们共代表6600万工人，正是这6600万工人资助了工业咨询委员会的活动，确定政策重点，并参与行政人员选举。工业咨询委员会的秘书处由5位政策人员和3位行政人员组成。正式决策机构——全体大会一年举行两次，所有工业顾问委员会的附属机构以及国际工会组织的代表参加会议。"On-Line Guide to OECD Intergovernmental Activity"，*ORG. FOR ECON. CO-OPERATION& DEV.*

经济合作与发展组织已经开始更加广泛的接触民间团体,其中许多项目都是利用民间团体的参与完成的。① 民间团体参与水平多样,包括针对观察员身份进行非正式的、定期的磋商,全程参与会议。② 经济合作与发展组织没有对这些参与的民间团体进行认证,也缺乏任何针对参与的非政府组织的监管和执行条例。

这些情况证明,全球监管机构用于管理非政府组织问责的方式多样、差异巨大。不同的非政府监管机构会采用不同的标准,程度也各不相同,有一些甚至没有标准。总而言之,在对非政府组织认证采取最低标准方面,联合国已经领先其他组织,因为只有联合国经济及社会理事会、世界卫生组织、食品规范委员尚进行不同水平的监管和执法。其他组织和团体至今尚未采取认证机制,因此也没有方法在当前基础上监管和实施非政府组织的问责。

(三)通过改善其非政府组织问责制提升非政府监管机构的合法性

非政府监管机构已经在不同程度采用了认证、监管以及其他非盈利的问责机制。在某种重要的程度上,这些程序不尽相同是非政府在特殊全球监管环境所发挥的作用造成的。当非政府组织像非政府监管机构本身一样运行的时候,认证就不合时宜了。但是,非政府组织层面应该建议问责机制,也许全球监管团体监管和实施能力的建立依赖于非政府监管机构。如上所述,一些非政府组织已经签订了非政府组织问责宪章,这也是非政府组织非政府监管机构从外在执行规定的一个路径。③ 一个非政府组织参与另外一个非政府监

---

① 经济合作与发展组织与市民社会开展合作是通过在多边贸易体系等领域内就跨国公司行为准则、公司治理、反腐、环境问题、发展问题、生物科技、食品和农业、信息和交流,以及地区发展等问题咨询委员会成员、车间和论坛。*Civil Society*: *About*,ORG. FOR ECON. COOPERATION& DEV. http://www.oecd.0rg/about/0,3347,en_2649_34495_1_1_1_1,00.html

② OECD,*Policy Brief*: *Civil Society and the OECD* 3(Nov. 2005),http://www.oecd.Org/dataoecd/1/3/35744346.pdf.

③ *Charter Members*,INGO ACCOUNTABILITY CHARTER ORG.,http://www.ingoaccountabilitycharter.org/list-of-signatories/

管机构时,认证、监管和执行机制就变得切实可行,而且可能十分关键。非政府监管机构准备采用此类机制或者改革现有机制时,应该考虑以下三个重要因素:(1)如果可能的话,考虑非政府组织在非政府监管机构的合法性战略中的作用;(2)在不违反国内非盈利法的情况下,补充执行机制;(3)充分考虑成本。

1. 非政府组织在非政府监管机构合法性策略中的作用

若非政府组织参与非政府监管机构,非政府组织的作用则会牵涉到监管机构的意愿和许可,这在设计合适的认证、监管和执行机制中至关重要。日益依赖于非政府组织的参与,是非政府监管机构自身合法策略的一部分,应该迫使其考虑以及经常采纳这些机制,应对非政府组织的参与。若这些机制不能落实,那么非政府监管机构将处于自毁的风险之中。当然,仍有监管机构拒绝将非政府组织视为其合法性策略中的重要参与者。例如,世贸组织很少利用非政府组织支撑其合法性。这种类型的监管机构,没有声明它将真正将非政府组织纳入其监管制度中,因此它们可能认为如果这么做不是浪费宝贵资源的话,那么就没有必要建立非政府组织认证、监管和执行机制。

当非政府监管机构把非政府组织的参与作为其合法性策略的重要元素进行部署时,那么,它采取何种方式实现也尤为重要。非政府监管机构有时通过获取必要的专业技术,吸引非政府组织的参与,以提升其输入合法性。有时,非政府监管机构希望非政府组织参与,提供更多不同意见,促进监管制度的建设,以支撑其输入合法性。当提升产出合法性是目标,同时已经获得输入合法性,那么认证、监管和执行机制应该更加注重使命吻合度。非政府监管机构追求专业技术主要是向与其合作的非政府组织的咨询机构咨询信息,谋求技术援助,而不是深入了解它们有关监管的标准目标的意见。例如,世界卫生组织的认证要求规定非政府组织必须没有"主要是商业或者盈利性质"[①],那么就筛选出一批非健康利益不吻合世界卫生组织使命的非政府组织。

---

① WHA, *Principles Governing Relations with NGOs*.

如果提升输入合法性是主要目标,那么重要的使命吻合度就变得不那么重要,过分追求会适得其反。不过,确保参与的非政府组织的代表性和透明性至关重要。目前,非政府参与世界银行和国际货币基金组织的标准仅仅集中在其监管机构与非政府组织肩负的使命的吻合度上。此外,标准在实施过程中显得十分宽松。但是,世界银行和国际货币基金组织最近都鼓吹民间团体的参与支撑它们监管制度的输入合法性。国际货币基金组织民间团体网站宣称其尤为依赖民间团体,以便听取"国际货币基金组织和世界银行中发展中国家的意见"①。同样,世界银行也鼓吹其专门为民间团体开设网站,宣称其积极接触"民间团体,与它们共享及探讨它的政策、项目、研究和工程"②。

看起来,国际货币基金组织和世界银行将非政府组织在工作中这种水平的参与视为其合法性策略的一部分,不仅获得专业技术,同时还能在工作中获取不同意见,尤其是在同发展中国家合作的时候。不过,国际货币基金组织和世界银行所依赖的非政府组织问责制的失败将会危及其合法性策略的成功。相比单纯追求使命吻合度以及对认证任何信口开河的组织,国际货币基金组织和世界银行更应该着重考虑建立更为健全的认证程序,尤其是在审查国内组织以及肩负咨询使命的非政府组织的问责上。对当前这些问题的监管和执行做出规定,以及对肩负咨询任务的非政府组织实施财政问责制,将会大大增强对其合法性策略的保护。

当然,全球监管机构可能从非政府组织中同时寻求输入和产出合法性。联合国经济及社会理事会当前对非政府组织的认证标准和监管体系可以授予一般咨商资格,同时加强合法性策略的两种类型。该体系需要专业技术,但是低水平的使命吻合度,只要非政府组织能够真正代表,其声称能够胜任的

---

① *Fact Sheet*: *The IMF and Civil Society Organizations*, INT'L MONETARY FUND (Mar. 31, 2011), http://www.imf.org/extemal/np/exr/facts/civ.htm.

② *Civil Society*: *Frequently Asked Questions*, THE WORLD BANK, http://web.worldbank.orgAVB-SITE/EXTERNAL/TOPICS/CSO/0,, contentMDK: 2009322 4 ~ menuPK: 225318 ~ pagePK: 220503 ~ piPFC: 220476 ~ theSitePK: 228717, 00. html.

特定领域便可以得到保证。但是，它们只要求非政府组织的宗旨和目标大体上同联合国的宗旨和目标保持一致即可。事实上，该体系通过赋予非政府组织传达少数派意见的义务，鼓励它们参与，促进关于规范的洽谈，以及在内部参与此类洽谈。不过，有意思的是，在联合国经济及社会理事会当前对非政府组织咨询资格的监管体系下，使命吻合度变得日益突出。非政府组织四年一度的报告中必须收录它们与联合国之间的互动，并且证实联合国一直都在共同使命中将它们作为合作方，给予信赖。

2. 国内非盈利法的补充作用

非政府监管机构在制定和修改其认证、监管和执行机制时，应该适当调整弥补国内非盈利监管体制的不足。当认证标准严格而且完善，监管和执行态度诚恳，非政府组织参与非政府监管机构可以帮助填补国内问责制的空白。如上所述，非政府组织需要使命问责制以保卫它们自身的合法性，但是非盈利法几乎很少对使命问责制进行规定。在理想状态下，非政府组织利益相关方之间进行的有关使命的商谈将会影响使命问责制。非政府监管机构的认证过程可以推动这样的对话，比如，世界卫生组织认证标准注重与非政府组织在"健康及健康相关领域"的发展工作。① 要求非政府组织呈交合作计划，当有关使命涉及世界卫生组织时，非政府组织应该重视。② 这样，非政府组织就必须考虑使命是什么，然后不管其使命是否同世界卫生组织一致，都要解答问题。这种吻合使命的做法，导致非政府组织探讨、考虑以及重新评估其使命。如果世界卫生组织要求各利益攸关方参与使命责任制，这将促进责任问责制的执行。

在这方面，联合国经济及社会理事会的认证标准重视组织问责是大有裨益的。国内非盈利法在执行组织问责方面做出的规定相对较少。但是如果一个非政府组织想要被联合国认可，并且想要通过这样的承认提升其合法性，

---

① WHA, *Principle Governing Relations with NGOs*, 3.1.
② 同上，第4页。

那么它将需要证明它至少已经完成了名义上的组织问责。这种强调不仅符合联合国的总体目标和道德规范，同样使得非政府监管机构认证在国内执法中充当有益的补充作用，因为国内执法通常在更大程度上集中在非政府组织的财政问责。事实上，联合国经济及社会理事会认证标准要求对财政问责问题做出的规定相对较少，可能不会遭人诟病，因为国内非盈利管理条例是最能够而且最有可能执行非政府组织的问责。

非政府组织的其他全球监管体系可以通过重视这种补充作用而得到改善。在预先认证的非政府组织的监管和执法这方面，联合国经济和社会理事会对非政府组织问责不够重视，也未能完善对国内管理条例的补充。在四年一度的报告的要求中，也没有深入考虑作报告的非政府组织是如何处理使命、组织和财政问责中的挑战。

当然，对于一些非政府组织而言，在一份年度报告或者财务报表中公开财政可能会很繁琐，同时非政府监管机构依靠国内执法确保提供咨询的非政府组织的财政问责也是合理的。这样一来，联合国经济和社会理事会对四年一度的报告的要求集中在资金变化上，而不是提交报告的非政府组织的整体财政健康，这种要求也合乎情理。不过，在组织和使命问责的公开上，联合国经济和社会理事会的监管程序当然需要改善。当前，非政府组织的结构和治理在认证程序上已经充分确立，同时四年一度的报告必须在管理文件中强调发生的变化。但是，组织问责的失败不是源于治理结构制定的失败，而是源于没能利用这些机构。在没有扩大所要求的公开性情况下，联合国经济和社会理事会的监管体制应该要求提交报告的非政府组织说明在过去四年中是如何利用其治理结构的，尤其是在政策制定或者改变的时候。这样做可以帮助教育非政府组织遵循其组织形式的约束。因此要求非政府组织报告它们如何参与一个评估任务以及在四年中采取了什么步骤去实现任务。对有关这些措施报告进行仔细审查，尤其注意是否有诸如丧失咨询地位这样具有实际意义的惩罚，这样将会展示出对国内非盈利条例的有效执行，同时更好地确保联合国所依赖的非政府组织的内在合法性。

相比之下，世界卫生组织的监管和执法在某些方面比联合国经济和社会理事会更加严格。每隔三年,常务委员会就会审查世界卫生组织与非政府组织之间的合作,迫使世界卫生组织重视合作关系以及非政府组织能否继续达到标准以及是否实现了它们对合作的承诺。[①] 关于世界卫生组织认证程序改革的呼声不断,表明这一方面还有改善的空间[②]。改革提案要求两年一度的报告,而且一旦出现滥用正式关系身份的情况,那么就会自动终止该身份。一份世界卫生组织与民间团体的综述也建议改革认证程序以便更好地区分代表公众利益的非政府组织和那些同商业利益有联系的组织。[③]

3. 永恒的问题——成本

最后,值得注意的是,我们不建议每一个全球管理机构采用自己综合认证、监管和执法机制并将其运用于同它合作的非政府组织。认证、监管和执法机制可能消耗巨额成本。任何负责任的非政府监管机构都必须权衡这些策略的成本是否符合其用于保障合法性策略的价值,在决定机制设计和执行的时候深思熟虑。这并不是说非政府监管机构缺乏资源,什么事情都不能做。食品规范委员会就已经采用了一条十分有趣的评审条例。尽管食品规范委员会并不直接授权评审或者对定期评审规定任何条例,但是一旦它发现非政府组织在四年间没能亲自参与或者通过书面意见的形式参与,就会随时自动终结其观察员身份。自动遴选不参与的非政府组织的条例可能是以最小的成本追求产出和输入合法性的途径。非政府组织不参与一个全球监管机构的工作,几乎也不会增加全球管理机构的专业技术储备。同样,任何宣称它们参与某个全球监管机构能够增加该机构的内在合法性的说法都是言过其实。但是将

---

① Peter van den Bossche (2007), *Regulatory Legitimacy of the Role of NGOs in Global Governance: Legal Status and Accreditation*, p. 170.

② WHO, Note by the Director-General, *Policy for Relations with Nongovernmental Organizations*, A57/32 (Apr. 1, 2004) http://apps.who.int/gb/ebwha/pdf_filesAVHA57/A57_32 – en. pdf; WHO, *A Study of WHO's Official Relations System with Nongovernmental Organizations*, CSI/2002AVP4 (June 2002) (by Christophe Lanord).

③ WHO, *Review Report*, p. 14.

长期不积极参与的非政府组织从观察员名单中移除，比建设具有实质意义的监管和执法程序更加省事。也许缺乏资源去建设意义重大的非政府组织政策机制的全球监管机构会普遍采用这种预防措施。

另一种削减成本的做法就是建立普适的问责标准。协调问责标准会为非政府组织和非政府监管机构这样的组织节省不少成本。上文谈到，国际非政府组织问责宪章建立了一些基本的问责条款，可以被用作协调程序的基础。①该宪章要求非政府组织为他们的使命负责，有着"明确的程序以采纳公众的政策主张"，应该透明，并遵守善治的原则。非政府监管机构可以要求非政府组织签订并遵守问责宪章，作为个体化认证程序的一部分，或者替代个体化认证程序。

此外，特许公司有计划承担大量的监管和执法程序，因此非政府监管机构也可以从中受惠。签署方每年必须通过国际非政府组织秘书处向特许公司报告，汇报其对全球报告倡议组织（"GRI"）的非政府部门补充框架的实施和结构采用情况。全球报告倡议组织的非政府部门补充要求报告要与非政府组织声明的价值观、管理和效力一致。每年特许公司都会对报告进行审核。问责宪章目前还在发展初期。深入审查其内容和效力是未来研究的重要工程。高效、协调的非政府组织问责的认证、监管和执法机制显然对非政府组织自身和全球监管机构都具有重大意义。

也许随着时间的推移，全球监管机构对非政府组织问责的投入的最高水平将会变化。对本文最重要而且具有启发的是非政府监管机构在采用合法性策略以依赖非政府组织提高其产出、特别是输入合法性的时候，务必考虑成本。国内监管机构和私人利益相关方会承担有些监管非政府组织问责的部分费用，但是很明显，不是全部费用。如果有些成本不被非政府监管机构承担，

---

① 有关问责宪章及建立的进一步信息，请参见 Diana Hortsch, *Case Study*: *Defining Responsible Advocacy*: *The International NGO Accountability Charter*（Robert F. Wagner Sch. of Pub. Serv., Working Paper）（没有发表的存档手稿）；以及 Diana E. Hortsch（2010），"The Paradox of Partnership: Amnesty International, Responsible Advocacy, and NGO Accountability"，*COLUM. HUM. RTS. L. REV.*, 42, p. 119（分析非营利组织问责制机制，包括人权律师业中制定的章程）。

那么将非政府组织纳入其合法性策略中，以便利用非政府组织提升全球监管合法性的努力就会遭受阻碍。

结　论

随着近年来，民间团体和非政府组织对国际事务的参与度不断增高，辩论的焦点更多地聚集在质疑为什么这些非政府组织应该被赋予特别的影响力。对非政府组织参与的担忧同样引发另一个问题——在全球治理中需要对非政府组织的参与设定合适的标准。该问题最好的解答就是着眼于非政府组织问责制的建设，将其视为全球监管机构合法性策略的核心以及国内对非政府组织非盈利管理的补充。在这一方向，一些全球监管机构已经取得了重大进步，可以使问责制的执行适应于特定非政府监管机构的合法性提升目标，以及通过重视非政府监管机构执法在非政府组织的国内管理中所起的补充作用而做出进一步改善。目前，那些依赖非政府组织的参与支撑其合法性，但是至今没有采用这些或者其他措施追溯以及确保其依赖的非政府组织的问责的全球监管者，必须尽快采取行动以补救这一重大疏忽。

非政府组织参与全球治理乃是双面神：
有影响，更有结构性抑制[*]

［德］夏洛特·丹尼　著　　赵友斌　编译[**]

有些国家寻求在国际政治社会中拥有话语权，对他们而言，提高 NGO（Non-Governmental Organizations，NGO）[①] 参与的参数似乎是再好不过的事。尽管有人对越来越多的观察家提出或选举化或手段化的建议做出预警，但增强 NGO 参与度仍被当作是保证市民社会在全球治理中拥有仅次于国家和商业组织话语权的最佳方式。NGO 参与越多，似乎越能影响国际谈判的政治决策（比如，通过起草政策文件文本或者通过解释他们寻求的目标、原因）。关于

---

[*]　本文首次发表于 *Global Governance*，2014 年第 20 期，第 419—443 页。文章原名 "Janus-Faced NGO Participationin Global Governance：Structural Constraints for NGO Influence"。

[**]　作者简介：夏洛特·丹尼（Charlotte Dany），法兰克福大学政治系助理教授，担任挪威奥斯陆大学（ARENA Centre for European Studies）和明尼阿波尼斯大学（Humphrey Institute of Public Affairs）客座研究员。译者简介：赵友斌，暨南大学翻译学院教授。

[①]　此处术语 NGO 指独立于国家之外的非营利性组织，包括大到国际非政府组织，小到民间组织、学者网络组织的一系列组织，它们都被授权作为 NGO 代表参与世界峰会举办的信息社会论坛。UN 也授权某些商业组织作为 NGO 代表，但我将其排除在外。在指代全体 NGO 参与者时，根据 UN 术语，我再次把它视作市民社会的同义语。NGO 在 UN 使用的完整版术语参见 Nora McKeon（2009），*The United Nations and Civil Society：Legitimating Global Governance—Whose Voice？*，London：Zed Books，pp. 11 – 16。

NGO 影响全球治理中政治决策的能力，我在本文中一反常态，强调 NGO 在实施的广泛参与过程中产生争议的方面。本文认为，NGO 参与得越多，对其影响未必越好，相反，通过广泛参与，其权力在某些具体方面受到限制。但这并不意味着，参与越多，影响越小。本文认为，就大量的政治决策而言，NGO 越来越多体制化地参与全球治理，存在更改、曲解 NGO 力之所及的目标之虞。鉴于此，双面神形象地体现了 NGO 参与全球治理产生的影响。起初，双面神表示事情具有双重属性，因此，它也暗示了 NGO 的参与有利的同时也有弊。众所周知，双面神乃创世天神，一张脸面向过去，一张脸面向未来。从这个意义上说，多方利益集团在参与全球治理中形成的新颖形式成为未来模式，但该形式同时又与国际政治的看似占据统治地位的国家中心主义紧紧相连，受其影响。

在分析 NGO 参与全球治理产生的消极影响时，其研究能从有关社会运动的文献中吸取教训。社会运动文献意识到体制化参与的缺陷。个体在牵涉进国家和国际层面的具有争议的政治时，社会运动文献关注的是结构性机遇与抑制。政治性机遇结构（political opportunity structures，POS）[1] 要么激发、要么阻碍社会运动中的集体行动。参与国际谈判的 NGO 早已受到 POS 的激发，并进行集结，然而为了获得影响政策结果的机遇仍依赖于机遇结构——媒介的机构和个体环境。关于 NGO 影响的研究早已囊括了这些方面。[2] 迄今，他们努力使其在全球治理中产生影响并且已有效果，这一事实被大肆强调。

因此，这篇文章以世界信息社会峰会（WSIS）为例，讨论对 NGO 机构和影响产生的结构性抑制（WSIS 峰会为 NGO 在联合国范围内参与全球治理提供了相对有利的条件）。WSIS 表明，NGO 与其说是或创造或利用治理结构，不

---

[1] Sanjeev Khagram, James V. Riker and Kathryn Sikkink (2002), *Restructuring World Politics: Transnational Social Movements, Networks, and Norms*, Minneapolis: University of Minnesota Press, pp. 17 – 18; Sidney Tarrow (2011), *Power in Movement: Social Movements and Contentious Politics*, Cambridge: Cambridge University Press, p. 18.

[2] 举例参见 Jutta Joachim (2003), "Framing Issues and Seizing Opportunities: The UN, NGOs, and Women's Rights", *International Studies Quarterly*, 42 (2), pp. 247 – 274。

如说是由治理结构决定、构成。NGO 参与国际谈判时,他们会改编其策略,并用某种方式使其专业化,而该方式未必会增强其影响力。同样,NGO 之间会由于改编和专业化出现矛盾,也会改变他们在谈判中提出的要求实质。为了解释 NGO 参与者之间的组织动力因素,与其和之前一样去研究谈判中整个 NGO 社区中个体参与者或是参与者组成的团体,不如将其区别对待,这显得更加必要。

本文开篇将展现,对 NGO 影响力的研究通常强调参与全球治理是如何作为增强 NGO 影响的基本条件的。基于现状,本文提出一个框架,该框架格外强调探索与 NGO 影响力的广泛参与权产生的抑制因素。为反驳经验主义者观点,本文详实分析了 WSIS 政策文件和 NGO 声明的结果,将其呈现出来,准确地说,做这些努力的目的是为了说明,就 NGO 在政策结果的影响而言 NGO 所能实现的目标。结果表明,他们的影响局限在极无关紧要的问题上,更多的是有选择性的(也就是说,只有一些有具体要求的 NGO 参与者是有影响力的)。经过充分的准备与分析,我认为 NGO 影响力的不相关性和选择性,与 NGO 在 WSIS 中参与的具体条件有关。

一、决定 NGO 影响的条件:现状

大多关于 NGO 参与全球治理和影响的经验主义研究,已关注到使 NGO 实现目标的条件,从一定程度上说这是未曾料到的;比如他们禁止使用具有人员杀伤性地雷[1],建立国际刑事法庭[2],在环境政策的领域取得成功[3],他们在这些活动中都处于核心地位。关于 NGO 影响力的研究对取得的成功感到困惑,那些研究通常强调的是增强 NGO 影响力的媒介和结构条件。重要的

---

[1] Richard Price (1998), "Reversing the Gun Sights: Transnational Civil Society Targets Land Mines", *International Organization*, 52 (3), pp. 613-644.

[2] Nicole Deitelhoff (2006), *Uberzeugung in der Politik: Grundziige einer Diskurstheorie internationalen Regierens*, Frankfurt: Suhrkamp.

[3] Michele M. Betsill and Elisabeth Corell (eds.) (2008), *NGO Diplomacy: The Influence of Non-governmental Organizations in International Environmental Negotiations*, Cambridge: MIT Press.

是，有人强调 NGO 的自身特点是使其成功实现政治变化的关键。

经常有人认为，为了更具影响力，NGO 应采取更明智的行动。为得到好结果，他们应在战略上采取务实、非理想化目标，并用可靠的方式宣传它们。① 但相反的是，这意味着 NGO 对其失败是有责任的，比如说他们进行一项并不明确的日程安排，又或者要求做多变、不切合实际、不清楚的事从而失去可信度。② 他们的影响力更多是依靠利用某种确定的方式构建议题的能力。例如，就禁止使用具有人员杀伤性地雷而言，NGO 利用禁止使用生化武器的条例（该策略又名移花接木），设置地雷这一议题，极具说服力，能强有效地影响政策结果。③ NGO 用清晰、明了、易懂的方式描述了一个场景，区分善恶，指出能很容易的找出解决办法，这方法也很管用。④ 前述案例研究已经表明了 NGO 有能力设置议题，制定目标，并不惧其诉求与大国意愿相冲突。

除了 NGO 参与者自身的特点增强其影响力这一事实，研究人员还强调 NGO 参与包容性的全球治理环境会提升其影响力。有人认为，通过在联合国参与全球治理极大增强了 NGO 的政治地位。该全球体制建立以来，NGO 参与这种体制的次数和参与条件的改善速度都成指数方式增长。⑤ 目前，NGO 参与全球治理在很大程度上体制化，并被公认为在国际体系拥有举足轻重的地位，其作为一个整体的地位不亚于单个国家。据说 NGO 为宣传目标、标准，

---

① Peter Willetts (1996), *The Conscience of the World: The Influence of Non-governmental Organisations in the U. N. System*, Washington, D. C.: Brookings Institution Press, p. 44; Bas Arts (1998), *The Political Influence of Global NGOs: Case Studies on the Climate Change and Biodiversity Conventions*, Utrecht: International Books, p. 233.

② Thomas R. Davies (2007), *The Possibilities of Transnational Activism: The Campaign for Disarmament Between the Two World Wars*, Leiden: Brill Academic, p. 9.

③ Richard Price (1998), "Reversing the Gun Sights: Transnational Civil Society Targets Land Mines", *International Organization*, 52 (3), p. 628.

④ Margaret Keck and Kathryn Sikkink (1998), *Activists Beyond Borders: Advocacy Networks in International Politics*, Ithaca: Cornell University Press, p. 27.

⑤ Peter Willetts (2000), "From 'Consultative Arrangements' to 'Partnership': The Changing Status of NGOs in Diplomacy at the UN", *Global Governance*, 6 (2), pp. 191–212, par. 191.

若不是首屈一指,那也是做出了极大贡献的。他们产生专业知识,将其呈现给世人,并加以传播;促进国际协议履行、生效,仅为一些方面命名。① 联合国举行的会议,尤其是1992年在里约日内卢举行的地球峰会,成为这个非政府参与者增强其政治参与和地位的象征与试验场。从那时起,NGO 在多种国际场合参与的机会变得更多、层次更高(不仅仅局限于环境谈判),为增强其影响力提供了最好的条件。② NGO 能在纷繁复杂的谈判中进一步获得有影响力的同盟,从而增加了联合的选择范围。③ 因此,NGO 的影响力未必就与国际利益相悖。相反,NGO 作为国际谈判的参与者,往往能够为国家利益服务,并提供诸如专业知识、信誉等重要资源。④ 总之,可以假定,一旦 NGO 以一种开放、透明的方式加入谈判,主权国家会更乐意对 NGO 的诉求做出回应,加以采纳,或者至少会证明 NGO 与其不同是有合理性的。⑤

尽管 NGO 参与多样的全球治理环境后,这些机遇随之出现,但仅依靠参与程度推论 NGO 影响力的强弱是不合适的。为了弄清楚 NGO 在不同场景中运用不同方式参与全球治理到底是增强还是抑制影响力这一问题,有必要画出从参与到影响力的链形图。⑥ 此外,许多伴随 NGO 成功加入出现的缺陷已经十分明显,以多方利益程序为例,如世界大坝委员会、森林管理委员会、

---

① Kal Raustiala (1997), "States, NGOs, and International Environmental Institutions", *International Studies Quarterly*, 41 (4), pp. 726 – 731.

② Thomas Princen and Matthias Finger (1994), *Environmental NGOs in World Politics: Linking the Local and the Global*, New York: Routledge, p. 4; Michele M. Betsill and Elisabeth Corell (2001), "NGO Influence in International Environmental Negotiations: A Framework for Analysis," *Global Environmental Politics*, 1 (4), pp. 65 – 85.

③ Joachim, "Framing Issues and Seizing Opportunities"; Price, "Reversing the Gun Sights", p. 623.

④ Tanja Brühl (2003), *Nichtregierungsorganisationenals Akteureinternationaler Umweltverhandlungen: Ein Erklärungsmodell auf der Basis der situationsspezifischen Ressourcennachfrage*, Frankfurt: Campus, p. 186; Raustiala, "States, NGOs, and International Environmental Institutions".

⑤ Jens Steffek and PatriziaNanz (2008), "Emergent Patterns of Civil Society Participation in Global Governance", in Jens Steffek, Claudia Kissling and PatriziaNanz (eds.), *Civil Society Participation in European and Global Governance*, Basingstoke: Palgrave, pp. 1 – 29, par. 10.

⑥ Betsill and Corell, "NGO Influence in International Environmental Negotiations", p. 77.

全球报告倡议会，出自圣公会环南联盟缺陷更为显著。这些治理程序虽对南半球利益方产生了巨大影响，但其利益并未得到充分的表达。① 诺拉·麦基恩同样强调了1996年—2002年世界粮食峰会期间由圣公会环北联盟建立的国际非政府组织（International Non-Governmental Organizations）与圣公会环南联盟建立的民众组织之间的冲突。从更广泛的层面而言，作为20世纪90年代世界峰会的参与者，"为淡化政府间目标服务，而不是增强自身见解和目标，市民社会越来越感觉处于严重、不断增长的危险之中，即作为增补。"② 尤其是为了观察NGO参与治理产生的不利影响，你必须关注究竟谁获得了影响力，谁又失去了影响力。此外，NGO社区中结构性程序的影响和联合国治理程序中的一样，应更仔细地分析。用更正式化的语言来说，有人认为，在NGO参与程序中，影响其影响力的结构性条件与媒介性条件是如何相互作用的，我们需要将其更好的整合在一起。

为此，我提出一个框架，用来分析NGO媒介内外部结构的影响，反之亦然。外部结构指NGO从一开始参与治理程序面对的结构环境中的一部分。③ 例如，NGO参与治理的体制化的、非正式的条款，它们多得就像谈判时间、地点、举办方，并出现在参与、程序规则中。另外，关于主要话题和首要日程的决定——尽管该日程属其部分，仍可协商——属外部结构。内部结构是指NGO社区内部的结构。首先，他们是NGO组员中组织结构，如程序规则、集会、工作组中面对面工作或实际是电子邮件清单的实践，从组织内部挑选发言人和领导。此外，越来越多的社会心理学内部结构是NGO在治理程序中对自身角色的认知，这激起了对他们行为确定的、规范的期望。

因为媒介与结构相关，我推论NGO一切行为都与内外部结构有关。具体

---

① Klaus Dingwerth (2008), "Private Transnational Governance and the Developing World: A Comparative Perspective", *International Studies Quarterly*, 52 (3), pp. 607–634, pars. 626–627.
② McKeon, *The United Nations and Civil Society*, p. 11.
③ For the distinction between external structures and internal structures, see Rob Stones (2005), *Structuration Theory*, Basingstoke: Palgrave, p. 84, p. 45.

而言，媒介包含诸如建立或改变现有的组织结构、利用资源、构建角色和自我认知、沟通、抗议等行为。媒介甚至意味着有意识地忽略结构。

只有用这种集合的方式，我们才能理解结构性抑制，该抑制出现在参与治理表面的有利形式中。同时，内外部结构与 NGO 媒介间不同、却又相互作用的程序有助于解释以经验为主导的观察出现的困惑，该观察是指发现 NGO 在 WSIS 中高度参与性却未在政策结果中的形成强影响力。

二、在 WSIS 中的影响力有限

在这部分，我想阐释 NGO 对 WSIS 政治决策有多大影响，在何种意义下能被当作有限的影响力。不论是从成功与否，还是影响力强弱任何一个角度去评价影响力都会有所偏颇。关于 NGO 的研究一直以来偏向将其成果定义为惊世骇俗之壮举，而一些研究（数量越来越多）则强调 NGO 的失败、局限之处——我也是如此。那么，我所说的有限的影响力为何意？又是如何判断 NGO 在 WSIS 中取得的成果的确十分有限呢？评价 NGO 影响力不仅是讨论程度问题，也是讨论联系、相关性问题。① 因此，有限的影响力指 NGO 由于其他一些东西造成其影响力有限。有限影响力也指 NGO 在政治决策层面主要在议题上获得的影响力，而议题与他们关联甚少。

首先，拿相关的论点来说，可以认为 NGO 因某些原因在 WSIS 中获得的影响力比预料中少得多。长达四年的谈判过程在两场峰会中达到顶峰，分别是 2003 年日内瓦峰会和 2005 年突尼斯峰会。起初，所有利益相关的组织被要求积极参与准备结果文件。联合国 56/183 号决议中，联合国大会"鼓励包括国际、区域机构、NGO、市民社会、私人行业等在内的其他政府间组织积极参与，并为峰会的政府间准备过程及峰会本身做出贡献"②。某种程度上，

---

① Bas Arts (2001), "The Impact of Environmental NGOs on International Conventions", in Bas Arts, Math Noortmann and Bob Reinalda (eds.), *Non-state Actors in International Relations*, Aldershot: Ashgate, pp. 195 – 210, par. 209.

② UN General Assembly, *World Summit on the Information Society*, Res. 56/183 (31 January 2002).

利用维护多利益体的方式邀请各组织积极参与是联合国许多部门的常规活动。可是，在 WSIS 中，为了促进 NGO 为治理程序做出积极贡献，这种邀请变成了参与的体制化的形式。建立市民社会执行秘书处部门和市民社会局，就是一例。在准备过程期间，联合国邀请 NGO 加入核心工作组，或单独向他们咨询。正是这些原因，WSIS 被认为是最包容、开放的联合国世界峰会，将照顾多利益体的方式体制化了，并成为未来举办世界峰会程序的模板。①

此外，由于峰会聚焦主题，NGO 也期望获得强大的影响力。特别是网络，成为有利于增强 NGO 影响力的议题。② WSIS 为了更好的传播、更准确地使用信息通讯科技，尤其是为发展中国家做出贡献，也研究与数字鸿沟有关的发展性问题。此发展性焦点使 WSIS 制定只接触低层次政治性问题的政策程序，从而吸引低层次的政府参与者，这再次让 WSIS 拥有能使 NGO 影响政治决策的特点。最后，在很多案件中 WSIS 谈判程序都关注要求高端技术知识的问题，尤其是与互联网治理有关的知识。互联网治理的定义指网络演变与使用之下的规则、程序。这里将提到有趣的一点是，WSIS 在给互联网治理下定义前事实上并没有确切的定义，而 WSIS 最核心的成果就在于给互联网治理下定义。但人们一直以来都认为，网络为国家、社会产生了愈来愈多经济、社会、政治的关联性，因此，有必要管理网络，这之前也是得到广泛认同的。然而，这也是召开 WSIS 的另一重要原因。为了完成定义互联网治理的任务，并在未来真正管理它，需要 NGO 的专业知识。

所有的要素合在一起激起了人们这样的期待，即 NGO 能够强有力地影响 WSIS 的政治决策。但最后，NGO 学者和活动人员十分不愿看到峰会讨论的结

---

① Kathrin Bohling (2011), "The Multi-stakeholder Approach in UN Global Conferences", in David Held and Thomas Hale (eds.), *Handbook of Transnational Governance Innovations*, London: Sage, pp. 195 – 201, par. 199; Bart Cammaerts (2009), *Internet-mediated Participation Beyond the Nation-state*, Manchester: Manchester University Press, p. 5.

② Daniel W. Drezner (2004), "The Global Governance of the Internet: Bringing the State Back In", *Political Science Quarterly*, 119 (3), pp. 477 – 498, par. 479.

果,甚至对此感到失望:"这是市民社会第一次正式作为合作者参与联合国峰会。如在程序过程中看到的,市民社会的代表在表达'建立信息社会'的诉求时,及其提出担忧、观点,被政府一次又一次地排除在工作组、全体会议之外。"① 这就是成就相关性取得的地位。特别是在 WSIS 第一次峰会后,NGO 参与者发现与其相关的许多问题均未出现在最后声明和行动草案中。NGO 以频率、激烈程度为标准提出议题,并将其写进政策文件和声明中,因此,以频率和激烈度定义相关性。结果 NGO 虽未签署 WSIS 官方最后声明,但通过了一项独立的名为"为人类需求创建信息社会"的声明,即关注人类,不要关注科技。总之,WSIS 的具体结果是失败了,而市民社会网络已经被认为是 WSIS 产生的最好决策。② 但是,如我下文将叙述的一样,就政治决策而言,判断这种网络体系对 NGO 影响力产生的影响会出现相矛盾的情况。

对 NGO 输入和 WSIS 出台文件进行详细分析后,证实了 NGO 对 WSIS 政策出台的影响力不足,尤其证明了它在相关声明中没有获得成功。③ 传播权、知识产权、互联网治理是 WSIS 谈判中最核心、最具有争议的议题。针对这些议题,为了影响 WSIS 出台的文件内容,NGO 竭力提出独具一格的观点和诉求。他们甚至成功地将这些议题提升到 WSIS 着重关注的日程上,从某种程度而言,本质上或许可以算作成功地增强了影响力。但我发现,在不同的核心议题上,NGO 影响力有限。首先,要说 NGO 能够影响政策出台,那也就局限在与 NGO 参与治理没多大关系的诉求上。其次,即使在会议准备早期,NGO 虽能极大程度上影响撰写文件草案,但在谈判末

---

① Sally Burch and William McIver, press release, "Civil Society Launches Its Declaration at the World Summit on the Information Society", Geneva, 11 December 2003, www.worldsummit 2003. de/download_en/CS-press-release-fmal-ll-12 – 2003. rtf, accessed 12 November 2013.

② Bart Cammaerts and Nico Carpentier (2006), "The Unbearable Lightness of Full Participation in a Global Context: WSIS and Civil Society Participation", in Jan Servaes and Nico Carpentier (eds.), *Towards a Sustainable Information Society: Deconstructing WSIS*, Bristol: Intellect Books, pp. 17 – 50, par. 29.

③ 有关方法和结果的内容分析,见 Charlotte Dany (2013), *Global Governance and NGO Participation: Shaping the Information Society in the United Nations*, London: Routledge, pp. 70 – 101。

期，其影响力就消失了。再次，NGO 的影响力极具选择性。NGO 代表（尤其是来自圣公会环南联盟的代表）提出的无组织性、无专业性的诉求大多被忽略。

（一）传播权

NGO 要求建立一个与信息社会相对立的通讯社会，并开始参与 WSIS 治理程序。这基本上意味着对许多技术议题采取人类（权利）的观点，也就是，关注使用信息通讯技术产生的社会、法律影响。这表明针对与信息科技有关的议题有了更广泛的方法，议题包括知识产权、人权、隐私权；也意味着更宽领域的国际机构和非政府参与者加入其中，他们有必要共同规划政策，相互协调。宣传传播权或 WSIS 文件中与传播有关的权利，是 NGO 的诉求，目的是确保信息社会得以建立。但是，不同地区的 NGO 对以下问题持不同意见：与传播有关的新权利是否应作为一项独特人权——亚洲、非洲大多数 NGO 对此选择十分同意，或者与信息可交换有关的现有人权，是否应成为涵盖性术语——绝大部分西方 NGO 同意此观点。

WSIS 程序中出台的传播权结果出现在 WSIS 声明的第四段："传播乃社会进程的根本，人类基本的需要，全社会组织建立的基石，信息社会的核心所在。每个人，每寸土地都有权参与其中，人人共享信息社会发展的成果。"这段话出自信息社会传播权运动（Communication Rights in the Information Society Campaign, CRIS）中提出的传播权，NGO 在此运动中召集宣传传播权，或是信息社会中某项与传播有关的权利。即使 WSIS 文件中这段文字引自 CRIS，但不能将其作为 NGO 的胜利，就像后来这段话的作者说的那样，"事实上，没理由为此感到高兴"[①]。这是因为这些话代替了关于传播权的一整段文字，而宣传传播权才是 CRIS 运动的真正要求。参与 WSIS 程序时，NGO 曾积极要

---

① Sean 6 Siochru (2004), "A Tale of Paragraph 4: Stating the Obvious at the WSIS", *MIT Information Technologies and International Development*, 1 (3-4), pp. 49-50.

求宣传"传播权",将其作为信息社会中与传播有关的涵盖性人权概念,如"隐私权,获得公共信息和公共领域知识权,其他与信息、传播具体相关的普遍人权"①。然而自 2003 年 2 月和 7 月以来,WSIS 虽在早期声明草案中提及过传播权——基于亚洲区和巴西会议提出的议案——但在随后的官方文件中并未提及。此外,亚非地区 NGO 更倾向支持将传播权作为一项独特人权,而其他地区 NGO 则提出以更温和的方式将现有人权的传播权,定为涵盖性术语,二者相比之下,其他地区 NGO 则获得更大成功。

(二) 知识产权

NGO 也想在一些特殊情况下挑战现有的 IPR 管理体制。这些特殊情况首先是,作者、出版商与代表本国民族组织组成的专业协会——但严格说来不是 NGO。后者更加强调保护本土民族知识。然而,大多数 NGO 通过 WSIS 专利权、著作权、商标权工作组聚合输入,同意高度保护知识产权并不能,甚至会抑制创造性。据此,他们认为 WSIS 出台的文件应推广使用自由开源软件 (free and open source software, FOSS) 及开放存取。

WSIS 文件第 42 段写道:

> 信息社会,保护知识产权对于鼓励创新,培养创造力十分重要,同样,广泛宣传、普及、分享知识也很重要。人们思想全面觉醒,能力构建,通过知识产权议题和知识分享进行意义深远的参与,这是集约型信息社会重要部分。

这段文字在一定程度上反应了 NGO 的诉求。他们的视角成功实现了基本

---

① WSIS Civil Society, "Shaping Information Societies for Human Needs: Civil Society Declaration to the World Summit on the Information Society", Geneva, 8 December 2003, section 1A, www.worldsummit2003.de/download_en/WSIS-CS-Decl-08Dec2003-en.pdf, accessed 16 May 2014.

的转换，转向使用者和消费者角度，强调需要信息自由流动，而在 WSIS 早期草案中则重点强调市场和保护 IPR，现在的视角转换算是一种成功。但同时，WSIS 在针对实施更加以用户为导向的策略时，不再提出任何新的律法和具体的解决方法，自此之后，NGO 实际上无法挑战现有的 IPR 体制。NGO 成功的将自由开源软件写进 WSIS 文件中，成为其他组织的典范，并希望着重使用这一特殊软件。

（三）互联网治理

互联网治理成为最核心、最具有争论性的议题，尤其是在 WSIS 突尼斯峰会第二阶段。把这一议题提上日程，并宣传其广义的定义，NGO 通常对此十分感兴趣。这表明，应以公开、透明、民主的方式管理网络，同样，发展中国家和所有与之利益相关的组织都参与其中。针对互联网治理，NGO 中规模较小的组织，特别是发展中国家的人民团体，准备通过互联网名称与数字地址分配机构（Internet Corporation for Assigned Names and Numbers，ICANN）挑战现有的实践活动和政治活动。已经有人提出严肃的改革方案，发展中国家代表的权利更多，而美国的权利更少。

WSIS 峰会于 2003 年和 2005 年分别组建互联网治理工作组（Working Group on Internet Governance，WGIG）和互联网治理论坛（Internet Governance Forum，IGF）。① 二者是与各利益体密切相关的治理结构，强调开放、包容、透明、公平地代表了利益相关组织、发达国家和发展中国家参与者的利益。一些 NGO 组织参与 WGIG 后，能极大影响 WSIS 第二阶段会议结果。但我想再次指出，只有一小部分活跃于 WGIG 的 NGO 参与者获得了成功，可是他们目光太狭隘，仅强调市民社会在互联网治理中的地位，却未解释在峰会第一阶段提出的与互联网治理相关的更广泛的需求。与 ICANN 有关的系统的核心未改变，但

---

① WSIS Declaration of Principles, 12 December 2003, par. 13b; WSIS Tunis Agenda for the Information Society, 18 November 2005, pars. 72 – 73.

和 ICANN 系统相比,与 IGF 有关的系统,就像只看门狗,只会叫,不会咬。[1]

最终的问题涉及什么为这种有限的影响力负责。在 WSIS 峰会上,NGO 的参与方式用什么样的方法才会有用?这个问题的答案揭示了 NGO 特别是在具有创新性、包容性的治理过程中的影响力为何出现结构性抑制。

三、WSIS 中的 NGO 影响力出现结构性限制

(一)外部结构性抑制

首先,外部限制,尤其是举办方的日程安排,对推广 NGO 发现的极相关的议题困难重重。比如,WSIS 关注的所有主题都与 NGO 提出的建立通讯社会或与传播有关的权利截然相反。峰会第一阶段证实,相比建立通讯社会,WSIS 更关注建立信息社会。[2] 出现这种现象的原因在于国际电信联盟(International Telecommunication Union,ITU)举办 WSIS,而非联合国教科文组织(UN Educational,Scientific and Cultural Organization,UNESCO),该组织曾作为 WSIS 替补举办方或联合举办方。ITU 不仅领导组织 WSIS,也主导、组织实际的谈判进程。这决定了 NGO 在 WSIS 中从一开始就处于劣势。与使用 ICT 有关的技术问题的议题得到进一步讨论,而与其社会、法律相关的议题则被搁置。为了推进后者政治决策的出台,NGO 首先需要尽力改变议题的关注点。在此之前,他们必须游说 WSIS,获得更多包容权和参与权,这"再次放弃了需要时间推广的问题,这些问题是用来转向推广解决发展差距实质性、以人为本的方法的问题"[3]。

---

[1] Wolfgang Kleinwachter, "Internet Governance 2005: The Deal is Done", Telepolis, Heise online, 16 November 2005, www. heise. de/tp/artikel/21/21362/1. html, accessed 12 November 2013.

[2] Sean 6 Siochru (2004), "A Tale of Paragraph 4: Stating the Obvious at the WSIS", MIT Information Technologies and International Development, 1 (3-4), pp. 203-224.

[3] Lisa McLaughlin and Victor Pickard (2005), "What is Bottom-up about Global Internet Governance?", Global Media and Communication, 1 (3), pp. 357-373, p. 267.

在 NGO 讨论将与传播有关的权利作为人权时，19 世纪 70 年代 UNESCO 内关于世界信息传播新秩序具有历史意义的辩论使 NGO 影响力进一步受限，谈及与传播有关的权利并加以推广，有令谈判者回想起很久以前那场攻击性较强的辩论之虞，这正是 NGO 参与者希望的。NGO 也试图通过忽视对与传播有关的权利的讨论，"避免市民社会中出现思想冲突，该冲突没有任何结果"。① WSIS 第二阶段，议题主要集中在互联网治理上。一些 NGO 参与者要求参与政策程序制定和出台，这为他们提供了更好的机遇。起初，一些议题与 NGO 相关，但转换焦点使这些议题进一步边缘化。

NGO 推行其核心诉求时一败涂地的另一原因是，参与途径多样，而且依赖国家的善心，例如，大多数参与途径在 IGF 这类论坛中没有任何决策力。同样，在各谈判过程尾声，政策文件内容、形式最终达成一致，文件制定出来时，NGO 却很容易被排除在外。在国际谈判最后阶段被排除在外十分常见，这也被认为是第四次筹备会议现象（Fourth-PrepCom-phenomenon）②。NGO 参与者在最后阶段和国家主体认为最与之相关的讨论中被排除在外，原因在于 NGO 参与过程中表现出来了十分明显的不正式的特点。参与的随意性通常被认为是其优点。不论是发言中、晚宴上，还是重要会议的最后一秒，NGO 通常会直接与国家谈判代表谈论其评价、思想，反过来，也从代表身上获取重要信息。③ 然而该随意性只是增强了国家参与者决定 NGO 参与地位和影响力的权力。NGO 仍依赖国家，甚至在全球治理过程中也是如此，治理过程看似与 WSIS 一样兼容并蓄。毫无疑问，这对理解为何 NGO 某些目标被淘汰十分重要。此外，NGO 社区内很多微妙的动态因素也使得 NGO 诉求边缘化。这些动态因素暗示了内部结构的影响。

---

① Cees J. Hamelink (2005), "Human Rights Implications of WSIS", *Revue Quebecoise de Droit International*, 18 (1), pp. 28–40, par. 28.

② Elisabeth Jay Friedman, Kathryn Hochstetler and Ann Marie Clark (2005), *Sovereignty, Democracy, and Global Civil Society: State-society Relations at UN World Conferences*, Albany: SUNY Press, p. 47f.

③ Jon Sankey (1996), "Conclusions", in Peter Willetts (ed.), *The Conscience of the World: The Influence of Non-governmental Organisations in the U. N. System*, Washington, D. C.: Brookings Institution Press, p. 271.

（二）内部结构性抑制

内部结构影响解释了为什么 NGO 的某些要求被忽视，而其他人的却被宣传。因此，WSIS 市民社会中的组织程序以及对 NGO 参与者个体角色认知的转变，主要解释了 NGO 影响力具有选择性。高水平参与 WSIS 普通程序和着重参与 WGIG 使内部结构程序恶化。所以，自发展中国家市民社会参与者面临参与的最大限制以来，圣公会环南半球联盟或组织松散或专业的 NGO 代表对很多议题提出的要求通常被边缘化。但一些 NGO 参与者对政策结果的影响力不断增强，特别是对互联网治理的影响力。NGO 输入既放大了这一问题，也放大了增强市民社会参与未来治理过程的程序性问题。因而，一些 NGO 参与者的诉求以牺牲他人为代价占据优势地位，其他参与者在 NGO 社区和更广阔的谈判中被边缘化。某些 NGO 团体对政策结果的包容性很重要，因为他们结构上本不会在参与和影响力上处于劣势，这也本来是没问题的。这也正是发生在 WSIS 上的事。来自圣公会环南半球联盟的 NGO 规模小、没经验，而来自圣公会环北半球联盟的 NGO 组织良好、规模大，还有参与 UN 机构经验丰富的成员，前者与后者相比经常处于劣势。

根据程序原则，WSIS 的市民社会参与者必须通过有主题的核心会议或所谓的家庭体系将自身组织起来（比如关于人权、互联网治理）。这增加了用统一的声音说话和适应官僚化程序的压力。NGO 从核心会议中为参与 WSIS 工作组和任务小组挑选发言人和代表。在外部框架下，他们有一套自下而上的程序：自我组织，经常因时间紧迫临时设立，形式大多特别随意，没有"标准化程序"[①]。为了高效办事，一些人在该程序中担任领导，也就是那些最有经验、最专业的参与 UN 世界峰会的人。这种自下而上的程序具有网络化效

[①] Milton L. Mueller, Brendan N. Kuerbis and Christiane Page (2007), "Democratizing Global Communication? Global Civil Society and the Campaign for CommunicationRights in the Information Society", *International Journal of Communication*, 1, pp. 267–296, par. 284.

果，的确是 NGO 在 WSIS 的巨大胜利——有人认为是最大胜利。但同时，这些结构对一小部分志趣相同的人最有效，他们主要来自欧洲、北美，行动一致。WGIG 为利益相关团体挑选代表体现了自我组织程序如何使 NGO 输入，如何令其对政策结果的影响会更具有选择性。

（三）以 WGIG 为例

为了给制定针对互联网治理的政策结果做准备，WGIG 作为利益相关团体于 2004 年建立。网络治理成为 WSIS 最热门的政治性议题，受到最严密审查，媒体也全方位关注，WGIG 因此成为核心。WSIS 组织者和市民社会参与者将其引用为利益相关者合作的实践最成功的案例，这种现象十分普遍。WGIG 平等地代表了不同的利益团体："WGIG 由来自不同国家、私营部门、市民社会的 40 个成员组成，他们立足公平，参与力所能及的事务。"[1] 来自市民社会的成员认为 WGIG 为他们提供了前所未有的机会，让他们既影响 WGIG 最终报告，也影响 WSIS 关于网络治理的政策结果。这表明，挑选能力极强的成员在工作组中代表 NGO 是十分重要的。

一般而言，WGIG 成员由联合国秘书长提名。但 NGO 同样被要求在本圈内挑选代表，与其他代表政府和商界的工作组成员一起公平参与。瑞士外交官马库斯·库默尔负责建立 WGIG，直截了当询问互联网治理核心会议协调人珍妮特·霍夫曼是否愿意参与。但为协调好市民社会代表的挑选程序，她拒绝了。互联网治理工作组的 8 名市民社会代表中，两名由她直接提名，在其担任互联网治理核心会议联合主席期间签署同意超过三个代表加入。[2] 这种程序引起部分人不满，特别是非互联网治理核心会议成员的 NGO 参与者。市民社会参与者推广 FOSS，认为在 WGIG 中应该有一个代表，质疑互联网治理核

---

[1] Working Group on Internet Governance, "Report of the Working Group on Internet Governance", Chateau de Bossey, June 2005, www.itu.int/wsis/wgig/docs/wgig-report.doc, accessed 12 November 2013.

[2] For a List of WGIG Members, see www.wgig.org/members.html, accessed 12 November 2013.

心会议是否正确引导了挑选程序:

> 必须强调,除了 WGIG 秘书和主席殚精竭虑的努力外,WGIG 代表性问题应保持公开状态,我们不论用何种方式指出这不是由 UN 处理挑选程序造成的,该程序认为其公开、兼容并蓄,但这却是市民社会内非透明程序造成的极糟糕的后果,这一程序也不应继续存在。①

尽管批评者认为该挑选程序始于个体的蓄意行动,但这些行动同样是由外部结构决定、构成的。互联网治理核心会议协调人认为要及时采取行动,达到 WGIG 负责人不削弱 NGO 对 WGIG 出台结果拥有的影响力的目的,为此他感到压力山大。一分析人员总结到,挑选程序虽然成功实现了在 WGIG 内用同一种声音说话,但也带来了糟糕的后果:"10 个 CS 成员中,至少有三个来自同一组织,还有些代表本来是代表私营部门,但也被承认了。毫无疑问,WGIG 挑选程序与 MSP(苏格兰议员)一样潜藏陷阱,这是最明显的例子。"②

然而 WGIG 这一例子表明,内部组织程序使市民社会成员间不和。某 NGO 自主团体构建了市民社会结构,据此,他们能决定在谈判中该提供什么。这无疑与其他团体提供的,或与希望看到提供的东西背道而驰。这将焦点由实质性议题转向程序性议题:NGO 不再要求怎样宣传多语言、高层次领域的这样的具体变化,而是要求更多参与未来治理的程序。另外,其他 NGO 参与者的诉求要么归入互联网治理主题之下,要么在讨论中被剔除。

自我组织程序、参与模式的变化与 NGO 在政策决策程序中扮演新角色这一概念同时出现。讨论互联网治理核心以及谁应为谁代言的过程中,NGO 讨

---

① Francis Muguet, "Tunis Phase: Group of Friends of the Chair (GFC) Fifth Meeting Contribution", Paris: Working Group on Patents, Copyright and Trademarks, 31 May 2005, www. itu. int/wsis/gfc/docs/5/contributions/pct. pdf, accessed 12 November 2013.

② Beatriz Busaniche (2005), "Civil Society in the Carousel: Who Wins, Who Loses and Who Is Forgotten by the Multi-stakeholder Approach?", in Olga Drossou and Heike Jensen (eds.), *Vision in Process II: The World Summit on the Information Society*, Berlin: Heinrich Boell Foundation, pp. 46 – 51, par. 49.

论了"市民社会参与者分别在普通情况和作为 WGIG 成员特殊情况下的定义和身份"① 的问题。WGIG 市民社会成员不断将自己视为个体,认为 WGIG 需要他们的专业知识,但不再代表全球市民社会:"尼廷·德赛主席让每个人把自己当作个体,不用'我们'代称,而是使用个体词汇'我',这无疑开了个好头。一些人开始只把自己当作来自不同利益体的人,而不是代表利益相关的团体。"② 德赛希望这能"在更广泛的社区中重现相同的参与、对话、理解和具有建设意义的妥协"③。但同时,利益相关者的角色变得模糊。享有联合国谘商关系的非政府组织会议(The Conference of NGOs in Consultative Relationship with the United Nations,简称 CoNGO)主席雷纳塔·布罗姆批评该发展,并做出承诺:"我们角色不同,让我们真正将其分开。"④ 不同的利益相关团体对保持 NGO 独立性和媒介功能十分重要。反言之,转换角色几乎破坏了谈判的公平性和 NGO 的独立性与代表性,也影响了 NGO 在政策结果方面要达到的目标。成为专家的那些人,更容易脱离其利益相关团体,有可能迫切推进他们认为最重要的议题。各种 NGO 的诉求与声音消失了,所以失去了影响政策结果的机会。

那些认为自己的知识无用武之地的人十分失望。因此,Y. J. 帕克,一个市民社会成员,她曾任网络治理核心会议协调人,决定不再在 WSIS 后续程序中担任市民社会代表。她在里约热内卢互联网治理论坛担任职务,并被要求表明所属利益团体身份时,未用"非政府代表"而是用了"他者"予以回答。⑤

---

① Mikkel Flyverbom (2011), *The Power of Networks: Organizing the Global Politics of the Internet*, Cheltenham: Edward Elgar, p. 61.
② Karen Banks, Civil Society Member of WGIG, interviewed by the author, Rio de Janeiro, 15 November 2007.
③ Nitin Desai (2005), quoted in William J. Drake, *Reforming Internet Governance: Perspectives from the Working Group on Internet Governance (WGIG)*, New York: United Nations Information and Communication Technologies Task Force, p. x.
④ Renata Bloem, president of CONGO, interviewed by the author, Rio de Janeiro, 13 November 2007.
⑤ Y. J. Park (2007), Civil Society Member and Co-Coordinator of the Internet Governance Caucus, interviewed by the author, Rio de Janeiro, 15 November.

结　论

　　世界信息社会峰会以其独特的实现利益相关团体诉求的方式而闻名，本文中通过分析 NGO 影响力是如何局限于不太相关的诉求，在世界信息社会峰会中如何变得可有可无，我着重指出了 NGO 广泛参与的不利面。根据已知信息，自 NGO 一定程度上参与治理以来，WSIS 很可能是解释 NGO 影响力最合适的例子，在这之前并未发现。但 NGO 影响力的确在 WSIS 中受到限制：局限存在两个方面，一是与 NGO 很不相关的议题，二是 NGO 仅有的一小部分核心的诉求。因此，描述 NGO 影响力如何局限于 WSIS，能产生关于 NGO 广泛参与全球治理效果的新观点。

　　结构性与媒介性条件相互交织，共同限制 NGO 的影响力。以 WSIS 为例，我发现许多外部结构的影响程度大，某种程度上解释了 NGO 缺乏相关的影响力；并进一步指出外部结构如何产生内部结构动态因素，该因素解释了 NGO 的某些诉求被边缘化的现象。这阐明了 NGO 参与者之间和变换的角色认知之间的区别与冲突。一直以来，对 NGO 的研究忽略了 NGO 在行动过程中变化的方式和 NGO 社区的多样性。所以，未来研究要更加关注 NGO 如何变化及其多样性，就像本文提出的，要辨别对 NGO 组织和社会心理结构的影响。也应关注 NGO 代表间网络化出现问题的部分。即便 NGO 无力改变政策，但网络化仍经常被认为是 NGO 的重大成功，除此之外，本研究也表明，网络化重塑了 NGO 参与者之间已有的权力关系及其不平等关系。我发现，即使单个 NGO 参与者会耗光大量的媒介，而 NGO 媒介通常更依赖结构性条件（例如，他们尤其擅长在 NGO 社区内部形成组织结构）。和以前一样，参与者拥有更多媒介力量更不能形成他们行动的外部结构条件。

　　如今，这项关于 WSIS 研究要告诉我们政治活动的什么呢？迄今，NGO 已尝试在治理结构中推进体制化参与，试图获取比以往更多参与 UN 和其他国际组织的权利。然而，本文得出如下结论，NGO 喜欢以包容、代表性方式影响政策结果，所以高度卷入治理程序之中——就像"NGO 外交家"——对

NGO 而言可能不是好策略。其他政策程序在体制结构和 NGO 自我组织中呈现相似的影响（以 NGO 在联合国寻求促进妇女权益为例）①，通过分析佐证了上述观点。解决广泛参与问题的方法之一是，致力于制定市民社会组织更加合法的程序。另一个是采用双管齐下的方法，即将谈判程序内部活动与外部抗议结合。但问题是，怎样把内外部结合起来，从而使二者在共同议题上一起协作。最后，正确理解 NGO 未来可能面临的结构性抑制，或许能让 NGO，尤其是市民社会被边缘化的部分重新获得能动性。

---

① Jutta Joachim (2003), "Framing Issues and Seizing Opportunities: The UN, NGOs, and Women's Rights", *International Studies Quarterly*, 47 (2), pp. 247 – 274; Jutta Joachim (2011), "Taming of the Shrew? International Women's NGOs, Institutional Power and the United Nations", in Thomas Olesen (ed.), *Power and Transnational Activism*, London: Routledge, pp. 214 – 231.

搭建桥梁抑或构筑围墙?
——解读跨国社会运动组织的区域化*

[美] 杰克·史密斯 著　　邵慧丽 编译**

跨国政治抗议越来越频繁、越来越重要,这无可争议;而且,跨国社会运动组织的数量急剧增加,这也引发了广泛的关注(dellaPorta and Tarrow, 2005;Anheier, Glasius and Kaldor, 2004)。的确,已有有力证据表明,跨国组织的激增已经极大影响了全球决策的动态,影响了区域性组织和全球性组织的运营模式(Glasius, 2002;Friedman, Clark and Hochstetler 2005;Khagram, Riker and Sikkink, 2002;Willetts, 1996)。

然而,分析家们仍然质疑,社会运动倡导者能否发展并维持所需要的跨国关系来动员全球精英应对持久不变的挑战(Tarrow, 2001, 2005;Rohrschneider and Dalton, 2002)。毕竟,社会活动家必须在他们生活的地方开展工作,而且,他们开展跨国工作的可能性将会受到他们当地和国内资源条件和政治环境的限制。对于大多数活动家而言,与地缘相近的人合作会更加容

---

* 本文首次发表于 *International Sociology*, 2002 年第 17 卷第 4 期。文章原名为 "Bridging Global Divides? Strategic Framing and Solidarity in Transnational Social Movement Organizations"。

** 作者简介:杰克·史密斯(Jackie Smith),美国圣母大学社会学和国际和平研究学副教授。译者简介:邵慧丽,廊坊师范学院外国语学院讲师。

易一些，因为他们拥有共同的语言环境，共同的文化或者专业背景。即使新型技术可以使交流和交通变得更加快速便捷，我们也有理由认为，组织者能够更加容易在当地而不是在国际范围内建立信任、发展合作关系。

与此同时，国际政治协定和经济协定的数量在不断增加，重要性也日益显著，这就要求活动家们携手面对更加强大的全球性对手。另外，要想真正理解全球政治和经济一体化带来的威胁的性质，就要求不同组织之间开展对话。而且，为了解决一系列日益增长的问题，各国政府越来越多地求助于各种国际论坛，这就为社会运动组织跨越国界寻找盟友创造了机遇和诱因。因此，尽管物理障碍和政治障碍可能会限制跨国合作，一些强有力的因素仍然会牵引着活动家们步入全球性的政治舞台（Young，1992）。

本文将考察跨国社会运动组织的人口数量，从而寻求证据来说明，面对来自全球和当地的竞争压力时，跨国社会运动组织人口数量是增长还是下降。通过观察跨国社会运动组织的数量和组织结构随着时间的推移所发生的变化，我们能够更好地识别那些影响全球政治变化的决定性因素。尤其是，我们能够开始评估，最近出现的跨国政治抗议浪潮是否只是一种反常行为，且将会逐步减弱并退回到当地和国内政治舞台，或者这种浪潮是否与正在进行的全球一体化进程相互关联，因而会成为一种持久的、不断扩大的政治运动。

一、跨国社会运动组织的人口数量

来自《国际组织年鉴》的数据表明，20世纪90年代期间，跨国社会运动组织的人口呈现持续增长的趋势，但是增长速度较之前些年要缓慢很多（Smith，2004）。跨国社会运动组织的整体数量继续增长，但是增长速度大约只是80年代的一半。我们也注意到这些组织的跨国组织方式发生了变化。确切地讲，到20世纪90年代末，更多的组织都从世界特定地区内吸收成员，而不是在跨越南北半球分界线的活动家们之间建立关系。与那些老牌的组织相比，那些1985年之后建立的组织更是如此。特别是，更多的跨国社会运动组织要么在北半球内建立，要么在南半球内建立，这与以往大不相同。以往，绝大部分组织都跨越了这种地区界限。

在分析国际非政府组织（International Nongovernmental Organizations，INGOs）这个更为广泛的类别时，伯利和托马斯也发现，这些组织近年来也越来越倾向于在区域内组建。他们解释说，与跨地区组建相比，地区内组建具有"利用共同的语言、文化和历史作为动员工具的现实优势"（Boli，Thomas，1999：31）。在他们看来，更广泛的世界文化和这种文化体制的产物界定了一个整体的框架，在这个框架里边，"各种不同层次的组织都受制于世界文化"（Boli，Thomas，1999：31—32）。作为国际非政府组织的一部分，跨国社会运动组织致力于推动社会或政治变革，因此，这个组织也应当遵循类似的组织逻辑。尽管可能存在着各种不同的地区划分标准，本篇分析使用南北半球分界线来区分全球政治和经济秩序的"核心"（北半球）和集中在南半球的"边缘"国家。这种南北半球分界线是全球政策辩论中的主要分歧之所在，而且，每个地区的历史经历和利益各不相同，这些都有可能影响政治动员。

在北半球，跨国社会运动组织结构的区域化倾向最为显著，但是这种区域化模式同样适用于南半球。2000年，大约三分之一的跨国社会运动组织要么北半球，要么在南半球，然而，1973年，这个数字大约只有五分之一。跨越南北半球分界线建立的组织的百分比（虽然不是整体数量）同样有所下降。把区域内组织的平均年龄和跨区域组织的平均年龄进行比较，就能证实这种模式。1990年之前成立的跨国社会运动组织中，有72%为跨区域组织，而1989年之后成立的组织中，只有47%为跨区域组织。区域性组织的平均年龄是18年，而跨区域组织的平均年龄是32年。① 在1985年至1995年之间，区域性组织的人口数量翻了一番，而跨区域组织的人口数量只增长了三分之一多一点（见表1）。

尽管区域性组织的数量要比跨区域组织的数量增长更加迅速，但是，跨区域组织的绝对数量也呈现继续增长的态势，即使增长速度要比20世纪80年代中期之前缓慢一些。因此，我们不能认为，区域性组织正在全面取代

---

① 平均差的 t 检验（双侧检验）的显著性水平为 0.01。

更为广泛的组织。相反，很有可能，这种组织的人口数量动态正在发生重大的变化。

表1 区域性组织和跨区域组织的特点

	北半球	南半球	南北半球
组织数量	211	87	531
年龄（平均）	18.6年	17.5年	32.6年
年龄（中值）	12年	13年	22年
成立于20世纪90年代	45%	36%	20%

来源：《国际组织2000年/2001年年鉴》

在对组织人口数量进行分析时，我们发现了一种稳定的组织成立模式，它会针对来自环境的不同压力或者激励而做出相应的回应（Johnson and McCarthy，2005；Minkoff，1995）。在一个新的组织人口数量上升初期，很少能看到新的组织建立。然而，随着人口规模的逐步扩大，新组织的建立也更加快速，因为那种组织形式变得固定化和合法化。这种增长将持续下去，直到新成立的组织数量超过组织生存所能获得的资源和成员。达到这个饱和点之后，新成立的组织数量每年就会有所下降，因为资源有限，而竞争却非常激烈（Hannan and Freeman，1977；Hannan and Carroll，1992；Minkoff，1995）。尽管跨国组织的跨区域组建形式可能处于这个曲线的后期，我们也能观察到一种新的区域内跨国组织形式出现，来应对不断变化的政治环境。

虽然社会运动组织自身的人口数量动态能够帮助我们了解一些情况，我们也必须考虑外部环境如何影响组织建立的模式。许多这种解释都来自一些流行的学术性讨论。一种解释认为，之所以出现区域化，是因为那些更广泛的跨区域组织未能成功地弥合各种不同成员之间在利益、经济和文化方面的结构性差异。它们试图围绕着一套共同的价值观、设想和策略来建立一个全球市民社会，这反而引发了来自地方和区域性组织的防御反应（Glasius and Kaldor，2002）。本杰明·巴伯（Benjamin Barber，1995）把这种反应称之为"圣战"，描述的是一系列迥异的具有防御性的地方主义已经作为一个个独立的个体起来抗争了，以此维护那些受到全球化力量挑战的、他们所熟悉的身份和团体，巴伯称之为"麦当劳世界"（"Mcworld"）。通过这个事例，我们认为，按照世界体系的主要结构划分，跨国社会运动组织的两极分化趋势将会越来越显著。① 这也表明，社会运动活动家们已经无力缓和或者克服全球体系中的主要的不平等界限来缔结同盟。活动家们可能发现他们的地方或者区域利益在基础广泛的跨区域组织中受到了威胁，因此，他们在各自区域内加强联盟来追求更加区域化的目标。

这种观点有一些证据可以支持。例如，对跨国社会运动组织的全部人口数量进行分析之后，就会发现，与北半球组织相比，南半球的组织更有可能围绕着广泛的多议题的框架建立（Smith，2004）。这表明，南半球组织倾向于采取一个不同于北半球组织的战略定位。虽然出于政治私利所需，北半球组织可能倾向于围绕单一议题建立，但是，南半球活动家们把这看成是为了逃避权利和资源竞争方面的根本冲突。

例如，在人权组织中，我们发现，北半球的活动家们倾向于关注政治权利和公民权利，力图保护和推进那些帮助促进这些权利的法律架构。相比之下，南半球活动家们——尽管并不反对推动法律来保护公民权利和政治权利——却很难把人权的经济层面和政治层面区分开来。他们倾向于提倡"发展权"，尽管要实现这样的目标还有相当大的政治和法律障碍（Smith, Pagnucco and Lopez, 1998; Smith, 2002; Steiner, 1991）。沃尔登·贝洛（Walden Bello），一位来自南半球的知名学者，研究了在全球贸易争端中北半球和南半球活动家们如何设计他们的斗争的差异之后，也做出了相同的观察。对于扩展全球贸易规则，把环境和劳动法规包含在内的这种观点，尽管北半球活动家们更加欢迎，但是，南半球的活动家们却不愿意再去扩展一个已经非常强

---

① 格拉斯和卡尔多提供了一种与全球化进程有关的更加详细的组织分类（Glasius and Kaldor, 2002）。他们的"抵制派"（反对与以色列和谈或和解的阿拉伯领导人、团体或国家）类别与巴伯的"圣战"类别有相似之处，尽管他们和他们的合作者使用这个术语的方式和巴伯有所不同，把它用来描述一些更加狭义界定的辩论，比如那些针对特定贸易协定的辩论，而不是以巴伯那种普遍的方式。

有力的且受北半球控制的这样一个体制的管辖范围（Bello，2001）。①

两极分化的确能够解释这种区域化组建的某些转变，但是，如果我们看看现存的关于跨国行动主义的调查和个案研究，我们就会找到其他一些解释。例如，大部分文献识别出政府间组织引导或者影响跨国公民团体的重要方式（Friedman，Clark and Hochstetler，2005；Tarrow 2001；Willetts，1996；Keck and Sikkink，1998）。因此，跨国社会运动组织的区域化可能是对政府间组织发展变化的一个回应。

政府间组织是焦点，他们既创造机会，又设置障碍，从而影响运动活动家们如何动员和参与集体行动。它们通常借助于以下各种方式。第一，他们能够通过正式的和非正式的认证程序授予或者否认活动家们的合法性，比如，联合国非政府组织咨商地位会议。第二，他们在政治活动家们之间——比如，活动家们、政府代表、政府间组织的官员和工作人员——扮演中间人的角色，把那些要么可能从来都不会相互交往的人们联系在了一起。第三，他们制定并强化规范，允许挑战者们通过使用凯克和斯金克所称的"象征政治"来获得影响力。有时候，国际组织的目标和社会运动组织的目标相当一致，这样，这些组织之间就能够形成持久的联盟，从而为社会运动组织带来重要的资源。最后，他们鼓励扩散那些包含抗争政治的集体行动模式（Tarrow，2005）。社会运动组织力图影响国家行为，而政府间组织为它们创造机会帮助他们赢得优势，从这个方面来说，政府间组织鼓励新的组织建立。

虽然有些跨国组织可能仅仅是对政府间关系体制化所创造的机遇的一个回应，我们也在文献中找到了大量的证据可以支持以下这种观点：跨国活动家网络是政府间关系发展变化的催化剂。他们不仅等待跨国动员的机遇，而

---

① 北半球和南半球之间的这种差异也能够用人口生态理论来解释，其核心观点是，北半球和南半球的组建环境形成了这些不同区域内不同的组织竞争和合作模式。例如，卢茨（Rootes，2004）关于西欧环境抗议纲要的几个研究发现，最近出现的政治议题吸引了具有广泛议题框架的更加多样化的运动团体。随着时间的推移，随着议题在政治环境下变得越来越明确，组织领域变得越来越结构化和专业化。如果事实确实如此，我们预测，随着时间的推移，南半球的团体将呈现更多单一议题的议事日程。然而，如果全球进程鼓励多议题框架，那么，这种整合就不太可能发生。

且积极地创造和扩大那些机遇。例如，查特菲尔德发现跨国和平行动主义与国际联盟和联合国的成立之间存在着一定关系（Chatfield，1997）。史密斯记录了跨国人权活动家们在影响国际人权体制方面扮演的核心角色（Smith，1995）。他们不仅帮助扩展人权侵犯的定义，帮助强化制裁侵犯人权者的机制，而且还帮助把民间团体活动家们在全球政治进程中所扮演的角色制度化（Willetts，2000）。此外，许多学者已经确认了跨国活动家们在扩展国际法律和规范方面所起的作用（Friedman, Clark and Hochstetler, 2005; Keck, 1998; Price, 1998; Risse, Ropp and Sikkink, 1999）。因此，这种旨在利用和扩展体制空缺的行动主义的历史非常深厚。

跨国倡导者们与政府间组织之间存在着一定关系，这种历史表明，跨国组织的区域化能够反映民间社会团体在弥合地方和全球政策过程中所扮演的角色。跨国社会活动组织是唯一能够展示国家利益和地方利益是如何受到国际组织影响并提供策略去影响那些过程的活动者。跨国活动家的数量不断增加，这些活动家们不断地扩大他们在国际政治舞台上发挥的作用，他们也许是在回应填补和弥合地方组织和全球组织之间的鸿沟的需要。尽管活动家们认识到有必要在诸如布鲁塞尔、日内瓦和纽约这样的全球决策地附近拥有代表，他们也要求得到一些民主参与政策辩论的机会，他们想要能够积极回应成员利益和需求的组织（Moghadam, 2000：82，注释19；Polletta, 2002）。如果组织结构能够在全球和地方集体行为之间担当起中间人的角色，这将有助于缓解紧张态势。

这种解释符合世界文化理论家的期望（Boli, Loya and Loftin, 1999; Frank, Hironaka and Schofer, 2000; Meyer, Boli, Thomas and Ramirez, 1997）。这种观点认为，为了更有效地把地方利益和区域利益融合到全球层次的谈判之中，区域结构会促进地方活动家之间各种不同利益的聚集。他们把这件事情变得更容易了——尤其是，对于那些语言或者历史经历与占统治地位的、受西方影响的世界文化有极大不同的组织而言——如何在世界文化框架之内界定他们自己的利益，如何制定有效的战略去推动他们的区域利益。的确，通过召开重大全球会议的区域筹备会议，通过强调平衡形式结构和谈判过程方面的区域代表性，联合国的政府间会议特别鼓励建立区域特色组织。

很明显，全球政治进程正在影响活动家们跨国组建的方式。与以往任何年代比较而言，20世纪90年代是联合国全球会议的年代，在这十年期间，召开了至少六个这样的全球会议。这些会议通过开放空间（无论多小）吸引公民参与全球政治谈判，以此鼓励跨国动员。组织者充分利用了这些会议，数量空前的活动家们参加了会议。联合国谈判环境鼓励非政府组织建立广泛的联盟、围绕关键原则和需求达成共识。政府经常利用地区会议来形成地区共识立场，从而增强他们对于整体会议日程的影响力。按照同样的逻辑，在举行类似于联合国官方会议的会议期间，非政府组织也会利用地区党团会议。随着更多的活动家们逐步加深他们对于联合国谈判进程的了解以及不断扩展他们影响这些进程的技能，他们也会不断地求助于地区非政府组织会议（Riles，2001）。

由于缺少游说和组织经历，以及与联合国工作语言相关的资源和设施，南半球活动家们发现他们在许多这样的会议上处于劣势（Krut，1997）。但是，在参与联合国会议的过程中，和他们北半球的同行一起，许多南半球的活动家们学会了如何在政府间论坛上主张他们的利益（Clark，Friedman and Hochstetler，1998；Riles，2001；Snyder，2003）。他们学着尝试改善战略来影响全球政治舞台。例如，许多组织学会了在全球会议召开之前就做好动员工作，以此来影响筹备委员会会议或者"筹备会议"，因为制定谈判文本和会议宗旨的大部分工作都在这些会议上进行。许多组织还参加联合国主导、非政府组织举办的地区会议和党团会议。区域组建允许拥有相同利益和政治环境的活动家们就某一特定的联合国会议达成集体利益方面的共识。这在政府间组织之间也同样如此，民间社会团体力图优化和组合地区利益，这会促进全球会议上全球共识的达成（Willetts，1989）。

我们也注意到，20世纪80年代和90年代期间，其他政府间协定发生了重大变化。最重要的是，1991年签订的《马斯特里赫特条约》巩固了欧洲联盟，确立了区域合作的广泛参数，启动了欧洲货币联盟。这一协定使得地区注意力都集中在了欧洲，为那些围绕在新兴的欧洲政体周围建立的公民组织带来了新的资源（Cullen，2003，2005）。那些关注经济一体化的地区结构，尤其是北美自由贸易协定，是整个20世纪90年代都在推动的重要举措。这些当然成为了区域性跨国组织的焦点，吸引了新的资源来支持区域性的跨国组建工作。然而，在欧洲和美洲之外，更广泛的区域一体化却受到了诸多限制。区域组建的任何机会本来都可以在联合国全球会议的框架下创造，因为在每个重大会议之前，都会包含一系列地区筹备会议。①

这种解释表明，帮助把地方和地区层面关注的问题与国际进程联系起来，区域性跨国社会运动组织可能只是在补充更广泛的跨国社会运动组织的工作，而不是与它们进行竞争。区域性组织为活动者们提供空间，帮助他们处理本地区的那些头等大事，同时，帮助他们找到能够在更多样化的全球环境下推动这些利益的方式。这样的区域性组织能够帮助阐明全球政策和当地情况之间的具体联系，因为他们不需要迎合这些潜在的、纷繁复杂的、相互竞争的利益，而跨区域组织却不得不如此。因此，在动员新的团体进入跨国政治舞台时，与更加多样化的跨区域组织相比，区域性组织发挥的作用更加有效。为了评估跨国社会运动组织的区域化是否反映了这个组织领域两极分化或者融合的趋势，我们必须考察一下各种团体与更加广泛的组织之间的关系。

二、联盟的动态机制

跨国社会运动组织结构的区域化可能反映两极分化或者融合趋势，这种观点与斯坦恩伯格（Staggenborg，1986）的发现不谋而合。斯坦恩伯格发现，运动联盟的建立，要么是迎接政治环境带来的机遇，要么是挑战政治环境带来的威胁。我们在本文中考察的大部分团体实际上都是组织联盟。因此，区

---

① 20世纪90年代期间，全球会议的频率急剧增加，联合国机构通常为那些财力不足的团体提供资金参加这些"筹备会议"，从而进一步鼓励各种团体围绕着联合国议事日程在区域内建的各种努力。然而，到90年代后期，对于这种会议的兴趣已经逐步减弱，评论家认为，之所以终止它们的正常使用是因为成本太高。然而，联合国秘书处最近发布的一份《联合国—市民社会关系》的报告（2004）认为，为了帮助市民社会团体融入全球治理进程，这样的会议是有成本效益的。

域性的跨国社会运动组织，要么是面对团体利益即将受到其他更加广泛的联盟的威胁时做出的类似"圣战"的回应，要么是利用政治环境带来的机遇的尝试。如果成立区域性联盟只是为了应对感知到的威胁，那么我们应当发现地区性团体是孤立的，注意力主要集中在他们自己的地区之内。而且，考虑到世界文化主要来源于西方或者北方传统，并与它们保持高度一致性，我们会预料到，与北半球的团体相比，南半球的团体会更倾向于区域化。然而，如果成立区域性联盟是为了迎接政治环境带来的机遇，我们应当发现符合那些机遇的关系模式。如果政治机遇在这个区域以外或者在全球范围内出现，我们希望找到一些和区域之外的活动家们建立联系的团体。如果影响政策的机遇在区域内出现，那么面向区域的关系就变得更加可能。

如果以上的任何一种解释是正确的，那么我们会看到，围绕着那些颇有争议的问题，区域性组建会更加普遍。活动家们会求助于区域性组织，要么为了追求独立的区域利益，要么为了更好地主张他们在全球联盟内的区域利益。对于那些在南北半球之间存在着重大利益分歧的问题，若想围绕一些根本目标达成广泛的共识，需要付出巨大的努力。如果区域性团体致力于在那些利益攸关的问题上和由此涉及的政治进程上达成共识并增进理解的话，他们能够更好地把区域关注问题引入一个更加广泛的跨区域的框架之中。如果两极分化力量发挥作用的话，那么我们会看到，那些颇有争议的问题会驱使活动家们——特别是那些力量不够强大的活动家们——把全部精力用于加强他们自己的特殊利益，并影响而不是参与到围绕有限的共同目标建立广泛联盟的这样一种挑战性的工作中。以地理范围为依据，表2考察了各种组织的议题焦点和组织年龄。

通过观察区域性跨国组织的议题焦点，我们看到，不管是北半球还是南半球，都倾向于在各自区域内组建，这种变化的确反映了在全球政治组织中存在着根深蒂固的分歧。在那些南北冲突最为显著的领域，也就是说，在那些冲突最直接地集中在如何决定资源分配和使用的领域，我们发现建立了更多的区域性团体而不是包括来自南北半球成员的跨区域团体。因此，南半球的较多团体关注发展和经济公平问题，而北半球的很多团体关注的却是环境问题，一个常常被看成是和经济发展互相矛盾的问题。北半球的很多团体也关注和平问题，这或许因为南半球团体可能倾向于关注更为直接的物质需求，也或许因为他们看到几乎不太可能影响一个由北方各国政府控制的全球安全领域。较多的南半球团体比较关注女性问题，这进一步支持了已有解释，因为许多女性团体倾向于解决女性由于受到法律的差别性对待要面对的发展不平等问题（Moghadam，2000；Subramaniam，Gupte and Mitra，2003）。

表 2　次区域和跨区域组织的议题焦点

	北半球（%） N=211	南半球（%） N=87	南北半球（%） N=531
人权	26	28	21
环境	18	7	16
和平	8	5	11
女性权利	6	17	8
发展/授权	8	16	9
全球公平/和平/环境	11	17	10

来源：《国际组织 2000 年/2001 年年鉴》

尽管不同议题可以划分不同团体，但是政治进程和社会运动组织的弱点要求这些团体应该与各种不同的团体建立广泛的联盟并与之合作，加强他们的政治影响力（Jenkins and Perrow，1977；Lipsky，1968）。因此，对一些具体活动的个案研究表明，如果北半球和南半球的活动家们希望增强他们的政治影响力和/或合法性，都不得不改变他们认识冲突的方式。在活动家们经历跨国对话和交流的全新机遇时，分析家们记录了一个缓慢且又冲突四起的对话过程和冲突再构过程。例如，环境组织，比如绿色和平组织、世界野生动物基金组织和热带雨林行动网络，通过接触南半球的活动家们，已经学会识别环境恶化和人权保护之间的关系（例如，Brysk，1994，1996；Rothman and Oliver，2002；Warkentin，2001；Faber，2005）。而且，致力于环境和发展问题的跨国组织的经历尤其表明，南北半球活动家之间进行交流互动，这改变了原来那种占统治地位的西方式组织社会和经济的方式，改变了构建另外一些替代物的方式（Macdonald，1997；Warkentin，2001；International Forum on Globalization，2002）。最近，像世界社会论坛这样的事件已经把不同团体之间的日常交流制度化了，以此促进各国之间以及各领域之间的相互理解（dellaPorta，2005；Waterman，2005）。

因为社会运动组织必须主要依赖于参与者的志愿服务，尤其是因为它们为成员带来潜在利益的同时，又带来了成本，所以他们必须培养参与者对于这个运动（或者对于作为这个运动一部分的组织）的责任心。许多人认为，社会运动通过塑造决策过程中的参与民主来培养责任心。例如，弗朗西斯卡·博莱塔（Francesca Polletta）关于美国社会运动的研究说明了参与民主制如何在美国的运动团体中逐步形成。她认为，"协商讨论"是这种决策形式最重要的组成部分，通过这种协商讨论，参与者发表观点，来证明做出这种选择而不是那种选择的合理性，把其他人的偏好和当务之急背后的推理透明化。协商讨论并不旨在建立共识，但是它确实力图在参与者之间促进公开透明以及相互尊重，同时，为参与者提供一种集体决策的主人翁意识（Polletta，2002：7）。万安黎（Annelise Riles）对于斐济女性活动家的研究阐明了跨国组织内的这种学习过程：

> 在先前的一些会议上，就结构调整或者巴勒斯坦解放是否实际上是"女性问题"，代表们的意见分歧很大，然而在这次会议上，来自"南半球"的学术女性网络的斐济参与者们，在先前的会议上曾经带头为扩展女性问题的范围而斗争，却吃惊地发现，大多数欧洲和北美与会者事实上转换到了她们的立场（Riles，2001：182）。

达姆（Moghadam）研究了20世纪80年代中后期跨国女性主义网络的兴起情况，她的研究说明了这样的一种理解趋同性是如何产生的。她认为，1985年在肯尼亚首都内罗毕举行的联合国第三次世界妇女大会是跨国女性主义组织的一个转折点：

在 20 世纪 80 年代期间，发生了一种转变。在社会人口学环境下，在全世界范围内，随着越来越多的女性接受教育、获得工作机会、行动方便自由、政治意识逐渐增强，女权话语以及网络开始传播，既有国际形式又有跨国形式。新型信息技术以及不断变化的日益严峻的经济环境，开拓了女性主义组织的视野，从而产生了大量的国际网络和许多联合倡议。北半球的女权主义者开始逐步认识经济状况和对外政策与女性生活之间的关联，而南半球的女权主义者开始意识到"身体政治"的相关性（Moghadam 2000：61）。

对南半球的活动家们（还有苏联的活动家们）来说，他们都受益于"团结我们的技术"的跨国转移，这种技术包括：小组发言技术、聆听对方技术、围绕一个具体问题形成网络的技术、针对特定行为在基层进行战略性思考的技术等（Sperling, Ferree and Risman, 2001：1172；Rupp and Taylor, 1999）。跨国组织帮助促进这种学习，通过把跨国交流日常化以及促进各种形式的跨国集体行为（Waterman, 2001, 2005）。

上述讨论引出以下几种假设，主要源于我提供的解释跨国社会运动组织区域化的两个对立命题。第一，两极分化这种论点认为，全球机构为北半球的活动家提供特权，却使得南半球各国政府和公民在解决全球政策中潜在的不平等问题方面的努力变得更加复杂。这就引出了如下假设：

假设 1：南半球的地区性跨国社会运动组织——无论他们致力于何种议题——将主要在或者只在他们自己的区域内维持关系。

与此相反，融合理论认为，组织结构之所以区域化，是因为国际组织采取的行为或者做法鼓励了这种区域性结构。我认为，区域性结构能够促进各种不同利益的融合，而这也正是跨国活动家力图提到全球议事日程上来的议题。尽管内部冲突仍有可能继续存在，活动家们意识到，为了建立广泛的联盟来推动他们的某些共同利益，就必须解决他们之间存在的差异。区域性结构能够帮助他们更加有效地解决冲突，从而能够围绕共同目标达成一致意见。这种解释形成以下备择假设：

> 假设2：南半球和北半球的区域性跨国社会运动组织都会与跨区域团体和与他们自己区域以外的其他团体保持高水平关系。
>
> 假设3：欧洲联盟创造的区域性体制空缺将鼓励北半球大量区域性跨国社会运动组织只报道区域性关系。

根据我之前概述的制度分析模式，我们也会看到，这些跨国社会运动组织处理的各种议题也不尽相同。尤其是，我们期望在针对某个特定议题的政策领域，运动活动家们能够制定不同的战略方针。在某些问题上——尤其是，在局部变化阻止自上至下制定政策实施战略这样的问题上——地方官员在影响政策执行方面保持了很高的权威。在另外一些问题上，地方官员要么不了解运动情况，要么根本无力影响政策变化。运动战略与这些政策制定结构保持一致。

> 假设4：由于女性问题和环境问题对于当地政治和生态环境非常敏感，因此，与致力于其他问题的团体相比，致力于女性问题和环境问题的区域性跨国社会运动组织与区域性网络的关系更加密切。
>
> 假设5：因为诸如联合国和世界贸易组织这样的全球性论坛不断地对经济政策和人权标准进行界定，因此，与致力于其他问题的团体相比，致力于经济政策问题和人权问题的区域性跨国社会运动组织与跨区域网络的关系更加密切。

三、研究方法

本研究的数据都来自于2000年和2001年的《国际组织年鉴》。我的研究团队选择了那些致力于推动某种社会或者政治变迁的国际非政府组织，并记录了一些资料，涉及组织成员、组织建立、组织结构、组织目标、与政府间组织和与其他非政府组织之间的关系、以及地理范围。① 除了给每个组织报道拥有成员的各个国家编码之外，我们还包括了一个变量，显示是否每个组织在北半球（也就是经合组织国家）和南半球（世界银行年度发展报告划分的中低收入国家）都拥有成员国。区域性组织就是那些报道称只在北半球或者只在南半球拥有成员的组织。

之所以选择那些区域性跨国社会运动组织，是因为我们发现，围绕着某些问题领域，北半球组织和南半球组织的组建模式大不相同（参见表2）。② 这些问题包括：人权、环境保护、经济公平以及女性权利。这些区域性组织包括了151个组织，或者大约一半区域性跨国社会运动组织。对于每一个组织，我都要查阅《年鉴》的条目，记录下这个组织报道称与之有接触的那些非政府组织的名称。每个组织所列的与其有关系的其他国际非政府组织的名单最后都要编码，体现它所代表的组织关系类型。例如，如果一个声名显赫的全球组织致力于那个问题（这儿指的是"十大组织"〔big 10〕），而这个组织的名称又出现在每个组织的接触名单上，那么我就会把这个组织记录下来。③ 设置编码是为了显示是否每个跨国社会运动组织都会报道其与区域性非政府组织、跨地区组织的接触，除了那些"十大组织"、相关议题领域以外的基于信仰的非政府组织以及劳工非政府组织。我还记录是否每个组织都会表明其与一个广泛的全球性的非政府组织论坛之间的接触，比如联合国非政府组织咨询地位会议（Conference of NGOs in Consultative Status with the United Nations，CONGO）、全球市民社会组织（公民参与世界联盟）

---

① 更多关于编码的方式和方法请向作者索取或者请参阅史密斯（2004）。
② 我把"发展/授权"团体排除在外，因为他们的结构并不典型，而且在实践中他们倾向于跨区域，即使他们的成员分布/位于在同一地区。
③ "十大联盟"指的是那些在某一特定议题领域特别知名的团体，包括国际特赦组织、绿色和平组织、地球之友、牛津饥荒救济委员会（Oxford Committee for Famine Relief, OXFAM）。他们的数量并不一定就是十个，但是数量相对较少。

（World Alliance for Citizen Participation，CIVICUS）等。由于这些类型组织关注的问题和那些活跃在全球政治舞台上的倡议组织关注的整个领域有着千丝万缕的联系，因此，我决定把他们作为一个单独的网络关系类别记录下来。①

四、研究发现

表3总结了该分析中在每个议题领域，所有区域性跨国社会运动组织的各种各样的网络关系。如果哪些组织与"十大组织"组织有关系，那就意味着那些组织可以获得"十大组织"组织提供的有关他们议题领域的信息，以及有关全球会议和政治进展的信息。"十大组织"可能还会提供某种资源——包括项目拨款、培训研讨会或者参加其他活动家的会议的机会。"十大组织"还授予地方或者区域团体合法身份，证明他们能够参与那些与他们的议题焦点相关的国际运动。然而，只有少数组织报道称与这些组织有关系，这表明，要么这种证明许多地区性组织并不需要，要么从这些重大组织获得的信息和资源同样可以通过其他来源获得。另外，也有可能，随着通讯成本和交通成本的降低，更多的组织能够像"十大组织"那样把触角伸向全球，即使他们仍然保持较小的规模，仍然更加积极地响应他们盟友的需求。环境组织和经济公平组织最有可能报道其与"十大组织"的关系。这可能跟如下事实有关：针对环境和全球经济的倡议工作与集权化论坛（比如条约审议大会或者世界银行会议）的关系更加密切，因此需要这些组织提供全球层面的分

---

① 作为跨国组织唯一一个综合性的人口普查机构名录，《年鉴》的重要性不言而喻，同时，《年鉴》确实为社会科学家提出了效度问题。例如，组织条目的编纂主要通过组织的年度调查，编辑们也努力补充这些记录，借助其他信息来源，包括网站以及条目之间的相互参照。因此，条目的完整性将取决于由组织里的谁来完成调查，还取决于完成这项任务的工作时间。而且，这些数据不能决定团体之间报道的联系所显示的关系的强烈程度。一种联系可能标志着每日、每周或者每月的接触，或者它能够意味着团体仅仅交换邮件而已。我们可以假定《年鉴》报道方式引发的任何效度问题都是随机的，但是根据这些数据所下的结论应当接受关于这个组织人口数量的其他来源的数据的检验以便证实这些结论的有效性。

析和信息。①

有趣的是，女权组织最不可能报道其与"十大组织"的关系。这可能是因为女权主义者厌恶等级制度和官僚主义，还痛恨这些组织普遍未能把女性主义视角引入其中（Macdonald，2005）。这也可能是因为女权组织对各种各样的性别歧视在当地的表现非常敏感，她们偏爱那种更加非正式的、分散化的、网络状的结构（Keck and Sikkink，1998；Subramaniam，Gupte and Mitra，2003）。正如达姆观察的那样，"如今，女权团体和女性组织虽然都深深扎根于国家或者地方问题，但是她们的语言、策略和目标却有很多共同之处，已经越来越呈现出一种超国家形式"（2000：61-62）。

人权组织和女权组织最有可能与全球非政府组织论坛组织保持联系，这或许反映了正式进入联合国程序和结构对于这些组织来说非常重要。这同时也反映了这些组织的议事日程比较相似，都倾向于关注包容、民主以及如何进入政治机构之类的问题。至少一半团体报道称其至少与另外一个地区性国际非政府组织保持联系。人权组织和经济公平组织是唯一一个组织报道称其既与跨国劳工国际非政府组织又与基于信仰的国际非政府组织保持联系。② 地区性女权组织和环境组织没有报道任何跨部门的联系。尽管是在地区内组建，大约一半的地区性跨国社会运动组织跨越了南北半球分界线而保持联系。③ 致力于环境问题和女权问题的组织最不可能报道这种联系，致力于这两个问题领域的所有组织中，各自只有40%和46%的组织报道任何跨地区的联系。人权组织和经济公平组织报道的跨地区联系大致相当。大约四分之一的地区性跨国社会运动组织报道称其只与地区内其他组织保持联系，环境组织最有可能报道这样的联系（37%）。相比之下，经济公平组织最不可能报道称其只在

---

① 虽然这些"十大组织"并不是提供关于他们的议题相关信息的唯一来源，但是他们更有可能拥有各种资源和地区影响力，这些使得他们受到资源贫乏团体的普遍青睐。

② 这并不意味着这些团体没有与其他国内组建的团体保持联系。《年鉴》报道的只是国际非政府组织联系。

③ 对于大多数团体而言，至少有一种与跨区域团体的联系显示这一点。然而，对于少数团体来说，它显示的是一种与他们自己的地区以外的区域性组织保持的联系。

某一地区内保持联系（16%）。①

表3 地区内跨国社会运动组织的网络关系（百分比）

	人权（%） N=41	环境（%） N=42	经济公平（%） N=40	女性（%） N=28	所有团体（%） N=151
十大组织	10.5	26.8	21.6	3.7	16.8
全球论坛	18.4	4.9	0.0	22.2	10.5
地区性联系	60.5	61.0	51.4	51.9	56.6
劳工联系	15.8	0.0	5.4	0.0	5.6
基于信仰的联系	15.8	0.0	10.8	0.0	7.0
任何跨地区的联系	58.5	40.5	57.5	46.4	51.0
仅地区性联系	22.0	37.5	16.2	25.0	25.3

注释：网络关系类别并不是相互排斥的。

1. 与政府间组织的联系

报道任何跨地区联系的组织更有可能报道与政府间组织（比如，联合国经济与社会理事会、联合国粮农组织、欧洲联盟）的联系。对于本研究中的所有组织而言，那些具有跨地区联系的组织，与政府间组织保持联系的平均数量是3.19，而那些没有跨地区联系的组织，与政府间组织保持联系的平均数量是1.94。与国际非政府组织保持联系的平均数量分别为6.28和3.72。② 南北半球之间的比较显示的模式与较大的跨国社会运动组织的人口数量相一致，也就是说，南半球组织倾向于与政府间组织和国际非政府组织之间保持

---

① 2003年2月15日爆发了全球反战抗议示威游行活动（参见沃尔格雷夫和鲁赫特著作中马里奥·黛安妮所写的章节），对这次活动的游行示威者进行了一项多城市合作研究，这项研究也发现了女权和环境活动家与人权或者全球正义活动家之间存在着重大的差异。黛安妮发现，女权和环境活动家呈现出互相重叠的组织成员关系，这与其他游行示威者呈现的成员关系有所不同。这些发现可能暗示新型社会运动使用的意识形态以及框架正在重构（比较 Kriesi et al. 1995）。

② 平均差测试（双侧检验）的显著性水平，政府间组织联系小于0.01，政府间组织（t=2.753），国际非政府组织联系（t=2.352）小于0.05。

更多的联系。

我们在考察与国际政府组织和非政府组织之间在每个问题领域的联系时，这种一般模式是成立的，但是，对于那些人权组织、环境组织和经济公平组织来说，无论是具有跨地区联系，还是没有跨地区联系，单纯从数字上来看，我们并未发现太大的差异。然而，在比较女权组织时，我们却发现统计数据存在着重大差异。与那些只在某一个地区内保持联系的地区性组织相比而言，那些具有跨地区联系的女性组织与政府间组织和非政府间组织的联系更加密切。① 这种差异或许正是标志国际妇女十年的一系列重大的联合国妇女大会的反映，这些大会促进了女性组织与联合国及其主要机构，以及与其他地方、国家和国际非政府组织之间的联系（Subramaniam et al.，2003：346）。②

就我们的假设而言，这些模式能说明什么呢？首先，那些具有跨地区联系的组织与政府间组织和国际非政府组织的联系非常密切，这表明这些机构作为潜在盟友的重要性，或者在其他方面很重要，比如帮助这些团体努力推动他们的社会变革目标。然而，地区性团体的联系就少得多，因为他们的活动范围比较狭窄，而且他们与政府间组织和国际非政府组织之间的潜在接触较少。虽然这些观察结果可以在某种程度上支持与融合观点相关的假设，我们应当注意到，南半球的跨国社会运动组织明显与他们环境里的其他活动家们保持更加密切的联系，可是，这个事实与虚无假设（假设1）并不一致，虚无假设假定南半球的团体与其他团体的关系会更加集中在地区范围内。

2. 南北半球比较

下面的两种分析将比较北半球和南半球的区域性跨国社会运动组织，以

---

① 对女权组织而言，那些至少保持一种跨区域联系的团体，政府间组织联系的平均数量为3.69，那些没有任何这种跨区域联系的团体，政府间组织联系的平均数量为1.38。对于国际非政府组织，这些平均数量分别是5.92和2.31。正如表4和表5所显示，南半球团体比北半球团体更有可能保持跨区域联系。

② 苏布拉马尼亚姆（Subramaniam）和她的同事注意到，如果女权团体的地方工作人员参与国际会议，这将"促进建立跨国界的非正式网络，为印度的运动提供全新的动力"（2003：346）。

此了解这些团体的关系纽带是否在内向型或者外向型程度方面存在差异。考虑到欧洲区域性政府间关系高度体制化，而且南半球相对缺乏重大的、具有广泛基础的政府间组织，我们将会发现不同的网络关系模式。确切地讲，我们应当发现，北半球的团体之间保持着更为强大的区域性联系，南半球区域性团体之间保持更多的跨区域联系。由于美国和其他经济合作与发展组织国家的重要影响，南半球的非政府组织必须与更多的盟友建立联系，以增强他们的组织效力（参见 Levering，1997；Anheier and Katz，2004）。而且，南半球相对缺少国内资金来源，这就意味着南半球团体不得不在国外和地区以外寻找财政援助。借助于他们与地区以外的团体的联系，它们可能会寻求私人基金会或者国际机构的帮助，或者他们可能会在募集资金的过程中建立这样的联系（Bob，2001，下文即将出现；Riles，2001）。

表4呈现出区域性跨国社会运动组织与其他在它们自己区域内开展工作的国际非政府组织之间的联系。它还表明在各个问题领域内只保持地区性联系的那些团体的百分比。除了环境组织在北半球和南半球的模式相似之外，与南半球的组织相比，大部分北半球的区域性跨国社会运动组织保持任何联系或者只有地区性联系。此外，这些差异只对女性团体比较显著。我们发现北半球和南半球的女性团体在统计数据上出现重大差异。我们期待（假设4）女性问题和环境问题都将更面向区域化，这种假设被证实只适用于北半球组织以及南半球的环境组织。尽管女权问题吸引了最多的北半球团体建立区域内网络，但是对于这个问题，南半球团体建立区域内网络的数量却是最低的。这或许反映了地方层面上的封闭机会结构，南半球女权组织没有机会去影响相关的政策结构。更多的南半球女权组织保持跨地区联系，这一事实表明，她们可能正在采取"回旋镖"战略，走出国门，通过国际舆论来给国内和地方官员施加压力（Keck and Sikkink，1998；Rohrschneider and Dalton，2002）。

表4呈现的结果与上文概述的融合理论的期望保持高度一致。如果两极分化进程发挥作用的话，我们预期南半球团体会更加注重地区性联系。然而，我们仍然必须解释为什么在地区组建层面上，南北半球的环境组织并没有显示出真正的差异，即使与其他问题相比，环境问题吸引了相对较高水平的地

区组织。这可能表明了一种趋势，环境组织必须围绕着以领土界定的环境威胁开展动员工作，或者，它可能体现了环境政策领域的性质。环境政策对当地生态体系和社会结构的变化高度敏感。这就意味着，环境活动家与当地环境政策制定者的接触机会更多，或者他们必须努力接触更多的地方官员。[①] 例如，我们的研究包括关注生态体系的团体，比如，国际阿尔卑斯山保护委员会和国际森林资源管理协会。

表4 具有区域内联系的区域性跨国社会运动组织的百分比

	北半球 %（团体数量）	南半球 %（团体数量）
人权		
任何区域性联系	64	56
仅区域性联系	28（25）	12（16）
环境		
任何区域性联系	60	67
仅区域性联系	38（36）	33（6）
经济公平		
任何区域性联系	52	50
仅区域性联系	22（25）	7（15）
女性		
任何区域性联系	77**	29
仅区域性联系	46**（13）	7（15）
所有团体		
任何区域性联系	61*	48
仅区域性联系	33***（99）	12（52）

* 南北半球平均差的 t 检验（双侧检验）显著性水平为 0.15
** 南北半球平均差的 t 检验（双侧检验）显著性水平为 0.05
*** 南北半球平均差的 t 检验（双侧检验）显著性水平为 0.01

---

① 环境运动的其他研究发现，他们拥有相对较多的机会进入地方组织领域（McCarthy，Smith and Zald，1996）。

表 5 反映的是各个问题领域至少保持一种跨区域联系的团体的百分比。与两极分化观点的预期相反，我们发现，南半球团体跨区域联系的百分比以近乎二比一的优势始终高于北半球团体。①

表 5　具有任何跨区域联系的区域性跨国社会运动组织的百分比

	人权 %	环境 %	经济公平 %	女性 %	所有团体 %
北半球	48**	39	44%***	31*	37****
（团体数量）	(25)	(36)	(25)	(13)	(99)
南半球	75	50	80	60	65
（团体数量）	(16)	(6)	(15)	(15)	(52)

* 南北半球平均差的 t 检验（双侧检验）显著性水平为 0.15
** 南北半球平均差的 t 检验（双侧检验）显著性水平为 0.10
*** 南北半球平均差的 t 检验（双侧检验）显著性水平为 0.05
**** 南北半球平均差的 t 检验（双侧检验）显著性水平为 0.01

与假设 5 一致，不管是北半球还是南半球的环境团体和女权团体，他们都最不可能具有跨区域联系，而人权组织和经济公平组织却具有大致相当的跨区域联系。这些模式表明，由于环境团体关注生态，因此，他们把组建的努力都放在了以领土来界定的区域内。还表明，由于女权团体的战略倾向于强调个人和团体之间的关系，因此，尤其这两种类型或者组织区域内的联系要比跨区域的联系牢固得多。

结　语

在本文开头，我就提出了这样一个问题：近年来的跨国运动主义将来是否会持续并深化下去？为了调查这个问题，我考察了一些组织的数据，这些组织是全球抗议动员组织——跨国社会运动组织——重要的活动者（虽然并

---

① 当然，北半球团体的数量较多，这意味着在许多领域里它们的数量普遍比它们南半球的同行要高一些，尽管百分比低于南半球的同行。

不是唯一的活动者），并且，对于这些组织日益加剧的区域化组建的趋势，提出了两种相反的解释，询问这种趋势是否反映了跨国行动主义领域里早期的全球化趋势的逆转或者加深。一方面，之所以区域化，可能是因为想要建立广泛的同盟，把具有不同利益和能力的团体都包括在内，但是受到了挫折和限制，因此，不得不做出这种回应。自从20世纪90年代早期，南北分歧就已经证实是大多数重大的政府间协定的关键障碍物，考虑到这个因素，市民社会团体出现类似的两极分化现象也就不足为奇了。因此，区域化也有可能是组织为了应对区域利益受到的威胁，而这种威胁来自于试图在具有不同能力的不同团体之间建立联盟来影响政策过程和结果。

另一方面，有理由相信，由于社会运动组织相对来说权利不够强大，因此，他们必须找到办法克服差异以便建立广泛的联盟来影响全球政治。这就尤其如此，因为像联合国这样的全球性机构是建立在平等代表权和民主的原则基础之上的，所以鼓励旨在包容的行为。北半球那些实力雄厚、拥有政治权利的少数派必须动员南半球"不发达国家和主体世界"来支持他们，从而增强他们的主张的合法性。在这种环境下，最合法的团体是那些能够真正声称说他们代表来自许多不同国家的人民利益的团体。

我用来测试两极分化观点的假设——也就是，我们将会在南半球团体中发现更多的区域性联系——没有得到这些数据的支持。与北半球的那些同类组织相比，南半球区域性跨国社会运动组织不是与他们区域之外的团体联系较少，而是更多地与跨区域团体以及政府间组织保持联系。这里的证据表明，通过把区域层面的利益聚集起来，区域性跨国社会运动组织更有可能正在帮助地方政治和跨国政治搭建桥梁。因此，我们可以说，区域化更有可能是组织为了迎接全球机构创造的机遇，而不是放弃克服全球市民社会存在的主要分歧的努力。

许多活动家在致力于影响全球谈判的时候，他们很有可能看到一种需求，即"填补"地方和国家组织者与全球层面政治进程之间存在的一些结构性差异。地方组织结构能够更加快速响应地方需求，帮助聚合各种利益，表达来自特定地区的人民的偏好，从而促进达成全球层面的共识。这能够赋予新团体一种独一无二的组织角色或者职位，以此限制他们与更大的、更知名的团体来竞争成员和资源的这种需求（例如，Minkoff，1995）。联合国全球会议，以及那些会议为改善区域一体化而提供的激励措施，似乎是形成这种组织模式的关键因素。世界社会论坛——市民社会团体的重大全球性会议，自2001年已在巴西阿雷格里港和印度孟买举行了五届会议——已经建立了类似的区域性和地方性社会论坛，这一事实表明了在全球框架内建立更加地方化对话的一种呼吁和要求。在社会论坛内部为了吸纳更加多样化的声音，即使他们强调全球论坛事件的重要性（Smith et al.，2004），活动家们也已经明确了要举行更加地方化的论坛的这种需要。正如既是学者又是活动家的沃尔登·贝洛所观察的那样：

> 阿雷格里港进程发展势头之所以如此强劲，主要是因为它提供了一个场所，在那里，各种运动和组织虽存在差异却能够共同工作。尽管如往常一样，极左分子团体仍然抗拒加入这个进程，但是，阿雷格里港进程已经把各种政治传统和倾向的共同价值观念和愿望带到了最前沿。阿雷格里港进程可能主要体现了一种运动的到来，而这种运动长久以来一直都徘徊在分裂和竞争的荒原上。换句话说，现在那个钟摆可能正在摆向统一的一边，因为他们感觉到，在与单边主义者的军国主义化和咄咄逼人的全球化进行殊死搏斗的过程中，**各种运动别无选择，要么同心协力，要么各寻死路**（Bello，2003，我用黑体以示强调）。

区域性政府间组织的力量越来越强大，这也促进了跨国社会运动组织的区域化。例如，欧洲联盟是最强大的区域性政府间组织，它在地区事务中发挥的作用在这十年中大大加强，与此同时，我们也看到区域性跨国社会运动组织在这十年有所发展。欧洲联盟的政策和结构鼓励各种团体集合欧洲各国的利益，并且用那些最有可能影响欧洲决策的方式清楚表明这些利益。关注欧洲联盟政治组织的区域性团体并为两极分化观点提供证据支持，因为他们力图在一个更加狭小的政治领域内集合一部分全球利益。南半球的活动家缺少一个可与之相较的区域结构。①

区域性跨国社会运动组织与其他非政府组织之间保持联系的数据允许我们评估在多大程度上这些团体只在他们自己的区域内运作，在多大程度上他们与区域以外的组织保持联系。分析表明，与北半球的团体相比，南半球的团体保持了更多的跨区域联系。与此同时，北半球团体明显更有可能只与他们自己区域内的团体保持联系。与假设 4 和假设 5 一致，一种制度性的解释能够说明我们在不同的议题领域内发现的变化。那些具有高度地方敏感性的议题（女权议题和环境议题）建立了更加区域化的联系，而那些在一个更加普遍的层面上管理的议题（经济公平议题和人权议题）建立了更多的跨区域联系。

总之，数据最好地支持这种理论，即跨国社会运动组织的区域化是国际政治组织机遇结构的结果。欧洲联盟的新机遇鼓励北半球团体在区域范围内开展动员工作，从而在那个机构框架内维护和/或者促进社会变迁目标。然而，南半球团体没有与之相较的区域性政府间结构。那么，这些团体的区域化更有可能是对联合国全球会议及其相关倡议的机遇的一个回应。这鼓励南半球活动者在区域内组建政府间结构，从而他们能够在一种由北半球组织及其活动者控制的政治环境下——政治上而不是数字上——最好地促进区域利益。他们还鼓励南半球团体与其北半球同行共同努力。通过把经由区域性对话发展起来的立场带到全球论坛上，南半球团体更有机会影响市民社会团体期望达成共识的努力。相比之下，那种"圣战"或者两极分化观点预期南半球团体的关注将会更加具有排他性和封闭性。区域化不是标志全球市民社会南北半球的两极分化，而似乎是为了更好地在全球政治环境内沟通南北半球而努力的结果。在那些区域性政府间组织强大的地区，比如欧洲，围绕着一个共同的、区域性的身份和政治战略，区域化组建作为一种把各种各样的人口融合在一起的方式而受到鼓励。那么，这项研究支持世界文化观点和政治

---

① 尽管这项研究显示，如果决策者关注加强南半球市民社会活动家，那么，他们必须支持或者推动那个区域的区域性政府间组织，这将有助于推进这项日程。

进程理论,即跨国组织和全球组织通过加强世界政治组织的制度化来影响社会关系模式。

参考文献

Anheier, Helmut, Marlies Glasius and Mary Kaldor (eds.) (2004), *Global Civil Society 2004/5*, London: Sage.

Anheier, Helmut and Hagai Katz (2004), "Network Approaches to Global Civil Society", in Anheier, Helmut, Marlies Glasius and Mary Kaldor (eds.) (2004), *Global Civil Society 2004/5*, London: Sage, pp. 206 – 221.

Barber, Benjamin (1995), *Jihad VS. McWorld*, New York: Random House.

Bello, Walden (2001), *The Future in the Balance: Essays on Globalization and Resistance*, Oakland: Food First Books.

Bello, Walden (2003), "From Florence to Porto Alegre via Hyderbad: A Year in the Life of the World Social Forum", At www.tni.org/fellows/Bello.htm. Accessed March 5, 2004.

Bob, Clifford (2001), "Marketing Rebellion: Insurgent Groups, International Media, and NGO Support", *International Politics*, 38, pp. 311 – 334.

Bob, Clifford, Forthcoming, *The Marketing of Rebellion: Insurgents, Media, and International Support*, New York: Cambridge University Press.

Boli, John, Thomas A. Loya and Teresa Loftin (1999), "National Participation in World-Polity Organizations", in John Boli and George M. Thomas (eds.), *Constructing World Culture: International Nongovernmental Organizations Since 1865*, Stanford: Stanford University Press, pp. 50 – 79.

Boli, John and George Thomas (1999), "INGOs and the Organization of World Culture", in John Boli and George M. Thomas (eds.), *Constructing World Culture: International Nongovernmental Organizations Since 1865*, Stanford: Stanford University Press, pp. 13 – 48.

Brysk, Alison (1994), "Lost in the Palace of Nations: Latin American Indian Rights Movements at the United Nations", Workshop on International Institutions and Transnational Social Movement Organizations: Kroc Institute for International Peace Studies, University of Notre Dame.

Brysk, Alison (1996), "Turning Weakness into Strength: The Internationalization of Indian

Rights", *Latin American Perspectives*, 23, pp. 38 – 58.

Chatfield, Charles (1997), "Intergovernmental and Nongovernmental Associations to 1945", in Jackie Smith, Charles Chatfield and Ron Pagnucco (eds.), *Transnational Social Movements and World Politics: Solidarity Beyond the State*, Syracuse, NY: Syracuse University Press, pp. 19 – 41.

Clark, Ann Marie, Elisabeth J. Friedman and Kathryn Hochstetler (1998), "The Sovereign Limits of Global Civil Society: A Comparison of NGO Participation in UN World Conferences on the Environment, Human Rights, and Women", *World Politics*, 51, pp. 1 – 35.

Cullen, Pauline (2003), "European NGOs and EU-Level Mobilization for Social Rights", Ph. D. diss. SUNY, Stony Brook.

Cullen, Pauline (2005), "Obstacles to Transnational Cooperation in the European Social Policy Platform", in Joe Bandy and Jackie Smith (eds.), *Coalitions Across Borders: Negotiating Difference and Unity in Transnational Struggles Against Neoliberalism*, Lanham, MD: Rowman & Littlefield.

Della Porta, Donatella (2005), "Multiple Belongings, Tolerant Identities, and the Construction of 'Another Politics': Between the European Social Forum and the Local Social Fora", in Donatella dellaPorta and Sidney Tarrow (eds.), *Transnational Protest and Global Activism*, Lanham, MD: Rowman & Littlefield, pp. 175 – 202

Della Porta, Donatella and Sidney Tarrow (eds.) (2005), *Transnational Protest and Global Activism*, Lanham, MD: Rowman & Littlefield.

Faber, Daniel (2005), "Building a Transnational Environmental Justice Movement: Obstacles and Opportunities in the Age of Globalization", in Joe Bandy and Jackie Smith (eds.), *Coalitions Across Borders: Transnational Protest in a Neoliberal Era*, Lanham, MD: Rowman & Littlefield, pp. 43 – 68.

Frank, David John, Ann Hironaka and Evan Schofer (2000), "The Nation-State and the Natural Environment over the Twentieth Century", *American Sociological Review*, 65, pp. 96 – 116.

Friedman, Elisabeth Jay, Ann Marie Clark and Kathryn Hochstetler (2005), *Sovereignty, Democracy, and Global Civil Society: State-Society Relations at the UN World Conferences*, New York: State University of New York Press.

Glasius, Marlies (2002), "Expertise in the Cause of Justice: Global Civil Society Influence on the Statute for an International Criminal Court", in Marlies Glasius, Mary Kaldor, and Helmut Anheier (eds.) (2002), *Global Civil Society Yearbook*, Oxford: Oxford University Press, pp. 137 – 169.

Glasius, Marlies and Mary Kaldor (2002), "The State of Global Civil Society: Before and After September 11", in Marlies Glasius, Mary Kaldor and Helmut Anheier (eds.) (2002), *Global Civil Society Yearbook*, Oxford: Oxford University Press, pp. 3 – 34.

Hannan, Michael T. and Glenn R. Carroll (1992), *Dynamics of Organizational Populations: Density, Legitimation, and Competition*, New York: Oxford University Press.

Hannan, Michael T. and John Freeman (1977), "The Population Ecology of Organizations", *American Journal of Sociology*, 82, pp. 929 – 964.

International Forum on Globalization (2002), *Alternatives to Economic Globalization: A Better World is Possible*, New York: Berrett-Kohler.

Jenkins, J. Craig and Charles Perrow (1977), "Insurgency of the Powerless: Farm Worker Movements", *American Sociological Review*, 42, pp. 249 – 268.

Johnson, Erik and John McCarthy (2005), "The Sequencing of Transnational and National Social Movement Mobilization: The Organizational Mobilization of the Global and U. S. Environmental Movements", in Donatella dellaPorta and Sidney Tarrow (eds.), *Transnational Protest and Global Activism*, Lanham, MD: Rowman&Littlefield, pp. 71 – 93.

Keck, Margaret (1998), "Planafloro in Rondonia: The Limits of Leverage", in Jonathan A. Fox and L. David Brown (eds), *The Struggle for Accountability: The World Bank, NGOs, and Grassroots Movements*, M. A. Massachusetts Institute of Technology Press, pp. 181 – 218.

Keck, Margaret and Kathryn Sikkink (1998), *Activists Beyond Borders*, Ithaca: Cornell University Press.

Khagram, Sanjeev, James V. Riker and Kathryn Sikkink (2002), *Restructuring World Politics: Transnational Social Movements, Networks, and Norms*. Minneapolis, MN: University of Minnesota Press.

Kriesi, Hanspeter, Ruud Koopmans, Jan Willem Duyvendak and Marco Giugni (1995), *New Social Movements in Western Europe: A Comparative Analysis*, Minneapolis: University of Minnesota Press.

Krut, Riva (1997), "Globalization and Civil Society: NGO Influence on International Decision Making", United Nations Research Institute for Social Development, Geneva.

Levering, Ralph A. (1997), "Brokering the Law of the Sea Treaty: The Neptune Group", in Jackie Smith, Charles Chatfield and Ron Pagnucco (eds.), *Transnational Social Movements and Global Politics: Solidarity Beyond the State*, Syracuse, N. Y.: Syracuse University Press.

Lipsky, Micheal (1968), "Protest as a Political Resource", *American Political Science Review*, 62, pp. 1144 – 1158.

Macdonald, Laura (1997), *Supporting Civil Society: The Political Role of Nongovernmental Organizations in Central America*, New York: St. Martin's Press.

McCarthy, John D., Jackie Smith and Mayer Zald (1996), "Accessing Media, Electoral and Government Agendas", in Doug McAdam, John McCarthy and Mayer N. Zald (eds.), *Comparative Perspectives on Social Movements: Political Opportunities, Mobilizing Structures and Cultural Framings*, New York, N. Y.: Cambridge University Press, pp. 291 – 311.

Meyer, John W., John Boli, George M. Thomas and Francisco O. Ramirez (1997), "World Society and the Nation-State", *American Journal of Sociology*, 103, pp. 144 – 181.

Minkoff, Debra C. (1995), *Organizing for Equality: the Evolution of Women's and Racial Ethnic Organizations in America, 1955 – 1985*, New Brunswick, N. J.: RutgersUniversity Press.

Moghadam, Valentine (2000), "Transnational Feminist Networks: Collective Action in an Era of Globalization", *International Sociology*, 5, pp. 57 – 85.

Polletta, Francesca (2002), *Freedom is an Endless Meeting*, Chicago: University of Chicago Press.

Price, Richard (1998), "Reversing the Gun Sights: Transnational Civil Society Targets Land Mines", *International Organization*, 52, pp. 613 – 644.

Riles, Annelise (2001), *The Network Inside Out*, Ann Arbor: University of Michigan Press.

Risse, Thomas, Stephen C. Ropp and Kathryn Sikkink (eds.) (1999), *The Power of Human Rights: International Norms and Domestic Change*, New York: Cambridge University Press.

Rohrschneider, Robert and Russell J. Dalton (2002), "A Global Network? Transnational Cooperation among Environmental Groups", *Journal of Politics*, 64, pp. 510 – 533.

Rootes, Christopher (ed.) (2004), *Environmental Protest in Western Europe*, New York: Oxford University Press.

Rothman, Franklin Daniel and Pamela E. Oliver (2002), "From Local to Global: The Anti-Dam Movement in Southern Brazil 1979 – 1992", in Jackie Smith and Hank Johnston (eds.), *Globalization and Resistance: Transnational Dimensions of Social Movements*, Lanham, MD: Rowman & Littlefield, pp. 115 – 131.

Rupp, Leila, and Verta Taylor (1999), "Forging Feminist Identity in an International Movement: A Collective Identity Approach to Twentieth-Century Feminism", *Signs: Journal of Women in Culture and Society*, 24, pp. 363 – 386.

Smith, Jackie (1995), "Transnational Political Processes and the Human Rights Movement", in Louis Kriesberg, Michael Dobkowski and Isidor Walliman (eds.), *Research in Social Movements, Conflict and Change*, 18, Greenwood, C. T. : JAI, pp. 185 – 220.

Smith, Jackie (2002), "Bridging Global Divides? Strategic Framing and Solidarity in Transnational Social Movement Organizations", *International Sociology*, 17.

Smith, Jackie (2004), "Globalization and Social Movements: Exploring Connections between Global Integration and Transnational Political Mobilization", *Journal of World Systems Research*, 10 (1), pp. 255 – 285. At http: //jwsr. ucr. edu.

Smith, Jackie, Andrea Conte, Marlies Glasius, Jeff Juris, Raffaele Marchetti, Tasos Papadimitriou, Alex Plows, Ruth Reitan, Christopher Rootes, Clare Saunders and Jill Timms (2004), "Observations from the European Social Forum, London 2004: A Cooperative Research Initiative", Unpublished Report, McMaster University, Hamilton Ontario.

Smith, Jackie, Ron Pagnucco and George Lopez (1998), "Globalizing Human Rights: Report on a Survey of Transnational Human Rights NGOs", *Human Rights Quarterly*, 20, pp. 379 – 412.

Snyder, Anna (2003), *Setting the Agenda for Global Peace: Conflict and ConsensusBuilding*, Burlington, V. T. : Ashgate.

Sperling, Valerie, Myra Marx Ferreeand Barbara Risman (2001), "Constructing Global Feminism: Transnational Advocacy Networks and Russian Women's Activism", *Signs: Journal of Women in Culture and Society*, 26, pp. 1155 – 1186.

Staggenborg, Suzanne (1986), "Coalition Work in the Pro-Choice Movement: Organizational and Environmental Opportunities and Obstacles", *Social Problems*, 33, pp. 374 – 389.

Steiner, Henry J. (1991), *Diverse Partners: Nongovernmental Organizations in the Human*

Rights Movement, *Report of a retreat of human rights activists*, Harvard M. A. : Harvard Law School Human Rights Program and Human Rights Internet.

Subramaniam, Mangala, Manjusha Gupte and Debarashmi Mitra (2003), "Local to Global: Transnational Networks and Indian Women's Grassroots Organizing", *Mobilization*, 8, pp. 335 – 352.

Tarrow, Sidney (2001), "Transnational Politics: Contention and Institutions in International Politics", *Annual Review of Political Science*, 4, pp. 1 – 20.

Tarrow, Sidney (2005), *The New Transnational Activism: Movements, States, and International Institutions*, New York: Cambridge University Press.

United Nations (2004), "We the Peoples: Civil Society, the United Nations and Global Governance: Report of the Panel of Eminent Persons on United Nations-Civil Society Relations", United Nations SecretaryGeneral, New York (UN General Assembly Document A/58/817). Available at: http://www.un-ngls.org/UNreform.htm. Accessed December 20, 2004.

Walgrave, Stefaan and Dieter Rucht, Forthcoming, *Worldwide Anti-War-in-Iraq Protest*, A Preliminary Test of the Transnational Movements Thesis.

Warkentin, Craig (2001), *Reshaping World Politics: NGOs, the Internet, and Global Civil Society*, New York: Rowman & Littlefield.

Waterman, Peter (2001), *Globalization, Social Movements and the New Internationalisms*, New York: Continuum.

Waterman, Peter (2005), "Talking Across Difference in an Interconnected World of Labour", in Joe Bandy and Jackie Smith (eds.), *Coalitions Across Borders: Transnational Protest in a Neoliberal Era*, Boulder: Rowman & Littlefield, pp. 141 – 162.

Willetts, Peter (1989), "The Pattern of Conferences", in Paul Taylor and A. J. R. Groom (eds.), *Global Issues in the United Nations Framework*, New York: St. Martin's Press, pp. 35 – 63.

Willetts, Peter (ed.) (1996), *The Conscience of the World: The Influence of NGOs in the United Nations System*, London: C. Hurst.

Willetts, Peter (2000), "From 'Consultative Arrangements' to 'Partnership': The Changing Status of NGOs in Diplomacy at the UN", *Global Governance*, 6, pp. 191 – 213.

Young, Dennis (1992), "Organising Principles for International Advocacy Associations", *Voluntas*, 3, pp. 1 – 28.

第二部分 | 政府间国际组织的实践

妇女权利的区域——全球治理网络：《消除对妇女一切形式歧视公约》及其在东盟国家的执行[*]

［马来西亚］谢丽夫·西亚赫拉 著　　吕晓莉　吕茂林　刘　鑫 编译[**]

一、前言

《消除对妇女一切形式歧视公约》（以下简称为 CEDAW）是联合国于 1979 年通过的一项有关妇女权益的国际公约。公约给"对妇女的歧视"下了明确定义，并为消除对妇女的歧视提供法律依据（UN Women-CEDAW，2007）。CEDAW 的规定主要来源于以下 6 个早期的国际公约：1949 年的《禁止贩卖人口及取缔意图营利使人卖淫公约》（*Convention for the Suppression of Traffic in Person and Exploitation of the Prostitution of Others*），1951 年的《男女工人同工同酬公

---

[*] 本文首次发表于 *Procedia Social and Behavioral Sciences*，2015 年第 172 期，第 519—524 页。文章原名 "Regional-Global Governance Network on Women's Rights: CEDAW and its implementation in ASEAN countries"。

[**] 作者简介：谢丽夫·西亚赫拉（Sharifah Syahirah），马来西亚玛拉理工大学，管理科学与政策研究系，高级讲师。译者简介：吕晓莉，北京师范大学政府管理学院副教授；吕茂林、刘鑫，北京师范大学政府管理学院 2014、2015 级研究生。

约》(Convention Concerning Equal Remuneration for Men and Women Workers for Equal Value, ILO)、1952 年的《妇女政治权利公约》(Convention on the Political Rights of Women)、1958 年的《消除就业和职业歧视公约》(Convention Concerning Discrimination in Respect of Employment and Occupation, ILO)、1960 年的《取缔教育歧视公约》(Convention against Discrimination in Education, UNESCO)，以及 1964 年的《关于婚姻的同意和婚姻登记的公约》(Convention on Consent to Marriage, and Registration of Marriage)(UN Women-CEDAW, 2007)。

CEDAW 是联合国制定的一份重要国际人权文书。联合国在促进和保护人权领域一共有 9 份国际公约：1965 年的《消除一切形式种族歧视国际公约》(International Convention on the Elimination of All Forms of Racial Discrimination, CERD)、1966 年的《公民权利和政治权利国际公约》(International Convention on the Elimination of All Forms of Racial Discrimination, CERD) 和《经济、社会和文化权利国际公约》(International Covenant on Economic, Social and Cultural Rights, CESCR)、1984 年的《禁止酷刑和其他残忍、不人道或有辱人格的待遇或处罚公约》(Convention against Torture and Other Cruel, Inhuman or Degrading Treatment or Punishment, CAT)、1989 年的《儿童权利公约》(Convention on the Rights of the Child, CRC)、2006 年的《保护所有人免遭强迫失踪国际公约》(International Convention for the Protection of All Persons from Enforced Disappearance, CMW)，以及 2006 年的《残疾人权利公约》(Convention on the Rights of Persons with Disabilities, CRPD)。联合国通过《消除对妇女一切形式歧视公约》至今，已经有 186 个缔约国批准了该公约。

在东南亚，所有东盟国家包括文莱 (Brunei)、柬埔寨 (Cambodia)、印度尼西亚 (Indonesia)、老挝 (Laos)、马来西亚 (Malaysia)、缅甸 (Myanmar)、菲律宾 (Philippines)、新加坡 (Singapore)、泰国 (Thailand) 和越南 (Vietnam) 都分别批准了 CEDAW。菲律宾于 1981 年 8 月 5 日最早批准该公约，其次是老挝 (1981 年 8 月 14 日)、越南 (1982 年 2 月 17 日)、印度尼西亚 (1984 年 9 月 13 日)、泰国 (1985 年 8 月 9 日)、柬埔寨 (1992 年 10 月 15 日)、马来西亚 (1995 年 7 月 5 日)、新加坡 (1995 年 10 月 5 日)、缅甸

(1997年7月22日),最后批准该公约的国家是文莱(2006年5月24日)。

因此,本文将探讨东盟国家批准 CEDAW 之后的执行情况,以及东盟作为一个区域性的政府间国际组织的治理和 CEDAW 的关联度。本文运用区域—全球治理框架阐述了东盟区域治理和联合国全球治理网络的整体性质,及其对有关妇女权利问题的参与,并对东盟和 CEDAW 治理平台、结构和网络的联系进行了细致分析。

二、区域—全球治理网络

区域—全球治理网络是区域治理概念、全球治理概念和网络治理概念的结合。本文尝试将区域—全球治理网络作为一个新概念来进行介绍,并用来分析东盟(Solidum, 2003)、欧盟(Goldstein & Pevehouse, 2014)等区域性组织和联合国这样的全球性超国家治理机构之间的交互联系。治理可以被看作是一个综合各种正式和非正式行为体意见的决策过程。

根据全球治理委员会(Commission on Global Governance, 1995)的定义,"治理是个人和制度、公共和私营部门管理其共同事务的各种方法的综合。它是使相互冲突或不同的利益得以调和并采取联合行动的持续的过程。这既包括有权迫使人们服从的正式制度和规则,也包括各种人们同意或以为符合其利益的非正式的制度安排。"因此,本文将对所有东盟国家批准和加入《消除对妇女一切形式歧视公约》之后的 CDDAW 的治理和东盟国家治理的交互联系进行深入分析。区域治理的概念来源于地方主义,意味着次国家区域和超国家区域的地区包容性的形成(Higgot, 2005)。

同时,全球治理迄今依然是一个充满争议的理念,因为它可以从现象、规范和实证三种维度来阐释。现象性维度主要是从改变了国际体系、国家政策和视角的全球化现象来思考,换句话来说,就是现象学维度主要探讨全球化如何通过技术进步和无国界状态的出现来构建全球治理平台,加强相互之间的联系(Rosenau, 1995)。全球治理的规范性维度分析主要是关注 IGO 为减少全球化消极影响而采取的行动,探讨其旨在实行平权行动和构建全球体系的全球项目和计划。

对全球治理行动或机构进行分析和评估可以从参与度、包容性、合法性、责任性、透明度、广泛性、相互性和合理性等方面进行（Keohane，2002；Dingwerth，2003）。比尔曼（Biermann）表示，应从更加全面的角度对全球治理予以阐释和界定。

因此，比尔曼综合了全球治理的现象性和规范性维度的特点，建议从实证性的维度进行分析。实证性维度主要包括三个方面：（1）全球治理认为，世界政治不再局限于民族国家，次国家行为体在全球治理过程中的参与度增加是其特征。这种多行为体的治理包括了专家、环保主义者、人权游说团体和跨国公司网络等私人部门。（2）越来越多的参与促进了新的治理形式的出现。政治活动经常在网络或者以公—私合作和私—私合作的模式开展，而且政府和私人团体之间也会经常进行沟通协商。（3）全球治理体系的形成意味着，规则制定和实施的过程越来越细化，纵向的超国家、国际、国家和地区权威阶层，以及横向的由不同行为体所维持的规则制定体系越来越碎片化（Biermann，2004）。

图1表示的是，CEDAW得到联合国和所有东盟国家批准之后，其维护妇女权利的全球治理和政策网络被社会化的区域。186个联合国会员国的批准加强了该条约的合法性，标志着妇女权益在186个国家中得到了肯定和承认；同时也加强了非政府组织和市民社会对维护妇女权利的活动的参与。自所有

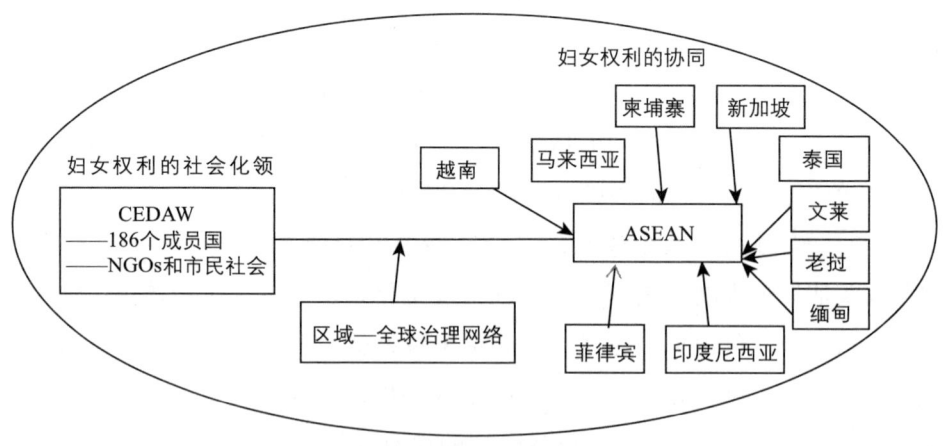

图1　CEDAW区域—全球政策网络的社会化区域

东盟国家批准 CEDAW 之后，也促成了东盟各国家以及东盟作为一个区域组织的治理和政策网络的形成和发展。

三、CEDAW 治理和 AESAN 国家的定期报告

CEDAW 在东盟各国家的执行情况是不一样的。CEDAW 第十八条规定，缔约各国应就本国为使本公约各项规定生效所通过的立法、司法、行政或其他措施以及所取得的进展，向联合国秘书长提出报告，供委员会审议（CEDAW，1979）。相关方可以通过联合国网站主要是联合国妇女发展署（Division for the Advancement of Women，DAW）、人权事务高级专员办公室（Office for the High Commissioner of Human Rights，OHCHR）网站查看这些报告。主要有三种类型的报告：政府/国家报告（Government/State Report）、NGO 影子报告（Shadow NGO Report）、NGO 选择性报告（the Alternative NGO Report）。影子报告和选择性报告的区别在于，影子报告是非政府组织在阅读《公约》缔约国向联合国提交权利落实情况报告之后撰写的补充报告，而选择性报告是非政府组织在无法阅览政府报告的情况下撰写并提交给联合国的报告。表1总结了东盟各国提交给联合国的政府报告以及影子报告和选择性报告的数量和年份。

从表1中我们可以发现，印度尼西亚和新加坡在批准《消除对妇女一切形式歧视公约》之后向联合国提交了3次报告，老挝、泰国和越南提交了2次，马来西亚和柬埔寨只提交了1次，文莱自2006年以后就没提交过任何报告。

表1 东盟各国提交给联合国的政府报告以及影子报告和选择性报告的数量和年份

国家批准公约的日期	政府报告	影子/选择性报告
文莱（2006/5/24）	无	无
柬埔寨（1995/10/15）	2004	2006，2010
印度尼西亚（1984/9/13）	1997，2005，2011	2007，2012
老挝（1981/8/14）	2005，2008	无
马来西亚（1995/7/5）	2004	2005

（续表）

国家批准公约的日期	政府报告	影子/选择性报告
缅甸（1997/7/22）	2000，2007	2000，2008
菲律宾（1981/8/5）	1993，1997，2006	2006
新加坡（1995/10/5）	2000，2007，2009	2007
泰国（1985/8/9）	1997，2004	2003
越南（1982/2/17）	2000，2005	2006，2010

资料来源：联合国妇女发展署网站（DAW，2014）

根据CEDAW第十八条的规定，缔约各国应在公约对本国生效后一年内提出报告，并且自此以后，至少每4年并随时在委员会的请求下提出。我们从表1可以看出，大多数东盟成员国并没有按照CEDAW第十八条的规定履行按时提交报告的义务（UN Assembly，1979）。例如，马来西亚在加入该条约9年后才递交了第一份政府报告并于次年提交了一份非政府组织报告。而新加坡在加入后首次提交报告的时间只是比马来西亚早5年。尽管马来西亚和新加坡都是于1995年批准该条约，新加坡共向联合国提交了3次政府报告，而马来西亚只提交了1次。

并不是所有东盟国家都按照规定履行按时提交报告的义务。主要有四点原因，第一，执行CEDAW需要对国家的很多政策、司法和结构进行修改。例如，马来西亚在加入CEDAW后用了6年时间才成立了国家女性、家庭和社会发展部（Ministry of Women，Family and Community Development）。第二，政治意愿的缺乏导致有关女性权益的政府机构、司法和政策的缺失。第三，根据性别分类的数据的缺乏，使得政府需要大量时间来搜集这些数据。第四，投入时间久、数据缺失、政治意愿的缺乏，使得这些国家很难在规定的时间里按时提交报告。最重要的一点是，由于CEDAW作为一项国际条约，尊重和维护国家主权，公约第二十三条规定，如果CEDAW的规定与缔约各国的法律有冲突的话，缔约国有权利保留自己的见解。因此，各国家都有保留和延迟提交报告的权利（Syahirah，2011）。

CEDAW的治理为非政府组织参与报告的提交提供了平台和机会。定期报告提交过程涉及三个部分：政府、非政府组织和CEDAW委员会。在这里，当地的 NGO 有与政府大致平等的向联合国提交妇女权益报告的权利。当地 NGO 可以从自己的视角将本国执行 CEDAW 的情况以影子报告或选择性报告的形式提交给联合国。这些 NGO 的报告可以作为《公约》缔约国官方报告之外有关本国权利落实情况的一个补充报告。

四、CEDAW 在东盟国家的执行

通过对上述 28 份政府报告、NGO 影子报告和选择性报告以及相关评论进行深入的分析，发现 CEDAW 在东盟国家的执行情况有很多相似之处，（1）各国都有关于保护妇女平等权利的法律规定，而且国家也会制定相关政策和行动计划，给予司法和公共机构消除妇女歧视的权力，确保妇女权益的保护。（2）各国都设立了相关机构，对妇女权益执行情况进行监督。（3）各国都颁布了一项专门针对家庭暴力的法律，为家暴受害者提供法律保障。（4）各国都设立了专门接收女性或人口贩卖受害者的庇护所或救援中心。（5）很多 CEDAW 的规定都被纳入国家宪法，以提高妇女地位、保护妇女权益。（6）各国都成立有一个专责小组或颁布相关法律，专门打击贩卖和剥削妇女的行为。（7）在公共机构设立专门针对女性的职位。

同时，CEDAW 在东盟国家的执行也遇到了很多相同的挑战。（1）由于文化和传统习俗的缘故，使得这些国家给国际社会留下了强制执行的刻板印象。（2）女性担任管理和领导职位的比例很低，与其工作潜力和实际贡献并不匹配。（3）尽管很多女性受教育程度普遍很高，但是其就业形势依旧严峻。（4）对妇女和儿童的犯罪率很高，但是这些行为很少得到报道，而且多数达成庭外和解。（5）缺乏适用于性暴力受害者的解决机制、救济措施以及将施暴者绳之以法的措施。（6）女性文盲率高，尤其是那些农村地区、少数民族和残疾人女性，学校对男性和女性的招生政策不平等，女性辍学率高。（7）性别收入差距大，男女社会保障福利不平等。

通过对这些政府报告的解读，我们可以发现，东盟各国为了落实 CEDAW 中的规定，采取了很多相同的举措。但是在消除对妇女一切形式歧视方面，各国也面临着相似的挑战。

五、ASEAN 和 CEDAW 治理网络的关联

尽管所有东盟国家都批准了 CEDAW、ASEAN 和 CEDAW 之间的区域—全球网络联系依然很模糊。但是，ASEAN 的一些结构和方案是专为保护女性权利而设立。这些方案与 CEDAW 的批准和在东盟国家的执行密切相关。

2010 年 4 月 7 日，东盟第 16 届峰会在越南召开，成立了东盟促进和保护妇女、儿童权利委员会（The ASEAN Commission on the Promotion and Protection of the Rights of Women and Children，ACWC），旨在加强妇女和儿童在东盟一体化建设过程中的社会福利保障和参与性，该委员会的一项重要任务就是制定政策、规划和创造性战略促进和保护妇女儿童的权益，促进东盟共同体的建设。委员会的 20 名代表分别由东盟各成员国任命，以确保消除对妇女一切形式的歧视。ACWC 经常就有关妇女儿童权益的各种问题与联合国机构，尤其是联合国妇女署（UN Women），联合国儿童基金会（UNICEF），联合国毒品和犯罪问题办公室（UNODC）开展对话。

ACWC 致力于以下几方面的工作：消除对妇女的暴力行为，消除对女性弱势群体的一切形式的歧视，促进性别平等和提高女性受教育程度，打击贩卖妇女犯罪行为，关注早期婚姻和生育健康，以及女性在政治和决策过程的参与，女性感染和携带艾滋病毒的防治，关注气候变化对女性的社会影响，自然灾害中的女性，提升女性经济权益，保护女性的土地和财产权，消除对女性的国籍、民族歧视，关注有关家庭事件的管理和政策措施。

伊莱恩·塔恩（Elaine Tan）作为东盟基金会（ASEAN Foundation）的一名执行董事，敦促东盟对人权尤其是妇女人权问题给予足够的重视。东盟 2015 年的主题就是以人为本，此后成为各界倍加关注的一个重要领域。ACWC 委员会的马来西亚代表基亚姆·耿·恒博士（Dr. ChiamKengHeng）对此持相似观点，她认为赋权给女性、将性别观点纳入主流、女性平等和机会均等是相互关联且重要的问题。她还强调，人口贩卖也是东盟亟需解决的问题。

除此之外，基亚姆还提到，ACWC 所有的项目和举措都应该基于 CEDAW 和 CRC 框架来制定和开展，"不以 CEDAW 为参考的项目是无法得以有效制定和实施的。"

由于 CEDAW 在东盟各国的执行情况和各国所面临的挑战相似，本文建议，东盟共同按时向 CEDAW 和妇女地位委员会（Commission on Status of Women，CSW）报告权利执行情况，致力于消除对妇女一切形式的歧视。恒·耿（Heng Keng）和戴里亚姆（Dairiam）也对此表示赞同。但是，东盟松散分离的地方主义本质或将阻碍计划的实施。因此，ASWAN 和 CEDAW 之间存在着区域—全球治理网络的联系。但是，这种联系不仅模糊且缺乏系统性的应用。

结　语

本文认为，CEDAW 不仅是一项国际条约，还是一个为妇女权利构建了一个全球社会化区域的全球治理机制。本文分析了自所有东盟成员国批准 CEDAW 之后，CEDAW 和 ASEAN 之间是否存在着区域—全球治理网络的联系。结果发现，这种联系体现于：东盟通过促进和保护妇女、儿童权利委员会的成立，运用东盟结构致力于消除东盟国家内对妇女的一切形式的歧视。但是，这种联系是模糊且非正式的。本文建议东盟能够共同向 CEDAW 和 CSW 定期提交权利执行情况报告。除此之外，本文还对 CEDAW 在东盟各国的执行情况以及各国面临挑战的相似之处进行了归纳总结。

参考文献

Biermann, F. (2004), *Global Environmental Governance: Conceptualization and Examples*, Berlin: The Global Governance Project.

Commission on Global Governance (1995), "A New World", In Commission on Global Governance (ed.), *The Global Governance Reader*, 1st ed., New York: Routledge Taylor & Francis Group, pp. 26 – 44.

Dairiam, S. (2014), "Women Development: Going Beyond MDGS Framework", [Plenary session], 20 April 2014.

Dingwerth, K. (2004), *Democratic Governance beyond the State: Operationalising an Idea*, Berlin: Global Governance Project.

Dingwerth, K. (2003), *The Democratic Legitimacy of Global Public Policy Networks: Analysing the World Commission on Dams*, Berlin: The Global Governance Project.

Division for the Advancement of Women (DAW) (2014), [Online]. Available: http://www.un.org/womenwatch/daw/cedaw.html.

Goldstein and Pevehouse (2014), *International Relations*, 10th ed, London: Pearson.

HengKeng, C. (2014), "ASEAN Commission on the Promotion and Protection of the Rights of Women and Children (ACWC)", [Interview]. 9 April 2014.

Higgott, R. (2005), "The Theory and Practice of Global and Regional Governance: Accommodating American Exceptionalism and European Pluralism", GARNET Working Paper, No 01/05, November 2005.

IWRAW Asia Pacific (2010), "Participation in the CEDAW Reporting Process", February, [Online]. Available: http://www.iwraw-ap.org/.

Keohane R. O. (2002), *Global Governance and Democratic Accountability*, Berlin: The Global Governance Project.

Rosenau, J. N. (1995), "Governance in the Twenty-first Century", In Commission on Global Governance (ed.), *The Global Governance Reader*, 1st ed., New York: Routledge Taylor & Francis Group, pp. 45 – 67.

Syahirah, S. S. (2011), *Political Representation and Global Governance: CEDAW and Women Empowerment in Malaysia (Thesis)*, Bangi: UniversitiKebangsaan Malaysia.

Solidum, E. D. (2003), *The Politics of ASEAN: An Introduction to Southeast Asian Regionalism*, Singapore: Eastern University Press.

Tan, E. (2014), "ASEAN Foundation", [Interview]. 10 April 2014.

OHCHR (2013), "Ratification Status for CEDAW. Office of the High Commissioner for Human Rights (OHCHR)", January 2013, [Online]. Available: http://www.ohchr.org/.

联合国和非洲联盟在马里及其他地区的合作：一场仓促的婚姻？*

[美] 托马斯·维斯　[德] 马丁·维尔兹　著
吕晓莉　吕茂林　刘　鑫　编译**

冷战结束初期，联合国（United Nations, UN）在维护世界和平与安全的问题上呈现出前所未有的生机活力，全世界都为此感到欢欣鼓舞，20 世纪 90 年代起，从国际组织向区域组织的转包机制更是成为军事维和行动的标准操作程序。③ 时任联合国秘书长（UN Secretary General）布特罗斯·加利（Boutros Boutros-Ghali）在其 1992 年出版的著作《和平议程》（An Agenda for Peace）中尚对联合国抱有希望④，但他随后在 1995 年《"和平议程"附录》（Supplement to 'An Agenda for Peace'）一书和 2000 年出版的"布拉希米报告"（Bra-

---

*　本文首次发表于 International Affairs，2014 年第 90 卷第 4 期，第 889—905 页。文章原名"The UN and the African Unionin Mali and Beyond: a Shotgun Wedding?"。

**　作者简介：托马斯·维斯（Thomas G. Weiss）是美国纽约城市大学政治科学首席教授、英国伦敦大学东方和非洲研究学院研究教授。马丁·维尔兹（Martin Welz）是德国康斯坦茨大学政治学和公共管理系博士后。译者简介：吕晓莉，北京师范大学政府管理学院副教授；吕茂林、刘鑫，北京师范大学政府管理学院 2014、2015 级研究生。

③　Thomas G. Weiss (ed.) (1998), *Beyond UN Subcontracting: Task-sharing with Regional Security Arrangements and Service-providing NGOs*, London: Macmillan.

④　Boutros Boutros-Ghali (1992), *An Agenda for Peace*, New York: UN.

himi Report）中表示，联合国在索马里（Somalia）和卢旺达（Rwanda）的行动受阻后已经基本上退出了维和舞台。①

很多情况下，一些被安理会（Security Council）批准的维和行动权被全部或部分移交给区域组织，这越来越反映出联合国宪章第八章（Chapter VIII of the UN Charter）的真实意图。因为在理论上，区域组织在维护当地和平方面会比联合国有更多优势。首先，区域组织的成员可以近距离的接触到紧急事件，而且相同的文化背景可以帮助他们采取更加合法有效的行动措施。其次，区域组织也可以凭借其地理位置优势以最低的成本进行快速部署。再次，区域组织成员在解决当地冲突时会因考虑到家乡因素而尽量避免行动的溢出效应。②但是，移交给区域组织解决的举措也会导致区域组织成员出于短期利益考虑而未能采取果断措施永绝后患。同时，很多区域组织本身也会考虑区域性利益平衡的问题。当地的部队往往装备落后而且缺乏恰当的训练，非洲尤甚；而且当地的区域组织不仅性质不同，其成员国家也不一定是志同道合。③以非洲联盟（The African Union，AU）为例，多样性明显，其成员包括北非的阿拉伯国家（The Arab countries of North Africa）、西非前法国殖民地国家（The formerly French-ruled Western Africa）、处于困境中的中非（Central Africa）、新兴的东非（East African）和富饶的南非（South African）国家。

联合国目前的维和行动主要集中在非洲大陆。据统计，安理会于 2012 年

---

① Boutros Boutros-Ghali（1995），*Supplement to "An Agenda for Peace"*，New York：UN；UN，*Report of the Panel on United Nations Peace Operations*，UN document A/55/305 – S/2000/809，23 Aug. 2000（'Brahimi Report'）.

② Rodrigo Tavares（2010），*Regional Security：the Capacity of International Organizations*，London：Routledge，pp. 13 – 14；Louise Fawcett（2003），"The Evolving Architecture of Regionalization"，in Michael Pugh and Waheguru Pal Singh Sidhu（eds），*The United Nations and Regional Security*，Boulder，CO：Lynne Rienner，pp. 11 – 30.

③ Marrack Goulding（2002），*Peacemonger*，London：John Murray；Jean-Marie Guéhenno（2003），"Everybody's doing it"，*The World Today*，59（8/9），pp. 35 – 36；Thomas G. Weiss，David P. Forsythe，Roger A. Coate and Kelly-KatePease（2013），*The United Nations and Changing World Politics*，7th edn，Boulder，CO：Westview，pp. 17 – 23；Bellamyet al.，*Understanding Peacekeeping*，pp. 311 – 313；Tavares，*Regional Security*，pp. 14 – 18.

召开的会议、通过的决议以及授权采取的军事行动中约一半是针对非洲的。①本文将回顾 20 世纪 90 年代起联合国和非洲联盟关系的演变,并将着重探讨 2002 年起双方在调解布隆迪(Burundi)、达尔富尔(Darfur)、索马里以及利比亚(Libya)(非洲联盟未直接参与)等地区的危机事件中所进行的多次合作。但是联合国和非洲联盟在很多问题上都存在着一定的意见冲突,这并不利于饱受战争蹂躏的非洲的未来发展,双方在马里(Mali)地区的行动就是一个缩影。

一、维和行动合作:冷战结束之初

联合国与非洲联盟的前身——非洲统一组织(The Organization of African Union,OAU)的早期合作主要是致力于非洲的社会经济发展,除了为结束南非种族隔离制度而进行的合作之外,涉及安全领域的合作则比较少。② 直到 20 世纪 90 年代初期,布特罗斯·加利在其《和平议程》一书中呼吁区域组织在维和方面承担起更多的责任,并建议非洲建立起自己的维和力量,由此双方的主要合作领域由社会经济发展转向和平与安全。③ 非洲统一组织曾参与 1981 年乍得(Chad)内战问题的解决④,其在维和方面的第一次尝试体现于 1993 年第 29 届首脑会议建立的"预防、处理和解决冲突机制"(The Mechanism for Conflict Prevention, Management and Resolution)⑤,但当非统以观察员

---

① Jane Boulden (2013), "Introduction", in Jane Boulden (ed.), *Responding to Conflict in Africa: the United Nations and Regional Organizations*, New York: Palgrave Macmillan, p. 14.

② UN, *Cooperation between the United Nations and the Organization of African Unity: Report of the Secretary-General*, document A/48/475/Add. 1, 15 Oct. 1993, para. 8.

③ UN, *United Nations New Agenda for the Development of Africa in the 1990s*, document A/RES/48/214, 23 Dec. 1993, para. 23; *Institutionalizing Solutions*, Farnham, UK: Ashgate, 2009, pp. 31 – 56.

④ Klaas van Walraven, "Heritage and Transformation: from the Organization of African Unity to the African Union", in Ulf Engel and João Gomes Porto (eds), *Africa's New Peace and Security Architecture: Promoting Norms, Institutionalizing Solutions*, Farnham, UK: Ashgate, 2009, pp. 31 – 56.

⑤ Resolution AHG/Decl-4 (XXIX) /Rev. 1.

身份参与解决1994年卢旺达大屠杀问题时，该机制并未能有效发挥其作用。随着改革的呼声越来越高，非洲联盟于2002年正式宣告成立，取代非洲统一组织，并在非洲联盟第一届首脑会议召开后不久建立起非洲和平与安全体系架构（The African Peace and Security Architecture）。

现在，该体系架构包括非洲联盟和平与安全理事会（The AU's Peace and Security Council）、非洲大陆早期预警系统（The Continental Early Warning System）、专家小组（A Panel of the Wise）和五个地区预备部队。值得一提的是《非洲联盟章程草案》（*The AU Constitute*）第四条（h）中的规定，即非洲版的国家保护责任，呼吁非洲联盟对涉种族灭绝罪、反人类罪和战争罪的成员国家进行内政干涉，这在实质上已经偏离了最初规定的互不干涉内政原则。①

联合国对非洲联盟的成立和发展给予了大力支持，并派出一个跨部门的工作小组协助非洲联盟的能力建设工作。② 2002年，联合国第57届大会召开，号召联合国加强与非洲联盟，即非盟和平与安全理事会和其他非洲机制的合作，致力于预防和解决区域及次区域层面的冲突。2005年9月，联合国世界峰会（The UN World Summit）召开并制定了一个旨在加强非洲联盟能力建设的十年计划，至此联合国与非洲联盟的合作达到高潮。③ 但是，在此次峰会上，当时的联合国秘书长科菲·安南（Kofi Annan）强调，联合国应自觉承担其维护世界和平与安全的责任，不可过度依赖于区域组织。④ 2006

---

① 虽然非盟的实践使得本文的意义有所减弱，但是这个判断仍然是正确的。See Corinne A. Packer and Donald Rukare (2002), "The New African Union and Its Constitutive Act", *American Journal of InternationalLaw*, 96 (2), pp. 365 – 379; Baffour Ankomah (2007), "African Union: from Non-interference to Non-indifference", *New African*, 3, pp. 10 – 15; Paul D. Williams (2007), "From Non-intervention to Non-indifference: Theorigins and Development of the African Union's Security Culture", *African Affairs*, 06 (423), pp. 253 – 279; Kwame Akonor (2010), "Assessing the African Union's Right of Humanitarian Intervention", *Criminal Justice Ethics*, 29 (2), pp. 157 – 173.

② Hikaru Yamashita (2002), "Peacekeeping Cooperation between the United Nations and Regional Organizations", *Review of International Studies*, 38 (1), pp. 177 – 182.

③ UN (2005), "World Summit Outcome", document A/RES/60/1, 24 Oct., para. 93.

④ UN Security Council, 5282nd meeting, S/PV.5282, 16 Oct. 2005.

年12月，该十年计划正式生效①，被赞作是对非洲大陆特殊国情的深刻认识。② 但是由于该计划在制定过程中忽略了政治因素的影响，因此在实际操作过程中并不全部切实可行。该计划制定的最初意图是联合国协助非洲联盟的任务规划和管理，帮助组织平民、警察和军队的训练，建立和发展非洲早期预警系统，③ 非洲联盟则需协助联合国维和行动的规划和管理，而冲突预防、早期预警和和平建设等方面并不在双方合作范围之内。2013 年，联合国对该计划的实施情况进行评估审查，并加强其在亚的斯亚贝巴办公室的力量部署。根据实地考察结果，提拔亚的斯亚贝巴办公室负责人为联合国副秘书长，增强联合国政治事务部门的职能，侧重于通过斡旋与调停解决争端。其实早在 2007 年，亚的斯亚贝巴的一个维和行动支持组（Peacekeeping Support Team）就经联合国批准成为联合国维持和平行动部（Department of Peacekeeping Operations）的一支重要力量，而联合国和非洲联盟也无一例外对联合行动计划表示极大支持和肯定，双方的合作关系也对维护非洲和平与稳定产生了重要作用。④ 此外，还专门成立了一个以罗马诺·普罗迪（Romano Prodi）为首的专家组，就如何加强双方合作关系，包括对非洲联盟领导的维持和平行动任务进行资金援助等问题进行商讨研究。⑤

如今，联合国对非洲联盟工作的协助主要涉及在线交流、组建联合特别

---

① UN (2006), "Letter dated 11 December 2006 from the Secretary-General Addressed to the President of the General Assembly", document A761/630, 12 Dec. .

② Paul D. Williams (2006), "The African Union: Prospects for Regional Peacekeeping after Burundi and Sudan", *Review of African Political Economy*, 33 (108), pp. 352 – 353.

③ UN, United Nations ten-year capacity building programme for the African Union. First triennial review (2006 – 2009), final report, Nov. 2010, para. 14, available at http://www1.uneca.org/Portals/nepad/Documents/AUTenYear-CapacityProgram_Eng.pdf, 登陆时间为 2014 年 5 月 11 日。

④ UN (2006), "Implementation of the Recommendations of the Special Committee on Peacekeeping Operations, Report of the Secretary-General", document A/61/668/Add.1, 22 Dec., para. 45; Yamashita, "Peacekeeping cooperation", pp. 165 – 186, p. 180.

⑤ UN (2008), "Report of the African Union – United Nations Panel on Modalities for Support to African Union Peacekeeping Operations", document A/63/666 – S/2008/813, 31 Dec. 2008.

行动组、每两年召开一次大会总结经验教训、加强非盟调停能力建设、提供选举援助，以及为非洲联盟和平与安全理事会发展提供政策建议。① 此外，自2007年起，每年定期召开联合国和非盟安全理事会的联席会议，作为双方合作关系的一个象征。尽管非洲联盟曾多次建议将联席会议纳入制度化轨道，但是迄今该联席会议仍然是非正式的，而且缺乏一个召开后续会议的固定议程。当前联合国在亚的斯亚贝巴共有63名在编工作人员，而非洲联盟的纽约办公室工作人员却严重不足。

二、在布隆迪、达尔富尔、索马里和利比亚地区的合作

2003年，非洲联盟向布隆迪派出了第一支维和部队，这是非盟参与维持和平行动的第一次尝试。此前布隆迪冲突有关方面在坦桑尼亚阿鲁沙就结束南苏丹战乱签署和平协议，但是当时并未签署停火协议，而此后由于执政派内部分歧严重导致和平协议几度遭受破坏，对此联合国亦因"该区域毫无和平可言"而拒绝参与维和行动。② 和平与安全架构尚未形成机制的新生的非盟，在没有联合国和非洲统一组织授权的情况下，继南非之后向布隆迪派遣了一支维和部队。南非请求将其所派遣的军队纳入非洲联盟维和力量体系之内，此举成为非盟参与维和活动最初的"试金石"。最终，非盟驻布隆迪维和部队（The African Mission in Burundi）整合了南非、埃塞俄比亚和莫桑比克在当地的军事力量，以仅有的2612名维和官兵以及14个月1.34亿美元的预算想要制止如此严峻的内乱态势，实在是

---

① UN Department of Political Affairs, "United Nations-African Union Cooperation", http://www.un.org/wcm/content/site/undpa/main/activities_by_region/africa/unlo，登陆时间为2014年5月11日。

② Henri Boshoff (2003), "Burundi: the African Union's First Mission", Situation report, Pretoria: Institute for Security Studies; Alex J. Bellamy and Paul D. Williams (2005), "Who's Keeping the Peace? Regionalization and Contemporary Peace Operations", *International Security*, 29 (4), pp. 157 – 195, par. 189; Cedric de Conig (2010), "The Evolution of Peace Operations in Africa: Trajectories and Tends", *Journal of International Peacekeeping*, 14 (1), p. 19.

"以卵击石"。①

　　非盟维和行动的不足之处很快显现出来，亟待加强和完善。2002年12月，南非时任副总统雅各布·祖玛（Jacob Zuma）表示，在条件允许的情况下，应该让非盟的维和行为成为一个沟通桥梁，为联合国维和部队的进入打开局面。② 换言之，非盟希望联合国能够在该地区达到最低安全级别的时候接管此次维和任务。最终，联合国安理会于2004年5月21日一致通过第1545号决议，决定在布隆迪部署一支维和部队以帮助恢复该地区的和平。尽管非盟驻布隆迪维和部队因经费和兵力不足而无法有效解决这场内乱冲突，但是它为维护布隆迪的和平与稳定做出了极大贡献，并为联合国后来的维和行动奠定了基础。③

　　1991年，领导了索马里23年的西亚德政权被推翻，各派军阀为争夺权力相互混战，索马里由此陷入了动乱不止的内战。20世纪90年代初期，在美国的策划下，联合国两度向索马里派出维和部队开展救援活动。但是当人道主义危机终于得到暂时缓解的时候，索马里国内形势忽然失控，情况继续恶化。尽管有联合国安理会第1725号决议和非盟和平与安全理事会的支持，参与调停的政府间发展组织也无力解决这些危机。④ 使得非洲联盟也开始为2007年的索马里行动计划做准备。与此同时，埃塞尔比亚（Ethiopia）单方面派遣部队进入索马里打击牵连"基地组织"的索马里青年党。多边参与成为解决索

---

① Williams, "The African Union", p.354; figures taken from Festus Agoagye, *The African Mission in Burundi: Lessons Learned from the first African Union Peacekeeping Operation*, Addis Ababa: Institute for Security Studies, 2004, http://www.issafrica.org/uploads/CT2_2004%20PG9-15.PDF, accessed 12 May 2014; Annemarie Peen Rodt, "The African mission in Burundi: the successful management of violent ethno-political conflict?", Ethnopolitics Papers no.10, May 2011, http://www.ethnopolitics.org/ethnopolitics-papers/EPP010.pdf, accessed 11 May 2014.

② Jacob Zuma, quoted in United Nations Security Council, 4655th Meeting, Weds 4 Dec. 2002, UN documentPV.4655.

③ Bellamy and Williams, "Who's keeping the peace?", pp.192-193.

④ AU Peace and Security Council, communiqué, 16 Sept. 2006, document PSC/PR/Comm (LXII).

马里冲突的一种必要途径。①

2007年2月，联合国安理会第1744号决议授权非盟成员国继续部署驻索马里特派团（The AU Mission in Somalia），并于2012年将特派团兵力增加至17731人，提供2.47亿美元的预算支持。② 非盟原以为联合国将在该地区长期驻兵③，但是这个愿望直到2013年才实现。2007年，因"对索马里局势的失望和悲观估计"④ 使得联合国放弃在该地区继续部署兵力，但是仍然保留了其在肯尼亚的联索政治处（The Political Office for Somalia in Kenya），重新规划了非盟驻索马里特派团的工作任务，并为缓解当地的人道主义危机提供必要援助，2009年1月，联合国安理会通过第1863号决议，决定建立一个信托基金为非盟驻索马里特派团提供经济援助。北大西洋公约组织也承诺为其提供战略空运援助，因为该特派团甚至连一架直升机也没有。⑤ 2012年9月，索马里地区安全形势终于有所缓解，并产生了一位新总统，结束了索马里长达21年的无政府状态。联合国驻亚的斯亚贝巴办公室的官员表示，非洲联盟凭借其自身的努力赢得了世界的尊重和好评。⑥ 2013年5月，联合国决定成立联

---

① AU Peace and Security Council, communiqué, 19 Jan, 2007, document PSC/PR/Comm (LXIX); Paul D. Williams (2009), "Into the Mogadishu Maelstrom: the African Union Mission in Somalia", *International Peacekeeping*, 16 (4), pp. 514 – 530.

② "UN Unveils New Look Amisom as Kenya Joins up", *The East African*, 12 Feb. 2012, http://www.hiiraan.com/news4/2012/Feb/22670/un_unveils_new_look_amisom_as_kenya_joins_up.aspx; http://ec.europa.eu/europeaid/documents/aap/2012/af_aap-spe_2012_intra-acp_p5.pdf, 登陆时间为2014年5月11日。

③ Katherine N. Andrews and Victoria K. Holt, *United Nations – African Union Coordination on Peace and Security in Africa*, issue brief, Henry L. Stimson Center, 2007, p. 8, http://www.stimson.org/images/uploads/researchpdfs/Issue_brief_AU-UN_FINAL_sept08.pdf, accessed 12 May 2014; Said Djinnit, quoted in AU, "AU Mission in Somalia Agreement Signed", press release, 6 March 2007, http://www.ethioembassy.org.uk/news/press%20releases/AU%20Mission%20in%20Somalia%20Agreement%20signed.htm, accessed 11 May 2014.

④ Williams, "Into the Mogadishu Maelstrom", p. 523.

⑤ BBC新闻, "Can Somalia's Cheap Peacekeeping Defeat Al-Shabab?", 11 June 2012, http://www.bbc.co.uk/news/world-africa-18392212, 登陆时间为2014年5月11日。

⑥ Author's interviews, Addis Ababa, Feb. 2014.

合国索马里援助团（The UN Assistance Mission in Somalia），支持索马里政府的和平与和解进程，支持索马里政府和非盟驻索特派团就建设和平和国家建设提供战略政策咨询等。但是，联合国仍然拒绝帮助非盟驻索特派团"改头换面"。

非盟和联合国驻达尔富尔特派团（The African Union-United Nations Mission in Darfur）的设立，不仅是为了解决苏丹达尔富尔种族灭绝问题，也有其他客观因素：苏丹政府只同意非洲国家军队进入该地区；其次，单独以非盟的实力难以阻止该地区正在发生的种族大屠杀；再次，这也是帮助解决该地区危机的迫切需要。在解决苏丹（Sudan）地区问题的过程中，由于该地政府对联合国的敌意，拒绝联合国军队进入，由此也显示出国际组织功能的局限性。但是，只有2341名维和官兵和4.66亿美元预算的非盟驻苏丹特派团仍然不得不将维和指挥权移交给联合国。①

移交计划于2006年初开始实施②，使得安理会8月份才通过第1706号决议，联合国在达尔富尔重新部署军队的授权被延期数月。中国作为苏丹的主要贸易国之一，也就该地区的人道主义危机问题对当局施加压力③，最终促成苏丹政府同意联合国非盟驻苏丹特派团在当地部署军队。2007年7月，联合国和非盟派出了一个由前非洲统一组织秘书长萨利姆·艾哈迈德·萨利姆（Salim Ahmed Salim），以及时任联合国副秘书长的瑞典外交部部长埃利亚松（Jan Eliasson）为首的联合特派团进入苏丹地区。最终，联合国第1769号决议批准了约15亿美元的维和预算并决定派出14000名维和官

---

① Theo Neethling (2009), "UN – AU Burden-sharing and Hybridisation in Contemporary Peacekeeping Context with Specific Reference to UNAMID", *Strategic Review for Southern Africa*, 31 (1), pp. 41 – 64 at p. 48; Figures from Henri Boshoff (2005), "The African Union Mission in Sudan: Technical and Operational Dimensions", *African Security Review*, 14 (3), pp. 57 – 61.

② Williams, "The African Union", p. 354.

③ Adekeye Adebajo (2011), *UN Peacekeeping in Africa: from the Suez Crisis to the Sudan Conflicts*, Auckland Park: Fanele, pp. 209 – 210; Linnéa Gelot (2012), *Legitimacy, Peace Operations and Global-regional Security: the African Union-United Nations Partnership in Darfur*, London: Routledge, p. 101, pp. 124 – 125.

兵。① 在达尔富尔地区的行动是联合国和非盟的首次混合行动，非盟主要负责联合特派团的日常运作，而联合国则掌握维和行动的指挥权。②

2011年年初，利比亚地区发生大规模骚乱，联合国安理会于2月份通过了第1970号决议，同时，阿拉伯联盟（Arab League）、伊斯兰国家组织（The Organization of Islamic States）、海湾合作委员会（The Gulf Cooperation Council）以及非盟等区域组织也呼吁联合国尽快采取行动，帮助解决该地区冲突；非盟决定派由5个非洲国家元首和非盟委员会主席组成的高级代表团前往利比亚，以尽快实现该地区的稳定。③ 非盟在参与斡旋调停的过程中曾表示，要解决利比亚冲突，卡扎菲（Gaddafi）的辞职是有必要的。3月17日，联合国安理会通过了第1973号决议，决定在利比亚设立禁飞区，并要求有关国家"采取一切必要措施，保护利比亚平民和平民居住区免受武装袭击的威胁"。

2011年3月19日的巴黎峰会上，欧盟与美国等与会各方无视非盟及其所做出的外交努力，决定对利比亚实施军事打击，而这一天也正好是非盟派往利比亚高级代表团首次会议召开的日子。对利比亚军事打击的实施，使得非盟彻底失去了谈判控制权。3月20日，英法美等国空袭利比亚，非盟派往利比亚的高级代表团为了其成员的安全不得不停止前往利比亚。4月10日，非盟高级代表团终于抵达叙利亚，却遭遇利比亚反对派的抵制，他们的和平意图遭到卡扎菲的怀疑，孤立无援的境况使得该代表团所做出的一切外交努力注定失败。

而且，非盟内部分歧明显，一些非洲国家领导人，如时任埃塞俄比亚总理梅莱斯·泽纳维（Meles Zenawi），以及尼日利亚（Nigeria）、卢旺达（Rwanda）、塞加内尔（Senegal）、苏丹和突尼斯（Tunisia）国家领导人极力

---

① 数据来源于联合国，"UNAMID: African Union/United Nations Hybrid Operation in Darfur", http: //www. un. org/en/peacekeeping/missions/unamid/facts. shtml，登陆时间为2014年5月12日。
② Gelot, *Legitimacy, Peace Operations and Global-regional Security*, p. 125.
③ AU Peace and Security Council, communiqué, 10 March 2011, document PSC/PR/COMM. 2 (CCLXV), para. 8.

主张卡扎菲下台,还有一些国家如乍得、尼日尔、布基纳法索的则是站在卡扎菲一边。① 俄罗斯作为联合国中最支持非盟的国家,曾与中国、巴西、印度、德国一道在联合国第 1973 号决议上投了弃权票。② 在北约支持下,叙利亚反对派组建了全国过渡委员会,并成功夺取特里波利地区的控制权。很快,包括法国、美国在内的多个国家宣布承认全国过渡委员会(The National Transitional Council)为利比亚唯一合法代表。2011 年 9 月 16 日,联合国安理会资格审查委员会(The UN General Assembly's Credentials Committee)以压倒性的投票结果同意利比亚全国过渡委员会为利比亚在联合国的合法代表。继尼日利亚、埃塞俄比亚等国家之后,非盟于 9 月 20 日正式承认全国过渡委员会为利比亚人民的合法政府代表。③ 一位非盟官员指出,此次对利比亚调停的失败无疑是给了非盟一记响亮的耳光。

三、马里:重返未来?

尽管联合国和非盟一致同意结束在马里地区的军事干预行动,却没有制定相关协议。这为世界组织和非洲区域组织在解决问题的视角和能力方面的长期冲突埋下了种子。

2012 年 3 月,阿马杜·图马尼·杜尔(Amadou Toumani Touré)政权被军事政变推翻之后,来自北方的外部势力、反政府武装以及一些投机分子很快将马里地区一分为二,西非国家经济共同体(The Economic Community of West African States)宣布将对马里地区进行军事干预。卡扎菲的政府军中有相当一部分人来自生活在马里地区的图阿格雷部族,在卡扎菲死后,这些军人回到

---

① Alex de Waal (2013), "African Roles in the Libyan Conflict of 2011", *International Affairs*, 89 (2), March 2013, pp. 365 – 379.

② Alexey Boguslavsky (2012), "The African Union and the Libyan Crisis", *International Affairs*: *A Russian Journal of World Politics, Diplomacy and International Relations*, 58 (1), pp. 71 – 79.

③ 请参看 http://www.vanguardngr.com/2011/09/african-union-officially-recognises-libyas-new-leadership,登陆时间为 2014 年 5 月 12 日。

马里北部的家乡，并加入当地反政府组织，他们利用马里地区政变后出现的政治真空进行了一系列的犯罪活动。在西非国家经济共同体宣布将介入马里地区事务参与调停之后，非盟不甘落后：① 它也对马里北部图阿雷格武装主要力量"阿扎瓦德民族解放运动"（National Movement for the Liberation of Azawad）宣布阿扎瓦德地区独立的行为表示谴责，宣布暂停马里的非盟成员国资格，坚定地支持和维护马里地区的领土和主权完整。②

同时，法国也对非盟解决非洲地区冲突的努力表示支持，宣布将为非洲国家在马里北部的军事干预行动提供"后勤支援"，并敦促联合国安理会尽快采取行动。2012 年 10 月，联合国安理会通过第 2071 号决议，要求非洲区域组织及相关方面细化向马里派兵方案，并限定联合国秘书长潘基文在 45 天内就派兵事宜提供详尽的报告。鉴于在利比亚调停行动的失败，西非国家经济共同体和非盟意识到必须尽快采取行动，并批准在马里部署一支由非洲主导的国际支助团（African-led International Support Mission to Mali），西非国家经济共同体承诺为其提供部队。据非盟和西共体有关官员透露，双方曾就此次行动指挥权归属的问题有所争执。这也反映了非盟和非洲区域经济组织之间普遍存在的紧张关系。为了使马里冲突得到"完美的"解决，西共体在部队训练和准备的过程中耽误了过多时间，以致失去了和平解决危机的最佳时机。而且由于马里地区的武装冲突已经超出了西非国家经济共同体成员国范围，最终，非盟取得此次行动的指挥权，而西共体则作为其信息传递机构发挥作用，而且，除乍得外的其他西共体成员国还应提供维和部队。这支由非洲主导的国际支助团主要任务就是帮助马里军队提高作战能力，助马里政府收复北部失地。③ 2012 年 12 月 20 日，联合国安理会通过第 2085 号决议，批准向

---

① Alex Vines (2013), "A Decade of African Peace and Security Architecture", *International Affairs*, 89 (1), pp. 89 – 109.

② AU Peace and Security Council 2012, communiqué, 3 April 2012, document PSC/PR/COMM. (CCCXVI).

③ AU Peace and Security Council 2013, communiqué, 13 Nov. 2012, PSC/PR/COMM. 2 (CCCXLI), para. 6.

马里派驻由非洲主导的国际支助团。

2013年年初,由于马里地区的总体安全局势持续恶化,导致非盟的和平路线图计划搁浅。1月,马里北方反对武装夺取了几个具有重要战略意义的重镇,随后南下向马里政府军控制地区发动进攻。在西非国家经济共同体的援军还停留在纸面上时,法国以迅雷不及掩耳之势出兵马里,为马里政府军提供军事支持。法军对马里反政府武装据点展开了大规模空袭,其投入的总兵力由最初的2400名官兵增至4000名,并批准了约9400万美元的预算。① 法国出兵如此之迅速果断让人大吃一惊,其给出的原因是"西非国家经济共同体的会议始终没有实质性进展,而且感觉很多非洲国家并不是真心想帮助解决马里地区的危机,而是想趁机从中捞点好处"②。实际上,马里政府并不希望西共体介入,而是向法国请求出兵帮助解决此次危机。西共体后来的一篇报告中提到,对马里地区的军事干预是必要的,但是西共体从未考虑过自身是否适合出兵马里;而美国因担心其在马里地区的反恐事务受限制,也对西共体针对马里地区的行动表示反对。③

法国"举国同心"介入马里内战,让西共体和非盟意识到应立即采取行动加入法国在马里地区的行动。1月18日,首批西非援助抵达马里。④ 装备欠佳的非洲主导国际支助团终于开始行动了。尽管部署迅速,这次行动也让非洲国家领导人意识到处于被动状态所产生的不利后果。2013年1月召开的非盟峰会开幕式上,非洲国家领导人多次向法国政府表示感谢。时任非盟主席,贝宁共和国(Benin)总统博尼·亚伊(BoniYayi)称法国军队做的是"拯救非洲"的工作。⑤

---

① 法国国防部长说对马里地区的干预花费在9400万美元以上。13 Feb. 2013;"France to Keep 1,000 Troops in Mali Indefinitely", *Telegraph*, 16 May, 2013.

② Roland Marchal (2013), "Briefing: Military (mis) Adventures in Mali", *African Affairs*, 112 (448), pp. 486–497 at p. 488.

③ Craig Whitlock (2012), "Mysterious Fatal Crash Offers Rare Look at US Commando Presence in Mali", *Washington Post*, 9 July, 2012.

④ "The Intervention in Mali: Sands on the Boots", *The Economist*, 26 Jan. 2013.

⑤ "African Union Says its Mali Response was Slow", *Al Jazeera*, 27 Jan. 2013.

但是联合国官员却质疑法国有"抢功"之嫌。因为除了马里政府军之外，大部分战斗尤其是在反对派控制下的马里北部山区的战斗中，乍得军队是主力，而法国则同美国一道主要提供情报和装备。

联合国、非洲联盟和西非国家经济共同体于 2 月召开联合工作会议，决定将对非洲主导国际支助团在马里的工作进行调整。① 由于联合国在其他几个地区的维和任务即将结束，众多维和工作人员的安置也是一个亟待解决的问题，在联合国秘书处以及法国政府的敦促下，4 月 25 日，联合国安理会通过第 2100 号决议，决定成立联合国马里多层面综合稳定团（The UN Multidimensional Integrated Stabilization Mission in Mali, MINUSMA），非盟和法国负责执行此次维和任务，联合国则负责后续安保工作。此前部署的由非洲主导的国际支助团将自当年 7 月 1 日起移交给马里稳定团，马里稳定团将负责开展以下任务：协助马里政府实现主要人口聚居区、特别是北部地区的稳定，在全国建立国家权力；支持当局执行过渡路线图，包括恢复马里的宪法秩序和民主政治，帮助维护国家统一。② 拥有 11200 名军事人员和 1440 名警察，以及 6 个月 3.67 亿美元预算的稳定团将成为联合国第三大维和部队③。但是，联合国再次面临兵力严重不足的窘境。最终，欧盟同意给予援助，并于 2013 年 1 月，设立欧盟驻马里军事训练团（The EU Training Mission），首个任务期设为 15 个月，计划派遣约 200 名军事顾问，外加技术支持和保护部队共计约 450 人，预算高达 2300 万欧元。

尽管非盟一贯对联合国的维和行动表示支持，但是联合国马里多层面综合稳定团在执行任务的过程中，非盟军队迟缓的行动力和糟糕的指挥能力重新引发了非盟和联合国之间的摩擦。非盟和联合国意识到非盟维和行

---

① Arthur Boutellis and Paul D. Williams（2014），"Disagreement over Mali could Sour more than the Upcoming African Union Celebration"，http：//www.theglobalobservatory.org/analysis/502-disagreements-over-mali-couldsour-more-than-the-upcoming-african-union-celebration.html，accessed 12 May 2014.

② UN Security Council, Resolution 2100, 25 April 2013, S/RES/2100 (2013).

③ 数据来源于联合国官网，"MINUSMA United Nations Multidimensional Integrated Stabilization Mission in Mali"，http：//www.un.org/en/peacekeeping/missions/minusma/facts.shtml，登录时间为 2014 年 5 月 12。

动的主要问题在于：这些装备不良的军队来自不同的国家，因此难以进行有效的领导和指挥。非盟曾为非洲主导国际支助团的移交工作提供了多项参考数据①，但是安理会第 2100 号决议却有所遗漏。而且，在关键岗位任命和支援服务包配备问题上，双方意见略有出入。非盟支持布隆迪前总统皮埃尔·布约亚（Pierre Buyoya）为非盟马里和萨赫勒（Sahel）事务的高级代表，曾参加联合国科特迪瓦（Côte d'Ivoire）维和行动的艾伯特·库恩德斯（Albert Koenders）为联合国马里稳定团的特别代表兼团长。② 但是，联合国却对布约亚的任职资格表示质疑，因为他曾发动政变，有涉嫌侵犯人权的记录，因此布约亚能否作为联合国在马里多层面综合稳定团的特别代表候选人依然存在争议。

而且，在一些关键性讨论中，联合国一直刻意冷落非盟，使其处于被边缘化的状态。而非盟则希望能够"在非洲主导国际支助团工作的授权移交和马里危机的解决过程中'扮演'不可替代的中枢作用"③。然而，事与愿违，安理会第 2100 号决议中规定，在联合国与非盟、西共体和欧盟在萨赫勒特别代表的合作关系中，联合国秘书长享有最终决定权。对此，非盟和平与安全理事会回应说，联合国的决议"并未考虑非盟和西共体方面的感受，及其为促进马里问题的国际协调努力所给出的建议"④。简言之，非盟再次感受到了来自联合国安理会的轻视和冷落。2013 年 5 月，所有非洲国家元首和政府首脑在埃塞俄比亚（Ethiopia）首都亚的斯亚贝巴共同庆祝非洲统一组织成立 50 周年。此次会议重申，要"与国际合作伙伴尤其是联合国建立一个新型的、具有灵活行动导向的、平衡的伙伴关系，以确保在解决与非洲根本利益密切相关的问题时联合国安理会能够充分考虑非洲国家的意

---

① AU Peace and Security Council, communiqué, 7 March 2013, document PSC/PR/COMM (CCCLVI-II), para. 13.
② Boutellis and Williams, "Disagreement over Mali".
③ AU Peace and Security Council 2013: communiqué, 7 March 2013, document PSC/PR/COMM (CCCLVIII).
④ AU Peace and Security Council 2013: communiqué, 25 April 2013, document PSC/PR/COMM (CCCLXXI), para. 10.

愿和国际地位"①。而联合国驻亚的斯亚贝巴的官员普遍认为，非洲主导国际支助团的授权移交是联合国做出的一项正确的选择。

尽管招致了国际社会的普遍批评，马里于7月28日和8月11日举行的两轮总统选举依然得以顺利进行。第二轮投票结束后，总统候选人、前财政部长的苏迈拉·西塞（Soumaïla Cissé）承认选举失败，并向赢得选举的易卜拉欣·布巴卡尔·凯塔（Ibrahim Boubacar Keïta）表示祝贺。②马里选举的成功，是恢复该地区民主法治的重要一步。③时任非盟委员会主席恩科萨扎娜·德拉米尼·祖马（Nkosazana Dlamini-Zuma）也对西塞的行为表示称赞和肯定，是其恪守维护马里最高利益承诺的实现，也是马里政治和民主进步的体现。④ 2013年10月，将近1500名法国、马里和联合国维和部队军人在马里北部展开了针对极端势力的大规模联合军事行动，显示了当时马里的和平局面仍较脆弱。

四、联合国和非盟：迥异的处事原则

经过在利比亚和马里的维和接触，联合国和非盟的关系进入一个较为困难的时期。实际上，随着国际刑事法庭逮捕苏丹时任总统奥马尔·巴希尔（Omar al-Bashir），展开对肯尼亚总统乌胡鲁·肯雅塔（Uhuru Kenyatta）和副总统威廉·鲁托（William Ruto）的审判，导致非盟和联合国关系愈发紧张。⑤

---

① 非盟2013年5月17日新闻发布会，http://summits.au.int/en/21stsummit/events/final-press-release-21st-ordinarysession-summit-african-union，登录时间为2014年5月12日。

② "Mali's New President: What Next?", *The Economist*, 16 Aug. 2013.

③ Morten B and Liv Elin Torheim (2013), "The Trouble in Mali—Corruption, Collusion, Resistance", *Third World Quarterly*, 34 (7), pp. 1279–1292.

④ AU, "The African Union Welcomes the Smooth Holding of the Second Round of the Presidential Elections in Mali", press release, 13 Aug. 2013, http://www.peaceau.org/uploads/auc-com-mali-13-08-2013.pdf, 登陆时间为2014年5月12日。

⑤ Martin Welz (2013), "The African Union beyond Africa: Explaining the Limited Impact of Africa's Continental Organization on Global Governance", *Global Governance*, 19 (3), pp. 425–441.

尽管如此，我们仍然不能忽视，双方在维和方面的合作是导致双方关系紧张的一个导火索。实际上，马里维和事件是国际机构间冲突的一个缩影，原因可以总结为以下四个方面：实力不同；对人员伤亡的风险规避和风险承担途径的不同；迥异地缘政治环境；话语权竞争。

（一）实力不同

联合国本身没有军队，联合国宪章第 43 条中规定由联合国会员国提供军队供安理会支配，但是成立一个军事参谋团建立属于联合国自己的军事力量的愿望最终因为各国难以协调一致而化为泡影。但是，自 1948 年联合国的第一次维和行动开始，维和官兵们用行动证明了国际组织传统维和部队的价值所在，同时，拥有当地政府等其他方面的授权也是采取维和行动所必不可少的条件。而且，一旦北约或 P3 联盟加入，联合国的维和行动就有了一流军事力量的支撑。

而非盟，恰恰相反，其运作主要依靠维和预算的流动资金以及其他国家无偿提供的技术、后勤和通讯支持，比如非洲主导国际支助团的运作主要是依靠美国、法国和欧盟的支持。通常情况下，非盟的经济实力、人力和技术资源并不足以支撑其实现维护非洲和平的责任和愿望。随着马里政局的不断恶化，几内亚（Guinea）、尼日尔（Niger）和塞内加尔（Senegal）的总统，和马里政变领导人本身的一些行为，使得法国不得不采取军事行动[①]，与非盟或西非国家经济共同体相比，法国在马里显示了其更加强大的军事能力和掌控地区局势的自信。联合国终于意识到非盟在解决地区危机方面有着国际组织无可比拟的优势，决定帮助非盟加强其维和能力建设，并制定了一个十年计划。目前，非盟维和能力依然有待提高，比如在索马里事件中过于依赖埃塞俄比亚，在解决布隆迪危机中也过于依赖南非。非盟的部队无力执行长期维和任务，因此非盟常常要求国际组织来接管或者提供帮助，在索马里事件

---

① Marchal，"Briefing"，p. 490.

中联合国应非盟请求派兵，却拖延了很长一段时间，而在马里地区冲突中，联合国却能快速行动部署维和部队。欧盟官员对于出兵马里感到非常后悔，因为他们希望非盟能够在解决地区危机过程中承担更多的维和责任。

实际上，非盟和其成员国的军事潜力并没有凝聚起来。非洲常备军队（The African Standby Force）尚未建立，而非洲和平与安全体系架构也始终停留在纸面上。非盟曾设想为北非、南非、东非、西非和中非分别建立一支常备军，并决定于 2008 年开始实施该计划。但是，已有多个国家表示同意派遣部队参加维和，导致上述计划的实施一再拖延至 2015 年。① 事实上，非盟委员会目前表示将成立一支快速反应部队，以提高危机应对能力，但是，个别地区怀疑，这或将成为非盟永久拖延实施常备军计划的借口。

尽管非盟一直致力于提高其独立开展维和行动的能力，但是资金紧缺的问题依然存在。尽管自 60 年代起联合国的维和行动就面临着经费短缺危机，但是相比非盟来说其资金来源还是更加多样化。2014 年，非盟成立了一个基金会，"呼吁非盟成员国、私营部门、捐助者、慈善家以及个人为该基金会捐款，以确保其正常运作"。② 但是理想总是败给现实，《南非商业日报》（*The South African Business Day*）这样评论，"非洲的维和行动并不是派遣快速反应部队进入冲突地区，阻止种族灭绝，保护内战中的平民，抓捕圣战分子、毒品贩子或海盗，相反，它依靠外部资助，与联合国或他国特派团糅合在一起执行维和任务，简直就是'一锅大杂烩'。"③ 当前非盟和平基金仅有 200 万美元。

---

① "Deadline for African Standby Force Now 2015", *The East African*, 26 Jan, 2013, http://www.theeastafrican.co.ke/news/Deadline-for-African-Standby-Force-now-2015/-/2558/1676156/-/3yiaih/-/index.html; "Die African Standby Force auf demPrüfstand", *CCS AnalysenzurSicherheitspolitik*, no. 84, http://www.css.ethz.ch/publications/pdfs/CSS-Analysen-84.pdf, 登陆时间为 2014 年 5 月 12 日。

② 非盟 2013 年 5 月 27 日的新闻发布会，http://summits.au.int/en/21stsummit/events/final-press-release-21st-ordinarysession-summit-african-union, 登录时间为 2014 年 5 月 12 日。

③ "News Analysis: African Standby Force Remains a Paper Tiger", *Business Day*, 27 May 2013, http://www.bdlive.co.za/africa/africannews/2013/05/27/news-analysis-african-standby-force-remains-a-paper-tiger, 登录时间为 2014 年 5 月 12 日。

(二) 风险规避和风险承担的倾向

联合国和非盟对于维和行动所存在的人员伤亡风险持有不同的看法和意见。众所周知的"索马里综合征"（Somalia syndrome）至今都让西方对采取外部干预的方法感到犹豫和不安。他们不愿踏足发生危机的地区，依赖于空中力量的打击以力争将伤亡率降到最低的做法与非盟军队无畏牺牲的精神形成了鲜明的对比。自2007年非盟维和部队成立以来，仅在索马里的军事行动就已经牺牲了3000名维和官兵，几乎相当于联合国自1948年以来所有维和行动牺牲人数的总和。

与非盟维和部队在伊拉克战争中的伤亡人数相比，非洲驻索马里特派团的伤亡数据更加体现了非盟及其维和官兵的无畏牺牲精神。伊拉克十年战争期间，美国及其盟国共牺牲了5000名官兵，但是其所派遣的维和部队人数是非盟驻索马里特派团的十倍之多。非盟在伊拉克的维和部队每年伤亡率为0.3%，而索马里，其伤亡率竟高达3.5%。换句话说，这些维和行动的数据足以说明，在近期的热点冲突中，非盟的风险承担意愿是西方国家的10—12倍。[①]

对马里维和行动的分析，以及对先前非盟在布隆迪、达尔富尔和索马里行动的回顾，显示了非盟在困境中开展维和行动的勇气和风险承担的意愿，而联合国蓝盔部队以及派遣维和部队的国家往往不希望承担介入地区冲突的后果。在中非共和国的维和行动也是如此，由非洲乍得和法国的部队共同承担风险。实际上，非盟和其他非洲国家以及次区域组织通常是最先实施维和行动的，联合国安理会总是一段时间之后才着手处理或接管。这个论点同样适用于马里，非盟行动迅速而联合国却一再拖延。在联合国第2100号决议通过之后，法国介入采取军事行动，但是非盟随后立刻向马里派遣了维和部队。在这个节骨眼上，联合国决定向马里派遣联合国马里多层面综合稳定团。同

---

① 感谢 Francesco Mancini 分享其研究。

样，非盟希望其反恐活动能够得到联合国马里多层面综合稳定团的授权和支持，却被联合国拒绝，充分说明"非洲国家已经显示出在非洲大陆实施维和行动的意愿，并对联合国的风险规避行为，及其对是否采取军事行动的模棱两可的态度表示谴责"[①]。

（三）地缘政治

在任何实际问题上的决策都是出于对自身利益的考虑，联合国安理会的决策也不例外。因此，也不难理解中国和俄罗斯为何在对叙利亚问题的决议上投了反对票。但是，当美、英、法（P3）联盟同意，而俄罗斯和中国不表示反对的时候，不仅意味着维和行动能够得到授权和资助，而且北约成员国还可以单独或联合采取军事行动。P3联盟高度统一的决策和军事力量，与非盟及其成员国的世界观形成了鲜明对比。双方早在马里问题上就表现出来的意见冲突，在解决利比亚危机的过程中表现的更为明显。

P3或者其联盟希望能够让危机保持在其控制范围之内，由他们来决定由谁来参与调停。在马里，这种控制欲表现为任命库恩德斯而非来自非洲的候选人为联合国马里稳定团的团长。由于非盟及其成员国难以拥有可与P3相媲美的维和能力和资源，因此在联合解决地区冲突的过程中总是被边缘化。在利比亚问题的决议上，P3决定迅速采取军事干预，而中国和俄罗斯则选择了弃权。尽管非盟及其成员国并不赞成对叙利亚进行任何形式的干预，但是也无力阻止P3在叙利亚设立禁飞区决议的通过，而且在做出相关决策的时候非盟的意见总是被忽略。由于设立禁飞区的决议已经得到安理会的授权，P3及其盟友便不再考虑非盟此前给出的和平路线图。[②]

---

　① Boutellis and Williams, "Disagreement over Mali".
　② 2013年7月与参与决策过程的一位欧洲高级官员的私人谈话。更多信息请参照 Ebrahim I. Ebrahim 于 2011 年 9 月 15 日在比勒陀利亚大学的演讲，"Libya, the United Nations, the African Union and South Africa: Wrong moves? Wrong motives?"，发表于 *Strategic Review for Southern Africa*, 33 (2), 2011, pp. 128 – 134.

第二部分　政府间国际组织的实践

联合国，准确地说是 P3，和非盟之间关系的紧张状态在马里问题上表现得更加明显，双方至今都能回想起当初处境之艰难。当马里反对派在北部发起进攻的时候，法国游说欧盟向马里派遣一支训练团，以帮助马里政府军收复北方领土，并试图寻求得到联合国的批准，据说美国军队一直想这么做但是没有什么成效。但是，法国从来没有向非洲寻求派驻军队。据报道，法国总统弗兰索瓦·奥朗德（François Hollande）曾与几内亚、尼日尔和塞内加尔的总统进行协商，但是法国和欧盟并不想协助非洲主导国际支助团完成击退马里反对派的任务。而且法国并未真正了解过非盟的维和计划，驻华盛顿的联合国大使苏珊·赖斯（Susan Rice）"用其一贯的外交思维，将在马里组建非洲维和部队的计划形容为——'扯淡'"①。

在做出对利比亚和马里进行军事干预的决策之前，各方肯定反复估算了采取行动的得与失。该区域有着丰富的石油、天然气和铀等能源，2010 年，法国日均从利比亚进口 20500 桶原油，约占其原油需求总量的 16%。② 作为利比亚的前殖民国，意大利从该地进口的原油总量更多。在马里，也是出于能源需求和地缘政治的考虑，法国才决定出兵打击该地区的恐怖活动。法国总统"承诺完全抛弃过去的后殖民主义"，并强调法国出兵马里是为了维护和平而非出于有利可图。③ 但是，法国核电站所用的铀，约三分之一是来自马里的邻国尼日尔。而马里地区的冲突很容易产生外溢效应，比如法国采取军事干预以后发生的阿尔及利亚人质危机，以及尼日尔铀矿的自杀性袭击。尤其是动荡不安的萨赫勒和利比亚，一波接一波的难民穿越地中海前往欧洲，促使欧洲不得不采取行动阻止非法移民。而美国将失败国家作为恐怖活动的滋生地，也是促使军事干预决策作出的原因之一。

对地缘政治的探析则可以帮助我们更好的了解非洲长期以来对西方军事

---

① Marchal, "Briefing", pp. 486 – 497 at p. 494.

② 请参看 http：//www.economist.com/blogs/dailychart/2011/02/libyan_oil，登录时间 2013 年 5 月 12 日。

③ Mali (2013), "Hostage Crisis Sparks Fears of Escalation. Mali Conflict may Spread Across Region after Militant Attack on Algerian Gas Field", *Guardian*, 17 Jan, 2013.

力量干预所存在的愤恨之情。但是很难预测这些干预政策会对联合国和非盟之间的关系产生什么样的影响。

五、话语权的竞争：听谁的？

联合国宪章关于区域责任归属问题并未有明确规定，只是强调了发生区域冲突时安理会享有优先决定权。非洲也不例外，但是在非洲大陆上进行的维和行动次数之多唤起了各方的地盘意识。非盟逐步建立起一个法律框架并不断完善非洲和平与安全架构的制度基础。

联合国的和平议程（An agenda peace）及相关文件要求区域组织，尤其是非盟和北约，提高其维护各自区域安全的能力。该举措不仅推动了地区安全架构的构建，而且为地区独立自主的处理一切对内对外事务提供了可能性。联合国在处理利比亚和马里危机中的立场和行为，及其对巴希尔事件的态度，至今都让非盟心有不平。

而且，非盟在联合国的话语权少之又少。P3 认为，地区主导权的归属是显而易见的。如果 P3 认为非盟有独立解决该地区危机的能力，便不会介入该地区事务；而一旦 P3 认为有必要对该地区的事件进行干预的时候，便会像在马里和利比亚那样，寻求安理会的授权采取军事行动。在利比亚，面对班加西民众的游行示威抗议，以及卡扎菲消灭"老鼠"和"蟑螂"的行动，"必须立即采取措施阻止上述暴行"成为法国要消灭卡扎菲的借口。法国和非盟在马里地区的经济和军事实力对比悬殊，而当马里反对派夺取了几个战略重镇并向首都巴马科发起进攻的时候，非盟则对法国的行动产生了质疑和异议。缺少 P3 及其盟国的有力支援，法国力争当头，导致非盟成功的被排除在外。在利比亚事件中也是如此，非盟所做出的外交努力全部付诸东流。一名联合国官员评论说，"联合国认为，非盟并不具备成功击败反对派的能力。"[①]

---

① 2014 年 3 月在亚的斯亚贝巴对一位不愿透露姓名的联合国官员的采访。

结　语

联合国对非洲军队执行维和任务的依赖，以及非盟对联合国批准军事打击行动的异议，使得非盟和联合国在马里地区的合作始终无法得到有效开展。双方关系的紧张状态在早期的合作中就已经体现的淋漓尽致：实力对比悬殊；风险规避和风险承担的方法不同；迥异的地缘政治环境；话语权竞争。到最近在中非共和国的维和行动中，双方关系的紧张局面也未消除。

那么联合国和非盟这种强制性亲密关系是否有改善的可能性呢？基于以下三个已被采纳的建议，答案是肯定的。

首先，也是最重要的，就是能力建设。鉴于非洲大陆发生暴力危机的频率如此之高，非洲政府应加强军事力量建设，尤其是地区常备军或非洲快速反应部队的组建和发展。同时，援非国家应把钱用在刀刃上，授人以鱼不如授人以渔。非盟还应有能力确定是否运用、何时、何地运用政治和军事力量来保护和帮助难民。显而易见，非盟在马里的政治意愿是无法及时实现的。但是，无论该地区发生的危机如何令人震惊，无论其所适用的国际公法是准条约还是软法，只有当政治意愿和军事能力同步，才能有效保护和援助战争难民，实现人道主义。为了实现非洲大陆的道德、法律和政治秩序，必须要采取务实措施，提高非洲国家的维和能力建设。否则，"非洲问题非洲解决"将永远是一个空洞的口号。这也为国际力量对类似卢旺达大屠杀之类的危机袖手旁观提供了借口。此外，如果某个非洲计划不符合要求，则可以为其贴上"缺乏胜任资格"的标签。

其次，非盟及其成员国应贯彻其不干涉内政原则，并增强其主权让渡意愿。当务之急是尽快组建非洲地区常备军或快速反应部队。此外，非盟成员国应避免相互之间的恶性竞争，整合资源以增强凝聚力。如果非盟用一个声音说话，那么全世界就会倾听，而且联合国以及在国际上颇有话语权的 P3 也会将其看作是一个可信赖的合作伙伴。[①]

[①] Welz, "The African Union beyond Africa".

再次，非盟应当得到联合国，尤其是 P3 及其盟国的重视。在布隆迪、达尔富尔，尤其是索马里危机的处理过程中，联合国行动迟缓使得非盟维和力量的薄弱之处显露无遗。非盟在利比亚制定的和平路线图并非毫无可能实现，非盟对卡扎菲经过长达几个小时的会谈使其接受和平路线图，并劝其辞职。关于马里，非盟同样制订了一个和平计划，并决定成立非盟驻马里特派团，但是由于维和力量不足，快速反应部队或常备军尚未建成，导致非盟未能在马里快速部署军队。而法国则与非盟保持了紧密的合作关系，其维和行动也受益于非盟的外交支持。

为了促进联合国和非盟的"联姻"，我们提供了上述建议。因为"离婚"并不是一个好的选择。联合国和非盟都需要对方来帮助解决非洲长期存在的安全危机。双方应当以合作为重，暂时搁置当前的敌对模式和地盘之争。最终，一个强大的、可靠的和被认可的非盟将会为国际和平与安全贡献出自己的一份力量。

评估联合国安理会：协同视角[*]

［美］戴维·博斯科　著　　吕晓莉　吕茂林　刘　鑫　编译[**]

联合国安全理事会（The UN Security Council）在过去的20年里比以往任何一个时候都要活跃。与其刚刚成立的头40年相比，联合国安理会召开了多次会议，批准了更多的维和行动，制定了更多制裁制度和武器禁运制度。安理会正逐步走向国际政治舞台的中心，对世界局势的影响越来越大。但是，评估安理会作用所采用的指标有时候并不是那么明显，而且分析国际组织性能在评估对象的确定上有挑战。[①]

大多数学者的研究是对安理会广泛的外部影响或安理会某些决议的有效性进行评估。[②] 本文将重点探析安理会内部权力格局的变化，尤其是安理会五

---

[*] 本文首次发表于 *Global Governance*，2014年第20期，第545—561页。文章原名"Assessing the UN Security Council: A Concert Perspective"。

[**] 戴维·博斯科（David Bosco）是美利坚大学（American University）国际服务学院（School of International Service）副教授，教授国际法和国际组织课程。主要著作有：*Five to Rule Them All: The UN Security Council and the Making of the Modern World*（2009）以及 *Rough Justice: The International Criminal Court in a World of Power Politics*（2014）。译者简介：吕晓莉，北京师范大学政府管理学院副教授；吕茂林、刘鑫，北京师范大学政府管理学院2014、2015级研究生。

[①] Tamar Gutner and Alexander Thompson（2010），"The Politics of IO Performance: A Framework"，*Review of International Organizations*，5（3），p.239.

[②] For examples of the former, see Edward C. Luck（2006），*UN Security Council: Practice and Promise*，New York: Routledge; for notable examples of the latter, see Virginia Fortna（2008），*Does Peacekeeping Work? Shaping Belligerents' Choices After Civil War*，Princeton: Princeton University Press.

个常任理事国（P5）之间的关系发展。而且，我将对两种安理会评估方法加以区分，并简要阐释"治理"和"协同"功能概念的不同，指出前者更加注重对国际和平与安全的维护，后者则重于促进大国关系的良性发展。我认为，五大常任理事国在一些关键问题上的态度体现了大国的协同性，那么对其影响的评估也是相应可行的。本文所提供的数据也表明，五个常任理事国通过在安理会事务中的合作加强了彼此之间的外交联系。我将运用历史分析的方法，概括安理会在促进常任理事国关系协调方面的作用，并将从一个全新的视角来评估联合国安理会的作用，给出相关改革建议。

一、治理视角

《联合国宪章》（The UN Charter）为安理会的作用评估提供了一个简单的指标：即"能否有效维护国际和平与安全"[1]，并制定了一个集体安全机制，以防止或消除对国际和平的威胁或破坏，制止侵略行为。因此当联合国通过采取军事行动的决议时，常任理事会应加以配合协调，而安理会则有权对所有联合国成员的军事、经济等资源加以利用。那么何种行为构成对和平之威胁或构成对和平之破坏呢？何种行为又构成了侵略行为呢？《宪章》并没有加以清楚的界定，但是它明确规定，安理会有权对任何国际争端或可能引起国际摩擦的局势加以调查处理。正如伊尼斯·克劳德（Inis Claud）所说，"理想中的集体安全，即由所有国家采取行动支持，为所有国家提供安全保障，对抗任何通过使用武力改变既存国际秩序的国家"[2]。《宪章》赋予了安理会最基本也是最重要的职能——治理职能：维护国际社会的安全和秩序。

随着时间的推移，安理会的治理职能也有所变化。联合国创始成员以及

---

[1] Charter of the United Nations, Article 24.
[2] Inis L. Claude (1962), *Power and International Relations*, New York: Random House, p. 110.

众多早期评论家的关注点几乎完全集中在防止洲际侵略的复苏上面①，这也使得联合国关于1950年朝鲜战争和1990年科威特战争的决议得到了国际社会的普遍赞誉。但是打击越界侵略行为只是维持国际和平与安全任务的一部分。尤其是在后冷战时代，地区冲突、大规模杀伤性武器扩散、大规模暴行、种族屠杀、民主化转型等问题的出现使得安理会面临着严峻挑战。艾滋病、气候变化等健康和环境问题的应对也被提上安理会日程。因此，从治理的视角来评估安理会的作用，实际上就是评估其应对外部挑战的有效性（见图1）。

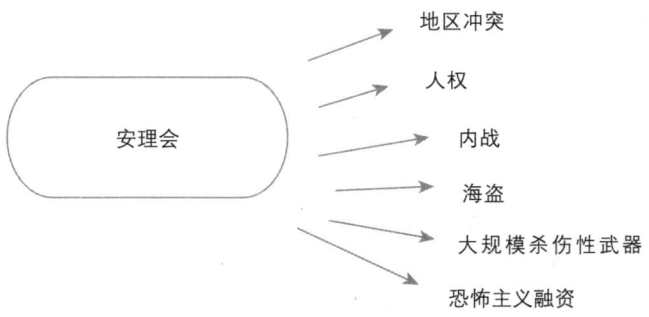

图1 治理视角

如果换一种视角，我们就可以看到，该机构通常并不被看作是维护国际安全的工具，而是一个旨在促进大国之间关系发展的大国联盟。② 协同视角是在不否认安理会治理职能的前提下，使我们的关注点由安理会应对外部挑战的能力，转向其对常任理事国之间关系的影响。

协同视角的效用很大程度上取决于对大国友谊和国际安全的区分，但是很少有人看出来两者大相径庭。在冷战时期，大国关系的紧张通常会导致地

---

① Mary Ellen O'Connell (2005), *International Law and the Use of Force: Cases and Materials*, University Casebook Series, New York: Foundation Press; Thomson West, p.225; Anthony C. Arend and Robert J. Beck (1993), *International Law and the Use of Force: Beyond the UN Charter Paradigm*, London: Routledge, pp.33-34, p.37.

② 那些与联合国开展协商的外交官们是否把安理会作为管理大国关系的工具，这并不清楚。相反，联合国安理会常任理事国之间的往来，往往表明该机构在维和上起更大的作用。

区冲突的发生。相反，地区冲突也会导致大国之间关系的紧张，甚至导致大国之间的冲突。① 但是，放眼全球，即使大国没有直接卷入，各种各样的地区冲突仍然正在发生着。而且，对于大多数在后冷战时期已经形成的大国友谊，并没有给某些地区的稳定带来促进作用。两极格局的结束减少了某些内战发生的可能性，但是也激发了某些国家的内部矛盾问题。② 因此，对全球安全和大国友谊这两个概念加以区分的意义重大（见图2）。

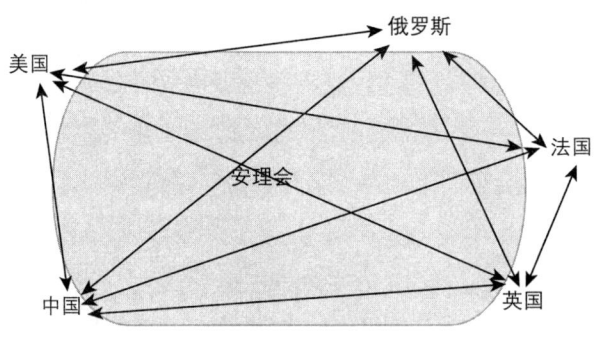

图2　协同视角

多数学者已经研究过协同式外交对缓解冲突方面的作用，但是并未从该视角分析安理会的作用。③ 第二次世界大战结束后开始盛行的大国和平意识对于大国间关系的发展具有重要意义；安理会活跃在国际政治舞台的六十多年间，五大常任理事国之间从未发生过持久的军事冲突。对此有多种原因解释，而最普遍的一个解释就是五大常任理事国都是拥核大国，还有一种可能就是安理会架构的作用。但是在给出论据之前，有必要对协同概念加以阐释，并分析从协同视角评估安理会常任理事国的合理性。

---

① 关于卷入当地冲突的主要力量的作用，参见 Benjamin Miller and Korina Kagan（1997），"The Great Powers and Regional Conflicts: Eastern Europe and the Balkans from the Post-Napoleonic Era to the Post-Cold War Era"，*International Studies Quarterly*，41（1），pp. 51 – 85。

② Stathis N. Kalyvas and Laia Balcells（2010），"International System and Technologies of Rebellion: How the End of the Cold War Shaped Internal Conflict"，*American Political Science Review*，104（3）。

③ 参见 Jennifer Mitzen（2005），"Reading Habermas in Anarchy: Multilateral Diplomacy and Global Public Spheres"，*American Political Science Review*，99（3），pp. 401 – 417。

二、协同的特征

对于外交历史上的大国协同的概念,我们并不陌生,欧洲协调机制就是一个典型的大国协同例子。我们通常认为,由于拿破仑战争(Napoleonic Wars)后欧洲建立了稳定的大国间关系,在长达几十年的时间里都未曾发生冲突,由此导致欧洲主要国家的管理都较为松散。[①] 在国际关系的研究文献中,很少有关于大国协同概念的研究,但是很多学者都对协同机制的关键属性进行了界定。我认为,安理会常任理事国就可以被看作是安理会框架下的大国协同机制。

协同机制的第一个属性就是其成员仅限于大国。理查德·埃尔罗德(Richard Elrod)认为,19世纪协同外交的一个潜在功能就是打造大国的特权地位,而一些小国家则被逐步边缘化:"只有当涉及这些小国家的利益的时候,他们才有机会发表自己的意见,但是通常会得到不公平的对待。"[②] 而《联合国宪宪章》则为大国提供了一个类似的特权地位。占主导地位的美国、前苏联和英国占据了安理会常任理事国的席位。紧接着他们批准法国和中国加入安理会常任理事国,以期这些国家可以一起分担大国责任。对于这个期望的可行性,美、苏、英进行了激烈的讨论,但是讨论并未涉及大国享有特权的合理性。[③] 实际上,安理会常任理事国通常将自己看作是安理会框架下的一个特殊群体来进行活动。尤其是近几年,他们经常单独召开会议,

---

[①] Paul W. Schroeder (1994), *The Transformation of European Politics*, 1763–1848, New York: Oxford University Press; Richard B. Elrod (1976), "The Concert of Europe: A Fresh Look at an International System", *World Politics*, 28 (2), pp. 159–174; Georges-Henri Soutou (2000), "Was There a European Order in the Twentieth Century? From the Concert of Europe to the End of the Cold War", *Contemporary European History*, 9 (3), p. 329; A. J. P. Taylor (1954), *The Struggle for Mastery in Europe*, 1848–1918, *Oxford History of Modern Europe*, Oxford: Clarendon Press.

[②] Elrod, "The Concert of Europe", p. 163.

[③] Robert C. Hilderbrand, Dumbarton Oaks (1990), *The Origins of the United Nations and the Search for Postwar Security*, Chapel Hill: University of North Carolina Press.

并在将决议草案公开之前进行单独讨论协商。常任理事国的永久性和否决权的拥有使得他们在处理国际事务时拥有与非常任理事国完全不同的地位。①

第二点,协同并不等于多数或绝大多数同意而是意味着所有国家达成共识。所有决定都需要全体成员的一致同意。埃尔罗德认为,欧洲协同机制"实行的是全体一致原则而不是多数决定原则"②。查尔斯·库普坎(Charles A. Kupchan)和克利福德·库普坎(Clifford A. Kupchan)认为,在协同机制中所做出的决定"是经过正式协商达成共识做出的"③。安理会作为一个整体实行的是绝对多数制,十五个理事国中只要其中九个理事国投赞成票就可以通过一项决议。但是五个常任理事国的投票应保持一致。《联合国宪章》赋予了常任理事国对程序事项的否决权,如果没有常任理事国的认可,安理会无法达成实质性的协议。艾瑞克·沃恩(Erik Voeten)将安理会界定为一个"精英决议机构",强调了安理会运行机制的非多数主义特点,这和协同机制概念有异曲同工之妙。④

第三,与其说协同机制是一种法律制度,不如说它是一种政治制度,"而且不需要对集体行动做出口头或书面承诺"⑤。协同机制一般是通过政治谈判而不是依据法律制度来解决问题。如果在面对一些外部危机的时候,协同机

---

① B. Urquhart (1981), "International Peace and Security: Thoughts on the Twentieth Anniversary of Dag Hammarskjöld's Death", *Foreign Affairs*, 60 (1), p. 14; David L. Bosco (2009), *Five to Rule Them All: The UN Security Council and the Making of the Modern World*, New York: Oxford University Press, pp. 137 – 139. For an in-depth look at how permanent members of the Security Council worked informally outside of the Council to develop the resolution leading to the cease-fire in the Iran-Iraq War, see Cameron R. Hume (1994), *The United Nations, Iran, and Iraq: How Peacemaking Changed*, Bloomington: Indiana University Press, pp. 89 – 91, pp. 94 – 97, pp. 100 – 103.

② Elrod, "The Concert of Europe", p. 167.

③ Charles A. Kupchan and Clifford A. Kupchan (1991), "Concerts, Collective Security, and the Future of Europe", *International Security*, 16 (1), p. 120.

④ Erik Voeten (2005), "The Political Origins of the UN Security Council's Ability to Legitimize the Use of Force", *International Organization*, 59 (3), pp. 527 – 557.

⑤ Kupchan and Kupchan, "Concerts, Collective Security, and the Future of Europe", p. 120.

制成员决定不采取行动，他们不见得就是违反了协议的宗旨。在这方面，联合国安理会也很符合协同机制的特征。为了实现维护和平的宗旨，《联合国宪章》并没有对安理会成员是否采取行动做强制性要求。但是安理会的任务是维护世界和平与安全，所以安理会本身就有权评定某种危机的爆发是否已经构成对国际和平的威胁[①]。即使当安理会判定该危机已经上升到威胁国际和平的严重程度，《宪章》依然给予了其成员自由决定是否采取适当行动的权利。而且，否决权的存在意味着允许安理会可以在没有达成大国一致的情况下不采取行动。尽管《宪章》的起草者希望安理会在面对安全危机的时候可以有所行动，但是他们没有一点要采取措施的意思。

最后，协同机制的一个主要目标就是维护该机制内部群体的和谐。欧洲协同机制的成员就比较"注重调节相互之间的关系"，并克制自己的野心全面维护和平。[②] 协同机制并不寻求消除大国之间的竞争，但是它致力于管理竞争并防止竞争演化为直接冲突。这种对内部关系的维护和关注是协同机制的一个主要特征，但是联合国安理会显然不符合这一标准。《联合国宪章》给予了安理会五个常任理事国同等的维护全球安全的责任，但是《宪章》并没有提供常任理事国内部发生冲突时的解决机制。历史资料也没有表明外交官是否希望安理会可以提供这个机制。克劳德（Inis L. Claude）总结说，"假如五大国可以齐心协力致力于安理会的成功运作，或将帮助促进维护其统一性"。[③] 但是这种假设很少得到证实。通常，《宪章》起草者表示，五大国之间的友谊是安理会得以运作的首要前提。温斯顿·丘吉尔表示，"对世界唯一的期望就是希望大国保持一致"，而且安理会观察员也普遍持此看法。[④] 我一直试图证明，促使安理会采取行动的内部影响的存在，但是我认为，如果研究缺乏一

---

① Charter of the United Nations, Article 39.
② Kupchan and Kupchan, "Concerts, Collective Security, and the Future of Europe", p. 123.
③ Inis L. Claude, Jr., *Swords Into Plowshares: The Problems and Process of International Organization*, New York: Random House, p. 76.
④ Prime Minister's Personal Minute, quoted in Martin Gilbert (1986), *Road to Victory: Winston S. Churchill*, 1941–1945, London: Heinemann, p. 1170.

个明显的内部焦点,这个研究就是不够格的。

因此,应该将安理会常任理事国看作一个政治协同机制,而不是当作一个全球治理主体来看待和研究。与其谈论安理会是否是通过解决内部冲突和挑战来维护世界和平与安全,不如将关注点放在安理会架构是否有利于常任理事国之间关系的发展,促进相互之间的和谐,避免冲突。我将使用定量分析和历史实证的研究方法,探析安理会对五大国之间外交关系良好发展的促进和影响。

三、密切的外交关系

作为五大国定期召开会议的平台,安理会从本质上对五大常任理事国之间外交关系的发展产生了积极影响。冷战期间,安理会频繁召开会议,商讨危机的处理方案。在过去的二十年,五大国之间愈加频繁的互动,引起了世界的关注。如今,安理会几乎每天都会召开非正式的讨论会,出台了一系列的决议、秘书长声明和新闻公报。尽管最近未能充分发挥作用,但是其行动能力较之冷战结束之初已经有了很大的提高。自 1992 年起,安理会每年举行的正式首脑会晤或非正式讨论会的次数高达 200 次以上(图 3)。而且,五大国还会就其某个行动定期单独召开讨论会。①

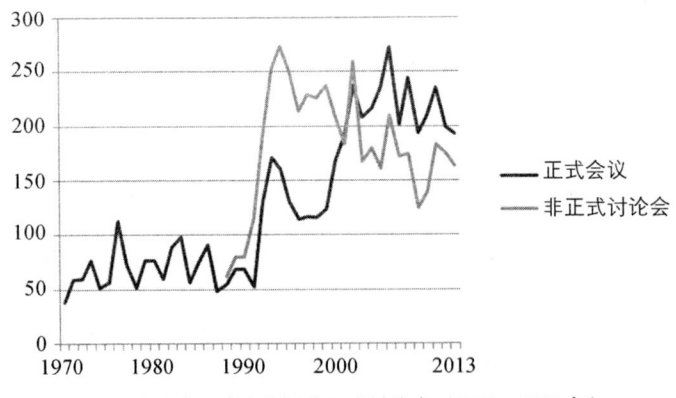

图 3　安理会正式会议和非正式讨论会(1970—2013 年)
来源:作者与联合国安理会事务部门的信件。

---

① Bosco, *Five to Rule Them All*, pp. 149 – 151.

那么，超出联合国外交界（The UN diplomatic community）多大程度可以增加各方的接触深度呢？五大国外交官相互之间的频繁接触或许并不是国家之间关系升华的主要原因。事实表明，安理会举行的讨论会才是五大国之间关系发展的重要原因。安理会在做出决议之前，通常是由联合国代表团以外的国家官员和学者来起草，从而加强彼此之间的外交联系。一位驻联合国多年的法国大使回忆说，"我们经常就安理会议程从国家首都讨论到资本问题，以求达成共识，如果意见难以统一至少要缩小分歧"。① 联合国非常任理事国的外交官们已经注意到了五大国之间愈加明显的接触。据德国的一名驻联合国前大使回忆，"无论是新秘书长的选举，还是联合国宪章第七章的决议，五大国都会进行协商讨论。他们相互需要，而且我认为这直接影响了他们处理双边关系的方式"。② 安理会各项事务的协商和安排有时候也会增加政府高层之间的接触。例如，五大国外长通常会直接会面商讨安理会决议的投票等事宜。比如，在伊拉克战争（Iraq War）爆发之前，安理会在几个月的时间里，多次召开外长级多边会议。

评估五大国外长之间的双边接触与他们同其他国家外长接触的次数的差别，可以帮助我们了解安理会是否对促进五大国之间高级别的外交接触产生积极作用。外长级别的会面需要投入大量的时间和外交资源，并且有可能被视为是两个国家关系的重要标志。通过对美国国务卿在过去20年里的出差情况进行分析，我发现其对常任理事国的重视程度。在分析的过程中，我排除了国务卿的私人出行以及因多边会议的官方派出，因为这两类出行记录并不能说明双边关系的发展情况。我还选择了国务卿出访一些非常任理事大国的数据进行比较（见表1）。

我还进行了概率的分析，总结了英国外长1990年1月至2013年9月的出行数据，结果与美国的一致，英国外长与五大国的双边访问次数是与其他大国双边访问次数的两倍。③

---

① Bosco, *Five to Rule Them All*, p. 251.
② Bosco, *Five to Rule Them All*, p. 251.
③ 这个数据是通过主流媒体进行整理而来的。它不包括对德国和法国的访问，因为常态化的欧盟会议使得我们很难对访问这两个国家的情况进行跟踪。

表1 美国国务卿的双边互访（1990—2013年）

	访问次数
五大国中的另外四国	
中国	27.0
俄罗斯	42.0
法国	30.0
英国	26.0
平均	31.5
其他大国	
巴西	12.0
日本	19.0
德国	22.0
印度	14.0
平均	16.75

资料来源：美国档资处关于国务卿的出行记录。当前国务卿的出行记录见：www.state.gov/secretary/travel while the travels of former secretaries are archived at http://history.state.gov/departmenthistory/travels/secretary.

这里存在一个重要的外交溢价的问题。值得注意的是，美国外长访问英国和法国的次数比访问德国的次数要多。而且，日本作为美国的战略盟友，其受访次数与中国形成了鲜明的对比。即使是在1990—2000年，中国经济还未崛起之前，美国外长访问中国的次数也比日本多。五大国经济发展程度（以GDP为衡量标准）以及军费开支（以占世界军费开支的比例为衡量标准）也在本研究的数据分析之列。英国和法国的GDP和军费开支与德国情况相似，但是其受访次数依然保持了优势。同等情况下，中国受访次数也明显高于日本（见表2）。

数据分析表明，五大国相互之间高级别的互访次数和频繁程度要高于与其他大国之间的互访。有学者认为，高级别的互访有助于维护世界和平。在区域组织的背景下，例如，约拉姆·哈特利（Yoram Haftel）发现，"高层决策者的定期会议……促进旨在缓解政治紧张局势的和平方案的出台"。① 吉尼弗·密特恩（Jennifer Mitzen）表示，面对面会晤所产生的"论坛效应"（Forums Effect）有助于避免冲突。② 这一系列的研究都表明，安理会对高层互动的鼓励，也许就是五大国友谊形成和发展的重要因素。

表2 GDP份额和世界军费开支份额，与美国国务卿的访问次数

	访问次数	占世界GDP的平均比重	占世界军费开支的平均比重	按照占世界GDP比重进行访问次数比	按占世界军费开支比重进行访问次数比
五大国中的另外四国					
中国	27.0	4.98%	4.71%	5.42	5.73
俄罗斯	42.0	1.72%	4.24%	24.42	9.91
法国	30.0	4.59%	4.98%	6.54	6.02
英国	26.0	4.34%	4.14%	5.99	6.28
平均	31.25	3.91%	4.52%	10.59	6.99
其他大国					
巴西	12.0	2.28%	2.06%	5.26	5.83
日本	19.0	11.99%	4.47%	1.58	4.25
德国	22.0	6.46%	3.96%	3.41	5.56
印度	14.0	1.71%	2.3%	8.19	6.09
平均	16.75	5.61%	3.20%	4.61	5.43

数据来源：美国档资处关于美国国务卿的出访记录，Visits Divided by Share of World GDP。GDP数据来自世界银行发展指标，http://data.worldbank.org/data-catalog/world-development-indicators，美元单位。军费开支数据来自斯德哥尔摩和平研究所，军费开支数据集，www.sipri.org/research/armaments/milex/milex_database。

安理会的外交历史表明，这个平台对五大国之间关系的发展产生了积极影响。五大国多次利用安理会程序和机制来处理相互之间的关系。包括利用安理会机制促进五大国冷静下来就某个问题进行商议，缓解危机，避免五大国之间互相攻击。这些外交手段并不是安理会的独创产品，我们可以想象，

---

① Yoram Z. Haftel (2007), "Designing for Peace: Regional Integration Arrangements, Institutional Variation, and Militarized Interstate Disputes", *International Organization*, 61 (1), pp. 217–237.

② Mitzen, "Reading Habermas in Anarchy", p. 411.

无论遇到哪种问题，五大国都会运用这些方法进行协商讨论，最终得到的结果都是相似的。尽管具有很大的不确定性，但是安理会程序至少对五大国之间的关系起到了调节和缓和的作用。

我们应该认识到，这些关于安理会内部冲突缓解的证据也具有一定的局限性。从方法论的角度来说，单独分析安理会对某些事件尤其是涉及五大国之间关系事件的作用是很困难的，因此，我们通常需要进行反事实分析。而且，下面罗列的一些例子必须是与五大国之间关系发展密切相关但不是由安理会安排的活动。因为五大国认为某些事件根本没必要借助安理会机制来进行处理，所以很多事件并未讨论至安理会层面。既是安理会参与其中，在很多情况下（如冷战期间）五大国之间进行细致交流的机会很少。近期安理会关于叙利亚（Syria）和乌克兰（Ukraine）问题所开展外交活动就是一个很好的例子。我并不是说五大国常规性的利用安理会来处理相互之间的分歧；我的目的并不是想确认哪些方式有助于安理会发生作用，也不是为了突出安理会某些通常会被忽视的功能。

四、邻近效应：柏林封锁

安理会的一个关键特征就是可以帮助大国的高级外交官保持密切的联系。在很多情况下，这种密切的联系可以在面临威胁常任理事国之间关系的问题时产生外交突破口。在安理会早期历史中就有这样一个典型的例子。1948 年，柏林危机导致超级大国之间的斗争，双边关系冷却到极点。经过长久的辩论，西方大国决定召开正式会议，寻求解决此次危机。在苏联强烈的反对之下，西方大国坚持将柏林危机纳入安理会议程。伴随着一片责骂声，会议如期召开，但是取得的外交成果有限。西方的决议遭到了苏联意料之中的反对。[1]

---

[1] 关于对会议上的西方外交描述，参见 Philip Jessup (1971), "The Berlin Blockade and the Use of the United Nations", *Foreign Affairs*, 50 (1), pp. 163–173。

但是，安理会机制为柏林封锁问题的解决提供了宝贵的外交空间。美国和苏联外交官们在安理会一个边缘会议上为问题的解决打开了局面。美国副大使菲利普·杰瑟普（Philip Jessup）和苏联大使雅科夫·马利克（Yakov Malik）是当时的主要谈判人员。前美国国务卿迪安·艾奇逊（Ding Acheson）见证了安理会的非正式会议的价值所在。"我们认为，相对于通过美驻俄大使馆或其他官方渠道进行沟通来说，举行一次绝对保密的非正式接触或许能取得更好的效果。"① 接下来的一个月中，美苏在纽约的谈判如火如荼的进行着，对柏林危机的解决起到了关键性的作用。

苏联和美国都希望能够找到解决危机的办法，他们或许可以找到另外一种解决机制。但是，在当时的情况下要举行一次高级别的会议何其难。美国时任总统哈里·杜鲁门（Harry Truman）曾有过一次尝试，但是由于时任国务卿乔治·马歇尔（George Marshall）和众多高级官员的强烈反对而最终归于失败。② 正如艾奇逊公开所说，安理会高级外交官们的接触促使各国政府冷静下来，坐上谈判桌以求问题的和平解决。联合国时任秘书长特吕格韦·赖伊（Trygve Lie）后来提到，"柏林封锁危机让东西两个世界几乎完全断绝联系，如果没有联合国，战火或许将在整个世界熊熊燃烧"。③

五、拖延价值：古巴导弹危机

面对危机，快速果断反应能力的缺乏是安理会机制的一个缺陷。从治理的视角来看，安理会外交的这些特点或许是百害而无一利。但是在危机迅速蔓延的情况下，安理会常任理事国不太希望过度卷入其中的时候，拖延和模

---

① Dean Acheson (1969), *Present at the Creation: My Years in the State Department*, New York: Norton, p. 269.

② James Reston (1948), "Truman Blocked in Move to Send Vinson to Stalin", *New York Times*, 9 October 1948, p. 1, See also Wilson D. Miscamble (1980), "Harry S. Truman, the Berlin Blockade and the 1948 Election", *Presidential Studies Quarterly*, 10 (3), Summer 1980, footnote 50.

③ Trygve Lie (1954), *In the Cause of Peace: Seven Years at the United Nations*, New York: Macmillan, p. 218.

棱两可的态度或许可以产生意想不到的结果。迟迟不做决定反而可以促使行动的开展。来自非常任理事国、活动团体以及国内因素的持续施压，促使常任理事国采取更加果断的行动。安理会屡次通过简单的拖延时间和放缓处理国际危机的外交步骤促进了大国友谊的形成和发展。

古巴导弹危机就是安理会上述功能的最好体现。安理会就古巴危机的争论持续了一个多星期之久。美国时任总统约翰·肯尼迪（John F. Kennedy）的国家政策顾问们正商榷行动路线图的制定，政府内外各种有影响力的声音也在敦促立即采取军事行动。当争论仍然在进行的时候，总统以安理会正在商讨为由，抵制要求立即采取军事行动的呼吁。他于10月25日就苏联向古巴运送导弹向联合国提出指控，并以此推迟采取军事行动。[①] 在危机过程中，安理会逐步失去了采取实质性行动的机会。但是，安理会长时间讨论的过程是非常重要的，一些主要参加者，例如美国时任国务卿迪安·鲁克斯（Dean Rusk）后来表示，安理会充分发挥其拖延功能，并产生了关键性作用，"尽管古巴导弹危机是由华盛顿和莫斯科直接解决，但是安理会也在其中扮演了重要角色"。"安理会长时间的讨论降低了某一方失去理智做出愚蠢决定的机会。联合国通过参与导弹危机的解决为世界和平与稳定发挥了重要作用。"[②] 在鲁克斯的政治生涯里，他一直是联合国的坚定支持者，因此可以根据他的观点进行分析和判断。而且，关于此次危机的资料记录表明，安理会在帮助阻止美国快速采取军事行动方面起了关键性作用。

六、模棱两可的好处：1967 年和 1973 年中东战争

如果说拖延可以成为安理会协同视角的一个有力功能，那么模棱两可的态度也可以发挥同样作用。安理会决议通常是经过漫长的协商讨论，形成一

[①] Ernest R. May and Philip D. Zelikow（eds.）(1997)，*The Kennedy Tapes: Inside the White House During the Cuban Missile Crisis*, Cambridge: Harvard University Press, pp. 404 – 405.

[②] Dean Rusk as told to Richard Rusk, *As I Saw It*, 1st ed., New York: Norton, 1990, p. 236.

篇又一篇精心措辞的文件。这些决议通常很难解释，而且在某些情况下的措辞模糊是故意而为的。从治理的视角来看，这种模棱两可的规定是百害而无一利的。比如，联合国维和部队的指挥官需要清晰明了的指示以确保完成任务，但是总是被安理会模棱两可的指令所误导。然而从更广泛的政治层面来说，安理会决议的模糊性却可以带来积极作用。正如迈克尔·拜尔斯（Michael Byers）所说，安理会决议的模糊性是"一道帮助争取时间的合法的安全门"[1]。

安理会最著名的是关于以色列—巴勒斯坦（Palestine）危机的决议，1967年的242号决议和1973年的338号决议，很好地说明了安理会的模糊性在促进常任理事国之间友谊发展的积极作用。这两份决议与美苏两个超级大国的利益密切相关，因此，他们对于该协议的起草格外谨慎并积极参与。242号决议的主要规定是——以色列撤出在第三次中东战争中占领的阿拉伯领土——其中就包含了一个歧义：以色列是否要将在过去战争中所有侵占的领土全部归还。决议的英语和法语版本就引发了不同解释。实际上，这种模糊性是故意而为的，一方面美国可以说自己维护了其盟友以色列的利益，另一方面苏联也可以根据其阿拉伯盟友的要求解释说，以色列应将在过去战争中侵占的领土全部归还。正如亨利·基辛格（Henry Kissinger）在其文章中所写的那样，"模糊也就意味着灵活。这个规则很适用于谈判开始的时候，双方可以根据自己的需求做出不同的解释"。[2]

美国和苏联外交官们在应对1973年第四次中东战争时再次达成了利用模糊规定的共识。在应对危机过程中，美国首次改变了自古巴导弹危机以来确立的战备等级（Defense Readiness Condition）[3]。由于战争丝毫没有要停歇的意思，美国和苏联联合起草了一份联合国决议，要求各方立即就

---

[1] Michael Byers (2004), "Agreeing to Disagree: Security Council Resolution 1441 and International Ambiguity", *Global Governance*, 10 (2), p. 181.

[2] Henry Kissinger (2003), *Crisis: The Anatomy of Two Major Foreign Policy Crises*, New York: Simon and Schuster, p. 273.

[3] Walter Isaacson (1992), *Kissinger: A Biography*, New York: Simon and Schuster, pp. 529-531.

地停火，执行安理会 242 号决议，并最终达到了安理会的预期效果。在这两次中东战争中，超级大国通过运用安理会决议的模糊性措辞，从而有效地处理了各自的双边关系。随后发生的很多事件都表明，安理会的构想很难达到解决根本冲突的目的，但是它大大降低了超级大国之间发生战争的几率。

七、保全颜面的功能：俄罗斯的衰退和科索沃战争

有时候，当安理会常任理事国中的某个成员出现了外交或政治倒退的时候，安理会就可以起到缓和外交紧张局面的作用。埃尔罗德认为，欧洲协同机制的一个主要目标就是避免大国颜面的丢失，"但是它也存在很多不足之处，例如，如果某个重要成员的力量过于强大，就会对整个协同体系造成威胁"。[①] 这种不足已经多次体现在安理会行为之中，尤其是苏联解体之后紧接着的一系列事件。1991 年后期，苏联解体，俄罗斯联邦（Russian Federation）成立，安理会成员面临着进行制度改革的难题。《联合国宪章》规定的常任理事国席位是前苏联，而不是俄罗斯联邦。由此促进安理会成员就如何调整常任理事国席位以适应当前的现实状况展开了激烈而全面的争论。最终，其他常任理事国成员决定，由俄罗斯联邦取代前苏联的常任理事国席位。在促成俄罗斯联邦的继承方面有很多有利因素，例如，由于在安理会改革的讨论过程中，各成员的安理会特权都会被仔细解读，因此常任理事国对于避免这种争论都存在一定的共识。但是，西方能够让俄罗斯联邦如此迅速的入驻安理会还有一个明显的目的：削弱俄罗斯的地缘政治影响力，向新政府施压。在俄罗斯即将取代前苏联在联合国合法席位的时候，前苏联外长表示，"俄罗斯也许不再是一个超级大国，但依旧是一个军事大国并将对世界的战略平衡产

---

① Elord,"The Concert of Europe", pp. 166–167.

生重要影响"。①

近十年后,安理会机制对减轻俄罗斯地缘政治影响力下降的影响产生了重要作用。1999年,北大西洋公约组织联盟为了争夺科索沃,对俄罗斯的盟友塞尔维亚(Serbia)采取军事行动,使得俄罗斯外交遭遇巨大的失败。而且,西方国家绕过安理会在没有得到联合国授权的情况下直接发起军事打击。空袭持续了两个多月,对西方和俄罗斯的关系造成了巨大伤害。紧接着,安理会设法决议授权维和部队进入南联盟,维护战后稳定。俄罗斯因无力维护其盟友的利益备受打击,决心定要重返世界政治舞台的中心。在起草新决议的过程中,俄罗斯成功的让西方大国做出了一定程度的让步。俄罗斯在安理会的投票权对于恢复其在北约空袭中失去的与西方大国之间的军事和外交平等的地位依旧有效。俄罗斯时任总统鲍里斯·叶利钦(Boris Yeltsin)在其回忆录中写道,"联合国安理会要形成新的决议,但是塞尔维亚不会再忍辱负重"。② 尽管俄罗斯凭借其自身努力恢复外交地位,但是安理会也为俄罗斯外交官提供了重获外交胜利重申立场的平台,至少在形式上,俄罗斯依然具有大国特权。

八、协同视角的内涵

本文主要论证了安理会在促进常任理事国之间高级别的外交接触方面的积极作用,以及安理会机制有利于五大国通过各种各样的方式来妥善处理相互之间的关系。文章通过协同视角来分析安理会架构及其功能,鼓励我们将安理会看作是联合国框架下的一个特殊机制。文章从协同机制的角度强调了安理会的政治职能,鼓励我们将其看作是政治驱动的共识机制,并看到其坚持执行国际法原则或者及时应对安全危机的作用和价值所在。协同视角强调,

---

① David Rennick (1991), "In New Commonwealth of 'Equal', Russia Remains the Dominant Force", *Washington Post*, 21 December 1991, p. A39.

② Boris Nikolayevich Yeltsin (2000), *Midnight Diaries*, New York: Public Affairs, p. 265.

安理会常任理事国之间日益密切的接触和逐步形成和发展的友谊是安理会工作最重要的成果。

可能有人会问到，由于安理会机制拥有维护和平与安全的正式责任和合法权力，那么这些协同利益是否只能通过安理会机制获得呢？外交格局中充斥着各种各样的讨论组，便于不同国家的讨论组之间建立非正式共识机制。但是尴尬之处在于安理会的治理功能和协同功能相互依存，互为前提。为了管理联合国在该领域的各种活动，指导其所授权机构的工作，监督制裁的执行，安理会需要定期召开例会并就此展开激烈谈论。如果上述这些治理职能发生了某些正式或非正式性的转移，安理会成员的协同利益就可能被削弱。

一旦发生国际灾难事件，安理会将始终是世界救援的中心力量。尽管最终结果都会归为失败，各国政府和国际民众仍然希望安理会能够履行其维护世界和平与安全的任务。如何才能让安理会发挥其最大作用？这个问题仍然值得我们继续研究和讨论。在这种环境下，安理会的治理功能仍然占主导地位，但是其协同机制的作用也不能被忽视。

安理会的行为方式在过去的几十年里备受世界关注。很多人都认为安理会机制的透明度有待进一步提高。[1] 而曾做出众多安理会决议的非正式讨论会议也备受批评。这些会议通常没有正式的议程，也不会有任何讨论记录，在20世纪70年代晚期成为安理会决议的一种标准做法。所以从治理视角来看，对安理会透明度的强调和重视是无可厚非的。一个合法的机构的管理方式和程序必须对大众公开。从协同角度来看，提升其透明度是否明确有益还有待探究。安理会在非正式会议，尤其是常任理事国之间的非正式会议中通常能发挥其最大作用。而对透明度的要求却成为了其发挥作用的阻碍因素，比如常任理事国之间的正式会议可能会出于善治的考虑而牺牲安理会的某些重要收益。正如沃恩（Voeten）所说，"致力于提升安理会透明度的改革或将导致

---

[1] See, for example, High-level Panel on Threats, Challenges, and Change, "A More Secure World: Our Shared Responsibility", UN Doc. A/59/565, December 2004, pars. 246–260.

某些大国的脱离"。①

  关于安理会改革和扩大的问题一直萦绕在人们的心头，而协同机制则为人们提供了另外一种看问题的角度。赞成安理会扩大的一方经常就安理会决议的合法性展开辩论，并声称，一个更具代表性的安理会才能获得更多的尊重，并且更能发挥其效力。支持安理会改革的一方通常借助其治理职能概念支撑自己的立场和观点，但很少留心到安理会的协同效用。从协同角度来看，安理会改革如果能够将文中所述优势与其他主要大国共享，则将事半功倍。但是对安理会成员的改革可能会对协同机制的有效发挥构成威胁。某些国家呼吁显著扩大安理会非常任理事国席位，增至三十多个。这种改革可能会在很大程度上改变外交平衡，阻止大国像现在这样运用安理会开展活动。倘若如此，对安理会更具代表性和有效性的推动则会在无形之中损害安理会机构的潜在价值和效用。

---

① Voeten, "Political Origins", p. 552.

印度尼西亚与自由和平：
全球治理中南方机构的复苏[*]

[英] 乔纳森·阿金斯基　［加拿大］约书亚·巴克　著
吕晓莉　吕茂林　刘　鑫　编译[**]

学界目前对南方国家参与全球治理的研究仍不够充分，尤其在安全关系方面[①]。主流的观点通常以二元的方式而非关系的方式来看待全球南北国家。这意味着，霸权治理实践与为了维护全球自由秩序或和平而将南方国家作为干预目标的做法并不矛盾。尽管学者提出南方地区主体化，但未能对当代治理关系进行实质性批判，也未能形成处理这些关系的分析框架。本文通过重新思考全球治理、世界秩序、南北关系之间的相互联系，开辟了一条分析治理、和平和国际关系文献的新路径。

我们认为，"自由和平"的框架及其多方面的影响因素和新的全球安全规范，对全球南北关系治理的概念重建产生了重要的影响。为了跳出将南方国

---

[*]　本文首次发表于 Global Governance, Globalizations, 2012 年第 9 卷第 1 期，第 107—124 页。文章原名 "Indonesia and the Liberal Peace: Recovering Southern Agency"。

[**]　作者简介：乔纳森（Jonathan Agensky），剑桥大学国际关系学院博士生；约书亚·巴克（Joshua Barker），加拿大多伦多大学人类学副教授。译者简介：吕晓莉，北京师范大学政府管理学院副教授；吕茂林、刘鑫，北京师范大学政府管理学院 2014、2015 级研究生。

① See Barkawi and Laffey (2006, p. 55).

家边缘化和同质化的固化思维,我们将其看作是世界政治中具有相关性、主动性和多样性的区域。在这里,我们把印尼作为一个典型的案例进行分析,并认为印尼在参与各种多边和平行动中形成了与当代全球治理截然不同的治理方式。

在当前的定义中,自由治理等同于和平。然而,"自由和平"并不是国际和平,国际自由主义不一定就意味着自由,有时甚至相反。这样的治理方式通常会利用目标国强大的国内因素来获得威望、合法性、创业精神和政治庇护,南方国家显然对此难以有积极回应。印尼的殖民历史充斥着多种军与民、国家与公民之间的关系问题,印尼的政府和军队在不同时期得到了多种国际力量的支持。冷战结束后,尤其是后苏哈托政权时期,民族宗教暴力、军事权威、民主化和政治伊斯兰的崛起等问题交织在一起。一些国家如印尼出现了国内集权专制的局面,使得当代和平行动目标的实现困难重重。印尼参与和平治理因此引发一些问题,比如,和平行动是否是一次世界秩序的重组。

文章主要分为四部分。首先对当代和平治理范式、变革以及发展的概述。其次,我们阐述冷战时期的和平治理以及实行这种治理模式的后殖民时代的印尼历史。第三,分析后冷战时期全球治理关系的断裂点和印尼的国内政治。第四,本文将通过分析印尼的国内和区域关系及其与自由主义秩序的关系,解释印尼如何被重新作为全球治理的目标。最后,本文探讨了是否应重构南北分析的焦点,以反对当前的全球自由治理模式。

一、背景:和平范式和紧急治理关系的转变

传统的维和遵循"威斯特伐利亚合约",尊重国家领土主权原则,将战争与和平视为国家与国家之间的事情。"第一代"(First generation)维和行动的开展是因为克劳塞维茨军队(Clausewitzian)希望结束冲突,并欢迎倡议国提出够解决冲突的方案(Bellamy and Williams, 2004: 3)。[①] 根据最低限度武力、

[①] See also Bellamy (2004).

一致同意和中立性的三项原则,这些方案颇有成效,并在对克什米尔、巴勒斯坦以及苏伊士所进行的维和行动中得以体现。参战国和拥有有限授权如边界停火观察的轻装部队,接受并同意这种和平行动。重要的是,这排除了交战国干预社会或国内政治的可能性。

然而,在后冷战时期,强大的利益集团和新兴全球规范之间形成了新的相互作用,其中许多与国际和平与安全的修订概念有密切的联系。非国家行为体之间的暴力冲突已经取代了传统维和行动主要关注的国家间战争。这些"新战争"是国内外多种相互关联的政治力量下的战争——威胁着许多国际关系的主导框架(cf. Duffield, 2001; Kaldor, 2007)。

当代全球化的转变模式产生了跨国争论和网络形式的冲突和抵抗。相应地,维和行动也变得更加复杂。安全和发展需要维和的实践和理论,军民之间的关系调解以及新型的人道主义也需要开展维和行动。[①] 随着"9·11"事件爆发,反恐在全球安全议程中占居首位,"反恐战争"以及整个行业安全逻辑的内化使维和行动的范围不断扩大。在以上发展趋势中,印尼扮演多重角色并发挥了多种作用,它既是和平行动的参与者,也是行动的目标。后者已经在大量文献中得到高度关注,而前者没有——这正是本文想要纠正的内容。

二、维和,人类安全和自由治理

在治理方面,后冷战时期并不尽如人意。一方面,两极格局的终结增强国际社会的制度化,形成了一个更加协调统一的治理模式——特别是"全球安全"方面。联合国安理会(United Nations Security Council, UNSC)在摆脱冷战格局的制约后,得到更多的授权,大大增加了联合国的和平行动。其中,南方各国包括印尼多次参加和平行动。另一方面,国际社会(尤其是联合国),被指控在卢旺达(Rwanda)和斯雷布雷尼察(Srebrenica)的冲突中维

---

① See Duffield(2001), Richmond(2007), Dillon and Reid(2000), Barnett(2005), Adamson(2005, p.557).

和行动失败,冲突造成了灾难性的后果。另外,在柬埔寨(Cambodia)、索马里(Somalia)和莫桑比克(Mozambique)传统的维和行动也无济于事,陷入了"复杂紧急的状况",需要多方面的维和行动。①

维和行动日益增长的必要性和复杂性引发了治理方式的转变,并出现了人道主义和政府援助的新规范(cf. Bellamy, 2004; Richmond, 2004)。人类安全目标逐渐将和平行动描述为国家中心主义转变的关键点,强调个人、社会团体的安全,强调扩大安全范围以反映人们共同面临的长期而复杂的不安全感(Caballero-Anthony, 2005: 2)。② 有鉴于此,随着维和行动越来越倾向于绕过国家层面转而注重保障民众的安全,许多人开始注意到全球安全的生态政治性日益明显。③

维和目前是多边行动,主要关注一些长期目标,如民主化、人权保护、市场和劳动力改革等所有有关"自由和平"并符合新自由主义经济利益和新保守主义安全利益的目标。与传统模式相比,新的维和方式不再强调主权和不干涉原则。自由和平的建立从国家中心主义和边境保护转向关注地区稳定、监督、国内和跨国威胁。④ 重要的是,自由治理侧重于社会的转型(Duffield, 2001; Pugh, 2004)。在最极端的情况下,这包括国际政府重新分配领土主权,如波斯尼亚(Bosnia)、黑塞哥维那(Herzegovina)、科索沃(Kosovo)和东帝汶(East Timor)——后者明显影响印尼对和平建设的看法。

值得注意的是,联合国维护国际和平的能力得到了显著提高,并受到很多南方国家如印尼和其他东南亚地区国家的支持,逐渐使其全球安全决裁者的身份合法化。这对包括东南亚国家联盟(东盟)(Association of South East Asian Nations, ASEAN)在内的众多地区组织,尤其是那些植根于冷战关系

---

① See the Report of the Panel on UN Peace Operations known as the Brahimi Report (2000). See Bellamy and Williams (2004), Caballero-Anthony (2005).
② 关于人类安全,请参见 Paris (2001), Bellamy and McDonald (2002);关于全球安全,请参见 Buzan et al. (1998, p.35);关于亚洲地区主义,请参见 Towet et al. (2000)。
③ See Dillon and Reid (2001), Selby (2007).
④ See Buzan et al. (1998), Krause and Williams (1996).

当中而无法接受后冷战时期秩序的地区组织提出了挑战，诠释了自由和平的霸权维和形式。

南方各国目前很少遵从不干涉和主权原则，自由和平的中心化增加了具体化、持久性和不对称性决策机制的风险（Askandar，2005）。一些曾经遭受外国干预的后殖民国家仍强烈遵循这些原则。以印尼为例，印尼与亚齐省（Aceh）、东帝汶和西新几内亚（West Papua）的秘密抵抗组织、民族主义者和分裂主义运动关系紧张，不仅不利于当地民众的民间往来，也有损国际社会和国内改革者的关系。这些问题是后冷战发展的一部分，其内容包括国家对国际支持不断变化的青睐度以及政治和军事精英们捉摸不定的命运。[①]

三、发展历史：后殖民时代的印尼和冷战时期的国际和平

联合国维和行动的历史与印尼的后殖民历史相互关联。传统的维和方式必须符合冷战时期大国的政治和战略利益，并受到逻辑和意识形态冲突的限制。在这一时期，维和并不是当务之急，5个常任理事国（P5）[②]也没有积极参与维和任务。这些国家主要关注常规战争的军事准备以及全球南方各国的秘密平叛行动。因此，维和任务的执行主要靠一些较小的西方国家和发展中国家（Pugh，2004：43-5）。[③] 本文认为，在这些国家中，印尼作为维和行动的积极参加者却通常被国际社会所忽视。

联合国紧急部队（UN Emergency Force，UNEF）主要由印尼推动建立，旨在监督英国（British）、法国（French）和以色列（Israeli）撤出埃及（Egypt），此后维和行动在联合国框架中变得制度化。从此，维和行动成为"联合国扩展外交"的行动的工具（Pugh，2004：42）。这是非常重要的，首先，

[①] 关于后冷战的印尼，请参见 Aspinall（2005），Barker（2008），Hasan（2006），Li（2007），Tsing（2005）。

[②] See Sukma（1995, p. 306）。

[③] See Hadiz（2004, p. 58），这些包括80年代英国在爱尔兰，法国在阿尔及利亚，美国在东南亚、拉丁美洲、阿富汗和非洲的维和行动。苏联也在除东欧之外的这些领域积极开展维和行动。

这突显了印尼实现多边和平行动制度化的历史。维和在国家外交政策和独立后的国家身份宣传中发挥了重要作用。到目前为止，印尼将维和写入宪法和其他基本原则，展示了当代和平事业背后的南北关系。印尼与地区邻国如印度（India）、巴基斯坦（Pakistan）、孟加拉国（Bangladesh）和印度尼西亚从早期就开始了维和行动。

其次，维和重点突出了目标国和实践国之间关系，尤其是南北关系和南南合作。印尼在 UNEF 的作用体现在与埃及的关系上，主要由南方国家的身份和宗教地区界定所决定。埃及是不结盟运动（Non-Aligned Movement, NAM）的成员国，是第一个承认印尼独立的国家，是整个"阿拉伯世界"（Arab world）的代表国①。苏加诺（Soekarno）随后对埃及和其他阿拉伯国家如沙特阿拉伯（Saudi Arabia，1956）和伊拉克（Iraq，1960）进行官方访问。印尼参与 UNEF 与这些国家的不同关系是分不开的。无论是作为一种治理机制维和行动，还是通常被视为治理目标的南方参与国，都强调更深的相互关系。

四、第三世界的团结和印尼维和

"第三世界"的团结对印尼的社会和政治发展意义重大，它不仅促进其对外关系的发展，也团结了各种国际组织。1955 年的万隆会议（Bandung conference）主要参与国是一些新独立的亚洲国家和非洲国家，会议提出了不结盟运动。万隆会议成为南方国家共同决定"第三世界主义"（Third Worldism）政治原则的标志。它致力于改变占主导地位的世界秩序和苏联（Soviet）强大的利益集团，促进了成员国经济文化合作，并成为抵抗新殖民主义的主导力量。印尼的"不结盟"运动在冷战时期与许多国内、国际和地区关系紧密联系。在苏加诺执政期间，不结盟运动使印尼在更大的框架下重新审视民族认

---

① See Aspinall and Berger (2001), Crouch (1988), Hadiz (2004), 包括在 1946 年 11 月建立阿拉伯会议敦促政府认可。

同，并始终呼吁"更广泛更强大的反帝国主义团结"（Barker, 2008: 525）。这是由印尼的后殖民历史和西方列强起初不愿承认印尼独立决定的。

早期的印尼政府断然拒绝支持冷战集团，并制定了独立务实的外交政策。① 印尼所倡导的是潘查希拉哲学中所概述的印尼国家认同和文化，其他不同观念则被印尼政府所压制。② 重要的是，潘查希拉主张社会公正，并通过印尼法案（UUD，1945年）呼吁"维持世界秩序"，形成了统一的国内外政策，该政策侧重于建立内部力量以便在国际事务中发挥积极作用。然而普遍贫困和不发达国家在外交政策中明确其反西方的立场，并未采取印尼"被动务实"的外交政策，并对批判马克思主义产生了同情。③

20世纪50年代，印尼利用残酷的专制国家手段平定了由宗教群体、民族主义和分裂主义引发的叛乱之后④，苏加诺的干涉主义"引导民主"（guided democracy）取代了自由议会民主。苏加诺"独裁，反帝国主义和第三世界经济政策"的激进措施致使印尼中产阶级异化，包括军队支持崩溃（Hadiz, 2004: 65）。苏加诺的干涉政策使很多广受欢迎的民族宗教团体受难，尤其是现代伊斯兰宗教团体，其主要政党 Masjumi 被逐出教会（Liddle, 1996: 617）。这些举措对当代自由治理的两个关键问题即军与民和国家与穆斯林之间的关系产生了持久的影响。

这些变化的影响也在地区内扩展。苏加诺的干涉主义"革命计划"（Revolutionary Programme）继续把国家的内外政策联系起来。⑤ 这最终导致1962年印尼入侵荷兰（Netherlands）的争端国西新几内亚，以及1963年"粉碎马来西亚"行动——其中马来西亚是英国政策的工具。尽管这些事件违背国际和平规则，但印尼要求为刚果民主共和国（Democratic Republic of Congo）的维

---

① See Sukma (1995) and Murphy (2005).
② See also KahinandKahin (1997), pp. 112 – 15。1945年在苏加诺的一次讲话中明确了一套哲学原则，旨在统一前独立国家，打破封建社会，带来自由和平（请参见 Barker, 2008, p. 528）。
③ See Roosa (2006).
④ 关于这一转变，请参见 Aspinall and Berger (2001)，Hadiz (2004, p. 65)。
⑤ 关于冷战结束和亚洲金融危机背景下的苏哈托政权的终结，请参见 Anderson (1998)。

和行动贡献力量,因为刚果在 1990 年 6 月脱离比利时 (Belgium) 独立时陷入危机。

五、苏哈托 (Suharto) 的"新秩序"政权

在冷战时期,影响印尼外交政策的一个主要因素是地缘政治。苏加诺的外交政策旨在促进印尼与中华人民共和国的紧密关系发展,迎合国内共产主义组织像印尼共产党 (Indonesian Communist Party, PKI)。然而,印尼军队 (TNI) 由于反对苏加诺政权被苏加诺的"引导民主"计划疏远,并得到了美国的支持 (Hadiz, 2004: 65)。[①] 这使 TNI 加强其政治实体,宣扬"双重职能"军事学说,以便更有效地介入印尼社会。TNI 于 1996 年执政,并以共产主义政变为借口实行暴力残忍的反共产主义的大屠杀。[②] 成千上万的印尼人被杀害,随后苏加诺正式辞职,军事领袖苏哈托执政。

印尼从苏加诺的自治独立政权转变为苏哈托的高度集中、独裁、技术统治论的"新秩序"政权。新政权奉行激进的经济发展计划和掠夺式的国家资本主义形式,20 世纪 70 到 80 年代大力支持石油经济、冷战红利,镇压国内安全计划。在此期间,印尼的外交政策经历了一系列变化,越来越多地集中于东南亚、亚太地区和全球事务。总之,这些奠定了印尼与全球和地区安全的关系,与此同时,巩固其官僚——管理精英——的地位。[③]

苏哈托推翻了苏加托的许多政策,转而专注于安全和发展,促进国内政策和外交政策在此期间能够紧密的结合。重要的是,这包括与马来西亚关系的冷却,以及与其他地区合作的降级,如在 1967 年与菲律宾 (Philippines)、马来西亚 (Malaysia)、新加坡 (Singapore) 和泰国 (Thailand) 建立东盟。虽然苏加诺保留了"不结盟"政策,但封闭的经济也有所逆转,也加强了与西

[①] See Aspinall and Berger (2001, p. 1007), Barker (2008).
[②] See Sukma (1995, p. 313).
[③] 关于苏哈托政权后期的伊斯兰化,请参见 Liddle (1996), Mietzner (2002)。

方国家的关系，同时对他们进行援助和贸易投资。印尼与美国的关系因此更加紧密，尤其是在冷战合作交流方面。这些进展使印尼保留了积极参与和平行动的不结盟信念，同时也为非自由的国内政治和国家社会关系赢得了军事支持和让步。

六、新秩序主导下的印尼和冷战和平

除了参与东盟活动，印尼在苏哈托政权期间还执行很多联合国的授权任务，包括在纳米比亚（Namibia）、柬埔寨（Cambodia）、索马里和波黑（Bosnia-Herzegovina）的和平行动。印尼派遣了很多军队、观察员和组织执行领导。例如，联合国柬埔寨过渡当局（United Nations Transitional Authority in Cambodia，UNTAC）是当时规模最大，耗资最多的联合国维和特派团，其中，印尼派遣人数最多，包括联合特派团的两位参谋长也是来自印尼。1993年，印尼也在索马里维和行动（UNOSOM I）中部署了军事观察员，监视索马里内战停火，并且提供和保护人道主义救援。这两个实例证明印尼早期就参与多边维和行动。

印尼还曾参与过维护中东和平的工作，包括在两伊和平，伊拉克和渥太华之间的和平以及埃及和平。新秩序时期的中东干预政策不仅与印尼和南方国家关系有关，也与伊斯兰世界关系、国家与穆斯林未来关系，以及 20 世纪 80 年代伊斯兰化的政策有关。[①] 在国内，苏哈托联合镇压伊斯兰教。苏加诺希望与伊斯兰国家结盟，但是又不愿基于共同宗教选区的意愿而实行外交政策，为此摇摆不定。然而，在那时，印尼需要中东国家对其建国初期的支持。苏哈托政府通过谨慎规划中东和伊斯兰的问题，加强了与中东国家的关系（Sukma, 2003: 26 - 50）。

---

① See Barker (2008), Liddle (1996), Porter (2002, p. 205)。印尼是世界上穆斯林人口分布最多的国家。关于印尼国家与穆斯林的关系，请参见 Hasan (2009), Liddle (1996), Mietzner (2002), Sidel (2007)。

印尼参与多边和平行动证明威斯特伐利亚体系的逻辑也在武装和平力量中发挥着重要作用。主权和不干涉原则保障了维和国家的国内和地区事务不会受到制裁。冷战的两极不仅影响了西方主要国家的国家战略,而且纷纷与南方国家或第三世界建立伙伴关系。一些国家如印尼,就以合作和反共产主义政策作为交换赢得了西方国家的军事和经济支持。① 由此这些国家能够处理反自由和反民主国家——社会和军民之间的问题,印尼也是如此。冷战和治理关系以一种高度困难的方式相互影响,本文的目的就是解释这些因素是怎么影响国际和平行动的。

七、印尼和后冷战时期的自由和平

印尼的后殖民政策有几个关键时期:苏加诺的专制"引导民主"政权,苏哈托的新秩序和独裁政权,以及后苏哈托政权。其中,每一个阶段都被卷入全球发展的浪潮中。近期,冷战结束,亚洲金融危机,新自由主义全球治理,反恐战争以及政治伊斯兰的崛起深深影响了后苏哈托时代。这些发展使印尼的外交政策环境和国际关系相互关联,又反过来影响印尼的国内政策。印尼参与国际活动的每一个时期都值得认真探讨。

八、后冷战时期的印尼

印尼的政治在后冷战时期经历了重大变革。除了冷战的结束——支持的重要来源,其他重要的相关事件是1997年亚洲金融危机和随后的苏哈托"新秩序"独裁政权的终结。② 这些最终导致政府和军队、平民和军事之间关系的变革,以及穆斯林团体行动和伊斯兰政治的崛起此时也恰逢反恐战

---

① See Perwita (2007, p. 151) and Sukma (2003, pp. 71-78). 事实上,不结盟国家与苏联集团相得益彰,互相援助。

② See Robison and Rosser (1998, p. 1594).

争,以及新自由主义全球化市场力量的发展时期(Steger,2005)。许多变革在地区和国际上都发挥着重要作用,并影响着国家对自由和平行动的参与。

苏哈托政权的社会政治影响深远。新秩序拥有极具干预倾向的民间和军事运作方式以及集权式的行政体系。尽管苏哈托高速的技术发展计划带来了很多物质利益,但很多印尼民众处还在边缘化的境地,招致许多社会和政治不满(1997年亚洲金融危机加重了民众的不满情绪)。[①] 苏哈托政权还展开了一项压迫性的遣散运动,目标是以保护国家利益为由压制反对派(Porter,2002:204)。这些策略继续贯穿于20世纪70年代和80年代,苏哈托对国际问题视而不见,忽视东盟并拒绝成员国提出的扩大东盟功能的建议。[②] 这一直持续到90年代,TNI对"成为东南亚安全合作的重要参与者没有丝毫兴趣"(Mietzner,2002:73-4)。

从20世纪90年代中期到1997年金融危机爆发以来,印尼再次参与多个维和行动。印尼在1994年繁荣经济、开放市场、改善与新任克林顿政府(Clinton administration)的关系期间向格鲁吉亚(Georgia)、莫桑比克和菲律宾派遣维和部队。[③] 作为一个派遣维和部队经验丰富的国家,印尼可以扮演多种角色。印尼在90年代早期发展取得的成就为其在全球事务中发挥积极作用奠定了基础,从而使其外交政策更加坚定自信,其中一个关键因素就是印尼积极参与联合国维和行动,以及从1992年到1995年将注意力重新集中到不结盟运动(NAM)上。印尼政府也试图通过加强自己后冷战时期的地位,同时强调自己作为联合国成员的角色,加强维和行动的作用和影响力。[④]

然而,这些外交政策不得不面对国内发展,最明显的是一些穆斯林团体

---

① See Caballero-Anthony (2005, p.2), Wheeler and Dunne (2001, p.811)。

② See also Crouch (1988)。与此同时,俄罗斯调整对东南亚的外交政策,试图深化与东盟的关系,并疏远越南、老挝和柬埔寨联盟(请参见 Williams, 1991)。

③ 关于印尼的武装力量和后苏哈托时期改革,请参见 Mietzner (2002, p.72) and (2009, pp.240-241)。1997年,印尼向塔吉克斯坦派出维和部队。

④ See Bertrand (2004), Perwita (2007, pp.132-157)。提供了关于印尼参与波斯尼亚维和使命中国内政策的详细讨论。

日益增长的政治行动。印尼协调南斯拉夫战争（Yugoslavian Wars, 1991—1995）的立场，尤其是在波斯尼亚（Bosnia）和黑塞哥维那（Herzegovina）的政策，说明了国内因素对外交政策发展的影响。尽管印尼在1992年正式谴责塞尔维亚（Serbia），遭到不结盟运动国家特别是马来西亚的反对，印尼也在国内和地区压力以及自己淡化宗教身份的历史愿望之间徘徊。① 随着1994年波斯尼亚总统代表团访印，加上国内穆斯林团体施压，印尼承诺向联合国保护部队（United Nations Protection Force, UNPROFOR）提供500万美元的支持，并派遣维和人员。然而在这种情况下，印尼并未派遣作战部队并限制调派军事观察员和医疗分遣队。

重要的是，这一事件是新秩序的外交政策与"伊斯兰化"（Islamization）计划邂逅的结果。② 这些计划在90年代正式开始实施，国内精英阶层对此争论不休，并引发分裂主义运动的发展，导致政权和军队之间关系愈加不稳定。他们主张通过与穆斯林团体政治和解，扩大政权的支持基础③，这至少象征性地意味着印尼越来越包容伊斯兰倾向问题，如波斯尼亚干预，这早在90年代中期就已经成为印尼的外交政策。除了服务于国内政治利益，这些行动促使印尼与阿拉伯—伊斯兰国家关系更紧密。然而，在多数情况下，印尼仍以非宗教国家身份参与国际事务，外交部也很大程度上试图使其外交政策免受伊斯兰教的影响。④

到90年代末，亚洲金融危机加大了政权的压力，暴露出很多亚洲国家的经济和社会漏洞。印尼也觉察到危机对货币和工业产出以及国家和社会关系的不利影响。危机使印尼受到国际货币基金组织（International Monetary Fund）的影响，印尼政府开始停止对经济的干预，着手"调整"长期的市场

---

① See Aspinall and Berger (2001, p. 1003), Barker (2008), Widianingsih and Morrell (2007).
② 对于印尼的建议及其被东南亚国家所接受，请参见 Acharya (2009, pp. 262 – 267)。
③ See Dibb (2001, pp. 839 – 842).
④ On reformasi, see Budiman et al. (1999), Hasan (2009), Loh and O. Jendal (2005, pp. 223 – 225), Manning and van Diermen (2000), Mietzner (2009).

扭曲现状。① 这些实践最终导致种族间的暴力和社会动荡的加剧，并最终导致苏哈托新秩序的终结。②

九、军民关系

苏哈托政权的基础是军队，这是一个稳定的官僚精英群体，也是一个同盟依存结构。冷战红利为印尼政府和反共军队提供了很多国际庇护（国内买卖军官职位的现象也不断出现）（Porter，2002：202）。在后冷战时期，特别是后苏哈托时期，尤其东帝汶事件之后，印尼开始推动军事改革。然而，即使在新秩序结束前，核心管理和军事机构之间存在的嫌隙就已经越来越严重。

直到1997年，众议院的军方人员明显减少，并在苏哈托下台后人数进一步减少。然而，根据李（Lee）的说法，军方仍在内阁中占据举足轻重的地位，并牢牢控制着农村发展、情报机关的权利并把控着数量可观的商业资产。尽管如此，印尼军方及在国内社会和政治事务中的合法性迅速丧失，为印尼政府带来了维护平民权力的地位的新挑战（Lee，2000：701-5）。对于国内发生的一系列变化，军方含糊其辞，以退出日常政治和重新修订军事准则为由作为回应。

然而，后苏哈托时期出现了军民关系的新范式，1999年的军警分管变革以及推动实力较弱的军队如海军的发展。恢复印尼国民军政权符合国内和国际利益。然而，且不说印尼国内公民选择的缺乏，TNI想要重新掌握政权的行动和期望让印尼当局面临着严峻挑战。由一个松散的临时性的政党联盟组成的瓦希德政府（1999—2001），经常受到不满失去政治特权的军队的威胁。

TNI脱离议会的直接控制和政治管理得到了进一步发展，并以这种方式在政治和经济领域争取自身权力发挥关键作用。在苏哈托和后苏哈托时期，TNI

---

① See Porter（2002），Sidel（2007）.
② 关于宗教激进主义和印尼，请参见Desker（2003），Hasan（2006）。

通过游说获得了众多政治家和企业家的支持，影响力与日俱增。无论是过去还是现在，TNI 在印度尼西亚群岛的经济基础建设中发挥重要作用，以此获得政治尤其是经济方面的支持。① 虽然瓦希德政府试图通过分配由高级军事决定的公务员职位，将军队去政治化，但未能生效。②

十、印尼新秩序后期

苏哈托新秩序的倒台开放了国内政治环境，加剧印尼群岛的紧张局势升级，如种族、宗教和地区冲突。在东帝汶独立之后，分裂主义运动越来越激烈，导致了在加里曼丹（Kalimantan）、苏拉威西岛中部（Central Sulawesi）、北马鲁古群岛（North Maluku）、安汶（Ambon）的暴力冲突（Mietzner, 2002: 76）。这些变化根源于印尼的独裁政治以及国家殖民和早期后殖民的历史。③

在苏哈托政权之后，国内变革尤其是有关分权化和民主化的进程改变了印尼中央和地方的关系。④ 新秩序的终结引发了国内力量的崛起，包括穆斯林团体、学生抗议运动和民族分裂主义者在国内力量的崛起。然而，除了苏哈托时期，印尼没有军事政变的历史，地方的抗议也从未左右过国家的政治管理（Dibb, 2001: 839）。在梅加瓦蒂（Megawati）执政时期，印尼国内环境动荡，充满恐惧，最终导致2001年瓦希德政府的上台。尽管梅加瓦蒂政府参与维和行动的力度较小，但其在任期间，参与了联合国在刚果民主共和国和利比里亚的维和任务。

在参与维和行动能力普遍降低的同时，印尼提出了在东盟框架下建立东南亚维和部队。印尼政府十分重视多边和平行动，并努力促成该想法实现。

---

① See Chopra (2002).

② 关于东盟及其规则的地方化，请参见 Acharya (2004)。瓦希德最终被弹劾，他的继任者梅加瓦蒂与军事保守派联盟的目的是保持他在平民精英中的权威地位。只有2004年成为总统的尤多约诺消除了 TNI 改革的障碍（Mientzer, 2009, pp. 225-230, pp. 291-292）。

③ See Caballero-Anthony (2005, p. 7).

④ See Murphy (2010).

2004年，雅加达（Jakarta）第一次起草了东盟安全共同体行动计划（ASEAN Security Community Plan of Action），其中包括建立地区维和部队。① 虽然遭到其他东盟成员国的否定，但雅加达的倡议为连接印尼、马来西亚和泰国维和中心网络的建立奠定了基础。随着国内经济政治状况的逐步稳定，印尼重新在和平治理的国际舞台上发挥积极作用。②

印尼将参与国际和平治理作为印尼国家战略的一部分，重振民族认同意识。重要的是，通过旨在促进"自由、永久和平和社会公正"的宪法规定建立起来的民族认同促进了印尼国际化的发展。在此背景下，印尼于2007—2008年成为联合国安理会非常任理事国，之后，印尼派遣其维和部队参与了多次维和行动，包括在苏丹（联合国驻苏丹特派团，即UNMIS），以及联合国和非盟特派团，即UNAMID、尼泊尔（UNMIN）和黎巴嫩（UNIFIL）等地派遣维和部队开展维和行动。截至2011年，印尼有1700名维和人员分别部署在五个国家执行6项维和行动，并开展促进目标国家能力建设等冲突后活动（UN Peacekeeping, 2011）。

十一、印尼的重新定位

印尼在后苏哈托时期经历了国内和地区发展的双重困境，尤其是自由和平治理方面。种族主义、分裂主义冲突的发展和衰退，以及激进的伊斯兰政治的发展引发了这样的疑问："后苏哈托"框架是否已经让位于一个新时代（Webber, 2006）。反恐战争是新时代一个关键的因素，它重组全球关系，并决定了全球南方国家新的安全和制度安排的实施。包括印尼在内的许多国家都面临着民主化和政治开放的外部压力。印尼试图化解这些压力，但仅依靠地方选区的能力来表达政治意愿是远远不够的。

---

① See Mackie (2006).
② See Wheeler and Dunne (2001). 尤多约诺当政期间，印尼向2006年联合国驻黎巴嫩临时部队（UN Interim Force in Lebanon, UNIFIL）派遣军队，此次印尼与法国和意大利派兵是UNIFIL近期规模最大的军队补充之一。

新的国内和国际环境不仅影响了印尼在国际机构体系、区域合作和紧急规范中的立场,也重新定义了印尼在全球安全转型中的身份。印尼逐渐成为联合国维护全球南方国家稳定的新安全目标。① 在后苏哈托转型早期,伴随着经济危机之后分裂主义运动猖獗,以及对后苏哈托国家建设计划导致的国内紧张关系,致使印尼有可能发展为一个"失败国家"。这些担忧激发了印尼在反恐战争、本国和区域发展、打击跨国伊斯兰组织中的积极作用。

在某种程度上,许多问题的根源在于冷战时期印尼权威政治压制下尚未解决的殖民遗留问题。不出所料,殖民统治留下的许多领土边界问题成为困扰印尼的难题。这些问题又使不同的全球、区域和国内关系变得复杂化。同时,印尼群岛尤其是亚齐东省、东帝汶和西新几内亚的种族主义和民族分裂主义,也可能被视为对苏加诺和苏哈托建设国家政权方式的直接抗议(AspinallandBerger, 2001: 1004)。

这些问题导致梅加瓦蒂政府对亚齐西部分裂主义和伊斯兰武装实施高度镇压和打击,招致国内和国际社会的大力监督和审查。伊斯兰武装是一个经久不衰的问题,尤其考虑到更广泛的反恐战争机制,巴厘岛(Bali)的炸弹爆炸以及雅加达万豪酒店的爆炸袭击事件等时有发生。此外,梅加瓦蒂政府不得不面对2004年海啸的破坏性影响、国内和国际非政府组织的兴起、国际货币基金组织的贷款以及腐败,等等问题。

尽管在后苏哈托时期进行了很多改革,腐败和国家机构功能障碍模式依然存在。印尼的多党制被高度政党政治支配。② 虽有改进,但"官僚化、种族中心主义和任人唯亲现象"依然有增无减(Widianingsih and Morrell, 2007: 1)。对后苏哈托时期的政治和学界争论颇多,印尼的新兴政治轨迹也饱受质疑,主要集中在发展规划、非集权化、民主化、TNI 的角色变化以及加强国内市民社会等问题上。③

---

① See Maxwell and Riddell (1998).
② See Ganie-Rochman and Achwan (2005), Widianingsih and Morrell (2007).
③ See Crawford (2003, p. 139).

十二、印尼之变

在苏哈托政权结束多年之后,国内不满情绪往往表现为种族和宗教暴力而不是正式的政治参与。梅加瓦蒂在 90 年代末作为反对党领袖,成为当下反对苏哈托政权的主要力量,但印尼的政治反对派往往"缺乏深度"。后苏哈托政府持续腐败和世袭主义加剧国内社会的不满(Dibb,2001:839)。但是,不断崛起的伊斯兰政治力量使得民族—宗教合一主义盛行,并通过提供政治参与机会主导着当时社会的政治文化。①

事实上,根据波特所说,穆斯林团体是印尼的政治未来的塑造者,决定其政治参与形式(Porter,2002:221)。许多类似的组织越来越关注国际事务,受反恐战争和激进的伊斯兰跨国主义崛起的影响,他们的行动开始面向全球。激进的伊斯兰形式如"伊斯兰祈祷团"备受区域关注,它以马来西亚、泰国和印尼的物质和意识形态为基础——加强了与中东和非洲信仰同种宗教的人之间的联系。②

十三、国际、地区、双边和多边关系

在不同的政治机遇以及跨区域发展相结合的背景下,伊斯兰问题只是国家动荡现状的一部分,并对印尼的国际和地区关系——尤其是与新加坡、马来西亚和泰国等邻国的关系产生了后续影响。印尼与这些邻国有共同的安全问题,包括海盗行为和不断扩大的伊斯兰组织跨国网络。例如,印尼和马来西亚减轻各自国内伊斯兰分裂主义运动影响的努力得到了菲律宾和泰国政府的支持(Desker,2003:419)。

这些组织的日益网络化也促使国际社会重新讨论地区多边主义和集体安

---

① See Crawford (2003, pp. 140 – 145).
② 关于此问题有很多文献,如 Widianingsih and Morrell (2007, pp. 9 – 10) and note 42 above。

全的正式化。在全球层面,这种对话支持来自于自由和平框架及其整体摆脱以国家为中心的安全模式的趋势(Pugh,2004：44)。作为一个整体,东南亚地区有许多尚未解决的复杂纠纷、冲突以及国内和国际行动。该地区有许多涉及印尼的跨国冲突,地区性冲突在柬埔寨、缅甸、菲律宾和泰国也时有发生。印尼的亚齐、东帝汶和西新几内亚多次爆发地区冲突。东帝汶一直是紧急安全规范和实践的典范。从1999年到2004年,东帝汶是联合国开展维和行动最多的地区。[①]

同时,东南亚国家将地区安全作为应对北方国家打着自由和平旗号干预该地区事务的预防措施。区域对话涉及和平建设、人道主义和安全的规范变化谈判,以及试图将这些变化与(通常是有问题的)区域规范和利益相联系。[②] 印尼是一个很好的例证,尽管参与国际维和行动,但印尼历来不愿被国际社会干预。[③] 因此,印尼希望加强东盟实力,将其发展为一个地区性安全组织。

自20世纪60年代以来,东盟通常被誉为维护区域和平的中坚力量。[④] 尽管困难重重,东盟已经展示了后冷战时期的灵活性,并在东南亚地区保持着重要的影响力。东盟已经经历了自由和平霸权的改革,试图适应安全合作和多边框架以及紧急规范地方化。我们可以看到相应的成果,比如2002年印尼亚齐省出现了菲律宾和泰国观察员,2004年菲律宾出现了马来西亚维和部队(Caballero-Anthony,2005：10)。尽管南方国家经过谈判磋商能勉强接受自由和平意识形态,但是能否将地区干预上升为一个原则性的问题仍然没有答案。

政治伊斯兰的崛起也影响了印尼与北方国家的双边关系。自冷战和东帝汶事件以来,美国和印尼的关系喜忧参半,但双方在反恐战争中依然保持了

---

① See Chesterman (2005), Fearon and Laitin (2004), Krasner (2004), Paris (2004). 一些著作也解决和平行动的本土化和新混合形式的问题(see MacGinty, 2008)。
② See Askandar (2005). See also Bellamy (2004).
③ 苏哈托政权结束后,印尼越来越接受国际干预(Acharya, 2009, pp. 254–255)。
④ See Caballero-Anthony (2005, p. 7).

密切合作。① 另一个重要例子是澳大利亚，该国格外关注地区战略利益、印尼稳定、伊斯兰恐怖主义、移民和难民问题。② 印尼的双边关系为我们讲述了全球自由秩序的内部运作而不是发展与联合国等多边组织的关系。尤其是在东帝汶事件中，与国际社会相比，印尼得到了美国和澳大利亚的间接支持，并继续深化双边关系。③

然而，不管是对国际维和行动和人道主义的成功实现，还是联合国在亚洲和其他地区的行动性质改变，东帝汶事件仍是一个标志性的转折点（Wheeler and Dunne，2001：807），并成为印尼及其与自由和平关系的典型例证。

十四、全球体系的"新自由主义"："PPP"

后冷战时期的全球化面临许多东南亚国家"非传统"的挑战，以及国际制度变迁。区域国家加深了他们对金融和发展机构的依赖同时修订了适应全球安全的政策——这是与自由和平紧密相关的过程，通常被称为"安全—发展"相互影响的过程。印尼在这些挑战面前遭受重创，尤其是亚洲金融危机之后，后冷战早期格局重组，以及海啸带来的跨境安全威胁使这些问题更加复杂。

随着印尼成为自由和平行动的目标，其国内事务大受影响，这些行动伴随着一系列的社会、政治和经济的干预。这导致了大量的非政府组织和与许多至今互无关联的参与者出现，它们与全球新自由主义和"后华盛顿共识"紧密相关。④ 在90年代末，"PPP"——"公共，私人，合作伙伴"（Public, Private, Partner）受到治理原则、自我管理和协调的推动，日益改变印尼的国内环境。由主要北方国家推动的伙伴关系是自由和平和其他治理措施的一个

---

① See Murphy (2010).
② See Mackie (2006).
③ See Wheeler and Dunne (2001).
④ See Ganie-Rochman and Achwan (2005), Widianingsih and Morrell (2007).

关键战略，目的是挖掘区域建设能力，抵消治理需求。①

特别是在金融危机后，新自由主义超越民族主义和民粹主义发展意识形态，在国内占据主导地位（Barker，2008：523 - 33）。一方面，这加强了印尼市民社会的形成。印尼的治理改革成为多边和双边行为者的关注重点，他们带来的影响可能会在1999年由联合国开发计划署（United Nations Development Programme，UNDP）、世界银行（the World Bank）和亚洲开发银行（the Asian Development Bank，ADB）联合实施的"印尼治理改革的伙伴关系"对印尼产生重要大影响。②

早在20世纪90年代初，印尼的新秩序崩溃之前就运用国际资金加强其社会机构的作用，试图解决印尼社会机构管理体制造成的破坏性影响。资金已经应用到民主化和分权化过程中。这些为印尼国内支持率的提升提供了可能性，同时也为其与国际和跨国组织进行对话提供了机会。随着参与者的多元化发展，印尼的意识形态领域也逐步开放。

另一方面，根深蒂固的精英政治和周边文化阻碍了公民参与决策的过程。寡头政治倾向和无处不在的腐败也使政府改革困难重重。尽管权力分散化在某种程度上有助于情况的改善，但它与此同时也促使世袭倾向、任人唯亲以及裙带关系等现象在地方和市政层面蔓延滋生。③ 不过，参与式规划通过规划委员会和地方战略计划、预算改革和发展的透明度改善了国家和社会的关系。

结　论

国际和平治理的新自由主义正统观念越来越受到关注。本文以不同的方式思考国际和平行动，重点探讨了南方各国参与和平治理的作用（Bellamy，

---

① See Crawford (2003, p. 139).
② See Crawford (2003, pp. 140 - 145).
③ 有不少关于这一主题的研究，参见 Widianingsih and Morrell (2007, pp. 9 - 10) and note 42 above。

2004；Duffield，2001；Pugh，2004）。重要的是，这已促使我们反思全球政治实体，认真看待全球南北国家的关系和共同遵守的法则。关于自由和平的新市场和安全状况，比如在印尼和巴基斯坦的概况，以及各种法律、制度和政治框架下的事件分析，比如在东帝汶的情况，人们已经写了很多相关的研究著作。① 这些著作凸显了主要在南北国家之间形成的全球—地方问题。我们通过关注印尼广泛的南北关系和安全关系框架的特殊性，开辟了一条批判的新路径。

和平行动维持特殊的世界秩序本身就是一种规范国际秩序的技术手段。从南北关系的角度来看，自由和平的重构和非自由政权的潜在支持都问题重重。② 这特别适用于某些国家，如印尼，在开展多边维和行动中经验丰富，但在后冷战时期也是国际维和的目标。霸权形式的维和框架下的自由和平行动以持续排除其他可能性的方式进行，而形成的良好的自我形象却往往与实际情况大相径庭。

代表性一直是影响南北关系重要的因素——关乎合法性、权力和表达观点等问题（Doty，1996）。国际社会经常忽视印尼参与多边治理的角色，并将南方国家纳入霸权的全球框架之内。印尼自成为联合国成员以来持续参与维和行动，认为除了自由和平什么也不是的思想对许多全球多边主义与和平行动的现有认知带来诸多挑战。

自由和平对南方国家国内状况的消极影响也尚未受到关注。我们通过对印尼概况及其与参与国际和平计划的情况进行分析，并提供了相关建议。南方国家不是一个简单采取行动的地方，也不是一个为这样的需求而简单定义的地方。要研究南方国家，便不可忽视其在全球治理中作为"自由和平"传递的参与者和合作伙伴的重要作用。

---

① See Chesterman（2005），Fearon and Laitin（2004），Krasner（2004），Paris（2004）. There have also been recent worksaddressing the indigenization of peace operations and new hybrid forms（see MacGinty，2008）.

② See Askandar（2005）.

感 谢

我们感谢马泰亚·彼得（Mateja Peter），保罗·艾马尔（Paul Amar）和两位匿名评论者为文章的早期撰写提供建设性意见。我们也感谢 Irene Poetranto 的研究帮助。

参考文献

Acharya, A. (2004), "How Ideas Spread: Whose Norms Matter? Norm Localization and Institutional Change in Asian Regionalism", *International Organization*, 58 (2), pp. 239 – 275.

Acharya, A. (2009), *Constructing a Security Community in Southeast Asia: ASEAN and the Problem of Regional Order*, 2nd ed., New York: Routledge.

Adamson, F. B. (2005), "Global Liberalism Versus Political Islam: Competing Ideological Frameworks in International Politics 1", *International Studies Review*, 7 (4), pp. 547 – 569.

Anderson, B. (1998), "Sauve qui peut", in B. Anderson, *Spectre of Comparisons: Nationalism, Southeast Asia, and the World*, London: Verso, pp. 299 – 317.

Askandar, K. (2005), "A Regional Perspective of UN Peace Operations in Southeast Asia", *International Peacekeeping*, 12 (1), pp. 34 – 48.

Aspinall, E. (2005), *Opposing Suharto: Compromise, Resistance, and Regime Change in Indonesia*, Palo Alto, CA: Stanford University Press.

Aspinall, E. & Berger, M. T. (2001), "The Break-up of Indonesia? Nationalisms after Decolonisation and the Limits of the Nation-state in post-Cold War Southeast Asia", *Third World Quarterly*, 22 (6), pp. 1003 – 1024.

Aspinall, E. & Fealy, G. (2003), "Local Power and Politics in Indonesia: Decentralisation & Democratisation", Institute of Southeast Asian Studies.

Barkawi, T. & Laffey, M. (2006), "The Postcolonial Moment in Security Studies", *Review of International Studies*, 32 (2), pp. 329 – 352.

Barker, J. (2008), "Beyond Bandung: Developmental Nationalism and (multi) Cultural Nationalism in Indonesia", *Third World Quarterly*, 29 (3), pp. 521 – 540.

Barnett, M. (2005), "Humanitarianism Transformed", *Perspectives on Politics*, 3 (4), pp. 723 – 740.

Bellamy, A. J. (2004), "The 'Next Stage' in Peace Operations Theory?", *International Peacekeeping*, 11 (1), pp. 17 – 38.

Bellamy, A. J. & McDonald, M. (2002), "The Utility of Human Security: Which Humans? What Security? A Reply to Thomas& Tow", *Security Dialogue*, 33 (3), pp. 373 – 377.

Bellamy, A. J. & Williams, P. (2004), "Introduction: Thinking a New about Peace Operations", *International Peacekeeping*, 11 (1), pp. 1 – 15.

Bertrand, J. (2004), *Nationalism and Ethnic Conflict in Indonesia*, New York: Cambridge University Press.

Buzan, B., Waever, O. & De Wilde, J. (1998), *Security: A New Framework for Analysis*, Boulder, CO: Lynne RiennerPublishers.

Caballero-Anthony, M. (2005), "Introduction: UN Peace Operations and Asian Security", *International Peacekeeping*, 12 (1), pp. 1 – 17.

Chesterman, S. (2005), *You, the People: The United Nations, Transitional Administration, and State-Building*, New York: Oxford University Press.

Chopra, J. (2002), "Building State Failure in East Timor", *Development and Change*, 33 (5), pp. 979 – 1000.

Crawford, G. (2003), "Partnership or Power? Deconstructing the Partnership for Governance Reform in Indonesia", *Third World Quarterly*, 24 (1), pp. 139 – 159.

Crouch, H. (1988), "Military-civilian Relations in Indonesia in the Late Soeharto Era", *The Pacific Review*, 1 (4), pp. 353 – 362.

Desker, B. (2003), "Islam in Southeast Asia: the Challenge of Radical Interpretations", *Cambridge Review of InternationalAffairs*, 16 (3), pp. 415 – 428.

Dibb, P. (2001), "Indonesia: the Key to South-East Asia's Security", *International Affairs*, 77 (4), pp. 829 – 842.

Dillon, M. & Reid, J. (2000), "Global Governance, Liberal Peace, and Complex Emergency", *Alternatives*, 25 (1), pp. 117 – 143.

Dillon, M. & Reid, J. (2001), "Global Liberal Governance: Biopolitics, Security and War", *Millennium: Journal of International Studies*, 30 (1), pp. 41 – 66.

Doty, R. L. (1996), *Imperial Encounters: The Politics of Representation in North-South Relations*, Minneapolis: University of Minnesota Press.

Duffield, M. R. (2001), *Global Governance and the New Wars*, London: Zed books.

Emmerson, D. K. (1999), "Indonesia Beyond Suharto: Polity, Economy, Society, Transition", East Gate Books.

Fearon, J. D. &Laitin, D. D. (2004), "Neotrusteeship and the Problem of Weak States", *International Security*, 28 (4), pp. 5 – 43.

Ganie-Rochman, M. &Achwan, R. (2005), "Inclusion and Exclusion, NGOs and Critical Social Knowledge", in V. Hadiz&D. Dhakidae (eds.), *Social Science and Power in Indonesia*, Singapore: Equinox Publishing, pp. 197 – 221.

Hadiz, V. R. (2004), "The Rise of neo-Third Worldism? The Indonesian Trajectory and the Consolidation of Illiberal Democracy", *Third World Quarterly*, 25 (1), pp. 55 – 71.

Hasan, N. (2006), *Laskar Jihad: Islam, Militancy, and the Quest for Identity in Post-New Order Indonesia*, Ithaca, N. Y.: Cornell Southeast Asia Program Publications.

Hasan, N. (2009), "Reformasi, Religious Diversity, and Islamic Radicalism after Suharto", *Journal of Indonesian Social Sciences and Humanities*, 1, p. 23.

Kahin, A. R. &Kahin, G. M. T. (1997), *Subversion as Foreign Policy: The Secret Eisenhower and Dulles Debacle inIndonesia*, Seattle: University of Washington Press.

Kahin, G. M. T. (2003), *Nationalism and Revolution in Indonesia*, Ithaca, NY: Cornell University Press.

Kaldor, M. (2007), *New & Old Wars*, Palo Alto, CA: Stanford University Press.

Krasner, S. D. (2004), "Sharing Sovereignty: New Institutions for Collapsed and Failing States", *International Security*, 29 (2), pp. 85 – 120.

Krause, K. & Williams, M. C. (1996), "Broadening the Agenda of Security Studies: Politics and Methods", *Mershon International Studies Review*, pp. 229 – 254.

Lee, T. (2000), "The Nature and Future of Civil-military Relations in Indonesia", *Asian Survey*, 40 (4), pp. 692 – 706.

Li, T. M. (2007), *The Will to Improve: Governmentality, Development, and the Practice of Politics*, Durham, N. C.: Duke University Press.

Liddle, R. W. (1996), "The Islamic Turn in Indonesia: a Political Explanation", *Journal *of Asian Studies*, 55 (3), pp. 613 – 634.

Loh, F. K. W. & O. jendal, J. (eds) (2005), *Southeast Asian Responses to Globalization: Restructuring Governance and Deepening Democracy*, Copenhagen: Nordic Insitute of Asian Studies.

Mac Ginty, R. (2008), "Indigenous Peace-making Versus the Liberal Peace", *Cooperation and Conflict*, 43 (2), p. 139.

Mackie, J. (2006), "Reflections on the Bilateral Relationshipand Beyond", in J. Monfries (ed.), *Different Societies, Shared Futures: Australia, Indonesia and the Region*, Institute of Southeast Asian Studies, pp. 171 – 183.

Manning, C. & Van Diermen, P. (2000), "Indonesia in Transition: Social Aspects of Reformasi and Crisis", Institute of Southeast Asian Studies.

Maxwell, S. & Riddell, R. (1998), "Conditionality or Contract: Perspectives on Partnership for Development", *Journal of International Development*, 10 (2), pp. 257 – 268.

Mietzner, M. (2002), "Politics of Engagement: the Indonesian Armed Forces, Islamic Extremism, and the War on Terror", *The Brown Journal of World Affairs*, 9 (1), pp. 71 – 84.

Mietzner, M. (2009), "Military Politics, Islam, and the State in Indonesia: From Turbulent Transition to Democratic ConSolidation", Institute of Southeast Asian Studies.

Murphy, A. M. (2005), "US Rapprochement with Indonesia: from Problem State to Partner", *Contemporary Southeast Asia: A Journal of International and Strategic Affairs*, 32 (3), pp. 362 – 387.

Murphy, A. M. (2010), "US Rapprochement with Indonesia: from Problem State to Partner", *Contemporary Southeast Asia: A Journal of International and Strategic Affairs*, 32 (3), pp. 362 – 387.

Nordholt, H. S. & van Klinken, G. (2007), *Renegotiating Boundaries: Local Politics in Post-Suharto Indonesia*, KoninklykInstituutVoorTaal Land.

Paris, R. (2001), "Human Security: Paradigm Shift or Hot Air?", *International Security*, 26 (2), pp. 87 – 102.

Paris, R. (2004), *At War's End: Building Peace After Civil Conflict*, Cambridge: Cambridge University Press.

Perwita, A. A. B. (2007), *Indonesia and the Muslim World: Islam and Secularism in the Foreign Policy of Soehartoand Beyond*, Copenhagen: NIAS.

Porter, D. J. (2002), "Citizen Participation through Mobilization and the Rise of Political Islam in Indonesia", *The Pacific Review*, 15 (2), pp. 201 – 224.

Pugh, M. (2004), "Peacekeeping and Critical Theory", *International Peacekeeping*, 11 (1), pp. 39 – 58.

Report of the Panel on United Nations Peace Operations (2000) Brahimi Report (A/55/305 – S/2000/809).

Richmond, O. P. (2004), "UN Peace Operations and the Dilemmas of the Peace Building Consensus", *International Peacekeeping*, 11 (1), pp. 83 – 101.

Richmond, O. P. (2007), "Critical Research Agendas for Peace: the Missing Link in the Study of International Relations", *Alternatives*, 32 (2), pp. 247 – 274.

Robison, R. & Rosser, A. (1998), "Contesting Reform: Indonesia's New Order and the IMF", *World Development*, 26 (8), pp. 1593 – 1609.

Roosa, J. (2006), *Pretext for Mass Murder: The September 30th Movement and Suharto's Coup D'e 'tat in Indonesia*, Madison: University of Wisconsin Press.

Selby, J. (2007), "Engaging Foucault: Discourse, Liberal Governance and the Limits of Foucauldian IR", *InternationalRelations*, 21 (3), p. 324.

Sidel, J. T. (2007), *Riots, Pogroms, Jihad: Religious Violence in Indonesia*, Singapore: National Univeristyof SingaporePress.

Steger, M. B. (2005), "From Market Globalism to Imperial Globalism: Ideology and American Power after 9/11", *Globalizations*, 2 (1), pp. 31 – 46.

Sukma, R. (1995), "The Evolution of Indonesia's Foreign Policy: An Indonesia View", *Asian Survey*, 35 (3), pp. 304 – 315.

Sukma, R. (2003), *Islam in Indonesian Foreign Policy*, London & New York: Routledge.

Tow, W. T., Thakur, R. C. & Hyun, I. T (2000), *Asia's Emerging Regional Order: Reconciling Traditional and HumanSecurity*, New York: United Nations University Press.

Tsing, A. L. (2005), *Friction: An Ethnography of Global Connection*, Princeton, N. J.: Princeton University Press.

UN Peacekeeping (2011), "Troops and Police Contributions", http://www.un.org/en/peacekeeping/resources/statistics/contributors.shtml.

van Klinken, G. A. (2007), "Communal Violence and Democratization in Indonesia: Small

Town Wars", Volume 15, Taylor & Francis.

van Klinken, G. A. & Barker, J. (2009), "State of Authority: The State in Society in Indonesia", Cornell University Southeast Asia.

Webber, D. (2006), "A Consolidated Patrimonial Democracy? Democratization in post-Suharto Indonesia", *Democratization*, 13 (3), pp. 396 – 420.

Wheeler, N. J. & Dunne, T. (2001), "East Timor and the New Humanitarian Interventionism", *International Affairs*, 77 (4), pp. 805 – 827.

Widianingsih, I. & Morrell, E. (2007), "Participatory Planning in Indonesia", *Policy Studies*, 28 (1), pp. 1 – 15.

Williams, M. C. (1991), "New Soviet Policy toward Southeast Asia: Reorientation and Change", *Asian Survey*, 31 (4), pp. 364 – 377.

政府间国际组织在安全、经济、健康和环境领域的角色与行动[*]

［土耳其］里夫·力纳克 著　　吕晓莉　吕茂林　刘　鑫 编译[**]

前　言

17世纪中期以来，主权国家逐步登上国际政治舞台并发挥主导作用。工业革命（Industrial Revolution）以后，信息和通讯技术的进步加快了全球化的进程。由于交通成本的下降，资本输出和国际贸易在1870年到1914年间达到了前所未有的水平，并在20世纪90年代以后快速发展。全球化进程的加快导致主权国家国际政治地位削弱，并带来诸多挑战。因此，新的国际行为体开始出现，并致力于解决全球化进程中出现的各种挑战和问题。本文主要分析政府间国际组织（IGO）的发展历程，尤其是其在20世纪90年代后在国

---

[*] 本文首次发表于 *The Journal of International Social Research*，2015年第8卷第37期。文章原名"Intergovernmental Organizations（IGOS）and Their Roles and Activities in Security, Economy, Health, and Environment"。

[**] 作者简介：里夫·力纳克（Eşref Ertürk），博士，就职于土耳其埃尔祖鲁姆市警察署。译者简介：吕晓莉，北京师范大学政府管理学院副教授；吕茂林、刘鑫，北京师范大学政府管理学院2014、2015级研究生。

际体系中所发挥的重要作用。

根据国际协会联盟对 IGO 的定义,"政府间国际组织是若干国家或其他政府间国际组织为了特定目的以条约形式而建立的一种常设机构"。本文将着重研究 IGO 在安全、经济、健康和环境领域的角色和活动。首先对 IGO 的发展进行评估,然后通过举例论证,详细阐述其在安全、经济、健康和环境领域的角色和活动。本文通过分析不同领域的政府间国际组织数量,进行深入思考。

UIA 关于政府间国际组织的数据库名为"国际组织年鉴"。该数据库包含了 67000 多个国际组织,包括政府间国际组织和非政府间国际组织(International Non-Governmental Organizations)。UIA 将政府间国际组织分为两类:协定性组织、其他组织。本文出于研究目的考虑,只对资料充足适合研究的活跃的政府间国际组织进行探讨和分析。因此选择了协定性组织中的以下几种组织:A:国际组织联盟(Federations of international organizations),B:普遍性组织(Universal membership organizations),C:洲际性组织(Intercontinental membership organizations),D:地区性组织(Regionally defined membership organizations),E:来自地方、个人或其他机构的组织(Organizations emanating from places, persons or other bodies),F:特殊类型的组织(Organizations having a special form),G:国际性的国家组织(Internationally-oriented national organizations)。在数据库搜索中输入代表政府间的关键词"g"就可以找到这些政府间国际组织的名称。最终共搜索到了 2045 个政府间国际组织,而且可以在 UIA 网站上找到这些 IGO 的详细信息,然后对其主要活动领域进行分类和评估。除了主要的活动领域外,这些 IGO 可能还会涉及其他很多领域。考虑到数据过于庞大,无法搜索到所有政府间国际组织的活动。因此,本文只对"国际组织年鉴"中的数据进行分析,这也是本文研究的局限性所在。但是,本文通过对 IGO 在安全、经济、健康和环境领域的重要活动进行对比分析,为相关研究提供参考,仍然具有重要意义。

一、政府间国际组织的演变

国家在国际体系中占据主导地位，并强调对其主权的维护。尽管有很多强制性的机制可以规范主权国家的国内行为，但是在全球范围内却没那么容易实现。国际体系由国家主导，所以政府间国际组织只能是一个政府间国际合作的平台。出于这个原因，国际社会通常以"国际组织"来代称政府间国际组织。但是，早先存在的跨国组织的种类已经被当今世界极大地扩充。现在，可以将政府间国际组织与其他根据地理范围来界定的跨国组织区分开来。它们被分为"国际性组织和区域性组织"，"管理非政治性国际协定的监管系统"，以及"为了阻止可能导致战争的政治纷争而建立的组织"（Langhorne，2006：79）。

19世纪，技术进步和工业化程度的提高使得国家间开展活动也越来越频繁，为了促进经济发展加强国家力量，对这些活动进行管理和协调的必要性也越来越凸显。最早出现的政府间国际组织尽管在国际活动中发挥着管理和调节作用，但它们也将某些活动，例如邮政服务等被制度化了。1815年成立的莱茵河航运中央委员会（The Central Commission for the Navigation of the Rhine）、1965年成立的国际电信联盟（International Telegraph Union）作为早期政府间国际组织的典型，在当时被称为"政府国际工会"。尽管国家成立这些组织是为了应对经济技术快速发展带来的一系列挑战和问题，但这些组织的功能和活动领域依然是受限制的。早期的政府间国际组织主要作用是收集和交换信息，协调国家政策，在特定领域设立行业标准，减少跨国问题的出现。到20世纪尤其是第二次世界大战结束之后，致力于满足活动管理需要的IGO开始被建立（Langhorne，2006）。图1对诸世纪的IGO数量进行了归纳。我们可以看见，进入20世纪，IGO的总数量增至5725个。新成立的IGO数量也在不断增加。

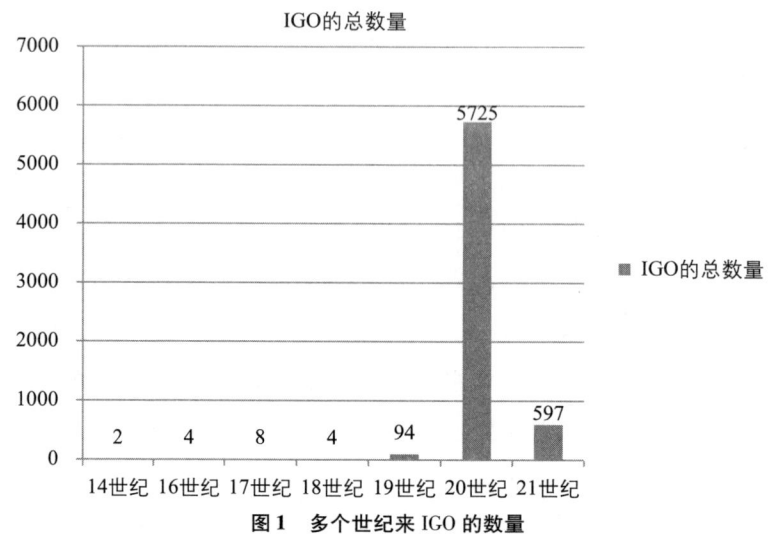

图1 多个世纪来 IGO 的数量

数据来源：UIA 网站（http://www.uia.org/，登录时间为 2015 年 2 月 25 日）

二、政府间国际组织的角色和活动

政府间国际组织在国际体系中扮演着多重角色，不仅促进政府间的合作以及国家的社会化，而且，部分 IGO 还是解决纷争的平台，它们建立活动规则并强制其成员遵守。一些 IGO 的成立是为了解决关键性的全球问题，一些则是作为促进国际谈判的媒介而成立的，还有一些主要是致力于由其他国家和非国家行为体组成的跨国网络的建立（Mingst，2008）。制造业、交通和通讯行业的技术发展带来了全球化进程的加快，由此导致国际监管框架的扩张（Langhorne，2006）。因此，当今世界上出现了众多覆盖安全、经济、健康和环境领域的政府间国际组织。

1. 安全

众所周知，当今世界上最重要的国际组织是联合国（United Nations，UN）。成立于第二次世界大战（World War II）之后，旨在防止世界大战死灰复燃，维护和平与安全。各会员国主权平等，而且在实施制裁决议的时候，安理会（UN Security Council）五大国拥有否决权和常任理事国的特权。第二次世界大战之后，冷战（Cold War）开始，国际社会呈现两极化趋势。在此期间，联合国活动领域开始向其他领域延伸。随着两极格局的结束，联合国迎来了新的发展契机。自冷战结束到 20 世纪 80 年代末期，由于全球化减少了系统性侵犯人权、犯罪和战争之间的差异，使得冲突的本质也发生了显著变化。由于经济全球化，一些小国贫穷落后，而且失去了超级大国的支撑，使得政府倒台和发生内战的几率大大增加（Langhorne，2006）。因此，联合国在干预国内冲突方面发挥了关键性作用，并成为开展维和行动的中坚力量。1988—1993 年间，联合国维和行动的次数增长了 4 倍。在过去的 20 年里，国际社会对联合国的维和需求大大增加，促进了联合国的改革（Calvocoressi，2009）。与 30 年前相比，当今联合国在维护全球安全方面的权力和影响力都得到了极大提升。

全球化给国际社会带来了安全和经济方面的挑战，尤其是在过去的 20 年里形势更加严峻。因此，联合国在全球治理方面依然扮演着关键角色，其全球治理的范围主要体现在知识、规范、政策、制度和执行等存在差距的领域。为了在一定程度上缩小国际社会的这些差距，安理会运用数据分析和理论阐释，制定全球规范，筹备全球策略，并运用其制度化结构来处理特定领域的问题，促使成员达成共识（Weiss & Thakur，2010）。从这个意义上来说，联合国是经济、健康和环境领域的重要行为体。

某些 IGO 的成立旨在维护地区稳定和安全。比如，北大西洋公约组织（North Atlantic Treaty Organization，NATO），成立于 1949 年，目的是与苏联（Soviet Union）为首的东欧集团国成员相抗衡，实现防卫协作。苏联解体和柏林墙倒塌之后，随着全球化进程的加快和国内冲突的增加，北约职能也随之发生变化。这就要求北约维护其成员国安全的任务要在一个更大的背景下执行。由此促成了欧洲—大西洋合作委员会（Euro-Atlantic Partnership Council）与和平伙伴关系计划 Partnership for Peace（PfP）的建立。和平伙伴关系计划旨在邀请特定国家参加该地区的维持和平行动，以维护欧洲稳定。北约通过多种不同的方式演变和发展着。但是，9·11 事件显著改变了其议程。在 2002 年的布拉格峰会（Prague Summit）上，北约强调，恐怖主义和大规模杀伤性武器的扩散已成为北约在新世纪面临的最大安全挑战，并进行了其历史上最大的一次东扩。北约开始与其他政府间国际组织、联合国、非北约成员国家展开合作，并致力于提高其自身防务能力（Langhorne，2006）。

2. 经济

全球化促进了商品、资本和劳动力的跨国流动，但也导致了国内外贸易和市场的失衡。总的来说，全球化带来了世界市场的繁荣，但也带来了社会阶层和工业领域的分配失衡。因此，这种地方性和全球性的贸易方式使得某些部门和阶层迅速富裕起来，而有些部门和阶层在全球化大发展的横流中被逐步淘汰。也就是说，全球经济贸易增加了一部分人的收入，也损害了另一部分人的利益（Gilpin，1987；Frieden & Lake，2000）。尽管全球经济贸易造就了赢家和输家，整个社会在本质上是在前进和发展。由此促成了世界贸易组织（World Trade Organization，WTO）的建立，它旨在促进全球经济发展和资源的最佳配置。

显而易见，各国经济相互依赖程度在不断加深。许多商品在世界各地的流动性显著增加，使得很多终端产品的部件生产可以由本国转移到其他国家。产品的国际化也促进了世界贸易总额的大大增加。在过去的60多年里，世界平均贸易总额年增长率达6%。1953年的全球贸易总额为8400万美元，到2007年增至14万亿美元。关税与贸易总协定（The General Agreement on Tariffs and Trade），也就是后来的世界贸易组织，在促进全球贸易发展方面发挥了重要作用。多数研究全球政治经济的科学家都认为，如果没有成立WTO，世界贸易不会发展如此之快（Oatley，2010）。WTO积极组织多边谈判，制定国际贸易协议，解决相关贸易争端，旨在通过非歧视性贸易原则和市场准入原则，促进世界贸易自由化。通过这些基本原则的遵守，所有国家都可从中得到好处。否则在无政府状态的国际体系中，只有强国才能得以生存和发展。WTO的争端解决机制鼓励其成员严格遵守WTO的基本原则和规定，促进世界贸易的和谐发展。

除了WTO，世界银行（World Bank）和国际货币基金组织（International

Monetary Fund，IMF）也是世界经济发展的重要支柱。1944 年，旨在重建战后国际金融秩序的布雷顿森林会议（The Bretton Woods Conference）召开，促成了世界银行和国际货币基金组织的建立。世界银行成立的最初目的是为了战后西欧经济的复兴。由于 20 世纪 60 年代美国经济危机爆发，导致布雷顿森林体系崩溃。国际货币基金组织成立的目的就是为了纠正国际收支失衡，稳定国际汇率。

但是，到 20 世纪 80 年代和 90 年代，经济自由主义理论向前共产主义国家迅速传播，带来了新的全球经济问题。全球化进程加快，以及政府在经济活动中的作用削弱，导致了很多全球性的金融危机，如 1995 年的墨西哥金融危机，1996 年的俄罗斯金融危机以及 20 世纪 90 年代的亚洲金融危机。全球化给经济发展带来了极大的不稳定性。尽管 IMF 竭力减少这些全球性危机的再次爆发，但是由于其所保护的只是某些国家的经济利益而使其作用备受质疑。21 世纪初期，IMF 修改了其政策和宗旨，由一个非政治性国际组织转变为一个政治性的国际组织。

世界银行经历了一个相似的发展过程。为了适应全球化的发展，世界银行自身进行了变革。到 20 世纪末，全球化带来的一系列发展性问题导致世界银行的观念和组织架构同国际货币基金组织一样发生了转变。

从冷战到 20 世纪末，世界银行和国际货币基金组织都是为其成员利益服务的。但是，这些政府间国际组织出于政府的需要应运而生，也会适应外部发展而进行变革。而且，由于这些组织日益发挥着重要作用，一些非国家行为体也越来越多地参与到全球经济管理过程中来。这些 IGO 逐步脱离了其成员的设想轨道，成为所在领域的一个全球性权威机构。这些转变使得它们成为全球范围内的一个独立行为体（Langhorne，2006）。

到 20 世纪下半叶，很多区域性的 IGO 如亚太经济合作组织（Asia Pacific Economic Association，APEC）、东南亚国际联盟（Association of South East Asian Nations，ASEAN）、北美自由贸易组织（North American Free Trade Association，NAFTA）以及非洲联盟（African Union）如雨后春笋般涌现，而且多数是出于经济目的而建立。其中最为复杂的区域性 IGO 是欧洲联盟（European

Union，EU）。1992年的马斯特里赫特条约以欧盟取代欧共体（European Community）。如今的欧盟覆盖5亿多人口（Mingst，2008）。其成立主要有两个目的：建立欧洲自由贸易区，成立一个邦联并最终发展为联邦国家。但是，欧盟在发展过程中也遭遇了行政和宪法危机等多重挑战。在此过程中，欧盟想建立一个联邦国家的愿望似乎也开始落空。尽管如此，欧盟依然是全球范围内的一个重要行为体（Longhorne，2006）。

3. 健康

很多政府间国际组织例如世界卫生组织（World Health Organization，WHO）、联合国儿童基金会（United Nations Children's Fund，UNICEF）以及联合国艾滋病规划署（Joint United Nations Programme on HIV/AIDS，UNAIDS）在应对全球健康问题方面发挥了重要作用。通过评估其在HIV/AIDS等全球传染病防治方面的作为，可以帮助我们了解这些组织的作用。1987年，为了应对艾滋病在全球范围内的传播，世界卫生组织开展艾滋病特别项目（Special Programme on AIDS），也就是后来的艾滋病全球项目（Global Programme on AIDS，GPA）。1996年，GPA因未能有效防治艾滋病的传播而被关闭，联合国艾滋病规划署也因此建立（Merson，O'Malley，Serwadda & Apisuk，2008）。

UNAIDS在全球艾滋病防治方面发挥着中坚力量作用。共同致力于艾滋病防治的IGO主要有十个，世界粮食计划署（World Food Programme，WFP）、世界卫生组织、国际劳工组织（International Labour Organization，ILO）、联合国儿童基金会、联合国教科文组织（United Nations Educational，Scientific and Cultural Organization，UNESCO）、联合国难民署（United Nations High Commissioner for Refugees，UNHCR）、联合国毒品和犯罪问题办公室（United Nations Office on Drugs and Crime，UNODC）、世界银行、联合国人口基金会（United Nations Population Fund，UNFPA）以及联合国开发计划署（United Nations Development Programme，UNDP）。在这个框架下，WHO主要关注艾滋病治疗、护理和艾滋病/结核病并发感染的重点领域，UNICEF关注于防止艾滋病的母婴传播。抗击艾滋病、结核病和疟疾全球基金（The Global Fund to Fight

AIDS, Tuberculosis and Malaria)、国际药品采购机制（UNITAD）和世界银行则为全球艾滋病防治提供经济支持，并发挥着重要作用。

在国际社会的共同努力之下，全球艾滋病毒最新感染人数和死亡人数呈现持续下降的趋势。在相关人群进行适当治疗和采取防治措施时，艾滋病毒的检测和咨询显得异常重要。获得艾滋病毒的检测和咨询的人群由2009年的6400万增至2010年的7200万。怀孕妇女能够获得艾滋病毒检测和咨询的人数比例由2005年的8%增至2010年的35%。这表明，全球卫生系统的运作能力大大提高。联合国艾滋病规划署和世界卫生组织已经制定了一个五年计划，它们不仅要加强对艾滋病毒的治疗、应对和预防，还要建立一个新的可持续的强大的卫生系统（UNAIDS, UNICEF & WHO, 2011: 5）。

国际社会共同努力致力于艾滋病毒的防治模式也可被借鉴来应对其他疾病。一些学者表示，怎么能将成功抗击艾滋的例子应用于其他非传染性疾病的防治呢？（Lamptey, Merson, Piot, Reddy & Dirks, 2011: 1）尽管当前国际社会共同防治艾滋病的努力还不够，但是已经有证据表明，它在一定程度上是积极的、成功的。因此，这些努力为我们提供了共同有效应对全球健康问题的经验道路，并显示了IGO在这些行动中的积极作用。

4. 环境

20世界70年代初以来，气候变化、臭氧层破坏和世界渔业衰退等全球环境问题已经成为国际社会共同关注的关键问题。实际上，任何一个全球环境问题都对当地民众的生活产生即时影响。但是，这些地方难题可以通过全球范围内的共同努力得到解决（Carter, 2007）。在这种环境下，IGO在将问题由本土层面提升至全球层面发挥着重要作用。很多IGO如联合国环境规划署（United Nations Environmental Programme, UNEP）、21世纪环境与发展全球行动计划（Global Action Plan for Environment and Development in the 21st Century, Agenda 21）以及全球环境基金（Global Environmental Facility, GEF）在应对这些全球环境问题过程中都发挥了关键作用。

三、全球体系中的政府间国际组织

对 UIA 数据库的分析显示，IGO 在和平与安全、经济、健康、环境、教育、文化和规范化领域的活动可能存在不同的目标。但是，大多数 IGO 的活动都与经济有关。正如图 2 所显示，有 580 个 IGO 主要在经济领域活动，占本文所列 IGO 的 28%。

环境是 IGO 的第二个关注领域。约 18% 的 IGO 都是应解决环境问题的需要而成立的。很多 IGO 关注渔业、海洋、森林等国家资源的保护，致力于国家经济的可持续发展。这些 IGO 主要关注环境和经济领域。但是，也有一些 IGO 只关注一种全球环境问题，例如只致力于应对气候变化问题。

有 223 个 IGO 的成立是为了应对国家安全问题。一些主要参与地区冲突的解决，还有一些致力于防止真正或未来的安全威胁的出现。联合国是维护全球和平与安全的一支重要力量。在联合国框架下，有 1/4 的 IGO 致力于和平与安全问题的应对。此外，北约和欧盟也是维护和平与安全的重要行为体。

出于对健康问题的关心而成立的 IGO 最少。只有 117 个 IGO 的成立与人类健康相关。多数 IGO 致力于几种传染病如艾滋病、疟疾、肺结核、口蹄疫和禽流感的应对和防治。同时多数 IGO 主要关注一个特定区域或次区域的健康问题，但是也有一些 IGO 致力于全球范围内的艾滋病防治或职业保健等问题。WHO 在应对全球健康问题方面则发挥着主导性的作用。

联合国是唯一属于国际组织联盟分类的政府间国际组织，在全球治理和应对全球安全、经济、健康和环境问题方面发挥着重要作用。属于普遍性组织和洲际性组织的 IGO 数量较少，而属于地区性组织和来自地方、个人或其他机构的组织这两类的 IGO 数量稍多，但是相比较来说，特殊类型的组织和国际性的国家组织数量就很多。两者合计占 IGO 总数的 80%。

第二部分 政府间国际组织的实践

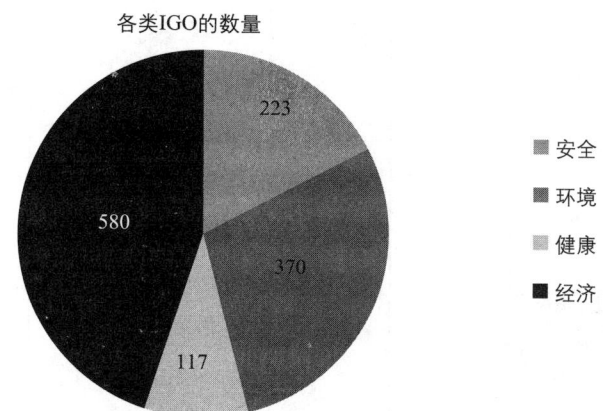

图 2 主要致力于安全、经济、健康和环境领域的 IGO 数量统计

来源：数据分析结果

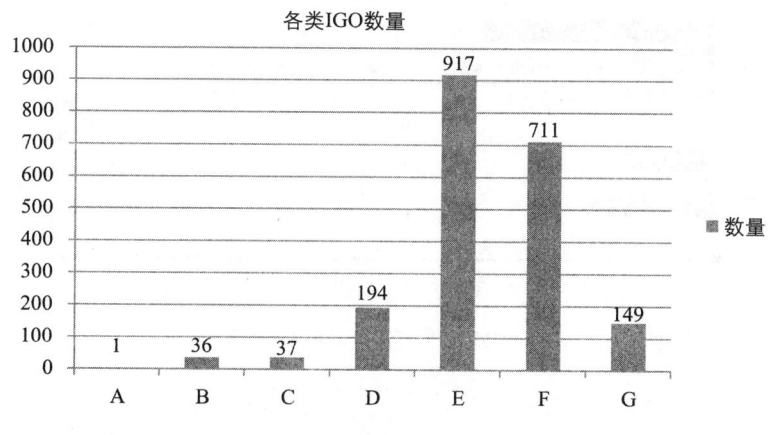

图 3 属于协定性组织的 IGO 数量

来源：数据分析结果

注：UIA 将 A，B，C，D，E，F，G 分别定义为：

A：国际组织联盟（有至少 3 个以上自治的非地区性的国际组织构成）

B：普遍性组织（控制和管理至少 60 个国家，或成员地理分布均衡的 30 个以上国家的国际组织）

C：洲际性组织（成员国跨洲，且均衡分布于至少 10 个国家，两个大洲）

D：地区性组织（成员国限定在特定的洲或次大陆范围内，且至少分布于 3 个国家或至少包含 3 个独立的国际机构）

E：来自地方、个人或其他机构的组织（包含由政府间机构或联合机构创建的国际中心机构和学院，没有成员国）

F：特殊类型的组织（包括基金会、基金、银行和各种不合法机构）

G：国际性的国际组织［包括双边机构，仅限于一个国家标识的管理机构或成员组织，在联合国框架或其他国际组织框架下拥有正式架构（成员、投资方、合作方）的国家机构（国际组织年鉴）］

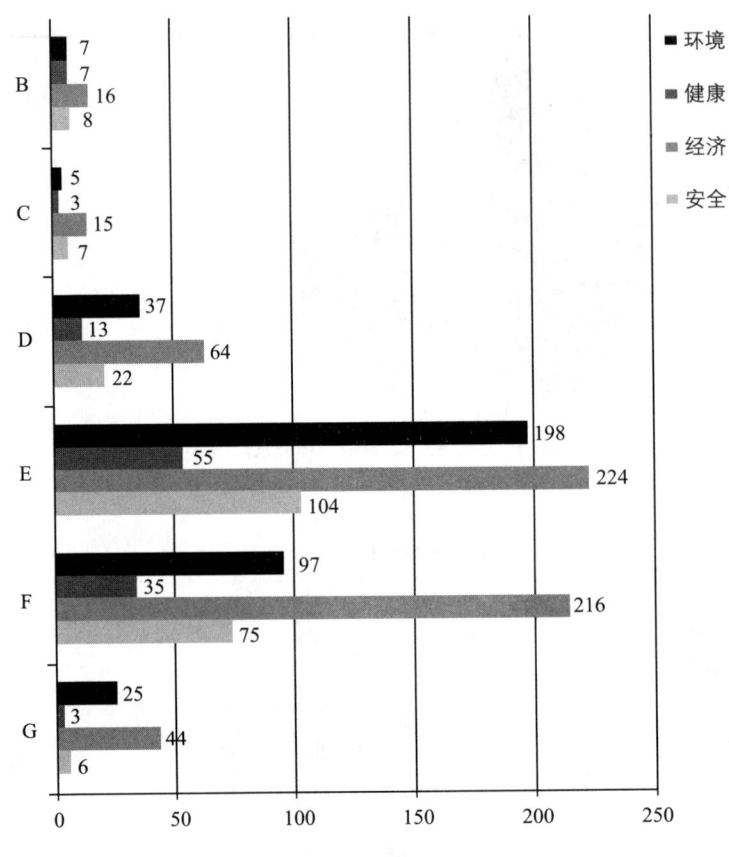

图 4 各领域内不同类型 IGO 的数量

来源：数据分析结果

图 4 表明，致力于经济领域活动的 IGO 数量遥遥领先，因此，我们可以说经济问题是所有 IGO 最为重视的问题。另一方面，健康领域的 IGO 数量最少。

在普遍性组织和洲际组织中，很多经济领域的 IGO 都涉及胡椒、谷物、可可、橄榄、糖、咖啡、橡胶、棉花和铅锌等特定领域的活动。其他类型的组织中，像阿拉伯（Arab）、亚洲（Asian）、美洲（American）、非洲、欧洲、太平洋（Pacific）、加勒比海（Caribbean）、北欧（Nordic）、东南亚等国家之间的区域经济合作在经济交流方式上都是相似的。

大多数普遍性和洲际组织都集中在安全、经济、健康和环境领域，而其他类型的 IGO 的兴趣领域则各种各样，包括教育、文化、人权、信息和交流、交通、法律、科研、社会和政治事务等。此外，对于普遍性和洲际性组织来说，其对安全的关注仅次于经济；然而，对于其他类型 IGO 来说，环境是其第二关注领域。我们可以说，在处理和平和安全领域问题时更加需要全球范围内的集体行动；另一方面，对于可能影响相关区域的环境问题，比较普遍的解决方式应该是依赖于区域和次区域政府间的协作。之所以有这么多 D, E, F, G 类的 IGO 关注环境问题，还有一个原因就是大量的经济活动需要某个区域特有的自然资源。有很多这样的例子，比如，在渔业、林业、农业方面，对水资源、海洋、森林、河流的可持续利用等一直是各国政府的重要议程。

结　语

自 20 世纪 90 年代以来，通讯和技术的进步促进了全球化进程的加快，使得 IGO 的角色和活动也在不断扩大。IGO 的监管和管理角色越来越多样化。现有研究表明，大多数 IGO 都是出于经济目的而建立。但安全、健康、环境也是众多其他 IGO 的重要关注领域。普遍性组织和洲际组织一般主要活跃在经济和环境领域，而其他类型的 IGO 则更多集中在经济和环境领域。

致力于安全和经济领域活动的 IGO 网络越来越庞大和复杂，而且在全球问题的解决过程中，除了主权国家之外，还有众多其他非国家行为体也参与其中。比如，联合国活动的范围已经不再局限于和平与安全领域。近些年来联合国在全球治理过程中所产生的重要作用也使其越来越受国际社会的重视。此外，全球化也导致包括世界银行和国际货币基金组织在内的全球经济组织的架构和理念发生了转变。北约作为一个区域性安全组织，在参与全球安全问题的解决过程中也改变了其结构。近些年来这些政府间国际组织所发生的变化表明，IGO 在未来依然是国际社会的重要行为体。

参考文献

Calvocoressi, P. (2009), *World Politics Since 1945*, 9th ed, Harlow: Pearson Education.

Carter, N. (2007), *The Politics of the Environment: Ideas, Activism, Policy*, Cambridge University Press.

Frieden, J. A. & Lake, D. A. (2000), *International Political Economy: Perspectives on Global Power and Wealth*, 4th ed, Boston: Bedford/St. Martin's.

Gilpin, R. (1987), *The Political Economy of International Relations*, Princeton: Princeton University Press.

Lamptey, P., Merson, M., Piot, P., Reddy, K. S. & Dirks, R. (2011), "Informing the 2011 UN Session on Noncommunicable Diseases: Applying Lessons from the AIDS Response", *PLoS medicine*, 8 (9), e1001086.

Langhorne, R. (2006), *The Essentials of Global Politics*, London: Hodder Arnold.

Merson, M. H., O'Malley, J., Serwadda, D. & Apisuk, C. (2008), The History and Challenge of HIV Prevention, *The Lancet*, 372 (9637), pp. 475 – 488 doi: 10.1016/S0140 – 6736 (08) 60884 – 3.

Mingst, K. A. (2008), *Essentials of International Relations*, New York, London: W. W. Norton & Company.

O'Brien, R. & Williams, M. (2004), *Global Political Economy: Evolution and Dynamics*, Palgrave Macmillan.

O'Rourke, K. H. (2002), Europe and the Causes of Globalization, 1790 to 2000, Department of Economics, Trinity College

Oatley, T. H. (2010), *International Political Economy : Interests and Institutions in the Global Economy*, 4th ed, New York: Pearson/Longman.

The Yearbook of International Organizations (n. d.), Retrieved from http://www.uia.org/yearbook? qt-yb_ intl_ orgs = 4#yearbook_ pagespage_ 2 – 2.

UNAIDS, UNICEF, and WHO (2011), Global HIV/AIDS response 2011 Progress Report. Retrieved at April 6, 2012, from http://www.unaids.org/en/media/unaids/contentassets/documents/unaid s publication/2011/20111130_ UA_ Report_ en. pdf

Weiss, T. G. & Thakur, R. (2010), *Global Governence and the UN: An Unfinished Journey*, Bloomington: Indiana University Press

What is an Intergovernmental Organization (IGO)? (n.d.), Retrieved from http://www.uia.org/faq/yb3

第三部分 | 国际NGO的实践

防治艾滋病国际非政府组织网络的发展演化及影响因素[*]

[美]米歇尔·舒马特　　[美]珍妮特·富尔克　　[美]彼德·蒙日　著
刘　冰　编译[**]

近年来,组织间沟通和变化成为沟通研究中持续的研究兴趣(Jones, Watson, Gardner & Gallois, 2004)。组织间沟通研究考察各种正式的和非正式的沟通结构,这些结构不断地在组织中产生和消失(Monge et al. , 1998; Stohl, 1993)。本文的研究受益于组织理论文献中关于联盟和联盟网络的大量研究(Adams, 1980; Ahuja, 2000; Dyer, 1997; Eisenhardt & Schoonhoven, 1996; Gerlach, 1992; Gulati, 1995a, 1998; Khanna, Gulati & Nohria, 1998; Koza & Lewin, 1998; Monge et al. , 1998; Williamson, 1975; Zajac & Olsen, 1993)。在这种研究传统中,交易成本经济学和基于资源的企业观作为一种最常见的解释理论而被广泛采用,这种观点认为,企业之所以追求合作是为了能更容易、更有效地获得稀缺资源,建立与其他企业抗衡的力量。

---

[*] 本文首次发表于 *Human Communication Research*, 2005 年第 31 卷第 4 期,第 482—510 页。文章原名"Predictors of the International HIV-AIDS INGO Network Over Time"。

[**] 作者简介:米歇尔·舒马特(Michelle Shumate),美国北达科他州州立大学教师;珍妮特·富尔克(Janet Fulk),彼德·蒙日(Peter Monge),美国南加州大学教师。译者简介:刘冰,北京师范大学中国社会管理研究院/社会学院副教授。

联盟理论和研究对组织的联盟决策过程提供了有价值的见解，这些见解包括三个普遍的层次：结成伙伴关系还是独立行动的选择，对合作伙伴的选择以及治理机制的选择。理论研究从组织的角度强调了这些决策，这些组织试图（a）使用联盟降低威胁它们的绩效或生存的不确定性，以及（b）避免可能由于联盟伙伴的机会主义行为而出现的潜在道德风险（Das & Teng，1999）。这种组织中心的焦点是有价值的，但是不能排除其他的因素。我们认为，组织联盟决策也会受到更高层次因素的影响，包括组织种群内部的结构，以及在共同体层次上的组织种群之间的结构。组织的种群是"竞争资源的方式相同的所有组织"（Barron，1999：443）。比如，学院和高校构成一个组织种群，它们对稀缺的学生资源展开竞争，尽管不同的学校有不同的细分市场（niche）。细分市场是指能够支持一个种群的一群组织的特定资源组合（Aldrich，1999）。共同体则由组织的种群组成，它们与特定的集体环境融为一体（Hawley，1986）。学院和大学是教育共同体的一部分，这个共同体还包括政府监管部门、服务提供者、校友和资源提供者。本研究运用演化理论解释动态背景下联盟伙伴的选择，囊括了这些不同的分析层次。

本研究关注了非政府组织（NGOs）部门的伙伴选择，这是在以前的联盟研究中被广泛忽视的一个领域，但是最近成为了学者高度关注的一个重要领域（Diani & McAdam，2003；Keck & Sikkink，1998；Khagram，Sikkink & Riker，2002；Smith，Chatfield & Pagnucco，1997）。正如科克和斯金科所说，沟通和信息交换是非政府组织联盟网络的核心功能（Keck and Sikkink，1998）。在组织的层次，本文发展起来的模型整合了之前盈利组织研究中的发现：与相同的伙伴组建联盟。模型还扩展了理论的边界，整合了组织类型的同质性因素。在种群层次，模型考虑了组别效应和地理集聚。在共同体层面，本文考虑了来自政府间组织（IGOs）的影响。模型通过来自档案资料的8年的防治艾滋病国际非政府组织（以下简称"防艾国际NGO"）种群中成员的联盟关系而得到了实证检验。随着艾滋病成为一个世界范围内的重大社会问题，在这个部门中有效的伙伴关系变得十分重要。

一、理论和研究假设

（一）演化理论

演化理论最初是为解释自然世界中生物现象的产生和变化而发展起来的（Darwin，1859；Mendel，1865；Wiesmann，1885）。许多社会学家和组织研究学者认为演化理论也能用于理解社会和组织的动态变化（e.g. Astley，1985；Campbell，1965；Hawley，1986；Kauffman，1993；McKelvey，1997；Nelson & Winter，1982）。按照坎贝尔的研究，我们认为变异（variation）—选择（selection）—保持（retention）的演化模型（VSR 模型）解释了组织的动态变化，包括联盟的形成（Campbell，1962）。

1. 变异—选择—保持模型（VSR 模型）

"变异"（variation）是指常规、能力、资源或形式方面的变化。变异可能是随机事件的结果，也可能是有计划的人类行动的结果（Romanelli，1999）。变异的源头既可能在组织种群（population）内部或组织之间，也可能发生在组织所处的单独的或者集体的环境之中（Astley & Van de Ven，1983）。"选择"（selection）是指组织惯例的破除，而选择另一种替代方案超越其他的方案（Nelson & Winter，1982）。当组织选择不断重复以前的选择，并维持以前的常规，使这些选择和常规随时间推移不断重现时，就出现了"保持"（retention）。这样，保持是一个持续的过程，而不是一个单独的事件，因为组织必须不断随着时间制定自身的常规，要不然就会逐渐衰弱（Weick，1979）。"出生缺陷基金会"（March of Dimes）的演化就是一个这样的例子（March of Dimes，2005）。这家慈善组织形成之初就是为了在美国防治脊髓灰质炎。当脊髓灰质炎的发病率明显下降时，这个组织对自身的生存问题十分困扰。该组织不得不做出改变，要么就是终止其活动。该组织所探寻的一个"变化"

就是针对他们的目标群体——儿童，重新找到其他的疾病。他们选择彻底改造自身从而成为一家减少出生缺陷的慈善机构。这一选择通过持续的实践得到了保持，这些实践都与为出生缺陷的研究提供保障和资金有关。

组织选择和保持在任何时点上都受到过去的选择和保持的经历的约束，这就是常常提到的路径依赖（Baum，1999）。根据考夫曼的研究，组织受到路径依赖的限制，但也有路径创造的机会（Kauffman，1993）。路径创造是指打破了过去选择的全新的变化和选择。演化理论可以运用到那些发生在组织种群及其资源条件中的过程中，也可以应用到那些发生在各自的环境中不同的组织种群组成的共同体的过程中。资源条件涵盖了那些对于组织种群的生存来说所必需的东西，比如在前面举的例子中，对于一所学院或大学来说，教师、学生和资金就是资源条件。环境则是为整个共同体提供资源，比如监管和职业协会（如，认证机构、国际交流协会），以及政府提供的研究资金。在广泛的演化研究中，有两个研究的焦点。一是种群生态，主要考察在种群内部治理组织成长和变化的动态机制（Hannan & Freeman 1977，1984）。二是共同体生态，聚焦在那些构成了整个生态共同体的组织种群之间的关系（Hunt & Aldrich，1998；Astley，1985）。

2．种群

汉南和弗里曼引入了种群生态学来解释组织种群的动态变化（Hannan and Freeman，1977）。种群生态学研究考察了广泛的演化过程，包括种群的生命率（它们的成立、成长和失败率：Barron，1999；Baum，1996）、种群的竞争和合作策略（Barnett & Carroll，1987）、选择过程（Brittain，1994）以及市场定位的细分（Dobrev，Kim & Hannan，2001；Swaminathan，1995）。市场定位的细分是指成熟的种群阶段，在这一阶段中，通用性组织（generalist organizations）处于市场中心的位置，而专业性组织（specialist organizations）在边缘位置成长起来。继续以学院和大学的种群为例，传统高校在对传统年龄段的高质量的学生展开竞争，而专业性的大学，比如专注于提供在线学历的大学，可能会在非传统的学生领域中发展壮大，这就形成了市场细分。

防艾国际 NGO 形式是一个组织种群的例子。NGO 囊括了各种非盈利组织，包括国际非政府组织、国家非政府组织、社会活动组织以及跨国社会活动组织（Kriesberg, 1997）。国际非政府组织本身也可能是国家非政府组织的联合、国家分支机构的同盟，或者水平化结构的虚拟组织（Nelson, 2002）。国际非政府组织展开一系列服务活动，比如交流思想、提升成员利益、协调或者规制成员的活动、对公众提供教育和宣传、进行研究和收集信息、实施人道主义活动（Chatfield, 1977）。这样，国际非政府组织一般在现状中工作，提供服务并为其成员提供倡导。相反，社会活动组织试图改变现状并促进变化，要么在国家范围内，要么在国际范围内。瞄准同一问题的国际非政府组织，比如防艾国际 NGO 可以被视为是一个组织种群。

3. 共同体

霍利和阿斯特利引入了共同体生态学作为一种解释更广泛的演化过程的手段，这些演化过程往往超越了那些发生在种群内部及其所处环境中的演化过程（Hawley, 1950, 1982, 1986; Astley, 1985）。他们认为种群不会独立的存在。而是，多元化组织种群共享了许多重叠的资源机会，以创造了生态共同体及其环境的方式在根本上产生了彼此联系（Hunt & Aldrich, 1998）。共同体生态学理论学家认为，组织共同体由共同演化的组织种群组成（也就是说，共同演化的种群，虽然有相联系的路径，但是一般是独立演化的；Baum & Singh, 1994）。

共同体和种群的成员通过共栖（commensalist）和共生（symbiotic）关系紧密联系。共生（Symbiosis）是指组织之间的相互依赖性，这些组织不会对相同的资源进行竞争（Hawley, 1986）。大学和研究基金会之间就是这种共生关系（Aldrich, 1999）。基金会通过向大学的研究提供资源而实现他们的社会和组织目标，而大学依赖于基金会提供资源以展开核心的科学研究活动。共栖（Commensalism）有两层意思（Barnett & Carroll, 1987）。第一层意思是指相互依赖以及组织之间的合作，这些组织往往对相同的资源形成竞争，但是在竞争中，各个组织的行动能相互受益（Hawley, 1986）。比如，国际非政府组织从相互的努力中受益，因为他们围绕同一个问题和行动需求共同教育公众。它们还可以一起游说资金组织投入资源。共栖的第二层意思是对相同的资源展开竞争，在这个过程中，每一个组织的行动可能会彼此形成伤害（比如，国际非政府组织对发展会员形成竞争）。

国际非政府组织生存于生态共同体之中，生态共同体由多个种群构成，包括媒体制作人、瞄准不同问题的国际非政府组织、国家政府、经济产业以及政府间组织，比如联合国。构成共同体的这些种群将通过"共生"和"共栖"的关系联系在一起。国际非政府组织和媒体制作人具有"共生"关系，也就是说，国际非政府组织向公众提供有关利益的情况和信息，而媒体为国际非政府组织的动机提供宣传。

（二）防艾国际 NGO 种群和共同体的发展简史

防艾国际 NGO 为研究联盟形成的演化过程提供了重要的机会，主要是基于以下几点原因。第一，防艾国际 NGO 部门生存跨度较短，提供了机会研究种群从发端到当前状态的全过程。这种跨度对于考察演化过程是特别有益的（Carroll & Hannan, 2000）。第二，这些组织代表了一个便于界定的组织种群，组织种群存在于更广泛的组织共同体中，共同体会影响他们的伙伴关系。这就使得考察跨种群的动态关系成为可能，也能分层次考察更广泛的生态，国际非政府组织的伙伴关系正是嵌入在这种生态之中。第三，这些国际非政府组织之间的伙伴关系会随着时间的变化而变化，随着种群的生长而增加。第四，资金挑战在伙伴之间开展活动时为寻求资源既可能产生竞争，也可能产生合作。最后，国际非政府组织为观察所研究的组织类型中的跨组织交流提供了一个视野。这些联盟不同于那些盈利部门的联盟，国际非政府组织部门中的组织共享核心价值观和超越其生存的共同目标（Keck & Sikkink, 1998）。但是，在联盟文献中得到广泛研究的资源共享和信任建立的一些共同关注点在国际非政府组织联盟的伙伴选择中也发挥了作用。

本部分提供了处于中心地位的国际非政府组织的一个时间线,这些国际非政府组织随着艾滋病的传播而相继诞生。这段历史对理解组织中伙伴关系的形成和演化提供了背景。它也提供了一些生态背景的信息,其中存在合作和竞争。

艾滋病成为一个全球感兴趣的话题始于 1981 年,当年在美国发生了艾滋病病例,虽然这种疾病的发生在非洲可以追溯到 20 世纪 50 年代(Singhal & Rogers, 2003)。在 1981 年,美国疾病控制和预防中心开始追踪这种疾病(Baldwin, 2005;The Global HIV-AIDS Epidemic:A Timeline of Key Milestones, 2004;Gordenker, Coate, Jönsson & Söderholm, 1995;Panem, 1988;Patton, 2002)。在世界上的其他地区,许多国家都实施了与艾滋病控制相关的本国的政策。几个国家还关闭了本国的边界(Baldwin, 2005;Panem, 1988)。作为一种防止艾滋病传染的方式,对同性恋者产生了歧视,作为一种回应,欧洲委员会在 1983 年讨论了艾滋病的文化含义。

1985 年开始了一个新的阶段,早期的主要特征是日益增长的全球兴趣,后期则是不同国际非政府组织之间的冲突和分歧。1985 年,世界卫生组织,作为一个主要的政府间组织,决定应对艾滋病(Gordenker et al., 1995)。同时,几次国际性会议相继召开,将艾滋病作为一个全球问题展开讨论,对国际非政府组织的网络建立提供了机会。这些会议中,第一个专题研讨会是关于非洲的艾滋病,还包括第一个关于艾滋病的国际会议(The Global HIV-AIDS Epidemic:A Timeline of Key Milestones, 2004)。

大约在 1987 年,围绕艾滋病危机的活动不断增加(The Global HIV-AIDS Epidemic:A Timeline of Key Milestones, 2004;Gordenker et al., 1995),特别是政府间组织。世界卫生组织官方地形成了全球防治艾滋病项目(Global AIDS Programme, WHOGAP),并与防治艾滋病的非政府组织和国际非政府组织的代表举行了首次会议。联合国也召开了首次会议应对艾滋病问题。另外,世界银行参与到防治艾滋病的问题中来。最后,活动型的非政府组织和国际非政府组织,比如 ACT-UP,一个男性同性恋权利组织,开始了一系列激进的抗议,占据了大量的媒体封面(Altman, 1994;Patton, 2002)。

1988年和1989年，政府间组织与国际非政府组织及国家非政府组织的联系日益增强。1989年，联合国人权中心参与到艾滋病危机之中，世界卫生组织的全球防治艾滋病项目通过对防治艾滋病的国际非政府组织和国家非政府组织注入种子资金而形成了伙伴项目。1992年，这种资助项目被新的项目所取代，这种被分配到国家中的资金的15%现在分配给了非政府组织（Gordenker et al., 1995）。

1980年代是防艾国际NGO取得巨大成功的年代。许多国际共同体都意识到激进主义的问题，越来越多的资金可以通过世界卫生组织的全球防治艾滋病项目（WHOGAP）和联合国发展项目（UNDP）获得，成功的国际会议开始将防治艾滋病的国际非政府组织和非政府组织联系在一起（The Global HIV-AIDS Epidemic: A Timeline of Key Milestones, 2004）。1990年，防艾国际NGO共同体内部开始出现裂痕。在巴黎的一次会议上，围绕艾滋病服务组织的国际联合组织的出现而产生了争议（Gordenker et al. 1995）。这个组织建立的初衷是帮助艾滋病服务型组织建立网络并共享资源。但是，组织的设计者在创立中没有顾及到非洲的艾滋病服务型组织。结果是，非洲艾滋病服务型组织投票反对所有欧洲人参加他们的核心会议。妇女会议投票排除男性，同性恋者的会议则投票排除了所有那些在艾滋病问题上没有人权观念的人。这种裂隙和竞争持续了好几年。

1992年，政府间组织开始从艾滋病问题中退出，把问题交给了世界卫生组织全球防治艾滋病项目（WHOGAP）。随着稳定性占据主导地位，国际非政府组织在1993—1996年间形成了更多的联合。1996年，围绕WHOGAP的争议导致了联合国艾滋病规划署（UNAIDS）的形成，并取代了WHOGAP（Patton, 2002）。

随着联合国艾滋病规划署（UNAIDS）的到来，防艾国际NGO网络进入到第三个阶段。从1996年开始，艾滋病组织种群表现出更大的稳定性。UNAIDS继续作为政府间组织的协调主体。更多的关注点转向了贫困问题，这个问题与艾滋病是密切相关的。社会名流的加入使得美国和欧洲的国际非政府组织爆发式增长。但是，这些变化都是在比较稳定的共同体中发生的。

（三）联盟伙伴的选择：组织层次的影响

国际非政府组织联盟的研究关注构成这个共同体的种群组织之间的自愿交流和其他关系，既有正式的，也有非正式的。这些关系包括信息或其他资源的交换，开发产品的合资企业，提供服务或技术，或者影响国家政府和政府间组织的协调行动。

1. 支持过去伙伴关系的演化过程

特定的联盟伙伴的选择可以通过资源的互补性（Richardson，1972）或者两个组织的社会结构背景加以解释（Coleman，1990；Gulati，1995a）。对资源互补性的研究发现，两个组织如果能产生相互的收益，它们就更有可能结为伙伴（Teece，1986）。古拉蒂发现那些在相互尊重的环境中的组织相较于没有这种环境的组织而言更有可能形成联盟。关于社会结构背景的研究强调以前的联盟经历（Gulati，1995b）。古拉蒂说明，以前的联盟预测了组织之间建立合资企业的形成（Gulati，1995a）。这种重复以前关系的一个可能的理由是寻找潜在的联盟伙伴总是需要大量的精力和时间（Burt，1992）。一旦花费大量精力发现了一个令人满意的合作伙伴，组织就能利用这种关系，这样就从沉没成本（sunk cost）中获得了收益（March，1991）。这些因素综合起来反映了演化偏好，这些偏好基于一个种群内部网络联系的路径创造及之后的路径依赖。福克纳将这种过程描述为关系的再生产过程（Faulkner and Anderson，1987）。

结构惯性对关系的重复出现提供了另一个演化的解释（Hannan & Freeman，1984）。结构惯性是指，重组或变化的速率低于环境中发生变化的速率（Hannan & Freeman，1984），常常会在组织发展已有模式的过程中发生。一旦伙伴选择了彼此且联盟得以形成，那么结构惯性就会使这些相对于环境变化的联系保持稳定。基于结构惯性的演化观点认为，联盟的双方更可能维系联系而不是分道扬镳。

综合起来，理论和研究提出了这样的假设：

H1：国际非政府组织彼此之间过去已有的联盟比起建立新联盟而言更有可能继续原有的联盟。

2. 同质性

影响联盟形成的一个潜在因素是同质性，或者说"选择那些相似的其他组织"（Monge & Contractor，2003：p. 223）。组织在许多特征上会与另一个组织有不同程度的差异，比如规模、发展年限、产品和服务。同质性组织更有动机形成伙伴，因为他们具有相似的运行系统。汉南和费里曼（Hannan and Freeman，1977）指出这种同质性是一种"竞争性的同形"，这根源于资源条件和环境需求的相似性。这种同质性形式有利于联合运行（Chung, Singh, & Lee, 2000）。

一个得到研究的重要的同质性特征是组织状态。根据 Chung 等人的研究，状态的相似性有利于在合资企业中双方承担平等的义务（Chung et al., 2000）。合作伙伴承担的义务不平等的联盟关系常常具有较高的失败率，因为承担较低水平义务的那个组织对合作关系中投入的努力和资源都不足。在这种情形中，关于产出的质量存在高度的不确定性，这对于非政府组织来说也是这样（Keck & Sikkink, 1998），与具有同样状态的组织进行合作对外部资源的来源产生了一种信号机制，有利于接触到那些资源（Chung et al., 2000）。李和别尔塔发现美国银行业中的联盟表现为以状态同质性进行治理的，也就是说，在他们的研究中，联盟伙伴在状态上都十分相似（Li and Berta, 2002）。波多尼和 Chung，辛格和李也发现状态相似性是联盟形成的一个解释因素（Podolny, 1994；Chung, Singh, and Lee, 2000）。这样，状态相似性表现出有利于形成共栖状态，在结构相同的组织形成合作关系。

对国际非政府组织而言，另一个同质性的来源是组织类型。根据约恩松和索德尔霍姆的研究，防艾国际 NGO 发展起四种不同的类型：活动型、研究型、成员型和服务型（Jönsson and Söderholm, 1995）。防治艾滋病活动型组织的目标是提升那些艾滋病患者的权利。防艾国际 NGO 研究型组织试图发展治愈、研究疫苗或者提供治疗方案。防艾国际 NGO 的第三种类型是成员型组织。根据阿特曼的研究，这些组织发展起来是为了对他们的成员提供支持和重要的信息（Altman，1994）。防艾国际 NGO 的第四种类型是艾滋病服务型组织。这些组织对艾滋病患者提供了医疗治疗，包括收容所、药物或基本的治疗。

同质性原理预言，相同类型的组织在种群或共同体的总体网络中处于结构上相同的位置。根据竞争性同形和状态相似性提出的逻辑，伙伴关系应该倾向于遵循组织类型。同样的类型分享同样的兴趣、目标和运行的类型，为共栖合作关系提供潜力。相似性也提供机会来汇聚努力，为了在筹资的竞争中提升各自的位置。根据相似性原理，我们提出了组织的相同类型更有可能选择对方作为合作伙伴。

H2：国际非政府组织更有可能与相同组织类型的组织建立组织联盟，而不是和不同类型的组织建立联盟。

（四）联盟伙伴的选择：种群层次的影响

1. 成立时间组别

演化理论中的一个重要的存活率是组织的出生，也被称为创立。普费弗（Pfeffer，1983）和奥尔德里奇（Aldrich，1999）区分了一种类型的影响，这是建立在创立的"组别效应"上的。普费弗将组别效应定义为"选择与同一个时期组别中的其他组织建立联系的倾向"（Pfeffer，1983：339）。普费弗进一步解释，这种效应是基于这样一种认知，组织会由于各自的经历不同而存在差异。在某个生命阶段中具有相似经历的组织可能同样地受到那些共同经历的影响。在防艾国际 NGO 种群中有三个明显的时期划分。第一阶段，一些组织随着艾滋病的出现作为最早的响应者成立起来。第二阶段，另一个组别在世界卫生组织全球防治艾滋病项目（WHOGAP）的领导下逐步形成。第三阶段，在联合国艾滋病规划署（UNAIDS）开始管理世界范围内的防治艾滋病活动的时候，第三组防治艾滋病的国际非政府组织成立起来。所以我们假设了一种演化的组别效应：

H3：在同一个组别中的两个国际非政府组织比起在不同组别中的两个组织而言更有可能形成联盟。

2. 地理临近性

种群生态理论和联盟形成模型都认为，联盟伙伴开始最初的探索，主要特征是信息搜寻（Aldrich, 1999; Banassi, 1993; Kanter, 1994; Ring & Van de Ven, 1994; Zajac & Olsen, 1993）。贾菲等人（Jaffe, Thajtenberg and Henderson, 1993）和罗森科普夫以及阿尔梅达（Rosenkopf and Almeida, 2003）证明组织的知识流倾向于本地化，因为搜寻本地信息比搜寻全球信息成本更低。这种本地化搜寻过程可能使得组织限定了他们认为有特殊需求的联盟伙伴的数量。持续的本地搜寻会形成大范围的本地化结构。比如，萨克森尼安（Saxenian, 1990）和奥勒尼克（Oleinik, 2004）证明产业区，或者在小范围的地理区域内特定产业的集中，会通过持续的本地化搜寻偏好而发展起来。萨克森尼安认为硅谷就是这种产业区的一个范本（Saxenian, 1990）。本地化搜寻可能会影响国际非政府组织联盟的探索。另外，在同一个地理区域的组织种群能接触到相同的地理相关的环境资源，比如要素成本、劳动力队伍以及政治机会结构，这些都有利于一定程度的竞争性同形。结果：

H4：两个总部在同一区域的国际非政府组织比起总部在不同地区的两个组织而言更有可能形成后续的联盟关系。

（五）联盟伙伴的选择：共同体层次的影响

鲍威尔等人的研究最近对共同体网络的演化完成了一项广泛的研究（Powell et al., 2005）。他们的研究考察了五个组织种群的交织发展过程，这些组织种群在9年的时间中组成了生物科技共同体：生物技术企业、医药公司、风险资本、政府规制机构和研究型大学。鲍威尔等人证明了对网络关系多样性的偏好导致了这个共同体中的去中心化的结构。此外，他们还说明了来自于外部研究合作的活动导致了紧密联合的子网络。

　　类似地，国际非政府组织种群潜在地受到政府间组织种群的影响，比如联合国和世界卫生组织。鲍威尔等人的研究认为风险资本的投资形成了生物科技产业中的基本结构，因为他们与资助的产业建立了共生关系（Powell et al.，2005）。同样的，政府间组织的投资对国际非政府组织行业产生了强大的影响，因为政府间组织对国际非政府组织提供了主要的投资（Jönsson & Söderholm，1995；Smith，1997）。在鲍威尔等人的研究中，外部种群影响生物科技网络的方式之一是通过与外部合作者的共同联系实现的。同样的，国际非政府组织根据他们是否与相同的政府间组织之间有联系而有所不同。这种相同的联系增加了联盟形成的可能性，因为通过间接的联系，伙伴关系获得了合法性（legitimacy）（Powell et al.，2005）。同样的伙伴关系还能作为联盟伙伴之间信息分享的一个节点，同时防止机会主义的产生（Chung et al.，2000）。据此：

　　H5：如果某两个国际非政府组织与政府间组织保持相似的联系，那么它们比起与政府间组织之间有不同关系的两个国际非政府组织而言，更有可能在后续形成联盟。

二、方法

（一）样本

　　本文研究的数据来源于国际协会联盟（Union of International Associations，UIA）发布的《国际组织年鉴》（Yearbook of International Organizations，YIO）。《国际组织年鉴》广泛地涵盖了各种来源、公共或私立的非盈利组织（Keck & Sikkink，1998；Smith，1996，1997）。国际协会联盟是此类数据的信息交流中心（clearinghouse），经常性扫描网站文件以及政府和国际非政府组织的各种出版物（国际协会联盟是国际非盈利组织的注册机构，2003）。一般说来，在《国际组织年鉴》中出现的组织都是某种意义上的国际组织，所以，本地层次的非政府组织以及国家的非政府组织如果没有国际化的关注就不会被收录在《国际组织年鉴》中。科克和斯金科发现大部分的组织都是在它们成立之后的几年后才会被收录进《国际组织年鉴》（Keck and Sikkink，2000）。所以有关最近几年的历史的数据可能不会像前些年中的数据那样完整。

国际非政府组织的名单是根据《国际组织年鉴》2001年的在线版本确定的。那些在2001年前就解散的组织也收录在2001年的年鉴中，但是会列入非活跃组织名单中。本文研究包括了所有名称或描述中出现了艾滋病病毒（HIV）、艾滋病（AIDS）或者重症缺铁性贫血（SIDA）[①]组织。[②] 政府间组织的名单是从2001年的防艾国际NGO所报告的链接中获得的。地区性的办公室没有进入研究名单。

组合的数据集跨越了1983—2001年，1983年是第一个新的防艾国际NGO成立的年份。在这段时期的前9年中，各个组织没有出现联盟；首次出现防艾国际NGO联盟的报告是在1993年。本项研究聚焦合作伙伴的选择；这样，有效的数据集就包括了从1993—2001年的8年时间，这段时间中存在着各种伙伴关系。总共有103个防艾国际NGO活跃时间至少超过一年；其中有96个组织能追溯到成立时间。在样本中，防艾国际NGO的平均生命跨度大约是4年（$n=96$；$M=4.30$；$SD=4.11$）[③]，包括了2001年仍处于活跃状态的国际非政府组织。在这96个组织中，已经解散的防艾国际NGO（$n=32$）的平均生命跨度大约是3年（$M=3.06$；$SD=3.47$），其中在2001年仍保持活跃的防艾国际NGO平均生命跨度接近5年（$n=64$；$M=4.92$；$SD=4.28$）。

[①] SIDA是"El síndrom de inmunodefciencia adquirida"的缩写，即西班牙语"艾滋病"的意思。
[②] 这些组织的名单可以在第一作者的网页上找到：www.ndsu.nodak.edu/ndsu/shumate。
[③] 生命跨度是基于估计值计算出来的，参考了《国际组织年鉴》上组织出现和消失的时间，以及所报告的成立日期和非活跃日期。有一些案例缺乏足够的信息以确定生命跨度（$n=7$）。

2. 过程

本文的分析中所用到的所有变量都是被编码或者转化为网络分析的矩阵。研究生编码员接受了从《国际组织年鉴》中录入数据和编码的培训。编码员从印刷版本上输入了1983—2000年间的数据，从《国际组织年鉴》的新的在线版本中输入了2001年的数据。

3. 测量

（1）组织类型

根据《国际组织年鉴》2001年数据中各个组织的目标和描述，每一个国际非政府组织都被编码为以上讨论过的四种类型之一，具体而言，就是活动型、服务型、研究型或成员型组织。研究助理两人一组进行编码，本文第一作者单独编码，编码的结果进行了对比。两位编码员和第一作者之间编码的信度是 kappa（71） =0.961，p<0.01。本文的分析采用了第一作者的编码。

（2）地理区域

接下来，作者利用来自《国际组织年鉴》中的地理区域分类体系对每个组织的总部所在地进行了编码，将世界划分为以下 8 个区域：（a）非洲（$n_{1993}=1$；$n_{2001}=10$）；（b）亚洲（$n_{1993}=0$；$n_{2001}=3$）；（c）中东（$n_{1993}=0$；$n_{2001}=0$）；（d）澳大利亚、新西兰和太平洋岛屿（$n_{1993}=0$；$n_{2001}=2$）；（e）欧洲（西欧）（$n_{1993}=5$；$n_{2001}=14$）；（f）欧洲（东欧）和苏联国家（$n_{1993}=0$；$n_{2001}=0$）；（g）北美（不包括墨西哥）（$n_{1993}=4$；$n_{2001}=15$）；（h）南美、中美、墨西哥和加勒比海地区（$n_{1993}=4$；$n_{2001}=15$）。这一变量是从《国际组织年鉴》中逐字输入的，这样，就不需要进行编码的信度检验。

（3）成立时间组别

所有国际非政府组织都以一个虚拟变量按照成立时间分成三组。第一组包括所有在1985年以前成立的国际非政府组织。第二组包括1985—1996年成立的国际非政府组织，在这些年中WHOGAP是防治艾滋病问题中主要的政府间组织。第三组是从1996—2001年，在这些年中UNAIDS是防治艾滋病问题中主要的政府间组织。由于这个变量是从《国际组织年鉴》中逐字输入的，因此并不需要进行编码的信度检验。

（4）联盟伙伴选择

联盟关系是依据《年鉴》中报告的两种联系类型进行编码的，一种是"与……合作"（collaborates with），另一种是"与……连结"（links with）。国际协会联盟（UIA）将"合作"界定为由组织确认的一种正式关系。由于各个组织会自我描述这些关系，《国际组织年鉴》中使用了不同的术语来描述这种合作关系（J. M. Nebel, March 1, 2002,《国际组织年鉴》的编者，个人交流）。国际协会联盟（UIA）将"与……连结"界定为可以识别但并未得到证实的关系（J. M. Nebel, 2002, 个人交流）。在这里，未得到证实是指仅仅通过一个来源得以识别。"与……合作"意味着合作的双方都识别了这种关系。这两种联系类型（"与……合作"和"与……连结"）产生了"联盟联系"（alliance linkages）的变量。由于这种联系可以从资料中得到详细的辨别，因此也不需要检验编码的信度。

（5）与政府间组织的关系

《国际组织年鉴》报告了国际非政府组织是由哪些政府间组织资助的。基于这些报告，国际非政府组织可以根据他们被同一个政府间组织资助的力度进行分类。由于这种关系是根据《国际组织年鉴》逐字输入的，因此不需要检验编码的信度。与政府间组织的关系包括三种类型：合作（collaborates with），连结（links with）和受资助（financed by）。

（二）分析

本文将采用网络分析技术检验研究假设，具体而言，就是多元回归二次赋值程序（MRQAP, multiple regression quadratic assignment procedure）（Krackhardt, 1988）。本文所采用网络分析软件是 UCINET 6.53（Borgatti, Everett & Freeman, 2002）。MRQAP 与传统的多元回归具有相似点，即多元自变量同时或相继预测单一的因变量。但是，在 MRQAP 中，自变量和因变量都是矩阵形式。这样，假设检验就将国际非政府组织之间的关系矩阵与各个预测变量的矩阵联系起来了。

各个假设都是在三个时间段中进行检验的：从 1993 年开始的自变量预测了 1995 年的联盟关系（N = 33），从 1996 年开始的自变量预测了 1998 年的联盟关系（N = 52），1999 年之后的自变量则预测了 2001 年的联盟关系（N = 79）。这样，为了完成假设检验，本文分别运行了三个独立的 MRQAP 分析。更早的年份没有被包括进来，因为在 1993 年之前，《年鉴》没有记录防艾国际 NGO 联盟的数据。研究中以两年为一个间隔，是因为国际非政府组织的平均生命跨度约为 4 年（n = 96，M = 4.30，SD = 4.11）。这样的时间阶段与以前的关于联盟经历对未来合作的影响的研究也是一致的（Podolny, 1994）。采用的标准是，如果假设在三个时间段中都得到支持，那么该假设就被认为是获得充分支持的。如果某个假设只是在一个或者两个时间段中获得支持，那么它就被认为是获得部分支持的。

如果在预测年份和被预测年份之间有新成立的组织或者解散的组织，那么就需要增加一个额外的步骤，就是为了能进行统计分析，使得不同年份中的节点（组织）数具有可比性。对于在这个时期中新生的组织，就需要在之前的年份中增加节点，来反映这些组织形成的时期。对于那些已经消亡的组织，就需要在后续的年限中增加节点来反映事后的时期。这样，这些增加的节点并不代表实际存在的组织，而仅仅是一个组织的占位符，这个组织要么是还没有成立，要么就是已经解散。为了使矩阵具有可比性而增加的占位符在各个时期有所不同：1993 年和 1995 年（增加的节点数 n = 22；总节点 n = 33），1996 年和 1998 年（增加的节点数 n = 4，总节点 = 52），1999 年和 2001 年（增加的节点数 n = 34，总结点 = 79）。如前所述，第二个时间段是一个相当稳定的时期，在 1996—1998 年间，新成立和解散的组织数目很少，所以增加的占位符节点也是最少的。

H1 提出在过去有过联盟的国际非政府组织在未来更有可能与同样的其他组织联盟。为了检验这一假设，1993 年、1996 年和 1999 年的联盟用来预测 1995 年、1998 年和 2001 年的联盟。这些预测矩阵在各自 MRQAP 方程中是作为独立的自变量输入的。

H2 预言国际非政府组织后续更有可能与同类型的组织建立联盟，而不是那些不相似的组织。相似性被模型化为时间起始点（即，1993 年、1996 年、1999 年）上两个组织之间的联系，表现为基于组织类型（即，成员型、活动型、研究型或服务型）的接近度矩阵。如果两个组织在起始时间点上具有相同的属性，这两个组织就被编码为"1"说明它们是"相似的"。如果它们没有相同的属性，这两个组织就编码为"0"说明它们在相似性方面没有联系。然后，这些相似性矩阵被输入进 MRQAP。

H3 预言和那些不在同一个组别中的组织相比，在同一个成立时间组别中的国际非政府组织后续更有可能结成联盟。相同组别被编码为时间起始点（即，1993 年、1996 年、1999 年）上两个组织之间的联系，表现为一个接近度矩阵。组别矩阵是基于相同的组别身份而建立的（比如，1985 年前成立、1985—1996 年间成立、1996—2001 年间成立）。然后，这些组别矩阵输入到 MRQAP 中。

H4 提出来自同一地理区域中的组织更可能形成联盟。为了检验这一假设，对于 1993 年、1996 年和 1999 年中总部处于同一地区的组织也建立了一个接近度矩阵。总部设于同一区域的组织被编码为两个组织之间的联系。由于有些组织难以辨别区域总部，因此存在一些缺失值，1993 年、1996 年和 1999 年缺失的数值分别是 $n=5$，$n=13$，$n=2$。这些矩阵被输入到 MRQAP 的分析中。

H5 预言与政府间组织有相似关系的组织更可能形成联盟。为了检验这一假设，就需要建立一个"共同成员"的矩阵，其中包含了每一对国际非政府组织与一组政府间组织拥有共同联结的数目。为了实现这一点就需要建立国际非政府组织与政府间组织之间的从属关系矩阵。如果某个国际非正政府组织与政府间组织存在合作（collaborates with）、连结（links with）和受资助（financed by）的关系，这个国际非政府组织就被认为是从属的。矩阵中的每一行代表国际非政府组织，每一列代表政府间组织。然后，这种从属矩阵被转化为逐个组织之间的"共同成员"矩阵，其中的连结代表着与政府间组织存在共同的联系。研究中分别建立 1993 年、1996 年和 1999 年的"共同成员"

矩阵。这些矩阵被输入到 MRQAP 的分析中。

三、结果

表1列出了防艾国际 NGO 的数目、联盟数目以及联盟网络的密度。1993年，在防艾国际 NGO 之间仅有一个联盟存在。在样本总量中，组织密度最大的年份是1998年，（组织间）联系的数目最多的年份是2001年。图1描绘了2001年防治艾滋病组织的联盟网络。

表1 描述性统计

	国际 NGO 的数目	密度	联系的数量
1982	0	0	0
1983	0	0	0
1984	0	0	0
1985	0	0	0
1986	0	0	0
1987	1	0	0
1988	1	0	0
1989	3	0	0
1990	11	0	0
1991	11	0	0
1992	10	0	0
1993	10	0.01	1
1994	17	0.01	3
1995	33	0.01	14
1996	51	0.01	23
1997	56	0.01	31
1998	45	0.01	12
1999	48	0.01	26
2000	51	0.01	28
2001	65	0.01	56

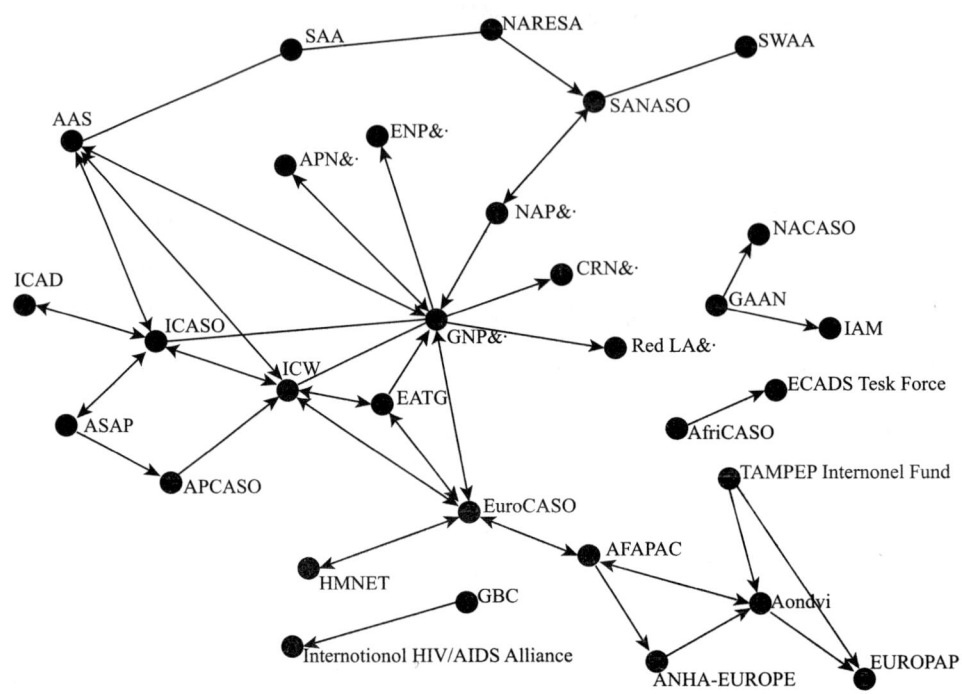

图1 2001年防艾国际NGO联盟网络图

注：为了简化图形已经将孤立的组织（即与其他国际NGO没有任何联系的国际非政府组织）删除

表2列出了各个变量之间的QAP相关性，表3列出了MRQAP的结果。H1预言，国际非政府组织二元体结构，也就是在过去几年中形成过联盟的，在后续年份中更有可能形成联盟关系。在1993年有已经有一个联盟关系的国际非政府组织二元体并没有表现出在1995年更可能形成联盟（$\beta_{1995} = -.01$，$p = .27$）。但是，1996年和1999年的联盟关系分别与1998年（$\beta_{1998} = .40$，$p < .001$）和2001年（$\beta_{2001} = .50$，$p < .001$）的联盟之间具有显著联系。这样H1获得了部分的支持。

H2预言同一种组织类型的国际非政府组织的二元体比起不同组织类型的国际非政府组织二元体来说更有可能形成联盟。组织类型在三个MRQAPs中都不是一个显著的预测因子（$\beta_{1995} = -.040$，$p = .14$；$\beta_{1998} = .01$，$p = .38$；$\beta_{2001} = .03$，$p = .09$）。所以H2没有获得支持。

表 2　平均值、标准差和皮尔森 QAP 相关性

参数	时间	密度	标准差	组织类型	共同组别	与政府间组织的关系	过去的联盟关系	共同区域
共同的组织类型	1993	0.03	0.16					
	1996	0.22	0.41					
	1999	0.23	0.42					
共同的组别	1993	0.07	0.25	0.44*				
	1996	0.35	0.48	0.09				
	1999	0.22	0.42	0.04				
与政府间组织的共同联系	1993	0.00	0.00	0.00	0.00			
	1996	0.02	0.14	-0.01	0.14*			
	1999	0.01	0.09	0.02	0.08*			
过去的联盟关系	1993	0.00	0.03	0.19*	0.11	0.00		
	1996	0.01	0.09	0.07*	0.10*	0.45*		
	1999	0.00	0.23	0.04*	0.04*	0.13*		
共同的区域	1993	0.03	0.17	0.25*	0.52*	0.00	-0.01	
	1996	0.14	0.35	0.06	0.10	0.06	0.11*	
	1999	0.07	0.26	0.04	0.15*	0.20	0.13*	
当前的联盟	1995	0.01	0.11	-0.02	0.04	0.00	-0.00	-0.02
	1998	0.01	0.08	0.03	0.05*	0.35*	0.48*	0.10*
	2001	0.01	0.10	0.05*	0.06	0.11*	0.52*	0.13*

注：* 表示在 $p<0.05$ 水平下显著

H3 预言在同一个成立时间组别中的国际非政府组织二元体比起在不同组别中的国际非政府组织二元体来说更有可能形成联盟。在 1995 年（β_{1995} = -.08，p = .12）和 1998 年（β_{1998} = -.01，p = .27），成立时间组别不是国

际非政府组织联盟的显著预测因子。另一方面,1999 年的共同组别是 2001 年形成联盟的显著预测因子(β_{2001} = .05,p = .04)。因此 H3 获得了部分支持。

表3 1993年对1995年、1996年对1998年、1999年对2001年的MRQAP回归结果

假设	参数		1995	1998	2001
1	过去的合作关系	标准化系数	-0.01	0.40	0.50
		(非标准化)	(0.02)	(0.33)	(0.74)
		比例显著性①	0.27	0.00	0.00
2	共同的组织类型	标准化系数	-0.04	0.01	0.03
		(非标准化)	(-0.03)	(0.00)	(0.01)
		比例显著性	0.14	0.38	0.09
3	共同的组别	标准化系数	0.08	-0.02	0.05
		(非标准化)	(0.04)	(-0.00)	(0.00)
		比例显著性	0.12	0.28	0.04
4	共同的区域	标准化系数	-0.05	0.05	0.05
		(非标准化)	(-0.03)	(0.01)	(0.02)
		比例显著性	0.12	0.05	0.02
5	共同的政府间组织关系	标准化系数	-0.00	0.17	0.02
		(非标准化)	(-0.00)	(0.09)	(0.03)
		比例显著性	0.18	0.00	0.11
		R^2	0.01	0.26	0.27
		(调整的 R^2)	(0.00)	(0.25)	(0.27)

H4 预言,那些在地理上具有临近性的国际非政府组织二元体比起地理上不具有临近性的国际非政府组织二元体来说更有可能形成联盟。在 1995 年,处于同一区域的国际非政府组织二元体并没有与国际非政府组织之间的联盟关系存在显著相关性。另一方面,在 1998 年(β_{1998} = .05,p = .05)和 2001

---

① 比例显著性是指"产出一个跟观察值一样大或者比观察值更大的绝对值系数的随机试验比率"(Borgatti, Everett & Freeman, 2002)。

年（$\beta_{2001}=.05$，$p=.02$），地理临近性与联盟关系显著相关。H4 获得了部分的支持。

H5 预言，与政府间组织有相同联系的国际非政府组织二元体更有可能在后续形成联盟。国际非政府组织二元体在 1993 年拥有的与政府间组织的从属关系并没有与 1995 年后续的联盟关系显著相关（$\beta_{1995}=.00$，$p=.18$）。在 1996 年，国际非政府组织拥有的与政府间组织的从属关系与 1998 年后续的联盟显著相关（$\beta_{1998}=.17$，$p<.001$）。与政府间组织的从属关系与 2001 年国际非政府组织之间的联盟并没有显著相关性（$\beta_{2001}=.02$，$p=.11$）。这样，H5 只获得了部分的支持。

总结起来，H1、H3、H4 和 H5 都只获得了部分支持，提供了证据说明以前的联系、成立时间组别、地理临近性和关系相似性是组织间联盟形成的预测因子。H2，将组织类型的同质性与联盟形成关联起来，这一假设没有获得支持。有趣的是要注意到，各个假设一般在后两个时期的数据中比前一个时期的数据中得到更好的支持，后面两个时期网络已经得到了比较充分的发展，而前一个时期则代表了样本总数的早期特征。

四、讨论

本研究是由组织间的交流研究所触发的，考察了样本总量中的组织之间出现、变化和逐渐消失的交流结构。本文中报告的研究考察了防艾国际 NGO 之间的伙伴关系选择的动态过程，包括了 8 年时期，从 1993 年开始出现第一个联盟起，到 2001 年以网络联盟的形式延续。研究中对演化机制采用了 2 年滞后的测度，预测在 3 个时点上的伙伴选择，即 1995 年，1998 年和 2001 年。

演化理论对于联盟的动态研究而言是一种独特的方法，认识到了行动者在更大的种群和共同体中的嵌入性，以及过去选择对当前联盟选择的影响（Baum，Calabrese & Silverman，2000；Gerlach，1992；Gulati，1998；Hite & Hesterly，2001；Koza & Lewin，1999；Sydow & Windeler，1998）。本文从两个嵌入的层次检验了组织之间伙伴选择的演化影响：种群和共同体。以前的关于伙伴选择的研究没有充分注意到种群和共同体层次的影响。实际上，过去的研究完全没有考察种群而是从种群中抽样进行研究的。本文的研究设计证明了在一个特定的种群中所有组织之间伙伴选择的这些多层次的影响。①

在组织层次的第一种演化机制是联盟模式上的结构惯性。结构惯性意味着随着组织结构的发展，它们本身的变化率相对于环境的变化率来说是下降的（Hannan & Freeman, 1984）。组织会选择过去的伙伴作为新的伙伴关系的这种预言在后面两个时期中获得支持，但是在第一个时期中没有获得支持。这个结果可以由于1993年联盟的匮乏（联盟数仅为1，密度=0.001）而得到部分解释。还能通过1993年之后的组织数量的快速增长（$N_{1993}=10$，$N_{1995}=33$）得到部分的解释，组织数量的快速增长为发展联盟经历提供了更多的机会。到1996年，种群基本上保持稳定，过去的联盟对未来的国际非政府组织的联盟形成了非常强的解释。

在组织层次的第二个解释是相似性，这是随着时间发展的共栖合作关系的一个推动因素。过去的联盟研究发现，拥有状态相似性的研究倾向于形成关系（Chung et al., 2000; Li & Berta, 2002）。在本文的研究中，属于相同组织类型的国际非政府组织会选择彼此作为伙伴，因为它们共享相同的兴趣、目标和运行类型。它们处于相同的资源环境中，由于"竞争性同形"（competitive isomorphism）所以在结构上非常相似（Hannan & Freeman, 1977）。但是，结果显示，组织类型的相似性并不是各个时期国际非政府组织形成联盟的解释因素。可能需要一个更加综合的同质性指标，囊括组织规模、成员的人口学特征以及资金数量等多个因素。

第三种机制是种群层次的组别效应。组别效应是在同一时期中成立的组织对组别中其他组织的影响，这样就有相同的发展历史。这种共同的背景常常导致相同的组织组别成员中形成联盟的偏好（Pfeffer, 1983）。组织的组别

---

① 本文研究了防治艾滋病国际非政府组织的整个种群，这样获得的结果是种群层次参数的描述性结果，而不是获得统计显著性。我们报告了推断统计结果，可以推广到更广泛的非政府组织种群中去，比如聚焦妇女问题或环境问题的非政府组织。

仅在第三个时期中的国际非政府组织联盟中是一个重要的解释因素。这一时期是所有三个组别都出现的早期，因为第三组建立的年份始于1996年。由于从组织建立到被《国际组织年鉴》收录有2—3年的滞后期，所以第三组中的成员只会出现在最后一个（1999—2001）多元回归的二次赋值程序中。实证结果说明了这种可能性，即仅在前面两组和第三组之间存在显著差异。另一个可能的解释是，组别效应的发展也需要时间，种群在本研究的时点上还是比较新的。

第四种机制是种群层次的地理临近性。演化理论和最近的研究说明，组织倾向于使用本地搜索来获取知识和潜在的联盟伙伴（Jaffe et al.，1993；Oleinik，2004；Rosenkopf & Almeida，2003；Saxenian，1990）。另外，在同一个地理范围内的组织种群能接触到相同的与地理位置相关的资源，这些资源在一定程度上促进了竞争性同形。在本文的研究中，区域临近性预言了2001年国际非政府组织的联盟，但是在1995年或1998年没有显著性结果。一个解释可能是在种群演化的早期，不同地区的国际非政府组织数量还不多，不足以提供众多的本地联盟伙伴。1993年，仅仅在非洲，美国和西欧有防艾国际NGO的总部。那时，欧洲仅有一个防治艾滋病的国际非政府组织。在1996年，西欧的防艾国际NGO的数目超出其他所有地区防艾国际NGO数据的总和。一个可能的解释是国际非政府组织在一个特定的区域内部需要几年时间来充分探索与其他国际非政府组织结成联盟的可能性。最后，沟通和信息技术的进步也显示出减少了时间和空间的障碍。地理上临近的组织可能会有更多的全球接触，面对更多的多样性媒体、劳动力大军、生产要素和政治机会。这种多样性可能会降低在区域内部同形（isomorphism）的地理压力。

在共同体层次检验的第五种机制是共同的政府间组织的联系。H5预言，共同的过去的IGO关系会与国际非政府组织之间的未来联盟相关。共同的政府间组织联系在1998年对国际非政府组织间的联盟合作关系有显著的解释作用。这可能是由于政府间组织种群有时的影响较大，有时的影响又弱一些。另外，UNAIDS在1996年建立起来，为防止艾滋病的主动行动创立了主要的新的协调性政府间组织。不同的政府间组织与国际非政府组织形成了不同层次和不同类型的联系。同一个政府间组织随着时间变化会改变与国际非政府组织的关系。比如，1995—2005年间，在詹姆斯·沃尔芬森的领导下，世界银行显著的减少了与各种类型的非政府组织建立联系的努力，其中也包括防艾国际NGO（Mallaby, 2004）。

（一）意义

演化视角将所研究的组织间关系视为一个动态过程。但是，组织交流研究常常考察一个时点的组织过程。通过考察国际非政府组织在很长一个时间段中联盟演化，本文证明了所研究的解释因素在不同的时期表现出不同的模式。任何一个时期的横截面视角比动态的视角会导致非常不同的结论。

关于政府间组织对国际非政府组织联盟的作用的有关结果说明，对这些网络的未来研究将考察其他的共同体层次的因素。比如，政治学家所说的"政治机会结构"，这与政治结构的开放性和跨国倡议网络的政治资源的可接触性联系起来（Keck & Sikkink, 1998）。比如，共同体要素还包括接触到技术和作为信息渠道的全球媒体。

本文虽然得到了非显著性的结果，但对地理临近性的研究也需要更加深入。本文中所使用的区域划分和以前的国际非政府组织研究是一致的。不过，一些人认为可以对非政府组织进行南北划分，粗略地对应发展中国家和发达国家（Nelson, 2002）。对未来的理论和研究一个有价值的新的方向是发展这种想法，收集数据使得国际非政府组织可以划分为这种分类中的一方中去，实证检验这种想法。而且，需要更多地考虑那些跨越区域障碍的联盟的演化机制。

在防治艾滋病的共同体中，新的联系还再不断的发展过程中，这会对国际非政府组织有很重要的含义。最近，政府间组织与主要的医药公司发展了新的所属关系（UNAIDS, 2002）。随着医药产业发展更紧密的关系，可能在共同体中成为一个更加合作的参与主体，防艾国际NGO和政府间组织种群的动态性很可能发生改变。需要有更多的研究来理解这些最新发展所产生的影响。

最后，还需要研究大量不同成长阶段的不同种群。在本研究中，在防艾国际 NGO 之间有相对较低的网络密度。假定非政府组织种群的广泛性（Held，McGrew，Goldblatt & Perraton，1999）和网络联系的密度（Smith，1997）都有很大的增长，对较早成立的、更多新建立的种群的考察会发现处于生命周期后期的动态规律。

这些结果对许多组织的决策者有重要的含义，比如联合国、美国国际发展署、比尔盖茨基金和国际卫生组织。对这些组织和其他的政策制定者的一个担心应该是防艾国际 NGO 中的联系的低密度。这种低密度是网络中缺乏组织间合作和交流的一种表现。这些基金机构应付出更多的努力推动防艾国际 NGO 之间的合作和连结。

第二，政策制定者应该注意到，那些拥有最多艾滋病患者的区域（非洲）以及艾滋病患者增长最快的区域（东欧和亚洲）缺乏国际非政府组织的资源（UNAIDS，2003）。在本文所研究的时期中，非洲防艾国际 NGO 的数量不断增长。但是，东欧和亚洲的防艾国际 NGO 的数量却没有增长。另外，在 2001 年，防艾国际 NGO 表现出在区域内部而不是跨区域地形成联盟的偏好。这意味着，虽然在西欧和北美有很多防艾国际 NGO，但是这些国际非政府组织还没有与非洲和拉美国际非政府组织结成联盟。决策者应该努力鼓励防艾国际 NGO 在那些受艾滋病影响最重的区域开展活动。

（二）局限

本研究有几个重要的局限性。虽然《国际组织年鉴》是国际非政府组织及其相关联系的最广泛的清单，但是它也并不是没有瑕疵。首先，它仅仅包括了关于国际导向的非政府组织的信息。还有大量社区和国家层次的防艾国际 NGO（Altman，1994），这些组织没有在本文中得到考察。第二，《国际组织年鉴》每年出版一次，这样发生在那一年中的变化就会被忽略。第三，因为编辑常常要花费几年时间来将非政府组织收集到《国际组织年鉴》中去

(Keck & Sikkink,1998),那些很快出现又解散的国际非政府组织没有包含在年鉴中。

第二个局限性是与分析所选择的时间跨度相关。选择两年的跨度是基于联系随着时间的变异以及典型的国际非政府组织的生命跨度所决定的。两年的跨度也是与盈利组织中的伙伴关系的大量研究采用的时间框架相一致的。不过,很可能不同时间段的选择可能会产出不同的结果。而且,为了考察随时间变化的网络,很需要引入占位符节点来代表新生的或消亡的组织。在网络中增加了这些节点以后会增加网络的稀疏度,这样就更难获得显著性的结果。

第三,对档案资源的依赖意味着有很多变量没有包含在本文的研究中,比如共栖的竞争性联系。其他有意思的组织特征变量,包括年度预算、成员数量、领导力的变化等。这些变量在《国际组织年鉴》中的大部分记录中都无法找到。

结 论

全球化的一个重要特征就是许多问题超越了单一国家的范围(Scholte,2000)。传染性疾病,特别是病毒,成千上万的全球旅行者携带这些病毒在世界穿梭的速度有多快,病毒传播的速度就有多快。利用全球组织网络的解决方案对于应对全球卫生问题具有重大意义。随着国际非政府组织发展更多的伙伴关系来应对全球关注的问题,组织网络的动态变化在理论和实践方面都将变得日益重要。

参考文献

Adams, J. S. (1980), "Interorganizational Processes and Organizational Boundary Activities", *Organizational Behavior*, 2, pp. 321–355.

Ahuja, G. (2000), "The Duality of Collaboration: Inducements and Opportunities in the

Formation of interfirm Linkages", *Strategic Management Journal*, 21, pp. 317 – 343.

Aldrich, H. (1999), *Organizations Evolving*, Thousand Oaks, CA: Sage.

Altman, D. (1994), *Power and Community: Organizational and Cultural Responses to AIDS*, London: Taylor and Francis.

Astley, W. G. (1985), "The Two Ecologies: Population and Community Perspectives on OrganizationalEvolution", *Administrative Science Quarterly*, 30, pp. 224 – 241.

Astley, W. G. & Van de Ven, A. H. (1983), "Central Perspectives and Debates in Organization Theory", *Administrative Science Quarterly*, 28, pp. 245 – 273.

Baldwin, P. (2005), *Disease and Democracy: The Industrialized World Faces AIDS*, Los Angeles: University of California Press.

Banassi, M. (1993), "Organizational Perspectives of Strategic Alliances: External Growth in the Computer Industry", in G. Grabher (ed.), *The Embedded Firm: On the Socioeconomics of Industrial Networks*, New York: Routledge, pp. 95 – 115.

Barnett, W. P. & Carroll, G. R. (1987), "Competition and Mutualism among Early Telephone Companies", *Administrative Science Quarterly*, 32, pp. 400 – 421.

Barron, D. N. (1999), "The Structuring of Organizational Populations", *American Sociological Review*, 64 (3), pp. 421 – 445.

Baum, J. A. C. (1996), "Organizational Ecology", in S. R. Clegg, C. Hardy & W. R. Nord (eds.), *Handbook of Organization Studies*, Thousand Oaks, CA: Sage, pp. 77 – 114.

Baum, J. A. C. (1999, August), "Evolutionary Dynamics of Organizations, Paper presented at the Academy of Management, Chicago, IL.

Baum, J. A. C., Calabrese, T. & Silverman, B. S. (2000), "Don't Go it Alone: Alliance Network Composition and Startups' Performance in Canadian Biotechnology", *Strategic Management Journal*, 21 (3), pp. 267 – 294.

Baum, J. A. C. & Singh, J. V. (1994), "Organization-environment Coevaluation", in J. A. C. Baum & J. V. Singh (eds.), *Evolutionary Dynamics of Organizations*, New York: Oxford University Press, pp. 379 – 401.

Borgatti, S. P., Everett, M. G. & Freeman, L. C. (2002), *Ucinet 6 for Windows: Software for Social Network Analysis*, Boston: Analytic Technologies.

Brittain, J. (1994), "Density-independent Selection and Community Evolution", in

J. A. C. Baum & J. V. Singh (eds.), *Evolutionary Dynamics of Organizations*, New York: Oxford University Press, pp. 355 – 378.

Burt, R. S. (1992), *Structural Holes: The Social Structure of Competition*, Cambridge, MA: Harvard University Press.

Campbell, D. T. (1962), "Blind Variation and Selective Retention in Creative Thought as in other Knowledge Process", *General System Yearbook*, 17.

Campbell, D. T. (1965), "Variation and Selective Retention in Socio-Cultural Evolution", in H. R. Barringer, G. I. Blanksten & R. W. Mack (eds.), *Social Change in Developing Areas: A Reinterpretation of Evolutionary Theory*, Cambridge, MA: Cambridge University Press, pp. 19 – 48.

Carroll, G. R. & Hannan, M. T. (2000), *The Demography of Corporations*, Princeton, NJ: Princeton University Press.

Chatfield, C. (1997), "Intergovernmental and Nongovernmental Associations to 1945", in J. Smith, C. Chatfield & R. Pagnucco (eds.), *Transnational Social Movements and Global Politics: Solidarity beyond the State*, Syracuse, NY: Syracuse University Press, pp. 19 – 41.

Chung, S., Singh, H. & Lee, K. (2000), "Complementarity, Status Similarity, and Social Capital as Drivers of Alliance Formation", *Strategic Management Journal*, 21 (1), pp. 1 – 22.

Coleman, J. T. (1990), *The Foundations of Social Theory*, Cambridge: Harvard University Press.

Darwin, C. (1859), *On the Origin of Species by Means of Natural Selection, or the Preservation of Favoured Races in the Struggle for Life*, London: John Murray.

Das, T. K. & Teng, B. S. (1999), "Managing Risk in Strategic Alliances", *Academy of Management Executive*, 13 (4), pp. 50 – 62.

Diani, M. & McAdam, D. (eds.) (2003), *Social Movements and Networks: Relational Approaches to Collective Action*, Oxford, UK: Oxford University Press.

Dobrev, S. D., Kim, T. Y. & Hannan, M. T. (2001), "Dynamics of Niche Width and Resource Partitioning", *American Journal of Sociology*, 106 (5), pp. 1299 – 1337.

Dyer, J. H. (1997), "Effective Interfirm Collaboration: How Firm Minimize Transaction Costs and Maximize Transaction Value", *Strategic Management Journal*, 18 (7), pp. 535 – 556.

Eisenhardt, K. M. & Schoonhoven, C. B. (1996), "Resource-based View of Strategic Alliance Formation: Strategic and Social Effects in Entrepreneurial Firms", *Organization Science*, 7

(2), pp. 136 – 150.

Faulkner, R. & Anderson, A. (1987), "Short-term Projects and Emergent Careers: Evidence from Hollywood", *American Journal of Sociology*, 92 (4), pp. 879 – 909.

Gerlach, M. L. (1992), *Alliance Capitalism: The Social Organization of Japanese Business*, Berkley: University of California Press.

The Global HIV-AIDS Epidemic: A Timeline of Key Milestones, (Interactive Timeline) (2004), Melano Park, CA: Kaiser Family Foundation.

Gordenker, L., Coate, R. A., Jönsson, C. & Söderholm, P. (1995), *International Cooperation in Response to AIDS*, New York: Pinter.

Gulati, R. (1995a), "Does Familiarity Breed Trust? The Implications of Repeated Ties for Contractual Choice in Alliances", *Academy of Management Journal*, 38, pp. 85 – 112.

Gulati, R. (1995b), "Social Structure and Alliance Formation: A Longitudinal Analysis", *Administrative Science Quarterly*, 40, pp. 619 – 652.

Gulati, R. (1998), "Alliances and Networks", *Strategic Management Journal*, 19, pp. 293 – 317.

Hannan, M. T. & Freeman, J. (1977), "The Population Ecology of Organizations", *American Journal of Sociology*, 85, 929 – 964.

Hannan, M. T. & Freeman, J. (1984), "Structural Inertia and Organizational Change", *American Sociological Review*, 49, pp. 149 – 164.

Hawley, A. H. (1950), *Human Ecology: A Theory of Community Structure*, New York: Ronald Press.

Hawley, A. H. (1982)," Ecology and Human Ecology", in G. A. Theodorson (ed.), *Urban Patterns: Studies in Human Ecology* (revised ed.), University Park: Pennsylvania State University Press.

Hawley, A. H. (1986), *Human Ecology: A Theoretical Essay*, Chicago: University of Chicago Press.

Held, D., McGrew, A., Goldblatt, D. & Perraton, J. (1999), *Global Transformations: Politics, Economics, and Culture*, Stanford, CA: Stanford University Press.

Hite, J. M. & Hesterly, W. S. (2001), "The Evolution of Firm Networks: From Emergence to Early Growth of the Firm", *Strategic Management Journal*, 22 (3), pp. 275 – 286.

Hunt, C. S. & Aldrich, H. (1998), "The Second Ecology: The Creation and Evolution of Organizational Communities as Exemplified by the Commercialization of the World Wide Web", in B. Staw & L. L. Cummings (eds.), *Research in Organizational Behavior*, Vol. 20, Greenwich, CT: JAI Press, pp. 267 – 302.

Jaffe, A. B., Trajtenberg, M. & Henderson, R. (1993), "Geographic Localization of Knowledge Spillovers as Evidenced by Patent Citations", *The Quarterly Journal of Economics*, August, pp. 577 – 598.

Jones, E., Watson, B., Gardner, J. & Gallois, C. (2004), "Organizational Communication: Challenges for the New Century", *Journal of Communication*, 54 (4), pp. 722 – 750.

Jönsson, C. & Söderholm, P. (1995), "IGO-NGO Relations and HIV-AIDS: Innovation or Stalemate", *Third World Quarterly*, 16 (3), pp. 459 – 476.

Kanter, R. M. (1994), "Collaborative Advantage: Successful Partnerships Manage the Relationship not just the Deal", *Harvard Business Review*, July-August, pp. 96 – 108.

Kauffman, S. A. (1993), *The Origins of Order*, New York: Oxford University Press.

Katz, D., Kahn, R. L. & Adams, J. S. (eds.) (1980), *The Study of Organizations*, San Francisco: Jossey-Bass.

Keck, M. E. & Sikkink, K. (1998), *Activists beyond Borders*, Ithaca, NY: Cornell University Press.

Khagram, S., Sikkink, K. & Riker, J. (2002), *Restructuring World Politics: Transnational Social Movements, Networks, And Norms*, Minneapolis: University of Minnesota Press.

Khanna, T., Gulati, R. & Nohria, N. (1998), "The Dynamics of Learning Alliances: Competition, Cooperation, and Relative Scope", *Strategic Management Journal*, 19, pp. 193 – 210.

Koza, M. P. & Lewin, A. Y. (1998), "The Co-Evolution of Strategic Alliances", *Organization Science*, 9 (3), pp. 255 – 264.

Koza, M. P. & Lewin, A. Y. (1999), "The Coevolution of Network Alliances: A longitudinal Analysis of an International Professional Service Network", *Organization Science*, 10 (5), pp. 638 – 653.

Krackhardt, D. (1988), "Predicting with Networks: Nonparametric Multiple Regression Analysis of Dyadic Data", *Social Networks*, 10, pp. 359 – 381.

Kriesberg, L. (1997), "Social Movements and Global Transformation", in J. Smith,

C. Chatfield & R. Pagnucco (eds.), *Transnational Social Movements and Global Politics: Solidarity beyond the State*, Syracuse, NY: Syracuse University Press, pp. 2 – 18.

Li, S. X. & Berta, W. B. (2002), "The Ties that Bind: Strategic Actions and Status Structure in the U. S. Investment Banking Industry", *Organization Studies*, 23 (3), pp. 339 – 350.

Mallaby, S. (2004), *The World's Banker*, East Rutherford, NJ: Penguin.

March, J. G. (1991), "Exploration and Exploitation in Organizational Learning, *Organization Science*, 2 (1), pp. 71 – 87.

March of Dimes (2005), "History of Success", Retrieved March 24, 2005 from http: // www. marchofdimes. com/ aboutus/789. asp

McKelvey, B. (1997), "Quasi-natural Organization Science", *Organization Science*, 8 (4), pp. 352 – 380.

Mendel, G. (1865), "Experiments in Plant Hybridization", Paper presented at the Brünn Natural History Society, Brünn.

Monge, P. R. & Contractor, N. (2003), *Theories of Communication Networks*, Oxford, UK: Oxford University Press.

Monge, P. R., Fulk, J., Kalman, M. E., Flanagin, A., Parnassa, C. & Rumsey, S. (1998), "Production of Collective Action in Alliance-Based Interorganizational Communication and Information Systems", *Organization Science*, 9 (3), pp. 411 – 433.

Nelson, P. (2002), "Agendas, Accountability, and Legitimacy Among Transnational Networks Lobbying the World Bank", in S. Khagram, J. Riker & K. Sikkink (eds.), *Restructuring World Politics: Transnational Social Movements, Networks, and Norms*, Minneapolis: University of Minnesota Press.

Nelson, R. R. & Winter, S. (1982), *An Evolutionary Theory of Economic Change*, Cambridge, MA: Belknap.

Oleinik, A. (2004), "A Model of Network Capitalism: Basic Ideas and post-Soviet Evidence", *Journal of Economic Issues*, 38 (1), pp. 85 – 111.

Panem, S. (1988), *The AIDS Bureaucracy*, Cambridge, MA: Harvard University Press.

Patton, C. (2002), *Globalizing AIDS*, Vol. 22, Minneapolis: University of Minnesota Press.

Pfeffer, J. (1983), "Organizational Demography", in L. L. Cummings & B. M. Straw (eds.), *Research in Organizational Behavior*, Vol. 5, Greenwich, CT: JAI.

Podolny, J. M. (1994), "Market Uncertainty and Social Character of Economic Exchange", *Administrative Science Quarterly*, 39, pp. 458 – 483.

Powell, W. W., White, D. R., Koput, K. W. & Owen-Smith, J. (2005), "Network Dynamics and Field Evolution: The Growth of Interorganizational Collaboration in the Life Sciences", *American Journalof Sociology*, 110 (4), pp. 1132 – 1205.

Richardson, G. B. (1972), "The Organization of Industry", *Economic Journal*, 82, pp. 883 – 897.

Ring, D. S. & Van de Ven, A. H. (1994), "Developmental Processes of Cooperative Interorganizational Relationships", *Academy of Management Review*, 19, pp. 90 – 118.

Romanelli, E. (1999), "Blind (but not unconditioned) Variation: Problems of Copying in Sociocultural Evolution", in J. A. C. Baum & B. McKelvey (eds.), *Variations in Organization Science: In Honor of Donald T. Campbell*, Thousand Oaks, CA: Sage, pp. 79 – 92.

Rosenkopf, L. & Almeida, P. (2003), "Overcoming Local Search through Alliances and Mobility", *Management Science*, 49 (6), pp. 751 – 766.

Saxenian, A. (1990), "Regional Networks and the Resurgence of Silicon Valley", *California Management Review*, 33 (1), pp. 89 – 112.

Scholte, J. A. (2000), *Globalization: A Critical Introduction*, New York: St. Martin's Press.

Singhal, A. & Rogers, E. M. (2003), *Combating AIDS: Communication Strategies in Action*, Thousand Oaks, CA: Sage.

Smith, J. (1996), "Organizing Global Action: Transnational Social Movements and World Politics", Unpublished doctoral dissertation, University of Notre Dame, Notre Dame.

Smith, J. (1997), "Characteristics of the Modern Transnational Social Movement Sector", in J. Smith, C. Chatfield & R. Pagnucco (eds.), *Transnational Social Movements and Global Politics: Solidarity beyond the State*, Syracuse, NY: Syracuse University Press, pp. 42 – 58.

Smith, J., Chatfield, C. & Pagnucco, R. (eds.) (1997), *Transnational Social Movements and Global Politics: Solidarity beyond the State*, Syracuse, NY: Syracuse University Press.

Stohl, C. (1993), "International Organizing and Organizational Communication", *Journal of Applied Communication Research*, 21 (4), pp. 377 – 384.

Swaminathan, A. (1995), "The Proliferation of Specialist Organizations in the American

Wine Industry, 1941 – 1990", *Administrative Science Quarterly*, 40 (4), pp. 653 – 680.

Sydow, J. & Windeler, A. (1998), "Organizing and Evaluating Interfirm Networks: A Structurationist Perspective on Network Processes and Effectiveness", *Organization Science*, 9 (3), pp. 265 – 284.

Teece, D. J. (1986), "Transactions Cost Economics and the Multinational Enterprise", *Journal of Economic Behavior and Organization*, 7, pp. 21 – 45.

UIA as a registry of international non-profi t organizations (2003), Retrieved February 15, 2003, from http: //www. uia. org/uiaprof/registry. htm

UNAIDS (2002), Accelerating access Initiative, Retrieved March 20, 2003, at http: //www. who. int/hiv/pub/prev_care/isbn9241210125. pdf

UNAIDS (2003), AIDS epidemic update 2003, Geneva, Switzerland: UNAIDS.

Weick, K. E. (1979), *The Social Psychology of Organizing*, (2nd ed.), New York: McGraw-Hill.

Wiesmann, A. (1885), "The Continuity of the Germ-Plasma as the Foundation of a Theory of Heredity", in J. A. Moore (ed.), *Readings in Heredity and Development*, New York: Oxford University Press.

Williamson, O. (1975), *Markets and Hierarchies*, New York: Free Press.

Zajac, E. J. & Olsen, C. R. (1993), "From Transaction Cost to Transaction Vale Analysis: Implication for the Study of Interorganizational Strategies", *Journal of Management Studies*, 30 (1), pp. 130 – 145.

非政府组织在促进可持续发展中的多重作用：
以绿色建筑委员会为例[*]

[奥地利] 扎比内·塞德拉切克 著　　杜静元 编译[**]

治理的可持续发展，特别是不同类型组织的角色研究，最近在一个更广阔的相关治理领域有所发展（Jordan，2008）。在这项研究中，非政府组织（NGO）的治理行为促进可持续发展中的作用正变得越来越重要。许多非政府组织都参与了旨在提高如林业管理和海洋保护区领域的质量标准的过程，并分别建立了相关产品，如森林管理委员会（Forest Stewardship Council，FSC）或海洋管理委员会的认证计划（Marine Stewardship Council，MSC）。这些活动的核心部分是从政策、行业和科学的视角组织环境治理网络。在这种性质的非政府组织工作的经验提供了赖以科学界可以建立一个不断增长的实证依据。

---

[*] 本文首次发表于 *Environmental Policy and Governance*，2014 年第 24 期，第 247—261 页。文章原名 "Non-Governmental Organizations as Governance Actors for Sustainable Development: The Case of Green Building Councils"，Published online 14 March 2014 in Wiley Online Library（wileyonlinelibrary.com）DOI：10.1002/eet.1643。

[**] 作者简介：扎比内·塞德拉切克（Sabine Sedlacek），奥地利维也纳模都尔大学（MODUL University）教师。译者简介：杜静元，北京师范大学中国社会管理研究院社会学院讲师，北京师范大学国际 NGO 与基金会研究中心研究员。

本文侧重于建筑部门，因为这个领域的活动已从绿色倡议向以更全面的可持续发展战略转变（Sedlacek，2010；Sedlacek and Maier，2012）。实现可持续性这一进程一直伴随着世界绿色建筑委员会（WGBC）的发展，这是一个国际联盟组织，它涵盖了越来越多的地区绿色建筑委员会（RGBCs）。通过设立这些非政府组织，该WGBC正在建立一个网络，以促进全球绿色建筑的发展。为了指导发展，WGBC发表了一个路线图，旨在为每个委员会提供一个治理框架，为新进入的委员会提供清晰的规则，以及提供一个工具包式的功能介绍以帮助他们走好第一步（WGBC，2012）。总的目的是，一方面保证有一套一以贯之的制度规范；另一方面，在国家层面提供最大限度的行动自由。为此，WGBC对筹备小组成员提出了清晰的使命，这些成员也就是负责建立地区委员会的利益相关者们。筹备小组（the founding group）被视为对该委员会负责的民主代表，在委员会早期阶段，更是被视为参与其中的各类组织的代表。筹备小组的一个功能就是帮助建筑委员会（GBC）确保公平公正，为此，他们需要拥有三个主要的属性：（1）在房地产和建筑行业内拥有高水平可信度（a high level of credibility）；（2）具有运营或者建立营利或非营利企业的显著经验；（3）拥有较强的社会资本和社会影响力，从而使建筑委员会（GBC）通过它迅速地获得启动基金和资本（WGBC，2009a：2）。WGBC希望这些筹备小组天生具有多元性，其代表不仅来自工业界，也应该有来自学术界、非营利组织和政府的专家。WGBC提议形成一个轮值的领导模式来应对不断变化的专业知识要求，以确保区域委员会在不同阶段的成功运作。

在路线图中公布的原则强调非国有以市场为导向的治理体系（Bernstein and Cashore，2007），在这个治理体系中做出有关可持续发展和减缓气候变化的决策不再是政府的唯一权限。在文献中，对于"治理"概念的扩大的转变已经成为越来越多学者的共识，治理包括各级政府、私营部门、非政府组织以及民间社会的贡献（Sathaye et al.，2007：693）。世界绿色建筑委员会（WGBC）的路线图中描述了在不同的主流文化背景下，不同治理主体在不同发展阶段的参与程度。

正如上面所说，非政府组织常常参与到治理活动中来，所以研究者中日渐关注的问题是：非政府组织作为环境治理主体之一需要具备的资格是什么，以及是什么使得他们发挥强有力的连接者作用？为了回答这一问题，从众多文献中提炼出一套概念框架来解释非政府组织（NGO）如何在其他利益相关者之间发挥桥梁作用。这套概念框架包含五个方面：在治理过程中的角色、权力、责任、合法性、可接受度（Johansson，2012）。在非国有市场驱动环境治理过程中非政府组织被假定为连接公众和私有部门的催化剂，特别是在第三方认证中的作用不容小觑。在这里，认证过程通常是由非政府组织来推动，在治理过程中，他们既作为第三方机构又将他们自己作为公众的代表（**治理过程中的角色**）。如果非政府组织通过实现他们恪守社会目标（**责任**）的承诺来实现公共利益，他们可能会获得公众的认可（**可接受度**），并可能开始逐步地取代政府当局（**权力**）。**合法性**的概念可以从非国有的市场驱动的治理过程的背景中作为一个拥有制度化权力的政治合法性（Bernstein and Cashore，2007）的概念来理解。因此，政治合法性依赖于以上讨论的在治理过程中的各元素的作用，包括权力、责任和非政府组织在治理机制中的可接受性。五个方面的每一个都需要变为一个分析性的概念来说明非政府组织在环境治理体系中的功能（见下节）。

RGBCs 的案例将作为探究非政府组织在环境治理中的作用以及该组织在发挥促进多学科、多主体的连接能力方面的一项实证研究。因此，本文开篇以非政府组织作为治理主体以及它们在非国有的以市场为导向的治理过程中的作用展开讨论，这部分将介绍从文献中得到的概念性框架并为下面的实证研究提供一个清晰的理论基础。第三部分介绍应用方法，这部分放在介绍和分析 GBCs 案例之前。最后，我得出与绿色建筑部分有关的结论，并分析 GBCs 作为非国家的治理主体在承担其角色时所面临的主要发展障碍。

一、作为治理主体的非政府组织在非国有的市场驱动的治理中的角色

一个非政府组织的定义是"在制度化的政治结构之外为实现特定的社会

目标或者服务特定选区的非营利组织或协会"（Saunier and Meganck, 2007: 197）。非政府组织主要是由个人自愿组织形成的，在地方、国家和国际层面上运行的组织（Karns and Mingst, 2004: 213ff）。他们属于有"足够的影响力来影响在政府间机构做出决定的一类非国家行动者"（Saunier and Meganck, 2007: 199）。就其本身而言，非政府组织已成为重要的主体，尤其是在全球环境治理过程中其作用更加凸显，早在20世纪初他们已经参与到国际谈判中来了（Charnovitz, 1996）。在全球环境问题（例如森林砍伐、气候变化）日益严峻的现代背景之下，全球环境治理越来越依赖于多元治理主体的共同合作。已有文献中的实证性证据表明公众参与已被大家欢迎并接受，尤其是在旨在国际协定中达成一致的全球环境治理过程中（French, 1994）。非政府组织参与被理解为公众参与的形式，因为非政府组织服务特定的社会利益，因此可以被看作是民间社会利益的组织表现形式（Teegen et al., 2004）。

格米尔等人认为非政府组织是环境治理中最杰出的主体，因为他们整合了政府和非政府的不同主体在创新治理手段和合作方式方面的特征（Gemmill and Bamidele-Izu, 2002）。为了更好地将环境治理中的非政府组织的功能概念化，有必要指出不同的利益相关者的相对位置和相互关系（见图1）。

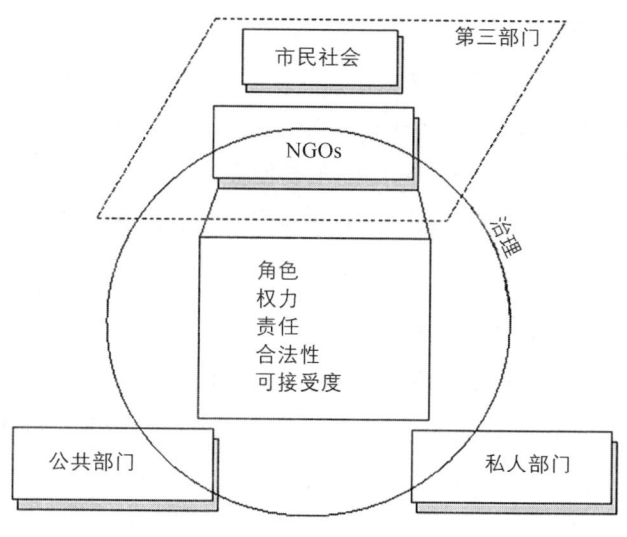

图1　非政府组织在治理中的位置（Teegen et al., 2004）

图 1 中，治理包含了不同空间层次，包括公共部门、私有部门和第三部门的行动者，每个部门都承担特定的角色，履行特定的功能。不同部门之间的相互作用根据治理过程中出现的问题的具体性质而异，取决于在本文的开头已经提出的五个方面：在治理过程中的角色，权力，责任，合法性和可接受度（Johansson，2012）。

正如格米尔等人指出的，非政府组织在不同空间层次（地方、区域、国家和国际）其参与度非常多样化，其使命（环境保护、可持续发展、减贫，等等）范围也是多样化的（Gemmill and Bamidele-Izu，2002）。接下来的部分将详细介绍在环境治理中非政府组织功能评估的五项标准。

（一）治理过程中的作用

格米尔等人认为（Gemmill and Bamidele-Izu，2002：9）认为，市民社会在帮助将环境和社会目标纳入政治进程的过程中承担了一个明确的角色，非政府组织相应的"可作为替代薄弱和不足的民主体制"。如果非政府组织是所谓的"全球行动网络"的一部分，他们"承担系统性变革推动者的角色"（Glasbergen，2010：130）。

此角色包含了将不同类型的利益相关者达成"辩论、研究和行动的共同框架"的功能（Glasbergen，2010：130），因此这意味着管理多元利益相关者进程的能力，这似乎是 WGBC 网络的重要使命。

根据角色的这些不同解释，不同类型的非政府组织就可以被区分。泰根等人根据自己的角色区分三种类型的非政府组织：(1) 倡导；(2) 操作；(3) 集成和混合非政府组织。倡导型非政府组织被解释为典型的和咨询的组织，经常处于游说团体的位置。在这个位置上他们在设置议程，或者开发和推广行为准则方面表现得活跃（Hudson，2002 in Teegen et al.，2004）。

操作性的非政府组织常出现在政策受到挑战或损坏，或全球性问题不能由国家政府来解决的领域。在这样的情况下，非政府组织提供不可替代的技术专长，并且它们是唯一能在困难的环境中工作，使得它们自己变得更灵活以便能更好地回应特定需要的组织。由于这些特性，非政府组织被认为是比政府组织或私有组织更可靠的组织（Teegen et al.，2004）。

集成和混合型的非政府组织既包含倡导型的服务也包含操作型的服务，从而有助于建立社会能力（Teegen et al.，2004）。

（二）权力

权力在这个背景下被解释为决策权力，在这里对非政府组织而言，应该将权力理解为授权。非政府组织必须由政府或国际环境治理组织授权然后为他们做出决定（Gulbrandsen，2008）。从某种意义上说，非政府组织必须在他们的"组织领域"（Gulbrandsen，2008）获得合法的规则制定权，迪马乔和鲍威尔（1991：64）将"组织领域"定义为"在制度领域中被公认的区域"。此规则制定权赋予非政府组织自由地在其治理相关领域的自主决定。然而，伯恩斯坦（2005）认为，该授权是对所有多边组织和跨国治理机制的民主问责制的一种潜在限制。

（三）责任

责任（图1）可以理解为不同参与者之间的关系，一方面是为他们的行为负责，另一方面是有权力或权威对结果施加影响（Black，2008）。因此，问责制需要权威，但这权威可以建立在相互之间无等级关系且能达成一致的不同主体之间（Gulbrandsen，2008）。在环境治理的语境下，责任应该被理解为一种非等级和非线性概念，因为不同的治理主体有不同的权力层次（Black，2008）。它被形容为一种网络结构，在这个网络中所有参与的主体相互依存但行为上却相对自主。易卜拉欣（Ebrahim，2003：826）做了一个专门针对非政府组织问责机制的特征的研究综述，得出的结论是，问责制是"既要对外部主体和标准负责，又要对内部的行动负责"。此外，他认为，问责制有多个维度，这意味着涉及许多行动者，使用各种机制和绩效标准，并要求不同层次的组织回应。认证标准是一种类型的针对非政府组织的机制，用以平衡它们的内部和外部的相关性，使他们成为相互信任的伙伴。通过实行设定标准的理念来建立可靠性和可信性是非政府组织一个非常重要的方面，但不容易实践。许多利益相关者的公开披露会触发标准制定过程中的许多关于需求和权力的斗争，这已经被博斯特伦在讨论有关海鲜标签的研究中提及过（Boström，2006）。这也被罗西瑙提及过，他发现在一个被非政府组织控制的治理体系中存在"问责不足"的问题，因为并不清楚这些组织对谁负责（Rosenau，2000）。这一观点与罗德线（Rhodes，1997）的结论一脉相承，他强调组织内部和自组织网络内的缺乏问责，在网络内部明确责任到每个具体的组织会更加困难。

（四）合法性

合法性可以归入道德接受的范畴（Black，2008），合法性受到价值观、利益、期望和那些可以接受这些治理制度人们的认知框架的影响。在传统形式的治理体系中，合法性（图1）紧紧与民族国家联系在一起。但是，随着向现代治理体系的转变，这种由社会建构的概念（Scott，2001 in Black，2008）也必须以不同的形式应用到其他治理主体。奥塞沃德等人提出了国际非政府组织合法性的新形式，着重强调非政府组织的规范性要求，并且将其归入到"规范的合法性"的范畴里（Ossewarde et al.，2008）。他们还提出了监管、认知和输出合法性之间的区别：监管合法性侧重于非政府组织遵守法律的责任；认知合法性是指他们代表国家使命去行动的能力；输出合法性是指他们实现自己使命的能力。伯恩斯坦和卡索（Bernstein and Cashore，2007：351）应用"政治合法性"到非国有的市场驱动的体系中，认为政治合法性需要"制度化的权威拥有权力并且需要行使规则的资源，以及组织当中共同的规范"。

(五) 可接受度

非政府组织的可接受度在具体的治理制度领域中需要结合以上所讨论的所有方面来说明,也就是说需要结合治理过程中的角色、权力、责任和合法性来说明。在国际治理会议上非政府组织的可接受度日渐增加(Charnovitz,1996),但格米尔等人认为,这种类型的可接受度只是一种特别的可接受度,它需要更多地详细说明其制度上的安排(Gemmill and Bamidele-Izu,2002)。

文献提供了非政府组织在治理中日益重要的实证证据(Charnovitz,1996;Edwards,2000;Gemmill and Bamidele-Izu,2002;Nohlen and Schultze,2002;Karns and Mingst,2004;Teegen et al.,2004;Van Kersbergen and Van Waarden,2004;Collingwood,2006;Pattberg,2007;Black,2008;Ossewarde et al.,2008),特别是在环境,最近,特别是在可持续性治理中有这些实证(French,1994;Pattberg,2005,2007;Biermann et al.,2007;Gray,2007;Gulbrandsen,2008;Boström and Hallström,2010;Johansson,2012)。在环境保护和可持续发展治理的不同空间层次需要共担责任,因为它们通常都是一个多方利益相关者参与的过程。环境治理中的多方利益相关者的领导力的问题似乎是一个最核心的问题,因为它起到调解的作用。某些组织比其他组织能够更好地促进沟通和协作;的确,非政府组织似乎具有弥合和调解不同层次和类型的组织之间关系的能力(Edwards,2000:2)。调解在一些具有不确定性或信息不对称导致冲突的环境中,特别是在多个利益相关者的环境中显得特别有效。接下来将讨论调解者如何促进合作的问题(Kydd,2003,2006)。

非政府组织和市场的合作伙伴关系特别是在环境和可持续发展的治理过程中已经变得强大。这里有大量的实证数据说明这些类型的合作伙伴关系的表现 [e. g. the FSC, the MSC, the Global Reporting Initiative (GRI) and the Common Code for the Coffee Community (4C)],在这些关系中,非营利性组织 (non-profit-orientated organizations) 与公共和私人的组织之间实现了密切合作 (Pattberg,2005,2007;Gulbrandsen,2008;Eden,2009;Román,2009;Johansson，2012）。帕特伯格认为非国家的以市场为导向的治理形式在国际运动中确定议题、制定规则、遵守这些规则的重要性日益明显（Pattberg，2007）。治理网络中的组织虽然面向国际，但有时仅选择一些组织；正如一些学者们所言，这可以限制其范围和影响（Gray，2007）。这些网络背后的主要思想是进行一个标准制定和认证的实践（Pattberg，2007；Eden，2009）。正如前面所言，认证被认为是由非政府组织带动下的环境治理的"新机制"（Eden，2009：384）。认证任务是分析绿色建筑委员会（GBCs）作用的一个重要的特征。

鉴于认证计划在范围、规模和深刻性方面的考虑，最可靠的可以保证认证质量的产品是由第三方提供的。迪克西特认为，"第三方机构认证是由外部组织而不是与此类事物有直接关系的组织提供。"（Dixit，2009：14）然而，作为第三方，认证机构充当了一个非政府的主体角色，负责制定准则、运作规范、规则和决策程序（Pattberg，2007：174）。正如前面所指出的，第三方机构必须符合以下几个被认为是可靠的，并获得批准的标准，这其中最重要的是，这些第三部门要服务于这个过程。正如已经形成的共识，整体动机是促进公共利益的；这是过去的公共机构所倡导的，但是今天越来越多地被非政府组织所践行，在很多例子中更可以看到它带来了稳定的治理结构的发展（Cashore，2002）。尽管如此，有义务说明的是，区别于私人部门的第三部门到底是完全对社会目标负责或者仅仅对他们自己的成员负责。这个问题是不完全透明的。在非国家的以市场为导向的治理体系下这将是一个特别紧迫的问题，接下来的关于建筑委员会（GBC）的分析中将被重点提出。

（六）方法论

基于以上的文献综述，一个概念框架已经形成，这个概念框架可以用于分析在环境治理中的非政府组织的功能（图1）。框架是依照市场上现存的三个部门的逻辑来设计的，他们是：公共部门、私人部门和包含非政府组织在内的第三部门。在这个框架中，作为非国家的市场驱动的治理体系中的非政府组织之一的地区绿色建筑委员会（RGBCs）依据以下五个方面来定义，他们是角色、权利、责任、合法性和可接受度。

本文是根据 2010 年 1 月在世界绿色建筑委员会（WGBC）的目录（请参阅 Sedlacek 和 Maier，2012）中列出的对地区绿色建筑委员会（RGBCs）的经济和制度分析的过程的调查为基础的研究。这项研究涉及绿色建筑委员会（GBC）的经济职能的一般问题，以及这些组织如何从产业中得到足够的支持来资助他们的活动。前面的分析已经说明了地区绿色建筑委员会（RGBCs）履行第三方角色的职责，并且在这个角色中，它们能够为建筑行业的"绿色化"做出贡献。本次调查采用网上问卷，调查范围涉及了在当时的世界绿色建筑委员会（WGBC）目录中列出的地区绿色建筑委员会（RGBCs）的所有首席执行官（CEOs）。

我们采用了分两步走的方法，开始用普通电子邮件与地区绿色建筑委员会中出现过的 59 个组织取得联系。第二步，我们提供链接式的调查问卷给愿意参与的另外 38 个地区绿色建筑委员会（RGBCs）中的组织。最后，28 个地区绿色建筑委员会（RGBCs）（类别：7 个相关团体、6 个预期要建设的组织、5 个新兴的组织、10 个已经建立的组织）填写了调查问卷，以便进一步分析；这代表了 47.5% 的回报率（总数 N = 59）。样本包括 12 个欧洲国家 [包括 8 个中欧和东欧（CEE）国家]，6 个来自美洲加勒比地区，7 个来自亚洲太平洋地区和 3 个来自非洲。调查主要集中在组织结构，主要活动和地区绿色建筑委员会（RGBCs）的中期和长期目标，根据它们在 WGBC 目录中列出的类别确定委员会之间的异同。

同时，我们关注绿色建筑委员会（GBCs）的制度的建立，并有兴趣探索这些非政府组织是否能够胜任环境治理主体这一角色，以及他们是否有连接绿色建筑行业的多元参与者的能力。地区绿色建筑委会员（RGBCs）的治理功能受到前面提到过的概念框架的五个方面的强烈影响。分析作为非国家治理主体的地区绿色建筑委员会（RGBCs），需要分析其组织结构、活动记录和发展前景，如图 2。根据世界绿色建筑委员会（WGBC）的愿景，地区绿色建筑委员会（RGBCs）的总体目标是帮助改造环境，将其变成一个更可持续的，尤其是通过第三方认证的服务于公共利益的可靠的第三部门（WGBC，2009a）。

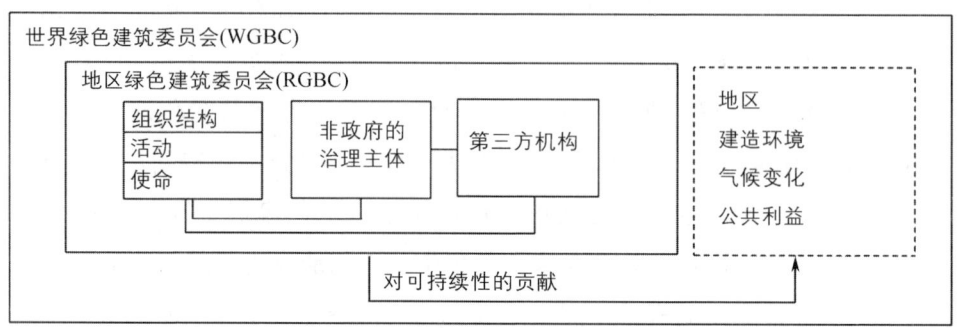

图 2　分析地区绿色建筑委员会（RGBCs）的框架

为了能够有助于问题研究，上述调查数据通过访谈和非正式会谈得以补充，访谈的对象包括绿色建筑委员会（GBCs）中选定的代表，以及最近在奥地利绿色建筑委员会进行的一项案例研究部门的部分代表（ÖGNI；一个新兴的绿色建筑委员会）及其审计网络的代表（Sedlacek 和 Hippacher，2013）。奥地利案例研究是基于两个专家访谈和 90 个奥地利绿色建筑委员会（ÖGNI）成员和审计人员的在线问卷调查。这项补充材料和数据已被用于充实研究。除了经验数据之外，还有从世界绿色建筑委员会（WGBC）和地区绿色建筑委员会的网站获得的数据，这些数据也已经被分析。

绿色建筑行业的案例研究，可以与现存的诸如森林和渔业等部门中的国际化的、非国有的、市场导向的治理网络案例进行对比。与这些部门对比而言，建筑部门的环境治理运动是相对年轻，而且是以产业为主导的，这使得它容易受到前面分析的五个主要方面中的两个方面，即问责制和合法性的侵害。然而，随着作为全球非盈利组织——世界绿色建筑委员会（WGBC）的建立，一个新的国际选手已经进入环境和可持续发展治理当中。建立一系列地区绿色建筑委员会（RGBCs）的努力创造了一个地区基础，环保非政府组织运动有潜力成为其他行业的典范。因此，下面介绍这个相对较新的，非国有的市场为导向的治理体系将揭示可比的方面和有差异的方面（comparable and contrasting aspects），这将为其他部门提供经验。

二、绿色建筑委员会（GBCs）作为治理主体的角色

建筑行业是最有活力的经济部门之一，但在许多方面对环境和社会有消极影响（例如低效利用材料、水和土地）。对可持续发展的主要威胁的认识将带来该行业在绿色建筑领域的新发展。所谓的绿色建筑部门在过去十年中发展迅速，在制度建设、公众意识和其在建筑环境所占份额方面发展得很有活力；这是因为建筑行业已被确定为三个（交通、建筑和工业）最大的能源消耗部门之一（IPCC，2007）。

因此，能量消耗和建筑物的温室气体排放的减少已被确定为最为优先考虑的方面。这里有许多用于提高建筑物的能源使用效率的手段，从控制和监管手段到如认证和做标记的自愿行动（Hoffman and Henn，2008；Cidell，2009；Smith and Fischlein，2010；GBCI，2012）。由于建筑物与其他商品相比具有寿命长的特点，因此其长期影响必须考虑。

这意味着上述提到的通过对建筑物的特有的生命周期的负面影响的监管来提高建筑物的环保质量。因此，绿色建筑的努力已逐渐从单纯寻求建筑物的能源使用效率到追求更复杂的可持续建筑方案转变。这可以在世界绿色建筑委员会（WGBC）的愿景中进行验证，该机构的愿景是"将建筑环境向可持续性建筑环境转变，通过促进新的绿色建筑委员会（GBCs）的发展推动全球绿色建筑的进程"（WGBC，2009b）。

世界绿色建筑委员会（WGBC）始建于1999年（正式注册成立于2002年），建立全球不同国家的绿色建筑委员会的网络的目的在于，将涉及的事务在各自国家的绿色建筑委员会中解决。目前，在WGBC目录中已经从2010年4月统计的59个上升为97个区域的绿色建筑委员会（GBCs）（截至2013年6月）。

世界绿色建筑委员会（WGBC）具有预设的分类的会员序列，它为一个组织从一个利益集团发展到一个已建成的绿色建筑委员会设计了一个时间表

和业绩完成表。在总目录中约四分之一（27.84%，27个委员会）的委员会已经达到了最高的组织地位，即已经成立绿色建筑委员会。此外，14个绿色建筑委员会（14.43%）被归入处于第二档的"新兴的绿色建筑委员会（GBC）的位置，30个绿色建筑委员会（30.93%）被归入"准绿色建筑委员会"的位置，剩下的约四分之一（26个组织，26.80%）被归入"相关组织"的位置，这类型的组织不是一个正式的会员级别（WGBC，2012）。这些委员会的法律地位等同于非政府组织，正如已在上面提到过的是在非国有的市场为导向的治理过程中的合格利益相关者。

他们在支持国际绿色建筑运动中表现出的浓厚兴趣引导世界绿色建筑委员会（WGBC）及其成员组织形成一个全球性的非营利组织（例如GBCs）网络，该组织履行"授权给行业领导者以求他们为当地的建筑行业走向可持续性做出贡献"的标准（WGBC，2013）。

正如世界绿色建筑委员会（WGBC）预先定义的，地区绿色建筑委员会（RGBCs）被归入到上述所定义的非政府组织，因为它们是不以营利为导向的，并且区别于制度化的政治结构的组织。其目的和作用是在市场驱动的环境中担当一个非国有的市场驱动的治理主体。尽管科学界似乎对非政府组织的身份是认同的，但是这一身份是否是国际统一的认识目前还尚不清楚。在一些国家，非营利组织是比较新的，政府并不熟悉这些新的机构。

由于世界绿色建筑委员会（WGBC）认为绿色建筑委员会（GBC）属于一类非政府组织并享有其法律地位，有必要澄清非政府组织能够注册登记之前各个国家的规则和法律指南。在对一些地区绿色建筑委员会的受访者中已经提到国家关于非政府组织的登记制度在组织发展的早期阶段是一个障碍。由于WGBC不接受未登记的组织入会，因此注册过程是在起始阶段中最重要的里程碑之一。

绿色建筑委员会（GBC）按照生命周期的发展规律，通常在最开始时是一个小规模的组织，而这使得法律限制更为苛刻。因为绿色建筑委员会起初不会产生收入，开始的时候他们大多没有支付给工作人员工资，而其他组织可以支付得起一名执行董事和几个秘书处的工作人员的工资。

正如引言中提到过的，筹建组在地区绿色建筑委员会的发展初期阶段履行主要作用，筹建组最好从房地产部门中独立出来，这样容易被与房地产部门直接或间接相关的潜在成员所接受。筹建组成员无偿提供志愿服务，这就需要恪守建立绿色建筑委员会的坚定承诺。然而，筹建小组成员在筹建阶段有强有力的决策权，他们考察筹建小组的每个成员的组成是否如世界绿色建筑委员会（WGBC）要求的那样民主（2009a）。

成员组成的越广泛，筹建组就越趋向于均衡。对于奥地利绿色建筑委员会（Austrian GBC），筹建小组由不同类型的成员，包括来自学术界，以及来自房地产部门的基础工业部门的工作人员。每个绿色建筑委员会的董事会是由属于各种不同的实体的委员会的成员组成的。（调查样本中59%为民营企业，20%为非营利组织，13%为研究机构，8%不详），这些成员全都是无偿以志愿者的身份来工作的。志愿工作在非政府组织中扮演着的重要作用，一方面是保障成员更大的承诺，而另一方面会限制组织作为一个整体的活动。一般情况下，小规模的专业组织在获得成员的阶段极度脆弱。如前面所指出的，以非政府组织为基础的网络的范围经常为批判的起点，特别是像地区绿色建筑委员会这样的以工业为主的组织，其成员的结构和平衡问题是一个被批评的问题。在地区绿色建筑委员会的董事会中的行业参与者的相对重要性显示出行业参与者高度影响和控制该委员会的决策过程。

世界绿色建筑委员会（WGBC）已经表示在他们的路线图中怎样保证董事会的有效性取决于以下几个方面，首先成员的多样性；其次是成员的信誉；然后是在各自行业的影响力和透明度（WGBC，2009a）。世界绿色建筑委员会（WGBC）强调多样性，也重视董事会的专业知识，从而为委员会的治理机制提供指导原则。

规模在评价自身治理角色的表现时也是一个重要的因素。调查结果和奥地利的案例研究都表明，年轻的绿色建筑委员会正在被阻止成为有效的主体，因为根据WGBC的定义，他们受到引进新成员（引进成员的过程中看到引进总数的1/3的成员将成为摆在他们面前的第一或第二的重要目标），以及缺乏审计和项目认证的挑战。正如同地区绿色建筑委员会（RGBCs）的一些代表讨论，成员人数因为以下几个原因而显得非常重要。

首先，更多的会员意味着在房地产行业的绿色建筑活动中有更广泛的知识。其次，更多的成员和属于地区绿色建筑委员会（RGBCs）的审计人员意味着更大的市场需求以及专业知识更好地应用。第三，更多的认证项目附加到地区绿色建筑委员会（RGBCs），组织可以向"绿色"或"可持续"建筑环境的目标发展得越好。作为非政府组织，绿色建筑委员会（GBCs）是非营利性导向的，因此高度依赖会员费，其中明确强调招募新成员的重要性。一个不断增长的网络有助于委员会运行他们的业务并使他们的活动多元化。然而，地区绿色建筑委员会（RGBCs）发展得越大，他们越容易受到伤害，因为它们进行的活动不受控制，这使其极难坚持，需要一以贯之的组织标准。调查结果和案例研究都证实，会员增长是地区绿色建筑委员会（RGBCs）治理功能的重要指针。这个主题在采访中得到特别的关注和讨论，从而引导不同 RGBCs 的代表提供改进建议，如提高接受度以及赢得声誉以此作为绿色建筑项目的催化剂。

相反，RGBC 有越多的会员，在房地产行业内部就越容易被接受。这表明会员和接受程度之间存在正反馈循环。

接受度已被认定为包含了价值观、利益和那些认为该组织作为治理主体的人的期望这样多层面的维度。因此，接受度与地区绿色建筑委员会（RGBCs）的市场覆盖率和非市场的被定义为不同类型的具有不同利益的利益相关者的房地产市场相关联。

该调查以及案例研究收集有关地区绿色建筑委员会（RGBCs）成员的星座信息。在此背景下，主要的假设是一个多元化的利益相关者的星座有利于将不同利益结合起来，并考虑到多学科方法的结合，正如世界绿色建筑委员会所推广的那样（WGBC，2009a）。要了解更多有关 GBCs 成员的权力的星座信息，我们拟定了一个由 11 个不同类型的利益相关者（政府部门、房地产行业、建筑行业、建筑师、房地产经纪人、工程师、规划师、研究机构和大学、非政府组织名单、私人和其他）组成的名单，并要求 GBCs 将排在最重要的三个类型的成员列出来。

建筑业的人员（在 18 个地区绿色建筑委员会中有 11 个选出该利益相关者为第一），建筑师（4 个委员会）和房地产行业人员（3 个委员会）在调查中被确定为最重要的利益相关者，这进一步凸显了在网络中产业主体的明显优势地位。然而，政府部门被一些地区绿色建筑委员会（RGBCs）列为第二个最重要的利益相关者（5 个成员）。世界绿色建筑委员会（WGBC）（WGBC，2009a）的路线图表明，在绿色建筑委员会（GBCs）的早期阶段政府部门的作用取决于各国的文化背景，因此各个成员的情况各有不同。奥地利案例研究显示，RGBCs 从不同的利益相关者群体中选择其成员都非常谨慎，而且他们明确知道自己的成员组成情况。

在这种特殊情况下，政府部门、市民、托管人被确定为代表性不足的群体，因为 RGBCs 在初始阶段吸收的成员往往是行业成员。

作为市场上一个新的组织正在建立后，我们会认为绿色建筑委员会（GBCs）以这样一种方式运行他们的业务，他们负责将目前的事态发展和新的机遇告知其成员，这将意味着他们与其成员之间要密集的沟通与合作。要找出谁是他们的主要合作伙伴，该委员会要从 8 个不同类型的参与者（房地产行业、建筑行业、建筑师、房地产经纪人、工程师、研究机构和大学、规划人员和其他）中确定他们的三个最重要的合作伙伴。在样本中，委员会发现他们主要与建筑行业（23%）、建筑师（19%），以及研究机构和大学（17%）建立主要的合作关系。如前所述，未来有不同的利益相关者会增强委员会在知识汇集和信息交换方面的能力。这意味着，网络中内、外两部分的利益相关者都参与了不同形式的合作。奥地利案例研究表明，董事会必须促进其成员的积极贡献，以履行委员会的目标，并确保绿色建筑委员会（GBCs）保持活力。董事会在这种特殊情况下的作用被定义为访问和汇集最能够有助于任务实现的 GBCs 内部的成员。这意味着董事会尤其是董事会的主席要履行起重要的领导任务，实现与他们的成员的积极沟通与合作。

要了解更多有关工作程序，我们要求 GBCs 概述其日常活动。操作被分成两个不同类型的问题：第一个专注于日常办公为主的任务，涉及具体操作和运行的业务，而第二个则是关注委员会的公开活动。我们已经补充了从 GBCs

的网站获得的相关信息。结果表明，在其发展的早期阶段（即7个相关组织和6个准绿色建筑委员会）的委员会和那些有进一步发展（即5个新兴的绿色建筑委员会和10个已经建立的绿色建筑委员会）的委员会有着明显的区别。本次调查显示，发展越成熟的GBCs越重视把重点放在如市场营销、研究、网络及相关建设认证制度的活动方面。

这完美地契合了上述所定义的第三部门的功能，因为GBCs在协调网络，并帮助搜集知识和信息，以帮助审查建筑物的环境质量。样本中那些绿色建筑委员会（GBCs）已经成立了较长时间，如澳大利亚委员会，声称他们正在积极推进绿色建筑项目、技术、设计实践和操作，使其更加公开，以帮助提高标准，并将绿色建筑战略纳入主流的设计和施工过程当中。他们认为这是他们全部的使命，即全力增强政府和民间社会的深入合作，从而提高他们的责任感。罗马尼亚委员会代表了样本中的另一种已经建立的委员会的类型，它强调一个额外的治理相关任务：通过促进该地区经济、社会和环境的协调发展，帮助它成为该地可持续发展的领导者。在光谱的另一端，新成立的绿色建筑委员会往往更注重在整体上推动可持续建筑活动，帮助提高认识。其他委员会则更专注于基本的活动，如网站建设、组织潜在成员和志愿者参加能力建设会议以及进行一些吸引新成员的活动。

以上介绍表明，GBCs在他们治理中的作用呈现体系化的发展，表现为其组织发展的不同阶段（即从"相关组"→"准地区性绿色建筑委员会"→"新兴的地区性绿色建筑委员会"→"成熟的地区性绿色建筑委员会"）。这已经由奥地利的案例证实，准绿色建筑委员会处于提高认识和促进奥地利绿色建筑运动潜力的阶段。他们把它作为自己明确的目标，更明晰地知道什么是可能的，这个项目被他们定义为"灯塔"认证项目。在他们看来，技术和知识都不是实现绿色建筑行业的主要障碍，因为它们早已经可以获得这些技术和知识。现有的技术和专业技能只需要被捆绑并不断完善，这一点是非常明确的。

如上所述，绿色建筑委员会的活动根据组织的生命周期而不同。世界绿色建筑委员会（WGBC）为每个发展阶段的活动提供了清单，并提出了不同类型的GBCs特定的里程碑（WGBC，2012）。已经建立的绿色建筑委员会处于 GBC 发展的最后阶段，已经完成所需的所有里程碑。WGBC 监视每个特定类别的 GBCs 的表现，并推动委员会从一个阶段发展到下一个阶段，最终保证已经建立的 GBCs 完成了先前规定的要求，实现按照 WGBC 制定的路线图发展的有效运作（WGBC，2009a）。但是，GBCs 独立决定他们是否要发展到下一个阶段，这使得他们完全专注于自己制定的愿景和战略，这当然要受多种因素的影响，包括地方或区域的条件，这些因素是不受 WGBC 控制的。因此，调查问卷中的一个部分专门用于分析 GBCs 的中期目标，以期更多地了解他们的愿景和未来战略。本节的核心部分集中在特定的、先前定义的问题以及他们对达到组织的中期目标（表 1）的关联性和影响力。

表 1 问题群组

问题群组	问题
知识库	知识库
游说	国内游说
	国际游说
组织活动	组织工作坊
认证	调整现有的认证体系
	发展自身的认证体系
	评估认证的建筑
	颁发证书
	认证系统的维护

基于现有的绿色建筑文献（Cole，1998，2005，2010，2012；Wallbaum and Buerkin，2003；Berardi，2011；Du Plessis and Cole，2011；Feige et al.，2011；Albino and Berardi，2012）和 WGBC 在路线图中的建议，我们把知识库、游说活动、组织活动和认证相关的问题作为对 RGBCs 治理和第三方作用有重要意义的群组。表 2 显示了这四个群组是如何逐项分入 9 个可能对 RGBCs 而言很重要的问题。RGBCs 在问卷中被要求对有助于实现其中期目标的这 9 个因素的重要性进行排序。

表2 影响地区绿色建筑委员会（RGBCs）的中期目标的重要问题（平均值比较）

问题	相关组	准 RGBCs	新兴 RGBCs	成熟的 RGBCs
知识库	1.2	1.2	1.75	1.4
国内游说	1.4	2.2	1.75	1.2
国际游说	2.4	2.4	2.33	1.8
组织工作坊	1	1	1.33	1
调整现有的认证体系	3.4	2	2.25	1.8
发展自身的认证体系	1.8	2	1	2
评估认证的建筑	1.2	2	2.75	1.4
颁发证书	1.2	1.8	3.5	1.4
认证系统的维护	1.4	2.2	2.25	1.4

图3涵盖了表1中所列的9个问题，并显示了总调查样本的平均值结果（1=高度适用，2=适用，3=不太适用，4=不适用）。几乎所有的这些问题进行了从"高度适用"到"适用"之间的评估，但有两个问题被评定为比其他显著不适用："国际游说"（均值：2.29）和"发展自身认证体系的发展"（均值：2.41）。由于国际游说要求GBC活跃在国际市场，一个GBC特定的认证系统的发展需要绿色建筑认证有更先进的经验。为了将样本中4种不同类型的地区绿色建筑委员会的差异形象化，图4中将他们的平均值反映在9个因素当中。

图4提供RGBCs四个发展阶段之间的比较（"相关组"、"准地区性绿色建筑委员会"、"新兴的地区性绿色建筑委员会"、"成熟的地区性绿色建筑委员会"），这表明成熟的RGBCs评估的几乎所有的因素对实现自己的中期目标（所有问题的平均值都在1到2之间）的影响程度都比其他发展阶段的RGBCs更高。这并不奇怪，因为成熟的GBCs的活动聚焦在全部的治理和第三部门功能上。请看两个问题，他们的评估是比其他发展阶段的RGBCs影响程度要低的两个问题（图3，表2），成熟的RGBCs意味着这些因素将与其工作更相关（国际游说：1.8；发展自身的认证系统：1.8），这证实了绿色建筑委员会在其发展后期将承担治理和第三部门相关的任务。这一结果支持潜在的基本概念框架的论点，即绿色建筑委员会在治理体制和组织决策中的角色，及其问

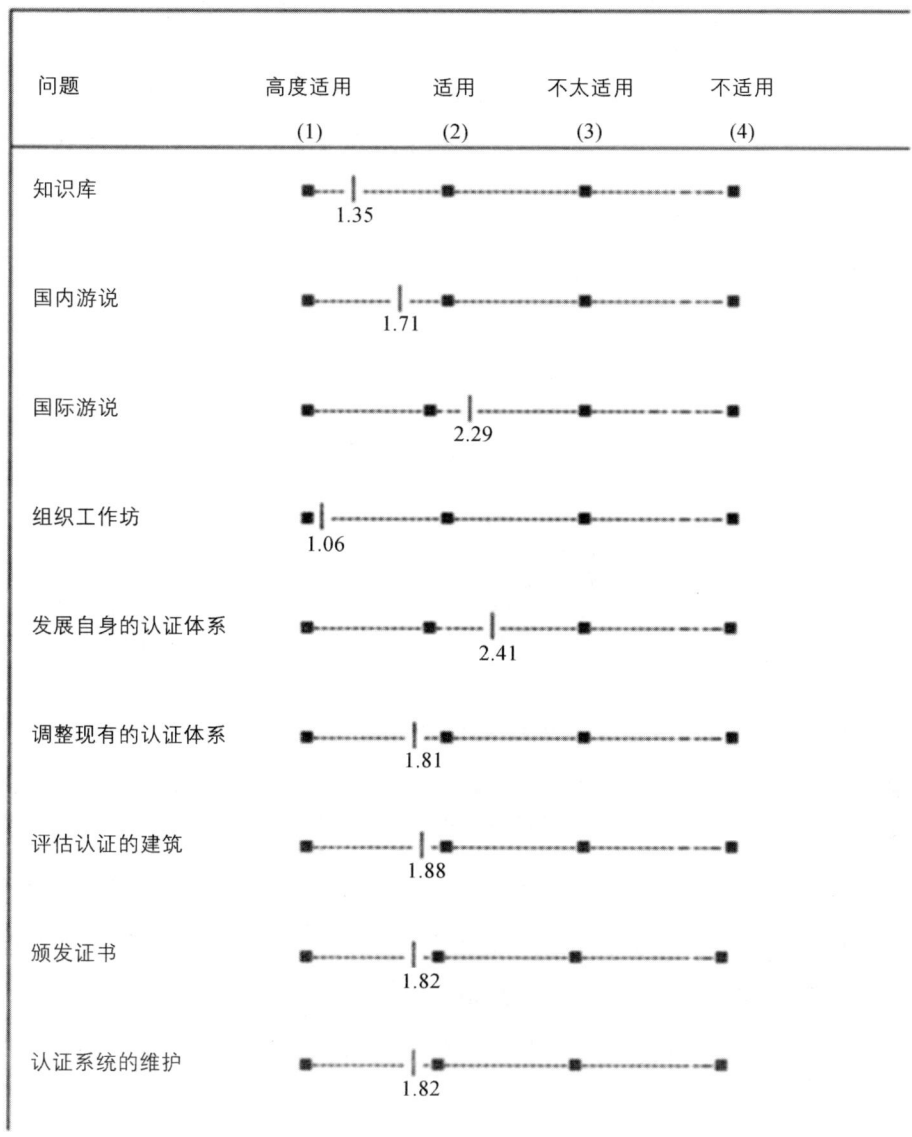

图3 问题及其对地区绿色建筑委员会（RGBCs）中期目标的重要性（平均值分布）

责制、合法性和可接受度，等等因素被假设和认同为治理主体中的重要因素。对于处于发展早期阶段的那些绿色建筑委员会来说，围绕认证的聚类的结果令人惊讶，应该谨慎地加以解释。尤其是相关组仍处在前会员阶段，它们在建筑方面的认证经验不能被假定为高。同样，那些表明认证因素对日常业务有高适用性的（调整现有的认证体系：1.8，发展自身的认证系统：3.4，评估建筑的认证：1.2，获奖证书：1.2，认证系统的维护：1.4；见表2）均值也可能是理想化的，即使这些地区性的建筑委员会打算在其发展后期更积极地参与认证活动。

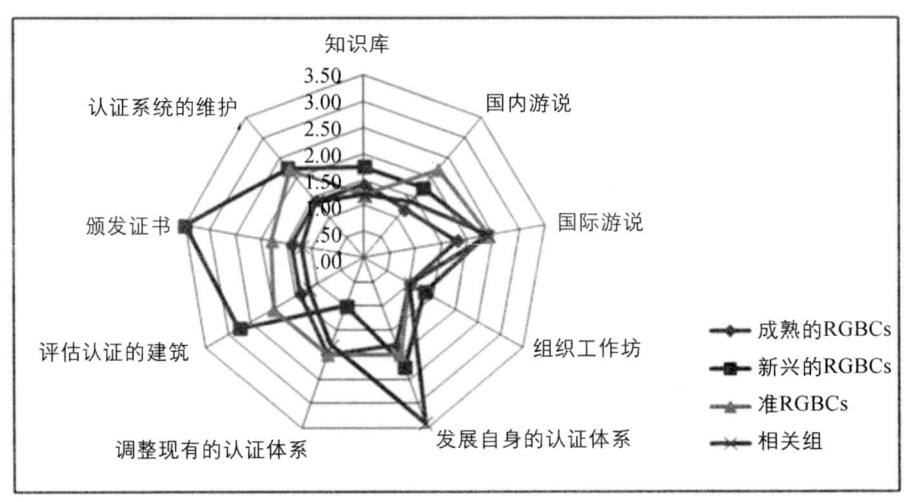

图4　问题及其对地区绿色建筑委员会（RGBCs）中期目标的重要性
（RGBCs的四种类型的平均值分布）

准绿色建筑委员会的情况表明，那些帮助组织建立稳定运行结构的支持性问题是最适用于其经营的。在与游说群组相关的因素中，包括国内（准：2.20；见表2）和国际游说（准：2.40；见表2）的因素，已经被RGBCs归入不太重要的因素当中。相比之下，新兴的GBCs的评估显示，国内游说与其中期目标的相关性略多一点（新兴：1.75，见表2）。根据奥地利案例，对一个新兴的GBC而言，国际游说在GBC的早期阶段并不是必要的，因为作为WGBC的成员，WGBC为其提供了进入国际的通道。WGBC相应地促进了各国GBC之间的知识交流和相互学习。然而，在奥地利GBC的分析中，国内游说必须由当地的组织来完成。在这种特殊情况下，游说被理解为一个GBC的利益和活动的重要组成部分，而且根据对奥地利GBC的分析来看，这些游说活动必须融入其日常业务,并被理解为他们的公共关系活动的一部分。

WGBC 已制定了一个不同发展水平的里程碑要求的列表,以便详细规定各个地方的绿色建筑委员会从一个阶段发展到另一个阶段的要求(WGBC,2012)。这意味着,新兴的 GBC 可以为组织发展到下一阶段做准备,这或许可以解释为什么他们不从事颁发证书或评估建筑的认证,而这些都是成熟的 GBC 常做的事情。为实现 WGBC 的使命,即帮助各国的 GBC 得到正式成员的地位,不仅要让 GBC 根据自己的个人情况来发展,同时还迫使他们履行一定的标准。因此,WGBC 的路线图可以理解为针对 RGBC 的发展而制定的一个治理的指导框架。如果他们想达到正式成员,并一步一步从一个阶段发展到下一个阶段,RGBCs 被要求坚守 WGBCs 规则,帮助 GBCs 建立稳定的组织设置,以提高他们的管理作用。WGBC 运动的目的是形成一个国际环境治理系统,RGBCs 及其网络是这一全球体系的一部分。

结　论

本文主要解决的问题是与非政府组织在一个以市场为导向的环境中是否有资格成为非政府的环境治理主体。此外,本文也研究了他们作为连接不同参与主体之间的桥梁的能力。基础的概念框架强调在各自的市场,包括私有、公共和第三部门(即社会行动者和非政府组织)中找到非政府组织的相对位置的重要性。要确定这个位置,5 个核心方面已经详细说明——角色、权力、责任、合法性和可接受度,这些方面用于解释非政府组织在非国有的以市场为导向的治理体系中至关重要的作用。在这个特定的分析中,选中绿色建筑领域,因为这是一个令人关注的动态的以市场为导向的环境治理体系。地区绿色建筑的委员会(RGBCs)在各自的国家绿色建筑市场为导向的治理体系中可谓起到了促进作用。GBC 正在追赶 WGBC 全部的目标以帮助房地产行业拥有一个更加可持续的建筑环境。作为一个非营利组织所需的组织设置,最好应支持 RGBCs 在不同利益相关者群体,特别是私营和公共部门之间的调停,尽管一些问题已在这些还没有建立和接受非政府组织传统的国家的地区绿色建筑委员会的注册过程中被发现。非政府组织没有形成所有国家现有的国家治理体系中的一部分，这阻碍了预期的促进作用。然而，GBCs 的国际网络帮助那些组织通过交换经验和专业技能来面对治理所遇到的相关问题。因此，国际网络履行学习和支持网络的作用。

对于权力，这被定义为决策权，GBCs 是独立的对自己负责的业务非营利的组织，同时也依赖于他们的会员共同体。这是讨论中特别重要的一点，因为会员网络是由行业参与者占主导地位的。在非政府的治理过程中房地产和建筑行业的主导地位既产生了有利的发展，也产生了一些问题。这些产业参与者的兴趣在于给 RGBCs 授权，因为市场需求在很大程度上受到了利益的影响。但是，在可靠性方面，服务于公共利益的问题必须进行更严格的审视。在奥地利的案例研究中，我们调查成员是否相信奥地利的绿色建筑委员会会履行为公共利益服务的职责。

结果显示在整个会员和审计者中都支持 GBC 履行社会责任这一观点。这个结论需要在今后的研究中进一步调查，因为这可能引起与行业主导者的潜在冲突。

非政府组织驱动网络中的问责，不是科层制的，也不是线性的，它有赖于参与组织的各类利益相关者主体不同层面的权力。WGBC 提出建立和设置一个"强大"的核心筹建组。其成员在 GBC 的目录中建立和登记之后，理想的情况是为 GBC 的董事会服务。这里，责任是向董事会负责的责任，理想情况下，领导作用应该与委员会的目标和宗旨一致。成功取决于一个结构良好的商业计划，这是由 WGBC 在其路线图中要求的。WGBC 的想法是提供一个指导方针以保证用透明的结构去履行责任从而来实现人们对该组织作为可靠的主体的期望。结果证实，GBCs 将它作为最初的任务去平衡内部以及外部的责任。这意味着董事会成员做出强有力的承诺，特别是因为他们没有报酬的自愿工作。

与此同时，在 GBCs 需要建立小规模的办事处分别负责将董事会的承诺转化为行动。结果表明，吸引新成员有一定压力，因为上面提到的行动均需要支付一定费用，最后这些费用只能依赖会员费来支付。

是否能吸引越来越多的成员已被确定为 GBCs 是否有活力的指标,但只有当 GBC 拥有严格的商业计划,使他们能够根据现有的资源从战略高度估计增长过程。调查和奥地利案例研究显示的结果、GBCs 评估的会员增长成为逐渐被接受的、被承认在各自的治理体系中最重要的因素。

在环境治理体系中的合法性和可接受度是受到价值观、利益和参与者的期望治理体系影响的。对于 RGBCs,这意味着委员会特别需要一个均衡的会员结构来避免偏见。为了能够评估 GBCs 的合法性问题,将需要深入的案例研究。在已经介绍的研究的基础上,我还不能在这一点上做出结论。

相反,可接受度与 RGBCs 市场覆盖率是密切相关的,这是在调查和奥地利案例研究中得到的结论,这与占 GBCs 的主导地位的行业参与者不无关系。然而,该行业的成员来自许多不同的学科和分支,所以,可以假设的是,虽然会员网络是由行业参与者占主导地位的,但是它也根据不同的利益而隔离。因此,董事会的责任就是平衡这些不同的内部利益并注意履行 WGBC 的要求,这或许可以被解释为一个监管机制的要求。

委员会为实现其中期目标偏好的研究已经表明,预先定义的 GBCs 的发展过程,即从相关组过渡到成熟的委员会可以帮助这些组织设置优先发展顺序,并扩大其治理和第三方的作用。

参考文献

Albino V., Berardi U. (2012), "Green Buildings and Organizational Changes in Italian Case Studies", *Business Strategy and the Environment*, 21, pp. 387–400.

Berardi U. (2011), "Beyond Sustainability Assessment Systems: Upgrading Topics by Enlarging the Scale of Assessment, International Journal of Sustainable", *Building Technology and Urban Development*, 2 (4), pp. 276–282.

Bernstein S. (2005), "Legitimacy in Global Environmental Governance", *Journal of International Law and International Relations*, 1 (1–2), pp. 139–166.

Bernstein S., Cashore B. (2007), "Can Non-state Global Governance be Legitimate? An Analytical Framework", *Regulation & Governance*, 1, pp. 347–371.

Biermann F., Mol A. P. J., Glasbergen P. (2007), "Conclusion: Partnerships for Sustainability- Reflections on a Future Research Agenda", in Glasbergen P., Biermann F. and Mol APJ (eds.), *Partnerships, Governance and Sustainable Development, Reflections on Theory and Practice*, Edward Elgar Publishing: Cheltenham, pp. 288 – 299.

Black J. (2008), "Constructing and Contesting Legitimacy and Accountability in PolycentricRegulatory Regimes", *Regulation & Governance*, 2, pp. 137 – 164.

Boström M. (2006), "Establishing Credibility: Practicing Standard-Setting Ideals in a Swedish Seafood-Labeling Case", *Journal of Environmental Policyand Planning*, 8 (2), pp. 135 – 158.

Boström M., Hallström K. T. (2010), "NGO Power in Global Social and Environmental-Standard-Setting", *Global Environmental Politics*, 10 (4), pp. 36 – 59.

Cashore B. (2002), "Legitimacy and the Privatization of Environmental Governance: How Non-State Market-Driven (NSMD) Governance Systems Gain Rule-Making Authority", *Governance*, 15 (4), pp. 503 – 529.

Charnovitz S. (1996), "Two Centuries of Participation: NGOs and International Governance", *Michigan Journal of Law*, 18, pp. 183 – 286.

Cidell J. (2009), "Building Green: the Emerging Geography of LEED-certified Buildings and Professionals", *Professional Geographer*, 61 (2), pp. 200 – 215.

Cole R. J. (1998), "Emerging Trends in Building Environmental Assessment Methods", *Building Research and Information*, 26 (1), pp. 1 – 16.

Cole R. J. (2005), "Building Environmental Assessment Methods: Redefining Intentions and Roles", *Building Research and Information*, 33 (5), pp. 455 – 467.

Cole R. J. (2010), "Building Environmental Assessment in a Global Market", *International Journal of Sustainable Building Technology and Urban Development*, 1 (1), pp. 431 – 435.

Cole R. J. (2012), "Transitioning from Green to Regenerative Design", *Building Research and Information*, 40 (1), pp. 39 – 53.

Collingwood V. (2006), "Non-governmental Organizations, Power and Legitimacy in International Society", *Review of International Studies*, 32, pp. 439 – 454.

DiMaggio P. J., Powell W. W. (1991), "The Iron Cage Revisited: Institutional Isomorphism and Collective Rationality in Organizational Fields", in Powell W. W., DiMaggio P. J.

(eds.), *The New Institutionalism in Organizational Analysis*, University of Chicago Press: Chicago, pp. 63 – 82.

Dixit A. (2009), "Governance Institutions and Economic Activity", *American Economic Review*, 99, pp. 5 – 24.

Du Plessis C., Cole R. J. (2011), "Motivating Change: Shifting the Paradigm", *Building Research and Information*, 39 (5), pp. 436 – 449.

Ebrahim A. (2003), "Accountability in Practice: Mechanisms for NGOs", *World Development*, 31 (5), pp. 813 – 829.

Eden S. (2009), "The Work of Environmental Governance Networks: Traceability, Credibility and Certification by the Forest Stewardship Council", *Geoforum*, 40, pp. 383 – 394.

Feige A., Wallbaum H., Krank S. (2011), "Harnessing Stakeholder Motivation: Towards a Swiss Sustainable Building Sector", *Building Research and Information*, 39 (5), pp. 504 – 517.

French H. F. (1994), "Reforming the United Nations to Ensure Environmentally Sustainable Development", *Transnational Law and Contemporary Problems*, 4, pp. 559 – 610.

Green Building Certification Institute (GBCI) (2012), http://www.gbci.org/main-nav/building-certification/leed-certification.aspx [retrieved 11 May 2012].

Gemmill B., Bamidele-Izu A. (2002), "The Role of NGOs and Civil Society in Global Environmental Governance", in Esty D. C., Ivanova M. H. (eds.), *Global Environmental Governance*, Yale School of Forestry & Environmental Studies, pp. 1 – 24.

Glasbergen P. (2010), "Global Action Networks: Agents for Collective Action", *Global Environmental Change*, 20, pp. 130 – 141.

Gray B. (2007), "The Process of Partnership Construction: Anticipating Obstacles and Enhancing the Likelihood of Successful Partnerships for Sustainable Development", in Glasbergen P., Biermann F., Mol A. P. J. (eds.), *Partnerships, Governance and Sustainable Development, Reflections on Theory and Practice*, Edward Elgar Publishing: Cheltenham, pp. 29 – 48.

Gulbrandsen L. H. (2008), "Accountability Arrangements in Non-State Standards Organizations: Instrumental Design and Imitation", *Organization*, 15 (4), pp. 563 – 583.

Hoffman A. J., Henn R. (2008), "Overcoming the Social and Psychological Barriers to Green Building", *Organization & Environment*, 21 (4), pp. 390 – 419.

Hudson A. (2002), "Advocacy by the UK-based Development NGOs", *Nonprofit and Voluntary Sector Quarterly*, 31 (3), pp. 402 – 418.

IPCC (2007), "Climate Change 2007: Synthesis Report", http://www.ipcc.ch/pdf/assessment-report/ar4/syr/ar4_syr.pdf [retrieved 6 July 2009].

Johansson J. (2012), "Challenges to the Legitimacy of Private Forest Governance the Development of Forest Certification in Sweden", *Environmental Policy and Governance*, 22, pp. 424 – 436.

Jordan A. (2008), "The Governance of Sustainable Development: Taking Stock and Looking Forward", *Environment and Planning C: Government and Policy*, 26, pp. 17 – 33.

Karns M. P., Mingst K. A. (2004), *International Organizations, The Politics and Processes of Global Governance*, Boulder, C. O. : Lynne Rienner.

Kydd A. H. (2003), "Which Side are you on? Bias, Credibility and Mediation", *American Journal of Political Science*, 47, pp. 597 – 611.

Kydd A. H. (2006), "When can Mediators Build Trust?", *American Political Science Review*, 100 (3), pp. 449 – 462.

Nohlen D., Schultze R. O. (Hrsg.) (2002), *Lexikon der Politikwissenschaft, Theorien, Methoden, Begriffe*, Band 2: N-Z, Beck: München.

Ossewarde R., Nijhof A., Heyse L. (2008), "Dynamics of NGO Legitimacy: How Organizing Betrays Core Missions of INGOs", *Public Administration and Development*, 28, pp. 42 – 53.

Pattberg Ph. (2005), "The Institutionalization of Private Governance: How Business and Nonprofit Organizations Agree on Transnational Rules", *Governance: An International Journal of Policy, Administration, and Institutions*, 18 (4), pp. 589 – 610.

Pattberg Ph. (2007), "Partnership for Sustainability: an Analysis of Transnational Environmental Regimes", in Glasbergen P., Biermann F., Mol A. P. J. (eds.), *Partnerships, Governance and Sustainable Development: Reflections on Theory and Practice*, Edward Elgar Publishing: Cheltenham, pp. 173 – 193.

Rhodes R. A. W. (1997), *Understanding Governance*, Maidenhead: Open University Press.

Román M. (2009), "Labelling and Sustainability: The Case of Specialty Coffee", in Docherty P., Kira M., Shani A. B. (eds.), *Creating Sustainable Work Systems*, 2nd edn, Routledge: New York, pp. 202 – 216.

Rosenau P. V. (2000), *Public Private Policy Partnerships*, Cambridge, MA: MIT Press.

Sathaye J., Najam A., Cocklin C., Heller T., Lecocq F., Llanes-Regueiro J., Pan J., Petschel-Held G., Rayner S., Robinson J., Schaeffer R., Sokona Y., Swart, R., Winkler H. (2007), *Sustainable development and mitigation*, in Climate Change 2007: Mitigation Contribution of working Group III tothe Fourth Assessment Report of the IPCC, Cambridge: Cambridge University Press.

Saunier R. E., Meganck R. A. (2007), *Dictionary and Introduction to Global Environmental Governance*, London: Earthscan.

Scott W. R. (2001), *Instituions and Organizations*, 2nd edn, CA: Sage.

Sedlacek S. (2010), "Governance Aspects of Sustainable Building Councils Results from a Survey", in CESB 10-Central Europe towards sustainablebuilding, Grada Publishing for Department of Building Structures and CIDEAS Research Centre: Prague, pp. 723 – 726.

Sedlacek S., Hippacher H. (2013), *Nachhaltigeimmobilienwirtschaft und Governance*, Wirtschaftkammerpreis 2012, Vienna: Endbericht.

Sedlacek S., Maier G. (2012), "Can Green Building Councils Serve as Third Party Governance Institutions? An Economic and Institutional Analysis", *Energy Policy*, 49, pp. 479 – 487.

Smith T. M., Fischlein M. (2010), "Rival Private Governance Networks: Competing to Define the Rules of Sustainability Performance", *Global Environmental Change*, 20, pp. 511 – 522.

Teegen H., Doh J. P., Vachani S. (2004), "The Importance of Nongovernmental Organizations (NGOs) in Global Governance and Value Creation: an International Business Research Agenda", *Journal of International Business Studies*, 35, pp. 463 – 483.

Van Kersbergen K., Van Waarden F. (2004), "Governanceas a Bridge between Disciplines: Cross-disciplinary Inspiration Regarding Shifts in Governanceand Problems of Governability, Accountability and Legitimacy", *European Journal of Political Research*, 43, pp. 143 – 171.

Wallbaum H., Buerkin C. (2003), "Concepts and Instruments for a Sustainable Construction Sector", *UNEP Industry and Environment*, 26 (2 – 3), pp. 53 – 57.

WGBC (2009a), World Green Building Council Roadmap, An Introduction to Green Building Council development, http://www.worldgbc.org (retrieved 10 November 2009).

WGBC (2009b), Six Ccontinents, One Mission. How Green Building is Shaping the Global

Shift to a Low Carbon Economy, http：//www.worldgbc.org [retrieved 14 December 2009].

WGBC (2012), http：//www.worldgbc.org/ [retrieved 13 January 2012].

WGBC (2013), http：//www.worldgbc.org/worldgbc/about [retrieved 7 June 2013].

国际非政府组织与发展中国家的二氧化碳排放量：一个定量的跨国分析[*]

［美］约翰·M. 尚德拉　　［美］布鲁斯·伦敦　　［美］欧文·P. 伍利
［美］约翰·B. 威廉姆森　著　　杜静元　译[**]

　　此跨国定量研究目的在于检验国际非政府组织（international nongovernmental organizations）的活动和发展中国家二氧化碳减排（reductions in carbon dioxide emissions）之间的联系。虽然目前已发表了众多有关碳排放的变化研究成果，但它们都未考虑到国际非政府组织在该领域所起到的控制作用。通过阅读相关文献，我们了解到国际非政府组织治理发展中国家环境退化问题所采用的各种措施。紧接着我们做了一项面板回归分析，在分析中我们使用变量（variable）来估算国际非政府组织对减少碳排放的作用，同时将其他相

---

[*] 本文首次发表于 Sociological Inquiry，2004 年第 74 卷第 4 期，第 520—545 页。文章原名"International Nongovernmental Organizations and Carbon Dioxide Emissions in the Developing World: A Quantitative, Cross-National Analysis"。

[**] 作者简介：约翰·M. 尚德拉（John M. Shandra），波士顿学院（Boston College）社会学系教师；布鲁斯·伦敦（Bruce London），克拉克大学（Clark University）社会学系教授；欧文·P. 伍利（Owen P. Whooley），美国新墨西哥州大学（University of New Mexico）社会学系教授；约翰·B. 威廉姆森（John B. Williamson），波士顿学院（Boston College）社会学系教授。译者简介：杜静元，北京师范大学中国社会管理研究院/社会学院讲师、国际 NGO 与基金会研究中心研究员。

关理论视角所使用的变量也纳入估算范围。通过分析我们得出了一个明确的结论，国际非政府组织参与度较高的国家碳排放量较低，反之亦然。与此同时，我们也在研究中发现了证据可证明生态现代化理论提出的设想（ecological modernization hypothesis），即经济发展水平与碳排放量之间的关系呈环境库兹涅茨曲线（Kuznet's curve）。

引　言

在研究影响碳排放量的跨国决定因素方面，当今学者试图在前人的基础上对该研究进行扩展。过去数十年中，研究者发表了一系列实证研究以调查导致碳排放量变化的因素（Bongaarts, 1992; Dietz and Rosa, 1994, 1997; Jacoby, Eckaus, Ellerman, Prinn, Reiner and Yang, 1997; Galeotti and Lanza, 1999; Grimes and Kentor, 2003; Han and Chatterjee, 1997; Holtz-Eakin and Selden, 1995; Knapp and Moonkerjee, 1996; Ravallion, Heil and Jalan, 2000; Roberts, 2001; Roberts and Grimes, 1997; Roberts, Grimes and Manale, 2003; Rosa and Dietz, 1998; Shi, 2003; York, Rosa and Dietz, 2003）。在这段时期，研究者及政策制定者也更加关注国际非政府组织在全球环境管理方面所起的作用（Barbosa, 2001; Clapp, 2001; Fischer, 1999; Ndegwa, 1996）。就环境管理而言，国际非政府组织的确通过游说、资助当地发展活动，赞助知名媒体活动，参加国际会议及利用跨国公司之间的对抗等一系列措施减轻了各种形式的环境退化问题。虽然一些跨国定量研究已经将测算出的国际非政府组织参与度纳入预测因子的范畴（Bradshaw and Schafer, 2000; Schafer, 1999; Shandra, London and Williamson, 2003），但还没有任何跨国定量研究使用过我们论文中所提及的控制变量（control variable）。

本研究试图填补该领域文献方面的空白，在研究中我们将建立新型模型以检测国际非政府组织在减少碳排放方面所起的作用，并对该模型进行详述。在研究国际非政府组织与碳排放量之间关系的同时，我们也试图研究其他相关理论所提出因素对碳排放量的影响。文章第一部分将对生态现代化理论（ecological modernization theory）、政治现代化理论（political modernization theory）、新马尔萨斯理论（neo-malthusian theory）、生态进化理论（ecological-evolutionary theory）及世界体系理论（world-system theory）五大理论框架进行回顾。在文章第二部分，我们对众多已发表的跨国定量研究文献进行分析，并重点关注其中提到的能有效解释引起碳排放量跨国变化的因素。最后，我们将建立跨国定量模型以检验前面文献中所提出的论点，同时我们将各种变量纳入考虑范围并利用 STIRPAT 模型［对人口、财富和技术的回归计算得出的随机影响（Stochastic Impacts by Regression on Population, Affluence, and Technology）］以检测国际非政府组织对碳排放量的影响（Dietz and Rosa，1994；Rosa and Dietz，1998；Shi，2003；York, Rosa and Dietz，2003）。

一、理论视角下对碳排放量的研究

通常社会科学家会采用多种不同的理论视角来探讨全球环境问题。本文我们将利用包括生态现代化理论、政治现代化理论、新马尔萨斯理论、生态进化理论及世界体系理论在内的五种不同理论框架的信息来运算模型。简言之，生态现代化理论认为经济增长是减缓环境退化的关键；而政治现代化理论认为国际非政府组织的参与度等非经济因素才是重要因素；新马尔萨斯理论则提出人口规模的增长将导致并加重环境问题；但是据生态进化理论看来，更高的人口密度以及更多城市群的出现将会提高技术效率从而减轻污染；与上述几种理论视角不同，世界体系理论首要关注的并非一国内的人口、经济及政治影响因子对环境污染程度的影响，该理论认为那些在世界等级体系中处于从属地位国家的经济发展依靠出口、跨国公司（multinational corporations）和国际借贷机构，所以他们面对着更多来自国际的压力，而这样的现状将会导致这些国家出现更严重的环境退化问题。

（一）生态现代化理论视角

据生态现代化理论看来，解决如碳排放等环境问题的最佳方式是发展经济（Grossman and Krueger, 1995）。跟据库兹涅茨 1975 年的观察得出，经济增长与收入不平衡之间呈倒 U 型曲线关系，生态现代化理论据此提出经济增长与碳排放量之间的关系也符合这个模式（Kuznet, 1975）。换句话说，经济发展程度最高以及经济发展程度最低的国家的碳排放量为最低。

生态现代化理论对该论点的解释如下：第一，在经济发展过程中，产业结构将由制造业向服务业转移，而服务业对自然资源的依赖程度更低。在前工业化社会时代，人们依赖于原始技术，并对自然世界有着精神上的寄托，因此限制了生产能力（Rostow, 1990）。这些因素使得前工业化的生产力低下，且将经济领域主要限定于自给的农业。如自给农业作为经济活动的主要形式，便意味着碳排放量也低。各国工业化进程开始后，基础设施建设（如城市建设与重工业）需要进行高能耗生产（Crenshaw and Jenkins, 1996）。高能耗生产活动高度依赖于化石燃料的消耗，结果导致了碳排放量的大幅度增加。当工业社会成熟后，能源利用率得以提高，服务业更加发达，生产主要依赖于科学技术的发展（如信息技术的发展），因此对能源的消耗降低，这样一来所产生的碳排放量便有所减少（Boserup, 1981）。由此我们可以看出在工业化早期碳排放量急剧增加，而工业化发展程度更高之后碳排放量趋向稳定并有所降低。

另一方面，生态现代化理论认为实现经济现代化以后产业结构将得到调整，因此经济发展与碳排放量之间的关系依然呈倒 U 曲线（Mol, 2001; Mol and Spaargaren, 2000; Spaargaren, Mol and Buttell, 2000）。一些学者对此提出建设性论点，他们指出正如经济的发展会使人们在工业领域更加理性，现代化的实现也能让人们考虑到在工业进程中人类将为环境失衡所付出的代价，从而引导他们采取行动减轻工业的环境外部性（environmental externalities）（Mol, 1995）。当工业化进程走向成熟后，生产系统将变得更加生态与理性，碳排放量也许会大幅减少。其中推动这一进程的经济力量包括机构重组（institutional reorganization）、技术创新（technological innovation）及市场力量（market forces）。其他推动这一进程的力量还包括来自非政府组织与新社会运动的公众压力以及由此带来的政府调控——请参考政治现代化理论视角中对此做出的详述。因此发展现代化是实现减少碳排放的必要措施。这一生态现代化理论认为如果我们想要避免生态灾难的发生就必须使人类与环境的关系产生实质性的变化，而这样的变化并不需要对社会各个方面都进行重组。通过"完善生产"（refinement of production）的方式超工业化（superindustrialization）是可实现的，在这种情况下，生产效率极高，因而碳排放等生态问题就能得到缓解（Mol, 1995; York et al., 2003）。

一些跨国研究对经济发展水平与碳排放量之间的环境库兹涅茨曲线进行了模拟研究（Dietz and Rosa, 1994; Galeotti and Lanza, 1999; Han and Chatterjee, 1997; Ravallion, Heil and Jalan, 2000）。但是针对该曲线的准确性仍有很多争论，接下来我们将进一步说明。首先，如果要实现环境问题的缓解，所需要达到的经济转折点（tipping point）非常之高，而全球绝大多数国家都无法达到这一水平。其次，世界体系理论学者也表示该曲线仅在少数经济发展水平非常高的国家才适用（Roberts and Grimes, 1997）。因为对于世界上那些较贫穷的国家来说，存在着各种各样的因素阻碍它们的经济实现高水平发展，这些因素包括以出口为导向的经济模式（export-oriented economies）、外商直接投资（foreign direct investment）以及结构调整政策（structural adjustment policy）（请参阅下文世界体系理论部分关于以上两种观点的详细阐释）。第三，一些环境社会学家指出环境库兹涅茨曲线的拥护者没有考虑到一个事实，那就是高经济发展水平通常伴随着高消费水平（Schnaiberg and Gould, 1994）。因此在经济发展水平高的国家，即使环境保护成为政策主要议题，环境问题（如二氧化碳排放）也将继续存在，甚至会恶化。考虑到对于环境库兹涅茨曲线仍存在很多争论，我们将尝试检验经济发展水平与碳排放量之间的关系究竟是单调的还是非单调的。

(二) 政治现代化理论视角

在现代化理论视角下，如不考虑国际非政府组织与民主政治等非经济因素对碳排放量的影响，该研究就不完整（Bollen，1983；Bradshaw and Schafer，2000；Schafer，1999；Shandra et al.，2003）。在过去20年国际非政府组织有了飞跃性的发展，组织数量大幅度增加，影响范围与规模也日趋增大。国际非政府组织的迅速发展表明市民社会及社会运动（social movements）在全球环境事务中起着日趋重要的中心作用。目前在这方面已有大量的理论文献发表，并针对市民社会、社会运动和民主化（democratization）如何缓解环境退化问题进行探讨（Annis，1987；Gamson，1989；McAdam，Tarrow and Tilly，2001；Mittleman，1996；Mol，1995；Polanyi，2001）。在本文中，我们对这一类理论文献的探讨仅限为国际非政府组织在碳减排方面的政治意义。

由于国际非政府组织并非如政府般拥有固定的国土，也不像跨国公司和国际借贷机构掌握着大量财政资源，因此很难限定国际非政府组织政治影响力的来源（Bryant and Bailey，1997）。但即使国际非政府组织并不具备以上两点优势，它们在全球环境事务中的影响力已日趋增大。正如普林森所说："环境事务领域的政府官员和商界人士通常不愿对一些提议进行妥协，而与他们不同的是非政府组织常被视为价值的捍卫者"（Princen，1994：35）。一般来说公众相信国际非政府组织并不愿意从那些导致环境退化的活动中获取利益，它们的目标也正是寻求可以解决环境问题的办法，因此国际非政府组织能够将民意转化为强有力政治力量（Bryant and Bailey，1997）。在接下来的论述中，关于国际非政府组织会如何利用该政治影响力减少碳排放等环境退化问题，我们将列出布莱恩特（Bryant）和贝利（Bailey）所提出的4种关键形式。

首先，布莱恩特和贝利提出，国际非政府组织通过游说政府、跨国公司及国际金融机构来发挥政治影响力。国际非政府组织常游说工业化国家的政府官员，目的是让这些国家对发展中国家进行贸易限制或抑制对发展中国家的贷款发放（loan disbursements）从而促使贫穷国家的政府采取更环保的发展措施（Clapp，2001；Rich，1994）。同样，国际非政府组织也可以游说工业化国家政府官员，让他们对国际借贷机构施加压力并让借贷机构放弃对发展中国家的经济援助措施（economic aid packages），因为这些援助大都是依赖于造成环境破坏的各种活动，这将会最终导致大量二氧化碳的产生（Karliner，1997；Rich，1994）。

其次，布莱恩特和贝利提出国际非政府组织想要发挥政治影响力，也可通过支持当地民众举行的会谈或发展项目而实现。换句话说，国际非政府组织可向当地民众的活动提供资金和技术支持（Barkan，McNulty and Ayeni，1991）。而对当地活动进行支持既可以保护现存的生态系统，也可缓解这些被边缘化的活动举办者（marginal actors）面临的困境（Bryant and Bailey，1997）。因为伐木、采矿及其他采掘活动会增加碳排放量（比如在生产过程中燃烧化石燃料），同时也会降低自然环境吸收大气中二氧化碳的能力（比如砍伐森林），而通过国际非政府组织的支持，当地民众便不再需要参与那些破坏环境的活动，最终碳排放量将减少。

再次，布莱恩特和贝利认为通过赞助知名媒体在环境问题方面的活动也是国际非政府组织发挥政治影响力的一种方式。这些活动一般来说可以提高公民的环保意识，而一旦公民环保意识提高，他们就会对政府官员施压，迫使政府改变环境政策，同时也对跨国公司的活动产生影响（Boli and Thomas，1997）。媒体也可通过曝光跨国公司对环境造成的破坏从而鼓励消费者进行联合抵制（Princen，1994）。消费者联合抵制可能会迫使跨国公司不得不面向公众对他们的经营行为做出合理的解释及调整，这样一来也会减轻对环境的破坏，有助于实现碳减排（Newell，2001）。但在另一方面，联合抵制也有可能导致跨国公司的经济损失。

最后，布莱恩特和贝利提出国际非政府组织也可通过参加有关环境问题的全球会议从而发挥政治影响力。全球会议通常是协商碳排放等环境问题解决方案的重要平台（Clapp，2001）。并且很多国际非政府组织都会出现在国际会议上（Barbosa，2001）。国际非政府组织的参会可以帮助人们意识到原来相较于政府官员所提出关于环境问题的建议，还存在着别的替代性建议（Bryant and Bailey，1997）。因此对于国际非政府组织来说国际会议是一个指正政府主张的完美机会，同时也可借此机会宣传它们对于环境管理政策的主张和看法（Chatterjee and Finger，1994）。对主张进行宣传之后也有可能增强人们关于环境问题的意识，进而鼓励人们对政府、跨国公司及国际借贷机构施压，迫使它们采取更环保的政策并开展碳减排工作（Bryant and Bailey，1997）。

在前面的论述中，我们试图阐明国际非政府组织在碳减排上可采用的方法，与此同时我们也应该考虑民主政府在减轻环境退化问题方面可采取的措施（Bollen，1983）。在发展中国家，政府的政治民主程度也对碳排放量有一定影响。一些学者着重强调，发展中国家的民主政治通常是对民意、社会运动及特殊集团利益的反映，而以上反映可能恰好关系到环境问题，如碳排放问题。相反，非民主政治则更倾向于保护跨国公司的利益而忽略这样做可能导致的环境问题——请参考以上有关国际非政府组织及下文世界体系理论部分关于这些观点的详述（Crenshaw and Jenkins，1996；Fischer，1999；Karliner，1997；Rich，1994）。正是由于民主政治更关注民众所关心的社会问题，民主社会的碳排放量会更低。相反，因为压制性政权不那么重视民意、社会运动及特殊集团利益，因而就不那么关注与此相关的环境问题，所以政治压制或民主缺失可能会导致碳排放量的增加（Leonard，1988；London and Ross，1995）。

（三）新马尔萨斯理论视角

从新马尔萨斯理论视角来看，人口动态（population dynamics）是导致发展中国家绝大多数环境退化问题的原因。马尔萨斯（Malthus）在他 1983 年著名的论断中提出人口的"几何（geometric）"增长比生活资料（means of subsistence）的增长更快的论点，如果人口规模超过了环境资源如可用土地和食物能承载的极限,那么"生态承载力(carrying capacity)"问题的出现将不可避免。近来新马尔萨斯主义者发展了马尔萨斯理论中关于环境资源短缺的观点,他们提出人口规模也是导致环境退化问题的一大重要因素。请参考艾里奇1969年发表的《人口爆炸》(Ehrlich,1969)及其中提出的著名 I = PAT 公式(Ehrlich and Holdren 1971),在公式中 I 表示环境影响(environmental impacts),P 表示人口(population),A 表示财富(Affluence),T 表示技术(technology),环境影响就是另外三者产生的合力——关于该公式作为分析工具的阐述,请参考下文。书中的总论为人口规模的增长、人口出生速度以及人口密度的增加会刺激开采、消费和生产。这些过程将可能导致资源短缺或引发环境退化问题,如造成空气污染、水污染及土地污染。

发展中国家人口的增长将会以多种形式增加碳排放量。接下来我们将举例来阐明这一论点。在农村地区,人口过渡(demographic transitions)会导致农村人口的快速增加,有时迁移政策也会导致这样的结果,因为如果迁移政策鼓励城镇里的穷人移居到乡村从事务农、伐木、采掘、道路修建等活动,就会导致乡村人口的增加。而这些迅速增加的人口所从事的经济活动(如刀耕火种的耕作;为水泥厂提供能源而燃烧木头;为修建房舍、种植农作物、放牧、修建道路而砍伐森林等)将会直接导致碳排放量的增加,并会同时降低自然环境吸收大气中二氧化碳的能力。因此人口规模扩大的结果便是空气污染将大大加重。

一些研究已经发现可以支撑新马尔萨斯理论的证据,证明人口动态的确会导致碳排放量的增加(Dietz and Rosa,1994)。但是也有学者质疑该理论,他们认为和其他因素[如康芒纳(Commoner)1971年所强调的技术]相比,人口对于碳排放量的影响并不那么大,他们甚至认为人口增长也可能是有益的[如西蒙(Simon)1988年与波塞鲁普(Boserup)1981年提出人口密度和人口增长将会提高效率]——请参考下文生态进化理论部分关于此论点的阐述。另外,一些文献提出在"影响(impact)"研究中"分解(decompose)"人口动态也至关重要。也就是说,研究者不仅要研究总体的人口规模和人口增长率,也应该研究不同生产和消费环境下人口增长及人口分布所产生的不同影响（Cramer, 1998; Liu, Daly, Ehrlich and Luck, 2003）。考虑到围绕人口影响环境的观点还存在很多争议，也因近年来有人提出了分解人口动态（decomposing population）的观点，我们将分别对农村人口和城市人口对碳排放量的影响进行研究。

（四）生态进化理论视角

关于人口动态对碳排放量的影响，生态进化理论提出了与前一理论相矛盾的论点。该理论尤其重视高水平的农业生产与高水平工业化之间的联系（Lenski and Nolan, 1999; Simon, 1998）。高水平农业生产依赖于早期犁耕技术的采用，该技术使得国家生产出多余的农作物，并在空间组织（spatial organization）上发展出"技术优势"（Crenshaw and Jenkins, 1996; Lenski and Nolan, 1999）。克伦肖和詹金斯指出："更高的人口密度、规模更大的城市、更加复杂的经济分化（differentiation）与分工（specialization）、更发达的官员制度（bureaucratic institutions）、更多基础设施投资将刺激更高级的社会活动和经济活动的产生"（Crenshaw and Jenkins, 1996: 350）。这样的状况能帮助社会实现更高水平的工业化，从而实现更高水平的发展。从人口动态与环境的关系来看，由于人口增加会导致对化石燃料等能源的竞争更加激烈，因而高密度人口能促使技术领域发生更深刻的变革，从而提高能源利用率，由此产生的生态技术优势（techno-ecological advantage），帮助实现碳减排（Boserup, 1981; Simon, 1998）。如此看来，能源利用率技术的提高有帮助实现碳减排的潜力。

生态进化过程中所产生的另一关系也值得我们关注，即城市群与碳排放量之间的关系。空间邻近性（spatial proximity）作为城市群的一大特征也将促进能源利用率的提高以及技术创新（Crenshaw and Jenkins, 1996）。在这些新出现的措施中包括更低成本的中间投入（intermediate inputs），比如交通方面的投入（Ehrhardt-Martinez, 1998）。以上事实表明城市化可通过提高运输效率等形式减少对于化石燃料的消耗，从而实现碳减排。

(五) 世界体系理论视角

世界体系理论摒弃现代主义理论提出的各种论点,它并不认为国家的发展有着一个普遍的模式,也不认为各个国家是根据发展水平来进行划分,更不认为通过更好地融入世界经济体系传统社会与现代社会之间的差距就能缩小 (Bornschier and Chase-Dunn, 1985; Chase-Dunn and Hall, 1997; Grimes and Kentor; Wallerstein, 1979)。相反,世界体系理论认为世界经济正如一个国际等级体系,在这个体系中存在着不等价交换关系,而这种不等价交换关系在本质上决定了世界经济及政治体系的结构。各国的经济交换都是基于剩余价值的不平等分配,核心大国的发展都是建立在处于从属位置边缘国的利益之上。在该经济结构中,国家之间的此消彼长是有可能发生的,但是一个国家的获益便意味着另一个国家将遭受损失 (Bornschier and Chase-Dunn, 1985)。

据世界体系理论看来,当核心大国攫取利益时,发展程度较低的国家在世界经济中便被边缘化 (Bornschier and Chase-Dunn, 1985; Evans, 1979; Roberts and Grimes, 1997)。而边缘化则意味着穷国更加依赖于富国,因为穷国的经济生产方式将日渐取决于世界市场及全球资本积累的规则。世界体系理论的学者表示发展中国家的经济生产围绕三种不同的跨国经济联系而进行,这三种跨国经济联系包括出口、跨国公司、国际金融机构 (Gereffi, 1989)。

首先,由于原材料与加工商品之间的交换本身就不等价,而且相对比加工商品的价格,初级产品的价格也长期处于下降水平,因此对贸易的依赖会使得核心大国与边缘国之间的差距越来越大 (Frank, 1967)。值得注意的是,出口贸易的扩大便意味着以出口为导向的农业、伐木业、采矿业、石油开采业及与之相关的所有破坏环境的生产活动也将扩大,所以出口贸易的增加将伴随着碳排放量的增加。此外,以原材料出口为主的贸易形式将导致经济的畸形与不均衡发展。最终,国家增加税收的能力弱化,这直接导致该国在社会及环境项目上的投资数额减少,导致碳排放量的进一步增加 (Bornschier and Chase-Dunn, 1985; Crenshaw and Jenkins, 1996; Ehrhardt-Martinez,

1998)。

根据世界体系理论的相关文献可以看出，该领域的学者已经注意到在过去 60 至 80 年，跨国公司越来越倾向于在边缘国进行工业生产的投资，在这个时期核心国与边缘国之间的国际经济交往性质也正在发生变化（Bornschier and Chase-Dunn，1985）。一些世界体系理论家提出外商直接投资导致了碳排放量的增加（Frank 1969；Ross and Trachte，1990）。通常核心大国的跨国公司将欠发达国家视为它们生产的"廉价"代理人（Crenshaw and Jenkins，1996）。而那些边缘国为了扩大生产、增加就业、提高技术等目的迫切地想要引进外商投资，它们还因此与别的边缘国相互竞争。最终边缘国为了吸引更多投资就提供各种各样的经济诱惑（如削减工资、降低税收）以及在管理条例方面进行让步（如在环境法规上拥有免责权）（Lenard，1988；London and Ross，1995）。如果跨国公司转移更多生产设备至发展中国家，我们可以预料的结果之一便是这些发展中国家的碳排放量也将随之增加。

自 1970 年以来，许多发展中国家已经遭受国际债务危机的冲击。发展中国家外债扩大，借贷机构如世界银行和国际货币基金组织的紧缩政策则导致核心—边缘结构的恶化，从而导致大多数第三世界国家的碳排放量增加（Harper，2001；Karliner，1997；Rich，1994）。首先，债务及利息支付本身就已经将为数不多的资金耗光，而资金缺乏则进一步阻碍了经济的发展。这将最终导致政府在社会及环境项目方面的投入减少，阻碍碳减排工作的开展。其次，如果发展中国家想要获得或偿还贷款，一个可能的因素便是充当发达国家的印钞机。这意味着第三世界借款国同意将资金投入并生产以出口为导向的初级商品。而初级产品的生产意味着那些以出口为导向的农业、伐木业、采矿业、矿物质生产、石油钻井业需要砍伐森林以及燃烧更多化石燃料，这将会导致更严重的环境退化问题，尤其是会导致碳排放量的增加。一些研究者合作证明了与世界体系理论中某方面相关的预测因子的正确性（Grimes and Kentor，2003；Roberts，2001；Roberts and Grimes，1997）。

（六）生态分析框架

艾里奇和霍尔德伦建立了一个把影响环境的人为因素概念化的模型（Holdren，1971）。他们认为任何国家对其环境的影响（I）都是其人口（P）、富裕度（A）以及创造这些财富所需特定技术产生的危害（T）的乘积，也就是IPAT模型。这种模型可以很简单地阐释那些影响环境的不同但与之相关的维度，例如人口数量、消耗物品总量及生产技术所起的作用。这些因素的相对权重还有待讨论，但这种模型在方法论上是很有用的，因为它可以为公式的每一项都制定出一个定量综合测度（Dunlap，1997）。

作为一种研究框架，这种模型很有用也很稳健。当其中三项被用来解决第四项的问题时，以及P、A和T对I的相对影响力是由它们随时间产生的变化决定时，它通常被应用为一个恒等式。但是这也意味着这种模型是线性的，不同项的效用是成比例的。为了克服IPAT模型的弊端，迪茨和罗莎用随机项在此模型的基础上重新建立了一个模型（Dietz and Rosa，1994）。这种模型叫STIRPAT，就是通过对人口（P）、财富（A）和技术（T）的回归计算（R）定量分析各因素对环境造成的随机影响（STI）。这种模型被用来估算二氧化碳以及其他多种污染物的排放，它在经济学领域被视作一种弹性模型（Rosa and Dietz，1998；Rosa，York，and Dietz，2001；Shi，2003；York et al.，2003）。

STIRPAT模型的具体表达式为：$I_i = aP_i^b A_i^c T_i^d e$。约克等人认为："b、c和d是P、A和T的指数，e是误差项，而常数a维持着等式的平衡。下标i表示这些定量在观测期的变化。为了用可加回归模型检验这一假说，便将所有因素都转换为自然对数"（York et al.，2003：281）。因为学术界一般不怎么认同技术指数，所以通常将它归入误差项中，而不是进行单独估算。他们因上述理由得出表达式："$\ln(I) = a + b[\ln(P)] + c[\ln(A)] + e$。在此模型中，a和e为式1中a和e的自然对数。在对数形式中，系数b和c表示当其他影响因素保持不变时，P或A每1%的变化引起的I相应变化的百分比（2003：281）。

这种模型允许将其他重要因素作为参数来评估，只需把它们带入上述基本公式。如果驱动力系数如 b 或 c 等于 1，则表示因素对环境的影响与驱动力（P 或 A）是同比例的单调变化关系。如果系数大于 1，则表示影响的速度大于驱动力的变化速度，而当系数大于 0 且小于 1 时，则表示影响在增加，但是增加的速度小于驱动力的变化速度。这个模型也有可能会得到一个负系数，而一些理论观点也假设在碳排放方面存在这样一个关系（也就是政治现代化理论的论点，即国际非政府组织能帮助减少碳排放）。二次方程式或其他多项式对数的运用会使这个分析框架中的系数更难阐释（Dietz and Rosa，1997；York et al.，2003）。但一些变量的二次方程式却很适合检验某些理论观点提出的假说（即生态现代化理论关于经济发展水平和碳排放量之间存在非单调关系的论点）（Dietz and Rosa，1997；Rosa and Dietz，1994；York et al.，2003）。

（七）调查的国家

本研究调查的人口都来自非核心国家，这些国家是博伦（Bollen）1983年依据施耐德（Snyder）和基克（Kick）1979年所修订的世界体系所定义。核心国家之所以被排除在此分析之外有以下原因。首先，之前就有很多定量跨国"发展"研究文献将研究样本限定在非核心国家（Ehrhardt-Martinez，1998；London and Williams，1990；Rudel，1989；Shandra et al.，2003；Walton and Ragin，1990）。考虑到我们的重心是验证一系列"发展理论"（即现代化理论、世界体系理论等）衍生出的观点，我们的研究也正好顺应这一传统。其次，现代化理论、世界体系理论和某些定量发展研究都认为源于非核心国家外部（也就是源于核心国家）的力量对相对贫穷国家有重要影响。因此定量研究便通过将样本限定于非核心国家，并控制研究中大量因变量（dependent variable）的"外部"决定因素来建立理论模型，对该影响进行检测。同时我们的研究也通过涵盖自变量（Independent variable）来实现这一目标，而这些自变量能测度核心国家的活动对非核心国家产生影响。具体来说，我们对国际非政府组织的参与度的测度，以及有关非核心国对核心国家依赖性的测度（即商品集中度、跨国渗透和国际货币基金组织制约条款）就属于这一类。这种模型使我们可以估算这些"外部"变量对碳排放量变化的影响，独立于此模型中的"内部"变量或现代化变量的影响。

另外，将核心国家排除在外会使得对一些变量，尤其是与生态现代化理论相关的变量的数据验证更保守，因为我们最大范围地清除了现代化变量，如人均国民生产总值。我们视其为测度优势。埃尔哈特—马丁内丝（Ehrhardt-Martinez）、克伦肖和詹金斯认为，如果环境库兹涅茨曲线可以置于只包含欠发达国家碳排放的样本中，"那它一定可以强有力的证明环境库兹涅茨曲线并不是全球分层体系中的摆设"（2002：233）。

此类研究的标准做法是，有任何信息缺失的国家都不能纳入分析。在包含所有控制变量的初始方程组中，该模型的完整数据形成了多达 61 个发展中国家的案例库。为了最大限度地使用可用数据，我们可根据模型的变换允许样本量依据数据可用性而变化。阐释不同模型的差异时要注意这点。关于预测因子案例的适宜比例，各方学者都提出了样本量指南。巴克尼克和菲德尔曾提议标准的多元回归应该在每个预测因子仅 5 个案例的条件下进行（Tabachnick and Fidell，2001）。但波利特认为每个预测因子必须有 10 个案例（Polit，1996）。我们在构建模型时采用的比例是每个预测因子 5 到 10 个案例。

（八）办回归诊断

除了基本的普通最小二乘法分析，我们还充分利用了多种回归诊断工具如库克的距离（Cook's D）来检验有影响的案例（influential cases）存在与否。在跨国定量分析中，回归结果极有可能对少量有影响的案例高度敏感（Kennedy，2001；Polit，1996）。当我们的回归诊断显示有影响力较大的案例存在时，我们去掉这些案例重新运算。若结果的基本模式没有太大变化，我们就更加确信初始方程是有效的。若基本模式发生了很大变化，我们会提醒读者注意这点并呈现包含这些案例的结果。

在任何这类跨国定量研究中都还可能出现另一个问题，就是多重共线性问题。多重共线性指每个自变量都与其他自变量高度相关，路易斯-贝克建议对多重共线性进行检验（Lewis-Beck，1980）。通常我们都不用担心共线性问题，除非这些等式的 R-squares 超过了原始分析的 R-squares（Kennedy，2001；Rudel，1989）。并且，我们检测了模型中每个变量的方差膨胀因子比值。如果方差膨胀因子比值不超过 10，则不存在多重共线性问题（Tabachnick and Fidell，2001）。

（九）因变量

1. 人均碳排放量

此分析中使用的因变量是人均工业活动碳排放总公吨数。这些工业活动包括燃烧化石燃料、天然气放空火炬以及水泥生产（World Bank，1998）。我们通过用该国碳排放总公吨数除以人口总数来计算这个变量。在此分析中我们把人均碳排放量作为因变量，因为之前的研究发现当运用 STIRPAT 模型进行计算时，碳排放量和人口驱动力大致呈正比（即弹性系数约等于 1）（York et al.，2002；关于生态足迹法测量的环境可持续性和总人口规模间的正比例关系的讨论，也请参见：York et al.，2003）。我们的因变量是 1995 年测量的。此分析的滞后因变量是 1980 年的人均碳排放量。

2. 自变量

（1）经济发展水平。这类分析中有个标准，即为了确保任何发现的影响都独立于一个国家的富裕度，研究员有责任考虑到该国的发展水平。就这一点而言，我们将 1980 年平价购买力条件下的人均国民生产总值（World Bank，1998）纳入计算。其他条件相等的情况下，生态现代化理论认为这个变量和碳排放量水平间存在一个倒 U 型关系。在运用二次多项式等式来验证这个非单调假说时，我们把发展水平和它的二次方带入此模型。如果得出的关系符合假设的倒 U 型曲线，那么发展水平的系数符号应该为正，而平方项的系数符号应该为负。为了减少多重共线性问题，我们会通过先减去人均真实国民生产总值的平均值再将其纳入分析来对二次项进行标准化处理（York et al.，2003）。

（2）国际非政府组织的参与度。此前跨国定量研究的文献中曾有通过考察发展中国家的其他变量而非民主程度来测度政治现代化的先例（Bradshaw and Schafer, 2000; Schafer, 1999）。同样地，我们也纳入了一个变量，即 1977 年国际非政府组织在一个国家的参与情况（Bradshaw and Schafer, 2000; Frank, Hironaka and Schofer, 2000; Schafer, 1999）。我们通过用一个国家 1977 年国际非政府组织的总数除以该国 1975 年的人口数来计算这个变量（Taylor and Jodice, 1983）。政治现代化理论预设这个变量和碳排放量之间呈反比例关系。

（3）政治民主程度。博伦在 1983 年发布了 1980 年的政治民主指数，我们用这一指数来检验自由选举政权和开放政权对于解决碳排放等民众呼吁的发展问题有多大反应。这一测度值范围从 0 到 100，是依据 6 个指标得出的综合指数：①出版自由；②政府制裁；③对政治反对派的包容；④选举的公正性；⑤选举行政长官的方式；⑥选举立法者的方式。政治现代化理论希望这个变量和碳排放量之间会呈现反比例关系。

（4）农村人口数量。为了确定人口地理分布对碳排放量的不同影响，我们将农村人口数量作为我们分析中总人口的一部分（World Bank, 1998）。新马尔萨斯理论认为庞大的农村人口数量会增加碳排放量，而生态进化理论却认为会减少碳排放量。

（5）城镇人口数量。作为评估人口动态影响的替代指标，我们也将城镇人口数量算入我们模型中的总人口（World Bank, 1998）。如前文所述，新马尔萨斯理论认为庞大的城镇人口数量会增加碳排放量，而生态进化理论却持相反意见。

(6) 地理位置。限定这些国家的地理位置也很必要（Grimes and Kentor, 2003）。我们虚拟控制一个国家是否位于拉丁美洲。若它位于拉丁美洲，我们将其编码为1，反之，则编码为0（请参见下文中关于纳入其他地区国家的虚拟变量的讨论）。

(7) 商品集中度。商品集中度是一个国家总出口中最重要的商品价值所占比重（Taylor and Jodice, 1983），是出口或经典依赖理论（classical dependency）广泛使用的指标（Ehrhardt-Martinez, 1998; London and Williams, 1990）。我们测度的是1975年的情况，从结果可以看出边缘国家的出口收入对单一商品的依赖度，这些国家一般容易受市场波动影响。世界体系理论预测商品集中度会增加碳排放量。

(8) 跨国企业渗透程度。这个变量指发达国家在某国海外直接投资的年终总额（Müller, 1988）。1978年曾对该变量进行过测度，并在之前的定量跨国分析中被频繁使用（London and Williams, 1990; Schafer, 1999）。和商品集中度一样，跨国企业的渗透程度也被认为会增加碳排放量。

(9) 国际货币基金组织的条款限制程度。这一指数是以下四个变量的总和：①一个国家和国际金融机构（私有银行或多边贷款机构）债务重新谈判的次数；②债务国经历的债务重整次数；③一个国家使用IMF扩展贷款（Extended Fund Facility）的次数；④一个国家所接受国别配额（allocated quota）中的IMF贷款总额（Schafer, 1999; Walton and Ragin, 1990），这一变量测度的是1975年至1990年间的情况。我们用Z计分模型（z-scores）对该指数的上述四个成分进行计算。世界体系理论假设国际货币基金组织的制约条款会增加碳排放量。

二、发现

表1呈现的是我们用面板回归分析进行估计的结果，计算对象为1995年自变量对人均碳排放总量的影响。等式1.1、1.3和1.5包含滞后因变量、经济发展水平、平方后的经济发展水平、国际非政府组织的参与度、政治民主

程度、人口规模、国家的地理位置及依赖性测度。城镇人口数量作为新马尔萨斯理论和生态进化理论的替代指标，我们在等式1.2、1.4和1.6中用其代替了农村人口数量。等式1.1和1.2包含对商品集中度的测度，等式1.3和1.4包含对跨国公司渗透程度的测度，等式1.5和1.6包含对国际货币基金组织条款限制程度的测度。为了提高研究发现的稳定性，我们遵循了将每个预测因子的案例维持在5到10个的一般规律。

表1　1995年自变量对人均二氧化碳排放总量的影响

	方程1.1	方程1.2	方程1.3	方程1.4	方程1.5	方程1.6
滞后因变量 （1980年）	.983** .887 (8.379)	.946** .876 (8.098)	.967** .845 (7.146)	.932** .856 (6.101)	.873** .859 (7.568)	.887** .847 (6.979)
经济发展水平 （1980年）	.779** .432 (3.868)	.761** .453 (3.668)	.803** .440 (3.717)	.901** .494 (3.966)	.676** .370 (3.838)	.754** .412 (3.394)
平方后的经济发展 水平（1975年）	-.364** -.162 (2.806)	-.299** -.133 (2.348)	-.366** -.155 (2.542)	-.342** -.148 (2.431)	-.399** -.179 (3.159)	-.344** -.154 (2.811)
国际非政府组织的 参与度（1977年）	-.178** -.134 (2.076)	-.172** -.130 (2.000)	-.214** -.155 (2.040)	-.214** -.156 (2.037)	-.144* -.108 (1.742)	-.137* -.103 (1.627)
政治民主程度 （1980年）	.066 .051 (.897)	.060 .047 (.798)	.055 .043 (.697)	.041 .032 (.506)	.073 .056 (1.021)	.061 .047 (.820)
农村人口规模 （1980年）	-.228 -.104 (1.452)		-.144 -.064 (.836)		-.214 -.097 (1.347)	
城市人口规模 （1980年）		.130 .048 (.431)		-.138 -.055 (.454)		-.005 -.002 (.018)

(续表)

	方程1.1	方程1.2	方程1.3	方程1.4	方程1.5	方程1.6
拉丁美洲和南美洲 (1 = yes)	-.630** -.175 (2.900)	-.651** -.178 (2.812)	-.604** -.187 (2.607)	-.552** -.167 (2.721)	-.533** -.161 (2.547)	
商品集中度水平 (1975年)	.103 .050 (.859)	.109 .053 (.894)				
跨国公司渗透程度 (1975年)			.101 .068 (.982)	.117 .079 (1.139)		
国际货币基金组织条款限制程度 (1975年)					-.152 -.055 (.996)	-.159 -.058 (.998)
调整后的R^2	.837	.831	.830	.829	.838	.833
样本数量	61	61	55	55	63	63
方差膨胀系数均值	2.090	2.145	1.897	1.998	1.784	2.054
最高的方差膨胀系数值	4.578	5.407	4.464	4.893	4.581	5.465

注：第一个数字是非标准化的系数，第二个数字是标准化的系数，而第三个数字（括号中的数字）是 t 值。
** $p<.05$, 而 * $p<.10$

表1中结果的总体模式可以总结如下。我们先着眼于生态和政治现代化理论提出的变量。首先，表1所有等式中经济发展水平与人均碳排放总量保持着倒U型关系。我们之所以得出这个结论，是因为经济发展水平的系数是正系数和显著系数（significant），而相应平方项的系数是负系数和重要系数。这一发现证明了生态现代化理论关于环境库兹涅茨曲线的论点是成立的，即最发达国家与最不发达国家的碳排放量最低。

第二，表1结果显示，所有等式中国际非政府组织的参与度和碳排放量都呈现反比例关系。在我们不断变换的模型设定中，国际非政府组织的参与对减少碳排放的作用是相对稳定的。受篇幅所限，我们只集中分析国际非政府组织的参与对碳排放量产生最小及最大作用的等式。在等式1.3和1.4中，国际非政府组织参与度的系数显示，其他因素不变的情况下，此自变量每增加1%，碳排放量就会减少0.214%。在等式1.7中，国际非政府组织参与度系数显示，其他因素不变的情况下，此自变量每增加1%，碳排放量就会减少0.137%。这些结果为政治现代化理论的论点提供了有力证据，即全世界发展中国家的国际非政府组织可以帮助减少碳排放量。值得注意的是，政治现代化理论提出的另一个变量，即民主水平，在任何等式中都不重要。

第三，在做这类跨国分析时，限定某发展中国家的地理位置显然是很重要的。只有拉丁美洲国家较可能和世界其他国家在碳排放量上出现重大差异。表1所有等式中拉丁美洲的虚拟变量系数都是负系数和重要系数。这说明拉丁美洲国家的碳排放量比我们的参照类要低。考虑到不同模型设定中参数的稳定性，我们只分析拉丁美洲虚拟变量中的一个问题。在等式1.1中，拉丁美洲国家的碳排放量比世界其他地区国家低47%（-0.630的逆对数为0.530）。一开始，我们对世界其他地区也做了虚拟控制，但鉴于它们不能解释因变量的任何显著变化，我们便将它们从分析中删除，以最大化每个预测因子的案例数。

虽然我们的计算结果为经济和政治现代化理论的论点提供了大量证据，但并不能证明其他理论提出的论点是否正确。具体地说，城镇和农村人口数量在任何等式中都没有任何证明作用。同样地，就世界体系理论提出的国际决定因素而言，计算结果也证明它们并未引起碳排放量的跨国变化。结果就是，虽然新马尔萨斯理论、生态进化理论和世界体系理论一开始看起来似乎是合理的，但我们的研究没有任何能支撑它们论点的证据。

讨论与结论

我们跨国定量研究的理论和方法论意义是什么呢？之前理论所发现的那些会明显引起碳排放量国际变化的预测经济因素将继续帮助我们解释这一现象。首先我们的计算结果证实了之前的研究发现，即生态现代化理论提出的假说——在其他因素不变的情况下，经济发展水平和碳排放量间呈倒U型关系（Dietz and Rosa，1994；Galeotti and Lanza，1999；Han and Chatterjee，1997；Ravallion et al.，2000；Roberts，2001；Roberts and Grimes，1997）。

虽然之前的研究就理解碳排放提供了深刻见解（Bongaarts，1992；Dietz and Rosa，1994，1997；Galeotti and Lanza，1999；Grimes and Kentor，2003；Han and Chatterjee，1997；Holtz-Eakin and Selden，1995；Jacoby et al.，1997；Knapp and Mookerjee，1996；Ravallion et al.，2000；Roberts，2001；Roberts and Grimes，1997；Roberts et al.，2003；Rosa and Dietz，1998；Shi，2003；York et al.，2002），但所有研究都忽略了影响碳排放的政治决定因素。为了填补该领域文献里的这一空白，我们开展了有关碳排放的研究，研究结果证实了政治现代化理论提出的预测因子的影响。通过分析我们得出明确结论，国际非政府组织参与度较高的国家碳排放量往往较低。

在总结中，我们为可能有兴趣在此研究基础上继续深入的读者提供以下几个建议。首先，经济变量不是影响发展中国家碳排放量的唯一力量。我们同意迪茨和罗莎（1994）的观点，即为了对此类问题有着更细致入微地理解，眼光不能局限于常见的人口、技术和经济因素对环境恶化的解释。显然，国际非政府组织正致力于减少跨国公司、政府和国际借贷机构对环境造成破坏的行为。而虽然这些研究结论为理解如何减少碳排放提供了新观点，但将来的研究应该进一步考察不同政治民主程度下的国际非政府组织对碳排放的作用。其次，研究应该更多元化，在我们现有的模型中，一次只能采用5个左右的预测因子，将来的研究中应该能包含更多预测因子。虽然面板回归是这类研究的有力手段，但我们需要更多自变量和因变量的纵向数据，以便更好地理解这些决定因素对碳排放产生的影响。这样我们就可以混合截面数据（pool cross-sectional data），也就可以增加自由度从而使得一个模型中可以加入更多控制变量。目前我们需要来自更多国家、更多时间点的数据，这样就可以通过区域对比扩展我们的研究。到那时我们的研究结果就可以不受时间与空间的限制运用于不同国家和地区。

参考文献

Annis, Sheldon (1987), "The Next World Bank: Financing Development from the Bottom Up", *Grassroots Development*, 11, pp. 24 – 29.

Barbosa, Luiz C. (2001), *The Brazilian Amazon Rainforest: Global Ecopolitics, Development, and Democracy*, New York: University of America Press.

Barkan, Joel D., Michael L. McNulty and M. A. O. Ayeni (1991), "Hometown Voluntary Associations, Local Development, and the Emergence of Civil Society in Western Nigeria", *Journal of Modern African Studies*, 28, pp. 457 – 480.

Boli, John and George M. Thomas (1997), "World Culture in the World Polity", *American Sociological Review*, 62, pp. 171 – 190.

Bollen, Kenneth (1983), "World System Position, Dependency, and Democracy: A Cross-National Analysis", *American Sociological Review*, 48, pp. 468 – 479.

Bongaarts, John (1992), "Population Growth and Global Warming", *Population and Development Review*, 18, pp. 299 – 320.

Bornschier, Volker and Christopher Chase-Dunn (1985), *Transnational Corporations and Underdevelopment*, London: Praeger.

Boserup, Ester (1981), *Population and Technological Change: A Study of Long Term Trends*, Chicago: University of Chicago Press.

Bradshaw, York and Mark J. Schafer (2000), "Urbanization and Development: The Emergence of International Nongovernmental Organizations amid Declining States", *Sociological Perspectives*, 43, pp. 97 – 116.

Bryant, Raymond L. and Sinead Bailey (1997), *Third World Political Ecology*, New York: Routledge.

Chase-Dunn, Christopher and Thomas B. Hall (1997), *Rise and Demise: Comparing World Systems*, Boulder, CO: Westview Press.

Chatterjee, P. and M Finger (1994), *The Earth Brokers: Power, Politics, and World Development*, London: Routledge.

Clapp, Jennifer (2001), *Toxic Exports: The Transfer of Hazardous Waste from Rich to Poor*

Countries, Ithaca, NY: Cornell University Press.

Commoner, Barry (1971), *The Closing Circle*, New York: Random House.

Cramer, James C. (1998), "Population Growth and Air Quality in California", *Demography*, 35, pp. 45 – 56.

Crenshaw, Edward and Craig J. Jenkins (1996), "Social Structure and Global Climate Change: Sociological Propositions Concerning the Greenhouse Effect", *Sociological Focus*, 29, pp. 341 – 358.

Dietz, Thomas and Eugene A. Rosa (1997), "Effects of Population and Affluence on Carbon Dioxide Emissions", *Proceedings of the National Academy of Sciences of the United States of America*, 94, pp. 175 – 179.

Dietz, Thomas and Eugene A. Rosa (1994), "Rethinking the Environmental Impacts of Population, Affluence, and Technology", *Human Ecology Review*, 1, pp. 277 – 300.

Dunlap, Riley E. (1997), "The Evolution of Environmental Sociology: A Brief History and Assessment of the American Experience", in edited by M. Redclift and G. Woodgate. Cheltenham, *The International Handbook of Environmental Sociology*, UK: Elgar, pp. 21 – 39

Ehrhardt-Martinez, Karen (1998), "Social Determinants of Deforestation in Developing Countries: A Cross-National Analysis", *Social Forces*, 77, pp. 767 – 785.

Ehrhardt-Martinez, Karen, Edward M. Crenshaw and J. Craig Jenkins (2002), "Deforestation and the Environmental Kuznet's Curve: A Cross-National Investigation of Intervening Mechanisms", *Social Science Quarterly*, 83, pp. 226 – 243.

Ehrlich, Paul (1969), *The Population Bomb*, New York: Buccaneer Books.

Ehrlich, Paul and J. Holdren (1971), "Impact of Population Growth", *Science*, 171, pp. 1212 – 1217.

Evans, Peter (1979), *Dependent Development: The Alliance of Multinational, State, and Local Capitalin Brazil*, Princeton, NJ: Princeton University Press.

Fischer, Julie (1999), *Non-Governments: NGOs and the Political Development of the Third World*, West Hartford, CT: Kumarian Press.

Finkel, Steven L. (1995), *Causal Analysis with Panel Data*, Newbury Park, CA: Sage.

Frank, David John, Ann Hironaka and Evan Schofer (2000), "The Nation-State and the Natural Environment Over the Twentieth Century", *American Sociological Review*, 65, pp. 96 –

117.

Frank, Andre Gunder (1967), *Capitalism and Underdevelopment in Latin America*, New York: Monthly Review Press.

Galeotti, Marzio and Allessandro Lanza (1999), "Richer or Leaner? A Study on Carbon Dioxide Emissions in Developing Countries", *Energy Policy*, 27, pp. 565 – 664.

Gamson, William (1989), *The Strategy of Social Protest*, Belmont, CA: Wadsworth.

Gereffi, Gary (1989), "Rethinking Development Theory: Insights from East Asia and Latin America", *Sociological Forum*, 4, pp. 505 – 533.

Grimes, Peter and Jeffrey Kentor (2003), "Exporting the Greenhouse: Foreign Capital Penetration and Carbon Dioxide Emissions 1980 – 1996", *Journal of World System Research*, 9, pp. 261 – 273.

Grossman, Gene and Alan Krueger (1995), "Economic Growth and the Environment", *Quarterly Journal of Economics*, 110, pp. 353 – 377.

Han, Xiaoli and Lata Chatterjee (1997), "Impacts of Growth and Structural Changes on Carbon Dioxide Emissions of Developing Countries", *World Development*, 25, p. 395.

Harper, Charles L. (2001), *Environment and Society: Human Perspectives on Environmental Issues*, Upper Saddle River, NJ: Prentice Hall.

Holtz-Eakin, D. and T. Selden (1995), "Stoking the Fires: Carbon Dioxide Emissions and Economic Growth", *Journal of Public Economics*, 57, pp. 85 – 101.

Jacoby, Henry D., Richard S. Eckaus, A. Denny Ellerman, Ronald G. Prinn, M. Reiner and Zili Yang (1997), "Carbon Dioxide Emissions: Economic Adjustments and the Distribution of Burdens", *The Energy Journal*, 18, pp. 31 – 46.

Karliner, Joshua (1997), *The Corporate Planet*, San Francisco: Sierra Club Books.

Kennedy, Peter (2001), *A Guide to Econometrics*, Cambridge, MA: MIT Press.

Knapp, T. and R. Mookerjee (1996), "Population Growth and Global Carbon Dioxide Emissions", *Energy Policy*, 24, pp. 31 – 37.

Kuznet, Simon (1975), *National Income and Capital Formation: A Preliminary Report*, New York: Arno Press.

Lenski, G. and P. Nolan (1999), *Human Societies: An Introduction to Macrosociology*, New York: McGraw-Hill.

Leonard, H. (1988), *Pollution and the Struggle for World Product: Multinational Corporations, the Environment, and International Comparative Advantage*, Cambridge, MA: Harvard University Press.

Lewis-Beck, Michael B. (1980), *Applied Regression: An Introduction*, Beverly Hills, CA: University Press.

Liu, Jianguo, Gretchen C. Daly, Paul R. Ehrlich and Gary W. Luck (2003), "Effects of House hold Dynamics on Resource Consumption and Biodiversity", *Nature*, 421, pp. 520 – 533.

London, Bruce and Robert J. S. Ross (1995), "The Political Sociology of Foreign Direct Investment: Global Capitalism and Capital Mobility, 1965 – 1980", *International Journal of Comparative Sociology*, 36, pp. 198 – 219.

London, Bruce and Bruce A. Williams (1990), "National Politics, International Dependency, and Basic Needs Provision: A Cross-National Analysis", *Social Forces*, 69: 564 – 584.

Malthus, Thomas R. (1983), *An Essay on the Principle of Population*, New York: Penguin Books.

McAdam, Doug, Sidney Tarrow and Charles Tilly (2001), *Dynamics of Contention*, Cambridge: Cambridge University Press.

Mittleman, Joseph H. (1996), "The Dynamics of Globalization", in edited by J. Mittleman, *Globalization: Critical Reflections*, Boulder, CO: Lynne Rienner, pp. 1 – 20.

Mol, Arthur (2001), *Globalization and Environmental Reform: The Ecological Modernization of the Global Economy*, Cambridge, MA: MIT Press.

Mol, Arthur (1995), *The Refinement of Production: Ecological Modernization and the Chemical Industry*, Munich: Uitgeverij Jan Van Arkel.

Mol, Arthur and Gert Spaargaren (2000), "Ecological Modernization Theory in Debate: A Review", *Environmental Politics*, 8, pp. 17 – 49.

Müller, George P. (1988), *Comparative World Data*, Baltimore, MD: Johns Hopkins University Press.

Ndegwa, Stephen N. (1996), *Two Faces of Civil Society: NGOs and Politics in Africa*, Princeton, NJ: Princeton University Press.

Newell, Peter. (2001), "Environmental NGOs, TNCs, and the Question of Governance", in edited by D. Stevis and V. Assetto, *The International Political Economy of the Environment:*

Critical Perspectives, Boulder, CO: Lynne Rienner, pp. 85 – 111.

Polanyi, Karl (2001), *The Great Transformation*, Boston: Beacon Press.

Polit, Denise F. (1996), *Data Analysis and Statistics for Nursing Research*, Upper Saddle River, NJ: Prentice Hall.

Princen, T. (1994), "NGOs: Creating a Niche in Environmental Diplomacy", in edited by T. Princen and M. Finger, *Environmental NGOs in World Politics: Linking the Local and the Global*, London: Routledge, pp. 121 – 159.

Ravallion, Martin, Mark Heil and Jyostna Jalan (2000), "Carbon Emissions and Income Inequality", *Oxford Economic Papers*, 52, pp. 651 – 670.

Rich, Bruce (1994), *Mortgaging the Earth*, Boston: Beacon Press.

Roberts, J. Timmons (2001), "Global Inequality and Climate Change", *Society and Natural Resources*, 6, pp. 501 – 524.

Roberts, J. Timmons and Peter E. Grimes (1997), "Carbon Intensity and Economic Development 1962 – 91: A Brief Exploration of the Kuznets Curve", *World Development*, 25, pp. 191 – 200.

Roberts, J. Timmons, Peter E. Grimes and Jodie L. Manale (2003), "Social Roots of Global Environmental Change: A World Systems Analysis of Carbon Dioxide Emissions", *Journal of World System Research*, 9, pp. 277 – 315.

Rosa, Eugene and Thomas Dietz (1998), "Climate Change and Society: Speculation, Construction, and Scientific Investigations", *International Sociology*, 13, pp. 421 – 455.

Rosa, Eugene, Richard York and Thomas Dietz (2001), "Modernization and the Environment: Modeling Impacts of Economic Development", Paper presented at the International Sociological Association Conference, Cambridge, England.

Ross, Robert J. S. and Kent C. Trachte (1990), *Global Capitalism: The New Leviathan*, Albany: State University of New York Press.

Rostow, Walter W. (1990), *The Stages of Economic Growth: A Non-Communist Manifesto*, London: Cambridge University Press.

Rudel, Thomas K. (1989), "Population, Development, and Tropical Deforestation: A Cross-NationalStudy", *Rural Sociology*, 54, pp. 327 – 338.

Schafer, Mark J. (1999), "International Nongovernmental Organizations and Third World

Educationin 1990: A Cross-National Study", *Sociology of Education*, 72, pp. 69 – 88.

Schnaiberg, Allan and Kenneth A. Gould (1994), *Environment and Society: The Enduring Conflict*, New York: St. Martin's Press.

Shandra, John M., Bruce London and John B. Williamson (2003), "Environmental Degradation, Environmental Sustainability, and Overurbanization in the Developing World: A Quantitative, Cross-National Analysis", *Sociological Perspectives*, 46, pp. 309 – 329.

Shi, A. (2003), "The Impact of Population Pressure on Global Carbon Dioxide Emissions: Evidence from Pooled Cross-Country Data", *Ecological Economics*, 44, pp. 24 – 42.

Simon, Julian L. (1998), *The Ultimate Resource* 2, New York: Princeton University Press.

Snyder, David and Edward L. Kick. (1979), "Structural Position in the World System and Economic Growth, 1953 – 1970: A Multiple Analysis of Transnational Interactions", *American Journal of Sociology*, 84, pp. 1096 – 1126.

Spaargaren, Gert, Arthur P. Mol and Frederick H. Buttel (2000), *Environment and Global Modernity*, London: Sage.

Tabachnick, Barbara G. and Linda S. Fidell (2001), *Using Multivariate Statistics*, New York: Allyn-Bacon Press.

Taylor, Charles L. and David A. Jodice (1983), *Handbook of Political and Social Indicators*, New Haven, CT: Yale University Press.

Wallerstein, Immanuel (1979), *The Modern World System*, New York: Academic Press.

Walton, John and Charles Ragin (1990), "Global and National Sources of Political Protest: Third World Responses to the Debt Crisis", *American Sociological Review*, 55, pp. 875 – 890.

World Bank (1998), *World Development Indicators*, Compact Disk.

York, Richard, Eugene A. Rosa and Thomas Dietz (2003), "Footprints on the Earth: The Environmental Consequences of Modernity", *American Sociological Review*, 68, pp. 279 – 300.

York, Richard, Eugene A. Rosa and Thomas Dietz (2002), "Bridging Environmental Science with Environmental Policy: Plasticity, Population, Affluence, and Technology", *Social Science Quarterly*, 83, pp. 18 – 34.